თავისუფლება ტყვეებს

სასწავლო სახელმძღვანელო

კურთხეულ არს უფალი,
რომ არ მიგვცა ულუფად მათთა კბილთათვის.

ჩვენი სული გადარჩა, ვითარცა ჩიტი მონადირის მახისაგან;
მახე დაიმსხვრა და ჩვენ გადავრჩით.

ჩვენი შეწევნა უფლის სახელშია -
ცისა და ქვეყნის შემოქმედისა.

ფსალმუნი 123-ე

I0081359

მარკ დური და ბენჯამინ ჰეგემანი

DEROR BOOKS

Incorporating the Fourth Edition of *Liberty to the Captives.*

Title: *Liberty to the Captives: Training Manual*
Description: Melbourne: Deror Books, 2023.
ISBN: 978-0-6452239-2-7

მარკ დურის წიგნებისა და შრომების შესახებ მეტი ინფორმაციისათვის ეწვიეთ ვებგვერდს: markdurie.com.

სხვადასხვა ენაზე წიგნის – „თავისუფლება ტყვეებს" – რესურსების სანახავად ეწვიეთ ვებგვერდს: luke4-18.com.

Deror Books, Melbourne Australia
www.derorbooks.com

სარჩევი

წინასიტყვაობა

დღეს ყოფილ მუსლიმანთა უპრეცედენტოდ დიდი რაოდენობა ირჩევს – გაჰყვეს ქრისტეს. სამწუხაროდ, მრავალი მათგანისთვის წუთისოფლის უარყოფა და ამქვეყნიური საზრუნავი მეტისმეტად დიდი ტვირთია. ზოგი ადგილობრივი ქრისტიანი ლიდერი ასევე იტყობინება, რომ 80% კარგავს რწმენას პირველი ორი წლის განმავლობაში. რის გაკეთებას გვთხოვს ღმერთი ამასთან დაკავშირებით?

2002 წელს მარკ დურიმ დაიწყო სწავლება დჰიმობისა და იმის შესახებ, თუ როგორ შეუძლიათ ქრისტიანებს ისლამისა და მუსლიმანთა შიშისაგან გათავისუფლება. სწავლებას, ჩვეულებისამებრ, მსახურება მოსდევდა, როცა ადამიანები წინ გამოდიოდნენ და ლოცულობდნენ. სესიების მონაწილეთაგან, მოგვიანებით, ბევრმა დაამოწმა ღმერთის ძლიერი მოქმედების შესახებ, რამაც მათ თავისუფლება და ძალა მოუტანა მსახურებისათვის.

შემდგომ დოქტორმა დურიმ განაგრძო სწავლების დახვეწა, რათა ადამიანები თავად ისლამის სულიერი ტყვეებისაგან გაეთავისუფლებინა. ეს ორი სწავლება იქნა გაერთიანებული წიგნში „თავისუფლება ტყვეებს“.

იმისათვის, რომ სახარების მუშაკებმა მთელი მსოფლიოს მასშტაბით გაიგონ ამ წიგნის შესახებ და გამოიყენონ იგი, წიგნი „თავისუფლება ტყვეებს“ ბევრ ენაზე ითარგმნა.

მას შემდეგ, რაც წიგნი „თავისუფლება ტყვეებს“ პირველად გამოიცა 2010 წელს, ცხადი გახდა, რომ მას გადახედვა და განახლება სჭირდებოდა, რათა უკეთ დაეკმაყოფილებინა მათი საჭიროებანი, ვინც იყენებს ამ წიგნს, სახელდობრ, კი მუსლიმანური წარსულის მქონე მორწმუნეთა თემებისა.

ასევე გაჩნდა სასწავლო სახელმძღვანელოს შედგენის საჭიროება. თავდაპირველად წიგნს მოჰყვებოდა Salaam Ministries'ის მიერ მომზადებული სასწავლო ვიდეორგოლები (პროგრამა PowerPoint-ში აწყობილი სლაიდების გამოყენებით). შემდეგ ამ ვიდეორგოლებს თარგმნიდნენ და ან ახმოვანებდნენ ან სუბტიტრებს ადებდნენ.

სწავლების ამგვარი ფორმატი გამოიყენებოდა რამდენიმე ქვეყანაში; ადგილობრივ თანამშრომლებს სწავლება უტარდებოდათ იმასთან დაკავშირებით, თუ როგორ გამოეყენებინათ იგი. მიუხედავად ამისა, როცა Salaam-ის დირექტორმა, ნელსონ ვულფმა მიმართა დოქტორ ბენჯამინ ჰეგემანს იმის შესახებ, რომ ეს მიდგომა ბენინს ადგილობრივი ხუცესების მომზადებისთვის გამოეყენებინათ, მან თქვა, რომ ეს შეუძლებელი იყო. ნაცვლად ამისა, დოქტორმა ჰეგემანმა მას სრულიად განსხვავებული მიდგომა შესთავაზა. ბენინში სწავლების მრავალწლიანი გამოცდილებიდან გამომდინარე, დოქტორმა ჰეგემანმა განავითარა სასწავლო ფორმატი წიგნისათვის „თავისუფლება ტყვეებს". ეს მიდგომა გულისხმობდა სასწავლო სახელმძღვანელოს გამოყენებას. ხსენებული ფორმატი, რომელსაც მივყვებით აქ და რომელიც იყენებს მცირე სამსჯელო ჯგუფებს და დრამას, ენთუზიაზმით მიიღეს ბარიბას, ფრანგულ და ჰაუსას ენებზე მოლაპარაკე მსახურებმა და გამოცადეს კიდეც.

ეს სასწავლო მიდგომა განკუთვნილია მრავალ სხვადასხვა კონტექსტში მუშაობისათვის და არ მოიაზრებს განათლების განსაზღვრულ დონეს. ასევე, ლიდერს, რომელმაც გაიარა ეს სწავლება, უნდა შეეძლოს საკუთარ კონტექსტში მისი გამოყენება და სხვების მომზადება იმავე მიდგომის გამოყენებით.

ქრისტეს სიტყვები რეკს ჩვენს ყურებში: „როგორც მე მომავლინა მამამ, მეც მიგავლენთ თქვენ" და „ახლა წადით და

მოიმოწაფეთ ყველა ხალხი“. რას გულისხმობდა იესო? ჯვარცმის წინა ღამით მან მოწაფეებს განუმარტა ის, რომ ისინი იცნობენ ღმერთს და მასთან არიან გაერთიანებულნი; რომ ისინი ერთნი არიან ღმერთთან მის სახელში, მის სიყვარულსა და ჭეშმარიტებაში (იოანე 17). ვლოცულობთ სამკლის უფლის მიმართ, რომ წიგნი „თავისუფლება ტყვეებს“ დაეხმაროს ისლამიდან ახალმოქცეულებს, რჩებოდნენ ერთნი ღმერთთან იესო ქრისტეში და რომ წიგნი დაეხმაროს მათაც, ვინც მუსლიმანთა დამოწაფებისთვის იღვწის.

ვიმედოვნებთ, რომ ეს წიგნი (რომელიც მოიცავს მარკ დურის განახლებულ წიგნის – „თავისუფლება ტყვეებს“ – სწავლებას და დოქტორ ჰეგემანის მოქნილ სასწავლო სახელმძღვანელოს) გამოგადგეთ ამ საჭიროებათა დაკმაყოფილებაში და კურთხევად იქცეს მსოფლიო ეკლესიისათვის.

გვსურს, ჩვენი გულწრფელი მადლიერება გამოვხატოთ ჩვენი ძვირფასი ძმებისა და დების მიმართ მათი უკუკავშირისათვის, რითიც მათ სასარგებლო რჩევები მოგვცეს წინამდებარე რესურსის გასაუმჯობესებლად. ამ პროექტის მიმართ თქვენი ენთუზიაზმი დიდად დასაფასებელია. ასევე მადლიერნი ვართ მათი, ვინც ფინანსურად გვიჭერენ მხარს და ვინც ლოცულობენ ჩვენთვის, რომელთა გარეშეც ეს საქმე ვერასოდეს განხორციელდებოდა.

მარკ დური, ბენჯამი ჰეგემანი და ნელსონ ვულფი
2022 წლის ივნისი

როგორ გამოვიყენოთ ეს წიგნი

კეთილი იყოს თქვენი მობრძანება აქ, სადაც იწყებთ სასწავლო სახელმძღვანელოს „თავისუფლება ტყვეებს“. სახელმძღვანელო მოიცავს მარკ დურის წიგნის „თავისუფლება ტყვეებს“ ახალ გამოცემას, რომელშიც მოცემულია ექვსი ძირითადი და ორი დამატებითი გაკვეთილი.

ეს სასწავლო სახელმძღვანელო დაიწერა ქრისტიანული აუდიტორიისათვის. ის დაიხვეწა იმისათვის, რომ ქრისტიანებს ჰქონდეთ შესაძლებლობა, გამოიყენონ სწავლება მოცემული წიგნში „თავისუფლება ტყვეებს“. ვლოცულობთ, რომ წიგნი დაგეხმაროთ თქვენც და დაეხმაროს სხვებსაც, რათა იპოვოთ თავისუფლება ქრისტეში და დარჩეთ თავისუფალნი.

ამ სასწავლო სახელმძღვანელოს გამოყენებით სასწავლო კურსის ჩატარებას თუ გეგმავთ, გთხოვთ, თავდაპირველად ყურადღებით წაიკითხეთ გზამკვლევი ლიდერებისათვის, რომელიც მოცემულია პირველ გაკვეთილამდე.

გირჩევთ, რომ ეს სწავლება სხვა მორწმუნეების ჯგუფთან ერთად ჩაატაროთ. ის შემუშავებულია იმისათვის, რომ ჩატარდეს საკონფერენციო ფორმატში, 3-5 დღის განმავლობაში, მაგრამ მისი ჩატარება ასევე შესაძლებელია მცირე ჯგუფებში ყოველკვირეულ მეცადინეობათა ფორმით.

ყურანის ციტატების მითითებანი აღნიშნულია სიტყვით „სურა“; მაგალითად, სურა 9:29. ამ სწავლებისას მიიღებთ ისლამის შესახებ ინფორმაციას, რომელიც სანდო წყაროებს ეყრდნობა. ყველა ღონე ვიხმარეთ იმისათვის, რომ სანდო და

პირველადი ისლამური წყაროებიდან აგველღ მითითებანი. ამ წყაროთაგან ბევრის შესახებ დეტალური მითითებებისთვის გთხოვთ იხილოთ მარკ დურის „მესამე არჩევანი“.

გვსურს ეს რესურსი ხელმისაწვდომი გახდეს მსოფლიო ეკლესიისათვის და ამით ხაზს ვუსვამთ იმას, რომ ვეწინააღმდეგებით ყოველგვარ სიძულვილსა და მიკერძოებას და ამავდროულად, გვჯერა, რომ კრიტიკული აზროვნებით უნდა მივუდგეთ ყველა რელიგიასა და მსოფლმხედველობას. მუსლიმანებსაც და არამუსლიმანებსაც აქვთ უფლება იმისა, რომ საკუთარი დასკვნები გამოიტანონ ისლამის შესახებ, დაეთანხმონ ან არ დაეთანხმონ მის სწავლებას, როგორც მათი სინდისი და ცოდნა უკარნახებს.

წინამდებარე სასწავლო სახელმძღვანელოს PDF ვერსია და წიგნის – „თავისუფლება ტყვეებს“ სხვა რესურსები შეგიძლიათ ჩამოტვირთოთ ვებგვერდიდან luke4-18.com. ქრისტიანულ მსახურებებს აქვთ უფლება ამ რესურსების ჩამოტვირთვის, ბეჭდვის და მითითებულ ვებგვერზე არსებული ნებისმიერი რესურსის გაზიარებისათვის საკუთარ საჭიროებათა მიხედვით.

ჩვენ ყოველთვის მადლიერნი დავრჩებით, თუ მოგვაწვდით დამოწმებებს იმასთან დაკავშირებით, როგორ დაეხმარა ეს სწავლება ადამიანებს, ასევე, სიამოვნებით მივიღებთ რჩევებს სწავლების გაუმჯობესების შესახებ.

გზამკვლევი ხელმძღვანელებისათვის

ზოგადი მითითებები

ეს სასწავლო კურსი განკუთვნილია იმისათვის, რომ ადამიანებს დაეხმაროს ისლამისაგან სულიერი თავისუფლების მოპოვებაში.

ამ სასწავლო სახელმძღვანელოს („თავისუფლება ტყვეებს") გამოყენებით სასწავლო კურსის ჩატარებას თუ გეგმავთ, გთხოვთ, თავდაპირველად ყურადღებით წაიკითხეთ მითითებები.

ეს სასწავლო სახელმძღვანელო დაიწერა სამი სხვადასხვა ტიპის ქრისტიანთა დასახმარებლად:

1. ისლამიდან მოქცეული ქრისტიანები, რომლებმაც გადაწყვიტეს ქრისტეში საკუთარი თავისუფლების შესახებ გამოცხადება.

2. ქრისტიანები, რომლებიც ცხოვრობენ (ან რომელთა წინაპრებიც ცხოვრობდნენ) მუსლიმანთა შორის, მათი ბატონობის ქვეშ.

3. ნებისმიერი ადამიანი, ვინც მოისურვებს ქრისტეს შესახებ უწყების გაზიარებას მუსლიმანთათვის.

ამ სამ ჯგუფს განსხვავებული საჭიროებები აქვთ, თუმცაღა ჩვენ გირჩევთ, რომ ყველამ (ყველა ტიპის ქრისტიანმა) გაიაროს პირველი ექვსი გაკვეთილი, რადგან ისინი ამ სწავლების ძირითადი გაკვეთილებია.

არის კიდევ ორი დამატებითი გაკვეთილი – გაკვეთილები მე-7 და მე-8, რომლებიც საგანგებოდ ყოფილ მუსლიმანთა,

ახლა უკვე ქრისტიანობაზე მოქცეულთათვის არის განკუთვნილი. ხსენებული ორი გაკვეთილი მხოლოდ ექვს ძირითად გაკვეთილს უნდა მოჰყვებოდეს.

- მე-7 გაკვეთილში განხილულია ისლამისგან თავისუფლების დამატებითი საკვანძო ასპექტები: ტყუილი, უპირატესობა და წყევლა.

- მე-8 გაკვეთილში მოცემულია სწავლება იმის შესახებ, თუ როგორ უნდა ჩამოყალიბდეს ჯანსაღი ეკლესია მუსლიმანური წარსულის მქონე ადამიანებისგან. გაკვეთილი განკუთვნილია იმ ადამიანების დასახმარებლად, რომლებიც შრომობენ ყოფილ მუსლიმანთა შორის.

ეს სასწავლო კურსი შემუშავებულია კონკრეტული ფორმატის მიხედვით ჩასატარებლად. რეკომენდებულია, რომ მიჰყვეთ აქ აღწერილ მიდგომას, რადგან ეს მიდგომა გამოცდილია და კარგად გამოდგება სხვადასხვა კატეგორიის სტუდენტებთან მიმართებით.

ეს სასწავლო კურსი ასევე შემუშავებულია იმისათვის, რომ სამიდან ხუთ დღემდე ვადაში დასრულდეს. ამის შემდეგ შეგიძლიათ დამატებით ჩაატაროთ ყოველკვირეული მცირე ჯგუფის მეცადინეობანი.

თუ სასწავლო კურსს ხელმძღვანელობთ, მოუწოდეთ მონაწილეებს იმისკენ, რომ სხვებსაც გაუზიარონ ნასწავლი. ჩვენი მოლოდინი ისაა, რომ ამ კურსის მონაწილეებმა საკუთარ კონტექსტში გამოიყენონ ეს სწავლება და სხვებიც მოამზადონ აღნიშნული კურსის ჩატარებისათვის.

სასწავლო მეთოდი

სწავლებაში მონაწილეობის მიღება შეუძლიათ ნებისმიერი რაოდენობის ადამიანებს – მცირე საშინაო ჯგუფსა თუ ასობით ადამიანისგან შემდგარ ჯგუფს. ხუთ ან ექვს

ადამიანზე მეტი თუ უძღვება სწავლებას, მონაწილეები უნდა დაყოთ 4-5 ადამიანისგან შემდგარ ჯგუფებად. ჯგუფების შემადგენლობა არ უნდა შეიცვალოს და მათში შემავალი ადამიანები სწავლების კურსის განმავლობაში ერთად უნდა ისხდნენ.

დარწმუნდით, რომ ყველას ჰქონდეს სასწავლო სახელმძღვანელო, ვინც კურსში მონაწილეობს. სწავლების დასაწყისში სთხოვეთ მონაწილეებს, რომ სახელმძღვანელოს ყდაზე დააწერონ საკუთარი სახელები. უთხარით მათ, რომ სახელმძღვანელოები მათია და შეუძლიათ შიგ შენიშვნები ჩაიწერონ. შემდეგ ყველას აუხსენით სასწავლო სახელმძღვანელოს შესახებ და მათი ყურადღება გაამახვილეთ ექვს ძირითად გაკვეთილზე, დაუსახელეთ თითოეული გაკვეთილის სახელწოდება, გაკვეთილის დასაწყისში ჩამოთვლილი მიზნები და მის ბოლოს მოცემული წყაროები (ლექსიკონი, სახელები, მუხლები ბიბლიიდან და ყურანიდან), ასევე, თითოეული გაკვეთილის ბოლოს მოცემული კითხვები და სასწავლო სახელმძღვანელოს ბოლოს არსებული პასუხები.

სწავლების ყოველი დღის დასაწყისში ყოველი მცირე ჯგუფი ნიშნავს პრეზიდენტსა და მდივანს. სთხოვეთ ჯგუფის წევრებს, რომ რიგრიგობით მოირგონ ეს როლები.

- პრეზიდენტი ხელმძღვანელობს მცირე ჯგუფის მსჯელობას და ყველას მოუწოდებს მონაწილეობისკენ. მხოლოდ პრეზიდენტს შეუძლია სახელმძღვანელოს ბოლოს მოცემულ პასუხებში ჩახედვა.
- მდივანი იწერს ყველაფერს იმის შესახებ, თუ როგორ პასუხობენ ჯგუფის წევრები შესასწავლი მაგალითის კითხვებს, იწერს ნებისმიერ კითხვას, რომელიც უნდა დაისვას კითხვა-პასუხის სესიაზე გაკვეთილის

ბოლოს და ასევე პასუხობს ჯგუფის სახელით, როცა ჯგუფს პასუხის გაცემას სთხოვს ლიდერი.

ყოველი სასწავლო კურსის დასაწყისში ლიდერი მიუთითებს მონაწილეებს, რომ დაიყონ 4-5 ადამიანისგან შემდგარ ჯგუფებად; უხსნის, თუ როგორ უნდა იმუშაონ მცირე ჯგუფებში და რომ ყოველდღე ახალი პრეზიდენტი და ახალი მდივანი უნდა დანიშნონ. ლიდერი ასევე განმარტავს, რომ მცირე ჯგუფებში მხოლოდ პრეზიდენტს შეუძლია შეკითხვების პასუხებში ჩახედვა.

ყოველი ახალი სასწავლო დღის დასაწყისში ლიდერი აცხადებს: „ყველა პრეზიდენტი და მდივანი გადამდგარია" და მცირე ჯგუფები ნიშნავენ ახალ პრეზიდენტებსა და მდივნებს ერთი დღით (იხ. ქვემოთ).

ყოველი გაკვეთილის სწავლების თანმიმდევრობა ასეთია:

- ლიდერი აცხადებს გაკვეთილის დაწყების შესახებ და მონაწილეებს სთხოვს, გადაშალონ სახელმძღვანელო გაკვეთილის საწყის გვერდზე. ამ გვერდზე მოცემულია თემის გამოსახულება.
- თვალსაჩინო გაკვეთილს მონაწილეებს წარუდგენენ მსახიობები.
- ლიდერი მოკლედ აფასებს თვალსაჩინო გაკვეთილს (ერთი ან ორი წუთის განმავლობაში) და ყურადღებას ამახვილებს გაკვეთილის დასაწყისში მოცემულ თემის სიმბოლოზე და მოკლედ განმარტავს მას.
- ლიდერი ხმამაღლა უკითხავს მონაწილეებს გაკვეთილის დასაწყისში ჩამოთვლილ სასწავლო მიზნებს. მაგალითად, „წინამდებარე გაკვეთილის მიზნები შეგიძლიათ იპოვოთ ამა და ამ გვერდზე... ეს მიზნებია.... [ხმამაღლა კითხულობთ ყველა მათგანს]".

- შემდეგ, ყოველ გაკვეთილში არსებული სასწავლო მაგალითი შეიძლება დრამის მეშვეობით წარმოადგინოთ, თუმცა ასევე შესაძლებელია, რომ ხმამაღლა წაუკითხოთ იგი ყველა მონაწილეს. იმ შემთხვევაში, თუ გადაწყვეტთ დრამის გამოყენებას, მაშინ, სასწავლო მაგალითის სცენარი წინასწარ უნდა გაიმეოროთ: მოუწოდეთ მონაწილეებს იმისკენ, რომ მოცემული სცენარები გაითამაშონ. დრამის (ან წაკითხვის) შემდგომ მონაწილეები მცირე ჯგუფებად იკრიბებიან, რათა იმსჯელონ სასწავლო მაგალითის შესახებ და პასუხი გასცენ მის ბოლოს მოცემულ კითხვას: „რას უპასუხებდით?" ამის შემდეგ თითოეული ჯგუფის მდივანი ანგარიშს აბარებს მთლიან გუნდს იმასთან დაკავშირებით, თუ როგორ უპასუხა მისმა მცირე ჯგუფმა კითხვას.
- ყოველი გაკვეთილი რამდენიმე სესიად უნდა დავყოთ, გარდა პირველი გაკვეთილისა, რომელიც მოკლეა და შეიძლება ერთ სესიად ჩაატაროთ.
- ამა თუ იმ გაკვეთილის ფარგლებში ჩასატარებელი თითოეული სესიის დროს მონაწილეები უნდა მიჰყვნენ ქვემოთ ჩამოთვლილ ხუთ ნაბიჯს:
    1. ლიდერი აცხადებს იმის შესახებ, თუ რომელიც განყოფილებები განიხილება ამა თუ იმ სესიის დროს და მიუთითებს გვერდებსაც სასწავლო სახელმძღვანელოში, სადაც განსახილველი ნაწილებია (ლიდერს შეუძლია მიჰყვეს ტექსტში არსებულ დანაყოფებს, რომლებიც მიუთითებს იმაზე, თუ რა მოცულობის მასალა უნდა განიხილებოდეს მცირე ჯგუფის ყოველ სესიაზე).
    2. ვიღაც, ვისაც კარგი ხმა აქვს კითხვისთვის, ხმამაღლა კითხულობს ტექსტს იმ ნაწილებისათვის, რომლებიც უნდა განიხილონ

მონაწილეებმა (თუ სწავლებისას იცავთ მოცემულ დანაყოფებს, მკითხველი წაიკითხავს ტექსტს მომდევნო დანაყოფამდე. ამას, დაახლოებით, 10-15 წუთი დასჭირდება).

3. მონაწილეები იყოფიან მცირე ჯგუფებად და ეძლევათ განსახილველი სესიის კითხვები. შეკითხვები მოცემულია ყოველი გაკვეთილის ბოლოს.

4. მცირე ჯგუფები მსჯელობენ და პასუხობენ კონკრეტულ სესიაში არსებული ნაწილებისთვის განკუთვნილ კითხვებს. ამისათვის, დაახლოებით, 10-20 წუთი იქნება საჭირო და დამოკიდებულია კითხვების რაოდენობაზე. ამ დროის განმავლობაში ლიდერი სათითაოდ ყველა ჯგუფთან მიდის და თვალს ადევნებს მათი მუშაობის პროცესს.

5. იმ შემთხვევაში, თუკი ლიდერი ხედავს, რომ ერთმა ჯგუფმა დაასრულა იმ კონკრეტულ სესიასთან დაკავშირებით მუშაობა, სხვა ყველა ჯგუფსაც სთხოვს სამუშაოს დასრულებას. მიჰყევით მასალას; ნუ დაელოდებით ჩამორჩენილებს.

   გაიმეორეთ ხუთივე ნაბიჯი დარჩენილ სესიებთან მიმართებითაც მანამ, სანამ გაკვეთილს არ დაამთავრებთ.

- ყოველი გაკვეთილის ბოლოს ყველა ჯგუფი ისევ ერთად იკრიბება კითხვა-პასუხის სესიისთვის.

მე-5, მე-6 და მე-7 გაკვეთილები ლოცვებით მთავრდება. გთხოვთ გაითვალისწინოთ ქვემოთ მოცემული რჩევა ლოცვების გამოყენებასთან დაკავშირებით.

ეს არის მსჯელობის სიმბოლო, რომელზეც ნაჩვენებია ერთმანეთთან მოსაუბრე სამი ადამიანი:

ეს სიმბოლო აღნიშნავს შემოთავაზებულ მცირე პაუზას ჯგუფის სესიებს შორის. ეს მხოლოდ შემოთავაზებაა, რადგან თითოეული ლიდერისათვის საჭიროა იმის დაგეგმვა, თუ როგორ დაყოს გაკვეთილები სწავლების პროცესისათვის მონაწილეთა საჭიროებებიდან გამომდინარე. ინფორმაციის მოცულობა, რომლის ათვისებაც შეუძლიათ მონაწილეებს ერთ ჯერზე, სხვადასხვა იქნება სხვადასხვა ჯგუფის შემთხვევაში; ამრიგად, სწავლების პროცესის ლიდერმა უნდა გადაწყვიტოს, რა მოცულობის მასალის გავლა შეიძლება მცირე ჯგუფის ყოველ სესიაზე.

თვალსაჩინო გაკვეთილები

რეკომენდებულია, რომ ყოველი გაკვეთილი წარადგინოთ თვალსაჩინო გაკვეთილით, რომელსაც დრამის მეშვეობით გაითამაშებთ. მის გამოყენებას თუ გადაწყვეტთ, არის ასევე თვალსაჩინოს გაკვეთილი, რომელიც მთლიანი სასწავლო კურსის წარსადგენად გამოგადგებათ. თქვენ უნდა წინასწარ მოემზადოთ ყოველი თვალსაჩინო გაკვეთილისათვის. მრავალ შემთხვევაში საკმარისი იქნება, თუ მსახიობები ნახევარი საათით ადრე შეხვდებიან თვალსაჩინო გაკვეთილის გასამეორებლად.

თვალსაჩინო გაკვეთილი მთლიანი სასწავლო კურსის წარსადგენად

იპოვეთ ექვსი-რვა ისეთი სკამი, რომელიც მასზე მდგომი პიროვნების წონას გაუძლებს. ერთ ხაზზე განალაგეთ სკამები ისე, რომ ყოველი სკამის წინა მხარე მეორე სკამის საზურგეს ეხებოდეს. შემდეგ სთხოვეთ რომელიმე ახალგაზრდა

მონაწილეს, რომ სკამებზე ისე გაიაროს, თითქოს იმავდროულად მობილური ტელეფონით საუბრობს. შემდეგ თამაში უფრო გაართულეთ. სკამები თანდათან დააშორეთ ერთმანეთს მანამ, სანამ მათზე სიარული ძალიან არ გაძნელდება. ბოლოს კი რომელიმე მონაწილეს ხელში დააჭერინეთ ქაღალდის ფურცელი, რომელზეც იქნება წარწერა: „გზამკვლევი“. ეს ადამიანი სკამებზე მოსიარულე მონაწილესთან მივა და ხელს მოჰკიდებს მას, სანამ ის სკამიდან სკამზე გადადის. ეს იქნება თვალსაჩინოება იმისა, თუ როგორ უადვილებს ადამიანს „გზამკვლევი“ ხელი იმ საქმის გაკეთებას, რის გაკეთებაც მარტო ძალიან ძნელია.

თვალსაჩინო გაკვეთილი 1-ელი გაკვეთილისათვის

ადამიანი დადის და ყვირის: „თავისუფალი ვარ! თავისუფალი ვარ!“ და ხმამაღლა ლაპარაკობს იმის შესახებ, თუ რა თავისუფალია ის, როგორც ქრისტიანი. მთელი ამ დროის განმავლობაში ის ყურადღებას არ აქცევს მის ფეხებზე მიბმულ ორ თხას. ერთი თხა ერთ ფეხზეა მიბმული, მეორე თხა – მეორეზე. (სხვა ცხოველიც გამოდგება, მაგალითად, ორი ცხვარი, ორი მამალი ან ორი კატა). მას უძნელდება სწორ ხაზზე სიარული. მას ხან ერთ მხარეს ექაჩებიან ცხოველები, ხან – მეორე მხარეს. ის მთელი ძალით ცდილობს მიაღწიოს დანიშნულების ადგილს, მაგრამ თხებს ვერც კი ამჩნევს. ის ფიქრობს, რომ თავისუფალია, მაგრამ ასე სულაც არ არის. სულაც არა!

თუ ცხოველებს ვერ იშოვით, გამოიყენეთ დიდი ზომის ქაღალდის ფურცელი და ვინმეს დაახატინეთ ადამიანი, რომელსაც ფეხებზე ორი თხა ჰყავს გამობმული. სთხოვეთ რომელიმე მონაწილეს, წინ გამოვიდეს, ნახატზე მიუთითეთ და უთხარით: „მე ვარ ეს მორწმუნე მუსლიმანური წარსულით! თავისუფალი ვარ! თავისუფალი ვარ!“ ეს ადამიანი ერთი წუთის განმავლობაში ლაპარაკობს თავისი თავისუფლების შესახებ, თუმცა საერთოდ არ აქცევს

ყურადღებას თხებს და არც იხსენიებს მათ. შემდეგ ეს პიროვნება გადის და შემოდის მეორე, რომელიც თხებზე მიუთითებს საჩვენებელი ჯოხით და შემდეგ ხელებს სწევს გაკვირვებისა და კითხვის ნიშნად.

თვალსაჩინო გაკვეთილი მე-2 გაკვეთილისათვის

სიტყვა „დჰიმი“ მსხვილთავიანი ფლომასტერით, დიდი ასოებით დაწერეთ ქაღალდის განიერ ლენტზე. უჩვენეთ მონაწილეებს ლენტზე დაწერილი სიტყვა, შემდეგ კი ეს ლენტი სკამზე დაბმულ ადამიანს პირზე მიაკარით. 20 წამის შემდეგ სთხოვეთ ამ ადამიანს ადგომა. ის ვერ შეძლებს ამას. მერე სხვა პიროვნებას სთხოვეთ, ხელში დაიჭიროს და მაღლა ასწიოს ქაღალდის ფურცელი, რომელზეც დიდი ასოებით წერია სიტყვა „გამომსყიდველი“. სთხოვეთ „გამომსყიდველს“, რომ ხელ-ფეხი გაუხსნას „დჰიმის“, შემდეგ გათავისუფლებული „დჰიმი“ კაშკაშა სინათლისკენ გაემართოს (ეს შეიძლება იყოს სანათი, ჩირაღდანი, ან თუნდაც სმარტფონი) და თანაც ისე, რომ სვლისას ზეპირად, ხმამაღლა წარმოთქვამდეს 22-ე ფსალმუნს.

თვალსაჩინო გაკვეთილი მე-3 გაკვეთილისათვის

თუ ცხოველი წამოეგება სატყუარას, ის მახეში გაებმება და ვერ გათავისუფლდება მანამ, სანამ სატყუარას არ გაუშვებს. იპოვეთ ისეთი ქილა, რომელიც საკმარისად დიდი იქნება იმისათვის, რომ ადამიანს ხელი ჩაეტიოს, მაგრამ საკმარისად პატარა იმისათვის, რომ შეკრული მუშტი ვეღარ ამოსწიოს იქიდან. მაღლა ასწიეთ ქილა და ქაღალდის ფურცელი, რომელზეც წერია „შაჰადა“. ქილაში ცოტაოდენი კაკალი მოათავსეთ. ესა თუ ის პიროვნება ხელს ყოფს ქილაში კაკლის ამოსაღებად, მაგრამ უკან ვეღარ ხელს. შემდეგ კი დადის აქეთ-იქით და ყველას უჩვენებს თავის პრობლემას. მხოლოდ მაშინ შეძლებს ის ხელის ამოღებას ქილიდან, თუ კაკალს გაუშვებს ხელს.

თვალსაჩინო გაკვეთილი მე-4 გაკვეთილისათვის

ჩადრით მოსილი აღელვებული ქალი და მუსლიმანი მამაკაცი, რომელსაც ლოცვისთვის განკუთვნილი ქუდი აფარია, თვალებახვეულნი სხედან ორ სკამზე. ქაღალდის ორ ფურცელზე დიდი ასოებით დააწერეთ სიტყვები „ღვთისმოშიში მუსლიმანი" და შემდეგ მკერდზე მიუმაგრეთ მათ ან კისერზე ჩამოჰკიდეთ. სთხოვეთ რამდენიმე ადამიანს, შემოვიდეს და რამდენჯერმე გარს შემოუაროს მათ, იმავდროულად ხმამაღლა და ხალისიანად ეჩურჩულებოდნენ ერთმანეთს, ქების საგალობლის მელოდიას ღიღინებდნენ, მაგრამ მუსლიმანებს პირდაპირ არაფერს ეუბნებოდნენ. უთხარით მუსლიმან მამაკაცს, რომ ყოველთვის, როცა ვინმე მიუახლოვდება, ხელი სკამქვეშ არსებული მახვილისკენ (ან დიდი დანის მსგავსი სხვა იარაღისკენ) გაიწოდოს და ჰაერში გაიქნიოს, რათა ამით გაჩუმებისკენ მოუწოდოს მას, რომ ხმაურმა ძალაობისკენ არ უბიძგოს. სხვები ჩუმად გადიან. შემდეგ ვიღაც შემოდის, ჩუმად ხსნის სახვევს თვალებიდან და წყვილს უჩვენებს, რომ იქ არავინ არის. ყველა გაკვირვებულია და ერთად გადიან.

თვალსაჩინო გაკვეთილი მე-5 გაკვეთილისათვის

ქალი (ან მამაკაცი) წევს მირს, დაქანცული და დამარცხებული, თავზე ხელებდაფარებული, თავდაცვის პოზაში. სიტყვა „უარყოფილი" დაბეჭდილია მსხვილი შრიფტით ქაღალდის ფურცელზე და მიკრულია ადამიანზე. კოჭზე გრძელი თოკი აქვს მობმული, რომლის მეორე ბოლოც სცენის მიღმა უჩინარდება. თქვენთვის უხილავია, თუ რაზეა თოკის მეორე ბოლო მიბმული: შეიძლება ის ხეზე ან სხვა რამეზეა დახვეული. შემოდის გამომსყიდველის ფიგურა, ხსნის თოკს, ფრთხილად აყენებს ადამიანს და სკამისკენ მიჰყავს იგი, წყლით სავსე ჭიქას აწვდის და მოთმინებით ელოდება, როდის დაასრულებს დალევას; შემდეგართმევს ჭიქას, გვერდით დებს და ხსნის იარლიყს, რომელზეც აწერია

„უარყოფილი“. შემდეგ გამომსყიდველის ფიგურა იჩოქებს სკამზე მჯდარი გამოსყიდული ადამიანის წინ, ბანს და უმშრალებს ფეხებს.

თვალსაჩინო გაკვეთილი მე-6 გაკვეთილისათვის

დასვით რომელიმე ადამიანი მაგიდასთან მდგარ სკამზე, უკან დააყენეთ მისი ცოლი, რომელსაც ხელებზე კაცის მხრებზე უწყვია. ისინი ჩუმად შეჰყურებენ გადაშლილ ბიბლიას. სიტყვა „დუმი“ დიდი ასოებით, მსხვილი ფლომასტერით დაწერეთ ქაღალდის ფართო ლენტზე. უჩვენეთ აუდიტორიას ლენტზე დაწერილი სიტყვა და შემდეგ სკამზე მჯდარ ადამიანს ააკარით პირზე. ამის შემდგომ მოიქეცით ისე, თითქოს მუსლიმანი ხართ, ჯერ მიესალმეთ, მერე კი დასცინეთ დადუმებულ, სკამზე მჯდარ ქრისტიანს. ცოლმა უნდა სცადოს დასმულ შეკითხვებზე პასუხის გაცემა. მუსლიმანი არად აგდებს ქალის პასუხებს. ქრისტიანს კვლავ ორი ხელით უჭირავს ბიბლია, მაგრამ მხოლოდ თავს აქნევს და აქეთ-იქით ამოძრავებს. ბოლოს, მუსლიმანი იცინის და გადის. ცოლი ხსნის კაცს პირზე აკრულ ლენტს. კაცი სიხარულით ეუბნება: „უთხარი მუსლიმანს, რომ დაბრუნდეს!“ ქალი სწრაფად მიჰყვება უკან მუსლიმანს. შემდეგ ქმარიც მიდის და ამბობს: „მოვდივარ, მოვდივარ!“ ბიბლია კი ისევ ხელში უჭირავს, ზემოთ აწეული.

თვალსაჩინო გაკვეთილი მე-7 გაკვეთილისთვის

ჩუმად მოათავსეთ სამი სკამი აუდიტორიის წინ – ერთი სკამი ერთ მხარეს დადგით, დანარჩენი ორი კი ერთად – მეორე მხარეს. წყვილად მდგარი სკამებიდან ორივეს მიკრული აქვს ქაღალდის ფურცელი, რომელსაც აწერია სიტყვა „თავისუფლება“. მესამე სკამს კი მიკრული აქვს ფურცელი, რომელზეც დაწერილი სიტყვა „ისლამი“. ეს სკამი თოკით არის მიბმული რაღაც უძრავზე, რაც ოთახში დგას. „ისლამის“

სკამზე მჯდარი ადამიანის ფეხი მოკლე თოკითაა მიბმული სკამზე. ეს თოკი არ არის საკმარისად გრძელი იმისათვის, რომ ეს პიროვნება მისწვდეს „თავისუფლების“ სკამებს, „ისლამის“ სკამის გადაადგილება კი შეუძლებელია, რადგან ის რაღაც უძრავზეა მიმაგრებული. სიტყვა „ტყვეობა“ დიდი ასოებით, მსხვილი ფლომასტერით დაწერეთ ქაღალდის ფართო ლენტზე. ვიღაც აჩვენებს ამ ფურცელს აუდიტორიას, შემდეგ კი მიდის და მას აკრავს თოკზე, რომლითაც „ისლამის“ სკამზეა მიბმული ადამიანი. ამ დროს შემოდის სხვა და ჯდება „თავისუფლების“ ერთ-ერთ სკამზე, თან ბიბლიას კითხულობს. ეს ადამიანი თავის ქნევით უხმობს სკამზე დაბმულ პიროვნებას და მას „თავისუფლების“ ცარიელ სკამზე დაჯდომისკენ იწვევს. დაბმული ადამიანი კი ცდილობს მისწვდეს „თავისუფლების“ სკამს, მაგრამ თოკი უშლის ხელს. „თავისუფლების“ სკამზე მჯდარი პიროვნება იღებს ნიშანს, რომელზეც დაწერილია: „უარყოფა“ და აუდიტორიას აჩვენებს მას. შემდეგ ეს ადამიანი მიდის მეორე ადამიანთან და ამ ნიშანს ამაგრებს „ისლამის“ ნიშნის ზემოთ ისე, რომ ორივე ნიშანი კარგად ჩანს. მერე კი ხსნის თოკს, რომელიც მეორე ადამიანს „ისლამის“ სკამზე იჭერს. ორივე ჯდება „თავისუფლების“ სკამებზე. ისინი ერთად იწყებენ საგალობლის პირველი სტრიქონის გალობას („გასაოცარი მადლი“ ან სხვა რომელიმე ცნობილი საგალობელი, რომელიც ქრისტეში თავისუფლებას შეეხება).

თვალსაჩინო გაკვეთილი მე-8 გაკვეთილისათვის

მართლმორწმუნე მუსლიმანივით ჩაცმული ქალი თვალებახვეული მიჰყავს მუსლიმანივით ჩამულ კაცს სკამთან. სიტყვა „სირცხვილი“ დაწერილია ქაღალდის ფურცელზე და მიკრულია ქალის მკერდზე. მუსლიმანი კაცი ეუბნება მას: „ხელ-ფეხი ბინძური გაქვს!“ და გადის. ქალი სკამზე სკამზე და აუდიტორია ხედავს, რომ მას ძალიან ჭუჭყიანი ხელები და ფეხები აქვს. ის ოდნავ გასაგონად

ტირის. შემოდის ქრისტიანი ქალი. მას წყლით სავსე პირსაბანი და ტილო შემოაქვს. ის ფაქიზად და ფრთხილად სწმენდს ცრემლს სკამზე მჯდარ ქალს და და ლოყებს უმშრალებს. შემდეგ ხელებს ჰბანს მას, ბოლოს კი მუხლებზე დგება, რომ ფეხებიც დაბანოს. ამის მერე ქრისტიანი ქალი ნაზად ხსნის ჩადრს და ფეხზე ადგომაში ეხმარება. ისინი ხელჩაკიდულები გადიან. ქრისტიან ქალს პირსაბანი უჭირავს, მუსლიმანს კი – ტილო.

მცირე ჯგუფების პრეზიდენტების როლი

მცირე ჯგუფის პრეზიდენტის როლი ისაა, რომ საკუთარი ჯგუფის წევრებს მსჯელობისკენ მოუწოდოს.

გაკვეთილებში მოცემულ კითხვებში მსხვილი შრიფტით გამოყოფილი სიტყვა იმას ნიშნავს, რომ ეს სიტყვა ამა თუ იმ გაკვეთილის ახალ სახელებსა თუ ახალ ლექსიკონში შედის და როცა ჯგუფი შეხვდება ამ სიტყვებიდან რომელიმეს, პრეზიდენტმა უნდა უთხრას ჯგუფს, თუ ვინ იყო ეს ადამიანი, ან რა მნიშვნელობა აქვს ამ სიტყვას

პრეზიდენტი მოუწოდებს ჯგუფის წევრებს მსჯელობაში მონაწილეობისკენ.

მოცემული შეკითხვები იმისთვისაა განკუთვნილი, რომ დარწმუნდეთ, ყველამ გაიგო თუ არა სწავლება. კარგი იქნება, თუ ჯგუფის წევრები მოისურვებენ მომდევნო ნაწილში მოცემული საკითხების შესახებ მსჯელობასაც. თუ ჯგუფი თემიდან გადაუხვევს, პრეზიდენტმა უნდა დააბრუნოს ის შესასწავლ კითხვებთან.

პრეზიდენტმა უნდა ადევნოს თვალი იმას, რომ მსჯელობა გრძელდება. მცირე ჯგუფის პრეზიდენტი ერთადერთი პიროვნებაა მცირე ჯგუფში, ვისაც შეუძლია სასწავლო სახელმძღვანელოს ბოლოს მოცემულ პასუხებში ჩახედვა.

მე-5, მე-6 და მე-7 გაკვეთილებში მოცემული ლოცვების გამოყენება

ქვემოთ ჩამოთვლილია მითითებები იმასთან დაკავშირებით, თუ როგორ გამოვიყენოთ მე-5-7 გაკვეთილებში არსებული ლოცვები შაჰადას, დჰიმას, ტყუილის, ცრუ უპირატესობის და წყევლის უარსაყოფად.

- ყველამ ერთად წარმოთქვით ლოცვები (ყველა მონაწილემ ერთად და არა მცირე ჯგუფებში, ცალ-ცალკე). მონაწილეებს შეუძლიათ დარჩნენ მცირე ჯგუფებში, თუ აუცილებელი არ არის ყველას ერთად შეკრება.

- ყველაზე კარგი იქნება ის, თუ სთხოვთ მონაწილეებს, რომ ფეხზე ადგნენ და ისე წარმოთქვან ლოცვა: ჩვენ უნდა ფხიზელნი და მღვიძარენი ვიყოთ და ფეხზე უნდა ვიდგეთ მაშინ, როცა ასეთ მნიშვნელოვან რაღაცებს ვაცხადებთ.

- ყოველი ლოცვითი სესიის წინ ბიბლიური მუხლები მოცემულია კითხვა-პასუხის ფორმატში. ლიდერი ჯერ შეკითხვებს კითხულობს, შემდეგ წმინდა წერილის მუხლებს, ხოლო შემდეგ – პასუხებს (გამოყოფილია დახრილი შრიფტით). ამის შემდეგ ყველა დგება და ერთად ლოცულობს. ჯერ უნდა დაასრულოთ მე-5 გაკვეთილი (თავისუფლება შაჰადასგან), ხოლო შემდეგ მე-6 გაკვეთილი (თავისუფლება დჰიმობისგან), რადგან ასეთია ჩვეული მიმდევრობა და ამ შემთხვევაში, მე-5 გაკვეთილში უკვე წაკითხული გექნებათ „ჭეშმარიტებასთან შეხვედრის“ მუხლები და ამიტომაც, მათი ხელახლა წაკითხვა აღარ დაგჭირდებათ მე-6 გაკვეთილისას.

- მე-5 გაკვეთილში მოცემული შაჰადას უარყოფის ლოცვა უნდა წარმოთქვათ ამავე გაკვეთილში არსებული ლოცვის შემდეგ, რომელსაც ეწოდება „იესო ქრისტეს გზაზე შედგომის და ამ გზის ერთგულების შესახებ განცხადება და ლოცვა“. ერთად წარმოთქვით ეს ლოცვა. შემდეგ წაიკითხეთ დამოწმებანი თავისუფლების შესახებ. ამის მერე ლიდერი კითხულობს „ჭეშმარიტებასთან შეხვედრის“ მუხლებს. შემდგომ ამისა, ყველა წარმოთქვამს ლოცვას – „განცხადება და ლოცვა შაჰადას უარყოფისა და მისი ძალის გასატეხად“.
- ეს ლოცვები შეგიძლიათ ერთად წარმოთქვათ, ოღონდ სხვადასხვაგვარად:
    - მონაწილეებს შეუძლიათ სასწავლო სახელმძღვანელოდან ერთად წაიკითხონ ის.
    - თუ პროექტორი გაქვთ და კედელზე აშუქებთ ტექსტს, შეუძლიათ ეკრანიდან წაიკითხონ ერთად.
    - ხშირად, უმჯობესია, თუ ლოცვას წავიკითხავთ ფორმატში „ჩემ შემდეგ გაიმეორე“. ამ დროს ლიდერი კითხულობს ერთ ფრაზას, დანარჩენები კი იმეორებენ. ეს ფორმატი კარგია იმ შემთხვევაში, თუ მონაწილეები არ არიან შეჩვეულნი ტექსტის ხმამაღლა, ერთობლივად კითხვას. ეს მეთოდი ასევე მეტ დროს აძლევს ადამიანებს, რომ ლოცვის სიტყვები კარგად გაიაზრონ და დაიმახსოვრონ; ხსენებული ფორმატი ხელს უწყობს ჯგუფში ერთობის დამყარებას.
- ძალიან მნიშვნელოვანია, რომ მონაწილეთა მიერ ამ ლოცვების წარმოთქმის შემდეგ ლიდერმა ილოცოს

ყველა მათგანზე, რათა დაამსხვრიოს წყევლანი და კურთხევათა მეშვეობით ჩაანაცვლოს ისინი. ლიდერის მიერ წარმოთქმული ლოცვები უნდა მოიცავდეს ქვემოთ ჩამოთვლილ ელემენტებს:

- ლიდერმა თავდაჯერებულად უნდა განაცხადოს ყველა წყევლის დამსხვრევის შესახებ, რომელი წყევლანიც დაკავშირებულია იმასთან, რაც მონაწილეებმა უარყვეს ლოცვების მეშვეობით. შეიძლება ლიდერმა თავად წარმოთქვა ეს მონაწილეების სახელით, ან მიუთითოს მათ, როგორ გამოაცხადონ ეს თავად. მაგალითად, შაჰადას უარყოფის ლოცვის შემდეგ, ლიდერს შეუძლია თქვას: „ვამსხვრევ ისლამის მიერ თქვენთვის თავს დატეხილ ყოველგვარ წყევლას. ვამსხვრევ ისლამის ყოველგვარი სულიერი ძალის მოქმედებას თქვენს ცხოვრებაში". იმ შემთხვევაში კი, თუ მონაწილეებს მიუთითებს ლიდერი, რათა მათ გამოაცხადონ ამის შესახებ, შესაძლებელია, რომ მონაწილეებმა „ჩემ შემდეგ გაიმეორე" ფორმატში წარმოთქვან სიტყვები: „ვამსხვრევ ისლამის მიერ ჩემთვის თავს დატეხილ ყოველგვარ წყევლას. ვამსხვრევ ისლამის ყოველგვარი სულიერი ძალის მოქმედებას ჩემს ცხოვრებაში".

- მსგავსადვე, ლიდერი უბრძანებს ბოროტ სულებს, გავიდნენ (სდევნის მათ), ან მონაწილეებს მიუთითებს, როგორ გააკეთონ ეს თავად ამ სიტყვების გამოყენებით: „ჩვენი უფლის, იესო ქრისტეს სახელით ვუბრძანებ ყველა ბოროტ სულს, დაემორჩილოს იესო ქრისტეს და დაგტოვოს" (ან: „დამტოვოს ახლავე", თუ იყენებთ „ჩემ შემდეგ გაიმეორე" ფორმატს).

- შემდეგ ლიდერი აკურთხებს მათ, ვინც ლოცვა წარმოთქვეს და ამით მოუხმობს უფლის კურთხევას მათზე, რომელსაც იმის საპირისპირო მოაქვს მათ ცხოვრებაში, რაც მათ უარყვეს (განმარტებულია მე-2 გაკვეთილში). მაგალითად, დჰიმობის უარყოფის ლოცვის წარმოთქმის შემდეგ ლიდერს შეუძლია სიცოცხლის სიტყვებით აკურთხოს ადამიანთა ბაგეები, რათა მათ გაბედულად ილაპარაკონ ჭეშმარიტება; ხოლო შაჰადას უარყოფის ლოცვის წარმოთქმის შემდეგ ლიდერს შეუძლია აკურთხოს მონაწილეები ღმერთის სიცოცხლით, იმედით, გაბედულებითა და სიყვარულით.
- გარდა ამისა, კარგი იქნება, თუ ლოცვის გუნდი მოემზადება იმისათვის,რომ განაგრძოს ლოცვა მონაწილეებზე მას შემდეგ, რაც ყველა ერთად წარმოთქვამს ლოცვას. ამისათვის შეგიძლიათ, მაგალითად, ზეთისცხების მსახურება ჩაატაროთ: ლოცვის წარმოთქმის შემდეგ, სთხოვეთ მონაწილეებს, რიგ-რიგობით გამოვიდნენ წინ, რათა ლოცვის გუნდის წევრებმა ზეთი სცხონ და სათითაოდ ყოველი მათგანისთვის ილოცონ. კარგი იქნება, თუ ლოცვის გუნდის წევრებს წინასწარ მოამზადებთ, რათა იცოდნენ, რა უნდა მოიმოქმედონ.

ნათლობა

დაჟინებით გირჩევთ, რომ ისლამიდან ქრისტიანობაზე მოქცეულმა ადამიანმა, თავის ნათლობამდე, აუცილებლად წარმოთქვას მე-5 გაკვეთილში მოცემული ორივე ლოცვა: „იესო ქრისტეს გზაზე შედგომის და ამ გზის ერთგულების შესახებ განცხადება და ლოცვა“ და „განცხადება და ლოცვა

შაჰადას უარყოფისა და მისი ძალის გასატეხად“. მანამ, სანამ ამ ლოცვებს წარმოთქვამდნენ, მკაფიოდ აუხსენით მათი მნიშვნელობა, რათა ესმოდეთ, რისთვის ლოცულობენ და მთელი გულით ილოცონ. გირჩევთ, რომ ეს ნათლობისათვის მზადების შემადგენელ ნაწილად აქციოთ.

გამოვლინებანი

ხანდახან, როცა ადამიანები ამ ლოცვებს წარმოთქვამენ, ბოროტი სულები ავლენენ თავს. ვიღაცა შეიძლება აყვირდეს, ძირს დაეცეს, ან აკანკალდეს. ამისათვის და განსაკუთრებით მაშინ, როცა ადამიანები ლოცვას წარმოთქვამენ ჯგუფში, კარგი იქნება, თუ მომზადებული იქნებით. ახლოს გყავდეთ ჯგუფი ან ჯგუფები, რომლებიც ფრთხილად გაიყვანენ ადამიანს გვერდით, გაამხნევებენ და რბილად, მაგრამ თავდაჯერებულად უბრძანებენ ბოროტ სულს (სულებს) მისგან გასვლას. ასევე კარგი იქნება, თუ ერთი ან მეტი ლიდერიც გეყოლებათ იქვე, რომლებიც ყურადღებით დააკვირდებიან ადამიანებს ლოცვის დროს, რათა ხედავდნენ, რა მდგომარეობაში არიან ისინი.

1

ისლამის უარყოფის საჭიროება

„თავისუფლებისთვის გაგვათავისუფლა ქრისტემ!"
გალატელთა 5:1

გაკვეთილის მიზნები

ა. გავაცნობიეროთ ისლამის აღთქმათა ძალების უარყოფის კრიტიკული საჭიროება.

ბ. ჩავწვდეთ იმას, თუ რაოდენ აგრესიულია ისლამის სულიერი უზენაესობა მუსლიმანებსა და არამუსლიმანებზე.

გ. გავეცნოთ იდეას სატანის ძალაუფლებიდან იესო ქრისტეს სასუფეველში გადასვლის შესახებ.

დ. უკუვაგდოთ შეხედულება იმის შესახებ, რომ ძალის გამოყენება საბოლოო პასუხია ისლამური ჯიჰადის მიმართ.

ე. ვიფიქროთ მუჰამედისა და დანიელის მიერ ხილვაში ნანახ „ურცხვინო და ორპირობაში გაწაფულ მეფეს“ შორის არსებულ მსგავსებაზე და ვნახოთ, რომ ეს მეფე დამარცხდა, თუმცა არა „კაცთა ხელით“.

სასწავლო მაგალითი: რას გააკეთებდით?

მარკ დურის ამ წიგნის კითხვისას გირეკავენ და გატყობინებენ, რომ ბიძათქვენი უმნიშვნელო ავტოავარიაში მოჰყვა და მახლობელ საავადმყოფოში იმყოფება. მის სანახავად მისული აღმოაჩენთ, რომ მის პალატაში, მასთან ერთად წევს ალი, დიდად მართლმორწმუნე შიიტი მუსლიმანი. მას შემდეგ, რაც ბიძათქვენზე ილოცებთ, ალის უჩნდება თქვენთან საუბრის სურვილი და გეუბნებათ: „თქვენ ძალიან კარგი მუსლიმანი შეგიძლიათ გახდეთ და ამ ნაბიჯის გადადგმას ბევრი არაფერი გაშორებთ. მას შემდეგ,

რაც გაიგებთ ჰაზრატ მუჰამედის საოცარი მაგალითის შესახებ, მშვიდობა მისდა, დაინახავთ, რომ მისი მოსვლა ჰაზრატ ისას მიერ აღთქმული და ნაწინასწარმეტყველები იყო, მშვიდობა მისდა. ჩვენი დიდი წინასწარმეტყველი, მშვიდობა მისდა, ყველაზე მოწყალე, ყველაზე მოსიყვარულე, ყველაზე მშვიდობიანი პიროვნება იყო, რომელსაც ოდესმე უცხოვრია დედამიწაზე. გიწვევ, რომ ალაჰის ჭეშმარიტ გზას დაადგე".

რას უპასუხებდით? რას მოიმოქმედებდით?

გადაუდებელი საჭიროება

ეს არის ყოფილი მუსლიმანის დამოწმება, რომელმაც ქრისტიანული რწმენა მიიღო და მოგვიანებით დიდი თავისუფლება განიცადა, როცა ისლამი უარყო:

> მუსლიმანთა ოჯახში გავიზარდე, დასავლეთში. მეჩეთში დავდიოდით და არაბულად ვსწავლობდით ლოცვების წარმოთქმას. ამის გარდა, დიდად რელიგიური არ ვყოფილვარ ბავშვობაში. ყველაფერი შეიცვალა, როცა ჩემს ცხოვრებაში ძიების პერიოდი დაიწყო უნივერსიტეტში ჩაბარების შემდეგ. ამ პერიოდის შემდეგ აღმოვაჩინე, თუ ვინ იყო სინამდვილეში იესო ქრისტე და მან იხსნა ჩემი სული.
>
> უნივერსიტეტში არსებულ ბიბლიის შემსწავლელ სტუდენტურ ჯგუფში დავიწყე სიარული. ყოველ კვირას სხვადასხვა სტუდენტი უზიარებდა დანარჩენებს ბიბლიის ამა თუ იმ ტექსტის შესახებ. წელიწადზე ნაკლები იყო, რაც ქრისტიანი ვიყავი, მაგრამ მაინც მთხოვეს ბიბლიური უწყების გაზიარება. იმ საღამოს, როცა სიტყვა უნდა წარმომეთქვა, უნივერსიტეტის ბიბლიოთეკაში წავედი სალოცავად. შეხვედრაზე უნდა მესაუბრა თემაზე: „იესო მოკვდა ჩემთვის. მე თუ მოვკვდები იესოსთვის?"

> ლოცვა რომ დავიწყე, რაღაც ძალიან უცნაური მოხდა. ვიგრძენი, როგორ მიჭერდა რაღაც ყელში, თითქოს ვიხრჩობოდი. პანიკაში ჩავვარდი, რადგან ეს შეგრძნება თანდათან ძლიერდებოდა. შემდეგ გავიგონე, როგორ მეუბნებოდა ხმა: „უარყავი ისლამი! უარყავი ისლამი!“ მჯერა, რომ ეს უფლის ხმა იყო. იმავდროულად, გონებაში ახსნა ვცადე: „უფალო, ისლამში ნამდვილად არასოდეს ვყოფილვარ 'ჩართული' და არც წეს-ჩვეულებებს ვიცავდი ბოლო ხანს“.
>
> მიუხედავად ამისა, ხრჩობის შეგრძნება არ წყდებოდა და მე ვთქვი: „იესოს სახელით, უარვყოფ ისლამს!“ ეს ყველაფერი ჩუმად ხდებოდა, რადგან ბიბლიოთეკაში ვიყავი. ზეწოლის შეგრძნება ყელზე მომეშვა. დიდი შვება ვიგრძენი! ლოცვა და შეხვედრისთვის მზადება განვაგრძე. შეხვედრისას უფალმა დიდი ძალაუფლებით გამოავლინა თავი. მახსოვს, რომ სტუდენტები დაჩოქილნი იდგნენ, უფალს შეჰღაღადებდნენ და თავს უძღვნიდნენ მას.

დღეს მსოფლიოში მცხოვრები მრავალი ადამიანის ერთ-ერთი გადაუდებელი საჭიროება ისლამის უარყოფაა. წინამდებარე წიგნში განმარტებულია, თუ რატომ არის ეს აუცილებელი და როგორ უნდა გაკეთდეს. წიგნში მოცემულია ინფორმაცია და ლოცვები, რათა ქრისტიანებს დაეხმაროს ისლამის მაკონტროლებელი სულიერი გავლენისგან გათავისუფლებაში.

წიგნის საკვანძო აზრი ისაა, რომ ისლამის სულიერი ძალაუფლება ხორციელდება ორი აღთქმის (თუ პაქტის) მეშვეობით, რომელიც აღთქმებიც ცნობილია შაჰადასა და დჰიმას სახელწოდებით. შაჰადა მუსლიმანებს აკისრებს ისლამური კანონის მიხედვით განსაზღვრული პირობების შესრულებას, ხოლო დჰიმა – არამუსლიმანებს.

მნიშვნელოვანია ვიცოდეთ:

- როგორ შეუძლია ადამიანს – რომელიც ადრე მუსლიმანი იყო, მაგრამ შემდეგ ქრისტეს გზაზე სიარული ირჩია – უარყოს აღთქმით დადებული ერთგულების ფიცი შაჰადას (და ყოველივესი, რასაც მოიცავს იგი) წინაშე და გათავისუფლდეს მისგან.
- როგორ შეუძლია ქრისტიანს განაცხადოს საკუთარი თავისუფლების შესახებ და გათავისუფლდეს ისლამის შარიათის კანონის მიერ დჰიმას მეშვეობით არამუსლიმანთათვის თავს მოხვეული, დამაკნინებელი მეორეხარისხოვანი სტატუსისგან.

ქრისტიანებს შეუძლიათ უარყონ ეს აღთქმანი და ამით განაცხადონ საკუთარი კანონიერი თავისუფლების შესახებ. (ამისათვის არის მოცემული წიგნში ლოცვები ისლამის უარყოფისათვის).

ორი აღთქმა

არაბული სიტყვა „ისლამი“ ნიშნავს „მორჩილებას“ ან „დანებებას“. მუჰამედის რწმენა ორგვარ მორჩილებას სთავაზობს კაცობრიობას. ერთია მოქცეულის მორჩილება, რომელიც იღებს ისლამის რელიგიას, ხოლო მეორეა არამუსლიმანის მორჩილება, ვინც ემორჩილება ისლამის ბატონობას ისლამზე მოქცევის გარეშე.

ისლამზე მოქცეულთა აღთქმას შაჰადა (მუსლიმანური რწმენის აღსარება) ეწოდება. ეს არის რწმენის აღსარება ალაჰის ერთადერთობისა და მუჰამედის უკანასკნელ მოციქულად აღიარების (და ყოველივესი, რასაც ეს ორი განაცხადი მოიცავს) შესახებ.

დჰიმა ეწოდება იმ არამუსლიმანის აღთქმას, რომელიც ემორჩილება ისლამის პოლიტიკურ ბატონობას. ეს გახლავთ ისლამური კანონის დადგენილება. ის განსაზღვრავს ქრისტიანებისა და იმ ადამიანების სტატუსს, რომლებიც

ისლამის მიღებაზე უარს ამბობენ, თუმცა იძულებულნი არიან იცხოვრონ მისი მმართველობის ქვეშ.

ჩვენ უნდა შევეწინააღმდეგოთ ისლამის მოთხოვნას იმასთან დაკავშირებით, რომ კაცობრიობამ მორჩილება უნდა გამოხატოს შაჰადას აღიარებისა თუ დჰიმას მიღების მეშვეობით.

ბევრ ქრისტიანს ესმის, რომ ადამიანმა, ვინც დატოვა მუსლიმანური რწმენა და გაჰყვა ქრისტეს, უნდა უარყოს ისლამი. მიუხედავად ამისა, ბევრი ქრისტიანი შეიძლება გაკვირვებული დარჩეს იმის გაგებით, რომ ქრისტიანები, რომლებიც არასოდეს ყოფილან მუსლიმანები, მაინც შეიძლება მოექცნენ ისლამის ბატონობის სულიერი გავლენის ქვეშ. იმისათვის, რომ ამ გავლენას შეეწინააღმდეგონ, ისინი პირადად უნდა აღუდგნენ წინ დჰიმას აღთქმის მოთხოვნებს, უკუაგდონ შიში და მეორეხარისხოვნების სტატუსი, რომელსაც მათ ისლამი ახვევს თავს, როგორც არამუსლიმანებს.

ჩვენ უნდა ჩავუღრმავდეთ ისლამის ბატონობის გამომხატველ ამ ორ პრინციპს (შაჰადა და დჰიმა). ამასთან, გთავაზობთ დაფიქრდეთ ქრისტეს შესახებ, მისი სიცოცხლის ძალისა და იმ თავისუფლების სულიერი წყაროების შესახებ, რომლებიც თავად უზრუნველყო ჩვენთვის ჯვრის მეშვეობით. წიგნში მოცემულია ბიბლიური პრინციპები და ლოცვები, რომლებიც შესაძლებლობას მოგცემთ მოითხოვოთ თავისუფლება, რომელიც ქრისტემ უკვე უზრუნველყო თქვენთვის.

უზენაესობის გადანაცვლება

ისლამის მრავალი მასწავლებელი ხაზს უსვამს იმას, რომ უზენაესობა „მხოლოდ ალაჰს" ეკუთვნის. ისინი გულისხმობენ იმას, რომ შარიათის კანონით უნდა

30

იმართებოდეს სამართლისა თუ ძალაუფლების სხვა პრინციპებიც.

ამ წიგნის საკვანძო იდეა გახლავთ ის, რომ ქრისტეს მიმდევრებს აქვთ უფლება და მოვალეობაც იმისა, რომ უარყონ სულიერი უზენაესობის სხვა ფორმები.

ქრისტიანული გაგებით ქრისტესკენ მოქცევა ნიშნავს ადამიანის სულის მიმართ არსებული ყველა სულიერი მოთხოვნის უკუგდებას და უარყოფას, ქრისტეში არსებულ მოთხოვნათა გარდა. პავლე მოციქული, თავის წერილში კოლასელთა მიმართ, წერს იმის შესახებ, რომ ქრისტეს რწმენაზე მოქცევა იგივეა, რაც ერთი სამეფოდან მეორეში გადასვლა:

„რომელმაც გვიხსნა სიბნელის ხელმწიფებისაგან და შეგვიყვანა თავისი საყვარელი ძის სასუფეველში, რომელშიც გვაქვს მისი სისხლით გამოსყიდვა და ცოდვების მიტევება" (კოლასელთა 1:13-14).

ამ წიგნში შემოთავაზებული სულიერი სტრატეგია იმ პრინციპის პრაქტიკული გამოყენებაა, რასაც ერთი სამეფოდან მეორეში გადასვლა ეწოდება. ქრისტიანი მორწმუნეები, გამოსყიდვის მეშვეობით, ქრისტეს მმართველობას დაექვემდებარნენ. ისინი აღარ არიან „სიბნელის ხელმწიფების" პრიციპებს დამორჩილებულნი.

იმისათვის, რომ მორწმუნეებმა მოითხოვონ და მოიპოვონ თავისუფლება (რაც მათი თანდაყოლილი უფლებაა) ისლამის მოთხოვნებისაგან, მათ უნდა იცოდნენ, საიდან გამოიყვანა ისინი ღმერთმა და სად შეიყვანა. ეს წიგნი გთავაზობთ ამ ცოდნას და რესურსებს მის გამოსაყენებლად.

მახვილი პასუხი არ არის

არსებობს მრავალი გზა იმისათვის, რომ შევეწინააღმდეგოთ ისლამის ნებას ბატონობასთან დაკავშირებით. ეს შეიძლება

31

მოიცავდეს მრავალ სხვადასხვა ქმედებას, მათ შორის, პოლიტიკურ და საზოგადოებრივ მოღვაწეობას, ადამიანთა უფლებების დაცვას, აკადემიურ კვლევას და მედიის გამოყენებას ჭეშმარიტების გასავრცელებლად. ზოგიერთი საზოგადოებისა და ერისათვის დგება დრო, როცა სამხედრო პასუხის გაცემა ხდება აუცილებელი, თუმცა მახვილი არ შეიძლება იყოს საბოლოო პასუხი ისლამური ჯიჰადის მიმართ.

მუჰამედმა თავის მიმდევრებს დაავალა, რომ მისი რწმენა მთელ მსოფლიოში გაევრცელებინათ და მითითება მისცა იმასთან დაკავშირებით, რომ არამუსლიმანთათვის სამი არჩევანი შეეთავაზებინათ: ერთი იყო მოქცევა (შაჰადა), მეორე იყო პოლიტიკური მორჩილება (დჰიმა), ხოლო მესამე – მახვილი: ბრძოლა საკუთარი სიცოცხლისათვის – ან სხვისი მოკვლა, ან თავად მოკვდომა, როგორც ამას ყურანი ასწავლის (სურა 9:111; იხ. ასევე სურა 2:190-193, 216-217; სურა 9:5, 29).

ჯიჰადის მიმართ სამხედრო წინააღმდეგობის გზას მოაქვს სულიერი საფრთხენი, რომ აღარაფერი ვთქვათ დამარცხების შესაძლებლობაზე. ევროპის ქრისტიანები იძულებულნი იყვნენ ათას წელზე მეტხანს სჭეროდათ ხელში მახვილი, როცა ისლამურ დაპყრობათა მიმართ თავდაცვითი წინააღმდეგობის გზა ირჩიეს. რეკონკისტას იბერიის ნახევარკუნძულის გასათავისუფლებლად თითქმის 800 წელი დასჭირდა. პაპმა ლეო IV-მ, ახ. წ. აღ-ის 853 წელს სამოთხე აღუთქვა მათ, ვინც საკუთარ სიცოცხლეს გაიღებდა ჯიჰადისაგან ქრისტიანული ეკლესიებისა და ქალაქების დაცვისათვის და ეს მხოლოდ მას შემდეგ, რაც ახ. წ. აღ-ის 846 წელს არაბების მიერ რომის აოხრებიდან შვიდი წელი გავიდა, ხოლო თითქმის საუკუნე – ანდალუზიაში (იბერიის ნახევარკუნძული) მუსლიმანების შეჭრიდან და მისი დაპყრობიდან. მიუხედავად ამისა, ეს გახლდათ ისლამთან ბრძოლის მცდელობა ისლამისავე ტაქტიკის გამოყენებით:

ბოლოსდაბოლოს, ეს მუჰამედმა აღუთქვა სამოთხე მათ, ვინც ბრძოლაში დაიხოცებოდნენ და არა იესომ.

და მაინც ისლამის ძალაუფლების ფესვი არც სამხედროა და არც პოლიტიკური, არამედ სულიერი. ახალი მიწების დაპყრობისას ისლამი ითხოვდა იმას, რასაც არსებითად, სულიერი მოთხოვნები შეიძლება ეწოდოს. ეს მოთხოვნები შარიათის კანონის დადგენილებათა – შაჰადასა და დჰიმას – მეშვეობით გამოიხატებოდა და განმტკიცებული იყო სამხედრო ძალით.

სწორედ ამიტომ, ისლამისათვის წინააღმდეგობის გაწევისა და მისგან გათავისუფლების რესურსები, რომლებიც წიგნშია მოცემული, სულიერია. ისინი განკუთვნილია ქრისტიან მორწმუნეთათვის, რათა მათ ჯვრის შესახებ ბიბლიური ცოდნა გამოიყენონ, რათა ადამიანებს თავისუფლებისკენ მიმავალი გზა უჩვენონ.

„არა კაცთა ხელით“

დანიელის წიგნში (ქრისტეს შობამდე 600 წლით ადრე) ვხედავთ განსაცვიფრებელ წინასწარმეტყველურ ხილვას მმართველის შესახებ, ვისი მეფობაც აღზევცდებოდა ალექსანდრე დიდის იმპერიის შემდეგ შექმნილი სამეფოებიდან:

> „მათი სამეფოს აღსასრულისას, როდესაც დამნაშავენი თავისას აღასრულებენ, აღდგება ურცხვინო და ორპირობაში გაწაფული მეფე. განმტკიცდება მისი ძლიერება, ოღონდ არა მისი საკუთარი ძალით. უდაბნოებად აქცევს ქვეყნებს და წარემართება და იმოქმედებს, და გაანადგურებს ძლიერებს და წმიდა ერს. და გარდა თავისი ჭკუისა და მზაკვრობისა, წარმატებაც ექნება ხელთ. გულზვიადი გახდება და ქვეყანაზე მრავალს დაღუპავს. წინ აღუდგება მაღალ ღმერთს,

მაგრამ შეიმუსრება, ოღონდ არა კაცთა ხელით"
(დანიელი 8:23-25).

ამ მმართველის მახასიათებლებსა და მის გავლენაში მკაფიოდ იკვეთება მუჰამედისა და მის მიერ დატოვებული მემკვიდრეობის მსგავსება. ეს მოიცავს ისლამის „გულზვიადობასა" და წარმატების მიღწევის დაუოკებელ წყურვილს; მზაკვრობის გამოყენებას; სხვათა ძალის შემუსვრას, მათი სიმდიდრის ხელში ჩაგდებას და ამ ყოველივეს მეშვეობით ძალაუფლების მოპოვებას; იმ ერების კვლავ და კვლავ დამარცხებას, რომლებსაც უსაფრთხოების ცრუ შეგრძნება ჰქონდათ; იესოს, ღვთის ძისა და ჯვარცმული უფლის, ყოველთა ღმერთის მიმართ წინააღმდეგობას და ქრისტიანული და ებრაული თემების განადგურების ნუსხას.

შესაძლებელია, რომ ეს წინასწარმეტყველება მუჰამედსა და ისლამის რელიგიას შეეხებოდეს, რომელი რელიგიაც მუჰამედის ცხოვრების და მემკვიდრეობის ზნეობრივი და სულიერი ნამსხვრევებისაგან წარმოიშვა, როგორც ეს მუსლიმანურ წყაროებშია გადმოცემული? ეს მემკვიდრეობა აშკარაა. თუ ეს მართლაც მუჰამედს შეეხება, მაშ, დანიელის წინასწარმეტყველება გვაძლევს ამ „მეფის" ძალაუფლებაზე საბოლოო გამარჯვების იმედს და ამავდროულად, გვაფრთხილებს, რომ ეს გამარჯვება „კაცთა ხელით" არ იქნება მოპოვებული. ამ „ურცხვინო და ორპირობაში გაწაფული მეფის" ძლევა, მისგან გათავისუფლება ვერ და არ მოხერხდება უბრალოდ პოლიტიკურ, სამხედრო თუ ეკონომიკურ საშუალებათა მეშვეობით.

ეს გაფრთხილება, რასაკვირველია, კვლავ მოქმედებს ისლამის მიერ გამოცხადებულ მოთხოვნასთან მიმართებით, რომელიც სხვებზე ბატონობას შეეხება. ამ მოთხოვნის მიღმა არსებული ძალა სულიერია და ქმედითი წინააღმდეგობა, რომელსაც ხანგრძლივი თავისუფლება მოჰყვება შედეგად, მხოლოდ სულიერი გზით შეიძლება იქნეს მიღწეული.

წინააღმდეგობის სხვა ფორმები, მათ შორის, სამხედრო ძალა, შეიძლება აუცილებელი იყოს იმისათვის, რომ გავუმკლავდეთ ისლამის ბატონობისკენ სწრაფვის სურვილს, თუმცა ამ ფორმების მეშვეობით შეუძლებელია პრობლემის ფესვის აღმოფხვრა.

მხოლოდ ქრისტეს და მისი ჯვრის ძალას ძალუძს მოგვცეს გასაღები ისლამის დამაკნინებელ მოთხოვნათაგან ხანგრძლივი და საბოლოო გათავისუფლებისათვის. სწორედ ამ რწმენიდან გამომდინარე დაიწერა ეს წიგნი. მისი მიზანია მორწმუნეთა აღჭურვა, რათა მათ მოიპოვონ თავისუფლება ისლამის სტრატეგიის ორი ასპექტისაგან, რომელი სტრატეგიაც ადამიანის სულზე ბატონობისკენ არის მიმართული.

სასწავლო სახელმძღვანელო

გაკვეთილი 1-ელი

ლექსიკონი

აღთქმა	შარიათი	იბერიის ნახევარკუნძული
შაჰადა	ჯიჰადი	ანდალუზია
დჰიმა	რეკონკისტა	

ახალი სახელები

- რომის პაპი ლეო IV (თანამდებობაზე იყო ახ. წ. აღ-ის 847-855 წლებში)
- ალექსანდრე დიდი (ძვ. წ. აღ-ის 356–323 წწ.)

ბიბლია ამ გაკვეთილში

კოლასელთა 1:13-14   დანიელი 8:23-25

ყურანი ამ გაკვეთილში

სურა 2:190, 193, 217   სურა 9:29, 111

კითხვები – გაკვეთილი 1-ელი

- მცირე ჯგუფის წევრები ერთმანეთს ეცნობიან და ნიშნავენ ჯგუფის პრეზიდენტსა და მდივანს.
- იმსჯელეთ სასწავლო მაგალითის შესახებ.

გადაუდებელი საჭიროება

1. რისკენ მოუწოდა სულიწმიდამ ყოფილ მუსლიმანს მანამ, სანამ ეს უკანასკნელი ქრისტიანებს შეხვდებოდა და ბიბლიის უწყებას გაუზიარებდა მათ?
2. დურის აზრით, რა არის გადაუდებელი საჭიროებანი ბევრი ადამიანისათვის?
3. რა ეწოდება არაბულად ისლამის ორ სულიერ აღთქმას?

4. როგორ პიროვნებას სჭირდება გათავისუფლება და შაჰადას უარყოფა?
5. როგორ პიროვნებას სჭირდება ისლამის შარიათის კანონის მიერ თავსმოხვეული დამამცირებელი მეორეხარისხოვნებისგან გათავისუფლება?

ორი აღთქმა

6. დამორჩილების რომელ ორ ფორმას მოითხოვს მუჰამედის რწმენა?

7. რას გულისხმობს შაჰადას წარმოთქმა?

8. რა არის დჰიმობის აღთქმა?

9. რამ შეიძლება გააკვირვოს ბევრი ქრისტიანი ისლამის ბატონობის სულიერ გავლენასთან დაკავშირებით?

უზენაესი ძალაუფლების გადაცემა

10. რას გულისხმობენ მუსლიმანი მასწავლებლები, როცა ამბობენ, რომ „უზენაესობა მხოლოდ ალაჰს ეკუთვნის“?

11. რა უნდა უარყოს და უკუაგდოს ყოველმა ქრისტიანმა ქრისტესკენ მოქცევისას?

12. საიდან იქნენ ქრისტიანები გამოყვანილნი? სად იქნენ ისინი გადაყვანილნი?

მახვილი არ არის პასუხი

13. დურის აზრით, რა შეიძლება მოიმოქმედონ ქრისტიანებმა ისლამისთვის წინააღმდეგობის გასაწევად?

14. მუჰამედმა მიუთითა თავის მიმდევრებს, რომ დაპყრობილი არამუსლიმანებისათვის სამი არჩევანი შეეთავაზებინათ. რაში გამოიხატება ეს სამი არჩევანი?

15. რამდენ ხანს ებრძოდნენ ქრისტიანები ისლამურ ძალებს მას შემდეგ, რაც მუსლიმანები ქრისტიანულ მიწებზე შეიჭრნენ და რამდენი ხანი დასჭირდა ქრისტიანთა წინააღმდეგობას (რასაც ეწოდება „რეკონკისტა“) იბერიის ნახევარკუნძულის დასაბრუნებლად?

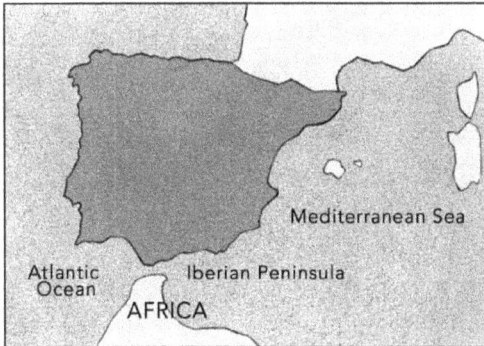

16. მას შემდეგ რაც, მუსლიმანებმა დაარბიეს რომი ახ. წ. აღ-ის 846, რას შეჰპირდა პაპი ლეო **IV** ქრისტიან ჯარისკაცებს ახ. წ. აღ-ის 853 წელს, თუკი ისინი არაბ დამპყრობლებს შეებრძოლებოდნენ?

17. დურის მიხედვით, რა არის ისლამის ძალაუფლების საფუძველი?

POPE LEO IV

„არა კაცთა ძალით“

18. დურის თანახმად, ვისი ძლიერი მსგავსება შეინიშნება მუჰამედის მემკვიდრეობაში?

19. ყურადღება მიაქციეთ ისლამის განსხვავებულ ასპექტებს, რომელთა გამოც ის ასე ძალიან მოგვაგონებს

დანიელის წიგნში აღწერილ „ურცხვინო და ორპირობაში გაწაფულ მეფეს" (დაასრულეთ თითოეული ფრაზა):

- ისლამის ... შეგრძნება
- ისლამის წყურვილი...
- ისლამის მიერ ... გამოყენება
- ისლამის მიერ .... ძალაუფლებისა და ქონების მითვისება და გამოყენება.
- ისლამის მიერ ერების დამარცხება, რომლებსაც...
- ისლამის წინააღმდეგობა...
- ისლამის ... ნუსხა.

20. როგორ მიიღწევა გამარჯვება საბოლოოდ?

21. რომელ ორ გასაღებს შეუძლია ისლამის დამამცირებელი მოთხოვნებისაგან თავისუფლების მოპოვება?

40

2

თავისუფლება ჯვრის მეშვეობით

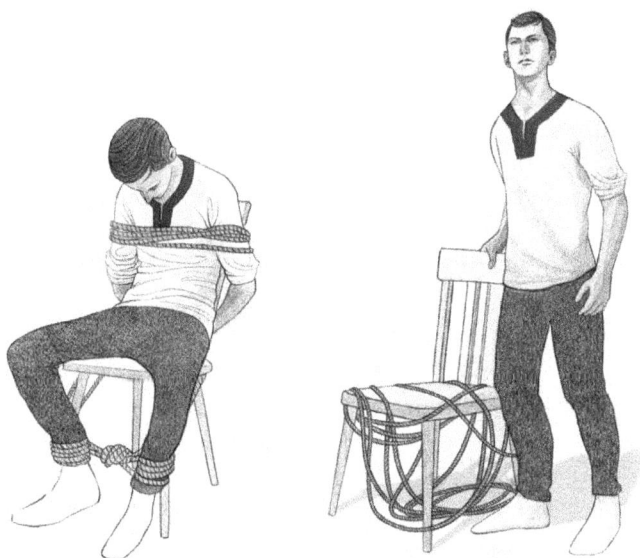

„მომავლინა... ტყვეთათვის თავისუფლების
საუწყებლად".
ლუკა 4:18

გაკვეთილის მიზნები

ა. გავიგოთ ის, რომ იესო ადამიანებს გათავისუფლებას დაჰპირდა.

ბ. გავიგოთ ის, რომ გვაქვს არჩევანი და შეგვიძლია მოვითხოვოთ თავისუფლება.

გ. დავადგინოთ ბიბლიაში გამოყენებული სატანის სახელწოდებანი და გავიგოთ მათი მნიშვნელობა.

დ. გავიგოთ ის, რომ სატანის ძალაუფლება განადგურებულია ჯვრის მეშვეობით და რომ ჩვენ გამოყვანილნი ვართ მისი კონტროლიდან.

ე. გავაცნობიეროთ, რომ ჩართულნი ვართ ბოროტ ძალთა წინააღმდეგ ბრძოლაში.

ვ. დავადგინოთ ექვსი სტრატეგია, რომელსაც იყენებს სატანა, რათა ბრალი დაგვდოს. გავიგოთ, როგორ შეიძლება ვუფრთხილდეთ ამ სტრატეგიებს.

ზ. გავაცნობიეროთ, როგორ იყენებს სატანა ადამიანთა ცხოვრებაში არსებულ ყველა ღია კარსა და ფეხის მოსაკიდებელ ადგილს.

თ. დავადგინოთ სტრატეგიანი, რომელნიც აუცილებელია ღია კართა დახურვისა და ფეხის მოსაკიდებელ ადგილთა გაუქმებისათვის, რომლებსაც სატანა ჩვენ წინააღმდეგ იყენებს.

ი. გავიგოთ, რას ნიშნავს ქრისტეს მიერ თავის მოწაფეთათვის მიცემული სულიერი ძალაუფლება და ვისწავლოთ ამ ძალაუფლების გამოყენება ადამიანთა გასათავისუფლებლად.

კ. გავიგოთ „კონკრეტულობის პრინციპი“ და ის, თუ რატომ არის ის მნიშვნელოვანი ჩვენი თავისუფლების მოთხოვნისათვის.

ლ. იფიქრეთ ხუთი ნაბიჯის შესახებ, რომელსაც გამოიყენებთ ადამიანთა გასათავისუფლებლად.

სასწავლო მაგალითი: რას გააკეთებდით?

თქვენ ეკლესიის ახალგაზრდული მსახურების ლიდერი ხართ. დაგპატიჟეს ნაციონალურ ახალგაზრდულ კონფერეციაზე, რომელსაც ბევრი მნიშვნელოვანი მუსლიმანური წარსულის მქონე მორწმუნე ესწრება. თქვენ სასწავლებლის კეთილმოწყობილ საერთო საცხოვრებელში დაგასახლეს, რომლის თითოეულ ოთახში ოთხი საწოლი დგას. თქვენს ოთახში მყოფთაგან ორი, ჰასანი და ჰუსეინი, ქრისტიანი ძმები არიან, ყოფილი მუსლიმანები. დასაძინებლად დაწოლამდე პატრიკი, ახალგაზრდული მსახურების მეორე უფროსი ლიდერი, თქვენ და დანარჩენ ორს, გთხოვთ, რომ ლოცვაში შეუერთდეთ მას. ყველანი სიხარულით სთანხმდებით. პატრიკი იწყებს ლოცვას იმის შესახებ, რომ ღმერთმა დაგიცვათ ღამის განმავლობაში. დაახლოებით, დილის 4 საათზე ჰასანი იწყებს ყვირილ. ჩანს, რომ ის სულიერად აგზნებულია. პატრიკი, ჰუსეინი და თქვენ ჰასანის გარშემო იყრით თავს და ლოცულობთ მასზე. პატრიკის ლოცვასთან ერთად ჰასანს კიდევ უფრო მეტად იპყრობს შიში.

პატრიკი ეკითხება ჰუსეინს: „ისლამის დატოვების შემდეგ უარყავით წარსულში დადებული ყველა აღთქმა, ფიცი და შეთანხმება?“

ჰუსეინი გაოგნებული პასუხობს: „ეს სიგიჟეა. მსგავსი არაფერი მოგვიმოქმედებია ისლამში ყოფნის დროს. მხოლოდ მეჩეთში დავდიოდით და ახლა ქრისტიანები ვართ. ჩემი ძმა, ჰასანი, უბრალოდ შფოთიანობას ებრძვის სხვა ახალგაზრდების მსგავსად. ამას რელიგიასთან არაფერი აქვს საერთო.“ შემდეგ ჰუსეინი შემოგხედავთ და გეუბნებათ: „შენ მიიჩნევ, რაიმე უნდა უარგვეყო? გჯერა, რომ არსებობს ბოროტი სული ან რაღაც მსგავსი იქ, საიდანაც მოვდივართ?“

რას უპასუხებდით?

რეზა ახალგაზრდა კაცი იყო, რომელმაც გადაწყვიტა ისლამი დაეტოვებინა და იესო ქრისტეს გაჰყოლოდა. ერთ საღამოს, მორწმუნეთა შეკრებისას, მას სთხოვეს წარმოეთქვა ისლამის უარსაყოფი ლოცვა. ისიც სიხარულით დათანხმდა ამას, თუმცაღა ლოცვისას, როცა მას უნდა წარმოეთქვა სიტყვები: „უარვყოფ მუჰამედის მაგალითს“, რეზამ, თავისდა გასაკვირად, იგრძნო, რომ არ შეეძლო სიტყვა „მუჰამედის“ წარმოთქმა. ამან შოკში ჩააგდო იგი, რადგან მიუხედავად იმისა, რომ მუსლიმანურ ოჯახში გაიზარდა, არასოდეს მოსწონდა ისლამი და დიდი ხნის განმავლობაში არც ისლამში არსებულ წესებსა და რიტუალებს იცავდა. ქრისტიანი მეგობრები გარს შემოეხვივნენ და ამხნევებდნენ მას იმ სიტყვებით, რომლებიც ქრისტესმიერი ძალაუფლების შესახებ შეახსენებდა. ამის შემდეგ რეზამ შეძლო იმის წარმოთქმა, რომ უარყოფდა მუჰამედის მაგალითს და დაასრულა ლოცვა.

იმ საღამოს შემდეგ ორი რამ შეიცვალა რეზას ცხოვრებაში. პირველი, ის გათავისუფლდა თვისებისგან, რომელიც მას მთელი ცხოვრების განმავლობაში ახასიათებდა. ეს თვისება გამოიხატებოდა იმაში, რომ ძალიან ბრაზდებოდა სხვა ადამიანებზე. მეორე, ის დიდად შედეგიან მახარებლად და დამმოწაფებლად იქცა იმ ადამიანებისათვის, რომლებმაც

დატოვეს ისლამი. იმ საღამოს, ისლამის უარყოფს შემდეგ, რეზამ მიიღო ღვთის ძალის ცხებულება მახარებლობისა და დამოწაფებისათვის, რაც მისი ნაყოფიერი მსახურების გასაღები გახლდათ. ის გათავისუფლდა, რათა სახარების მსახურების ყოფილიყო.

ეს თავი შეეხება იმას, თუ როგორ გავთავისუფლდეთ სატანის ძალაუფლებისაგან. ეს თავი მომდევნო თავებს უმზადებს გზას, რომლებშიც ყურადღება ისლამის ბორკილებზეა გამახვილებული.

ამ თავში გადმოცემული პრინციპები შეიძლება მრავალ სხვადასხვა სიტუაციაში გამოვიყენოთ და არა მხოლოდ ისლამთან დაკავშირებით.

იესო იწყებს სწავლებას

რომაელთა მიმართ წერილში პავლე მოციქული საუბრობს „ღვთის შვილთა დიდების თავისუფლების“ შესახებ (რომაელთა 8:21). ეს „დიდების თავისუფლება“ თითოეული ქრისტიანის თანდაყოლილი უფლებაა. ის დიდებული ძღვენია, ძვირფასი მემკვიდრეობაა და ღმერთს სურს, რომ ის მისცეს ყველას, ვინც ენდობა და მიჰყვება ქრისტეს.

თავისი სწავლებითი მსახურების დასაწყისში ქრისტეს მიერ წარმოთქმული პირველივე საჯარო სწავლება თავისუფლებას შეეხებოდა. ეს მოხდა იოანე ნათლისმცემლის მიერ ქრისტეს მონათვლისა და სატანის მიერ უდაბნოში ქრისტეს გამოცდის შემდეგ. უდაბნოდან დაბრუნების შემდეგ იესომ დაუყოვნებლივ დაიწყო სახარების ქადაგება. როგორ დაიწყო? საკუთარი თავის წარდგენით. ლუკას სახარებაში ვკითხულობთ, რომ თავისი მშობლიური სოფლის, ნაზარეთის სინაგოგაში მყოფი იესო ფეხზე წამოდგა და დაიწყო ესაიას წინასწარმეტყველების კითხვა (61-ე თავი):

> „უფლის სულია ჩემზე,
> ვინაიდან მან მცხო გლახაკთა სახარებლად,
> მომავლინა გულშემუსვრილთა განსაკურნებლად,
> ტყვეთათვის თავისუფლების
> და ბრმათათვის თვალის ახელის გამოსაცხადებლად,
> ჩაგრულთა გასათავისუფლებლად.
> უფლის შეწყალების წლის გამოსაცხადებლად.“
>
> შემდეგ კი გრაგნილი დაახვია, მსახურს გადასცა და დაჯდა. სინაგოგაში მყოფი ყველა ადამიანის თვალები მისკენ იყო მიპყრობილი. იესომ ასე დაიწყო სიტყვა: „დღეს აღსრულდა ეს წერილი, თქვენ რომ მოისმინეთ“ (ლუკა 4:18-21).

იესო ეუბნებოდა მათ, რომ ადამიანთა გასათავისუფლებლად იყო მოსული. ამბობდა, რომ ესაიას წინასწარმეტყველებაში ღვთის მიერ მოცემული დაპირება თავისუფლების შესახებ, „დღეს“ აღსრულდა: ნაზარეთში მცხოვრებნი სწორედ იმას ხედავდნენ, ვისაც ტყვეთათვის თავისუფლების მოტანა შეეძლო. ასევე ეუბნებოდა მათ, რომ სულიწმიდის მიერ იყო ცხებული: ის იყო ცხებული ისრაელისა, მესია, ღვთის მიერ არჩეული მეფე, მათთვის უფლის მიერ დაპირებული მხსნელი.

იესო მათ თავისუფლების არჩევას სთავაზობდა. ის კეთილ უწყებას (კარგ ამბავს) აუწყებდა მათ: იმედს გლახაკთათვის, თავისუფლებას ტყვეთათვის, კურნებას ბრმათათვის და თავისუფლებას ჩაგრულთათვის.

ყველგან, სადაც მიდიოდა, იესოს თავისუფლება მიჰქონდა ადამიანთათვის – ნამდვილი თავისუფლება, მრავალი სხვადასხვა გზით. სახარებათა კითხვისას ვხედავთ, რომ იესო ბევრ ადამიანს უკეთებდა სიკეთეს: იმედს აძლევდა უიმედობაში მყოფთ, აჭმევდა მშივრებს, ათავისუფლებდა ადამიანებს ბოროტ სულთა ძალაუფლებისაგან და კურნავდა სნეულებს.

იესოს დღესაც მოაქვს თავისუფლება ადამიანთათვის. ყოველი ქრისტიანი მოწოდებულია იესოს მიერ, რათა გაიხაროს მის მიერ მოტანილი თავისუფლებით.

სინაგოგაში მყოფმა იესომ თქვა, რომ მოვიდა „უფლის შეწყალების წლის გამოსაცხადებლად". ამით მან იქ შეკრებილებს უთხრა, რომ ეს გახლდათ განსაკუთრებული დრო ღვთისათვის, რათა შეწყალება ეჩვენებინა მათთვის. იესო ეუბნებოდა მათ, რომ ღმერთი მოდიოდა ძალაუფლებითა და სიყვარულით, რათა გაეთავისუფლებინა ადამიანები და რომ თავადაც შეეძლოთ ამ თავისუფლების მიღება.

გექნებათ იმედი და რწმენა იმისა, რომ ამ წიგნის წაკითხვა განსაკუთრებული დრო აღმოჩნდება თქვენთვის, რათა ღვთის მადლი და თავისუფლება განიცადოთ?

არჩევის დროა

წარმოიდგინეთ, რომ გალიაში ხართ გამოკეტილი. ყოველდღე მოაქვთ წყალი და საკვები თქვენთვის. გალიაში ცხოვრება შეგიძლიათ, მაგრამ ტყვე ხართ. დავუშვათ, ვიღაც მოდის და აღებს გალიის კარს. ახლა არჩევანი გაქვთ: შეგიძლიათ განაგრძოთ გალიაში ცხოვრება ან გამოხვიდეთ იქიდან და გაიგოთ, როგორია ცხოვრება გალიის გარეთ. გალიის კარის გაღება არ არის საკმარისი. თავად უნდა აირჩიოთ გარეთ გამოსვლა და თუ თქვენ არ აირჩევთ თავისუფლებას, ისევ ისე დარჩება ყველაფერი, თითქოს კარი კვლავაც დაკეტილი იყოს.

პავლე მოციქული სწერდა გალატელებს: „თავისუფლებისათვის გაგვათავისუფლა ქრისტემ. მაშ, იდექით და ნუღარ შეუდგებით მონობის უღელს" (გალატელთა 5:1). იესო ქრისტე მოვიდა ადამიანთა გასათავისუფლებლად და როგორც კი გავიგებთ მის მიერ

მოტანილი თავისუფლების შესახებ, ვდგებით არჩევანის წინაშე. თავისუფალ ადამიანებად ცხოვრებას ავირჩევთ?

პავლე ამბობს, რომ უნდა ვიფხიზლოთ და გავფრთხილდეთ, რათა შეგვეძლოს საკუთარი თავისუფლების მოთხოვნა. იმისათვის, რომ ვიცხოვროთ თავისუფლებაში, უნდა გვესმოდეს, რას ნიშნავს თავისუფალ ადამიანად ყოფნა, შემდეგ მოვითხოვოთ თავისუფლება და მერე კი ვიაროთ მასში. იესოს გზაზე სიარულისას უნდა ვისწავლოთ, როგორ „ვიდგეთ“ და როგორ უარვყოთ „მონობის უღელი“.

ეს სწავლება განკუთვნილია იმისათვის, რომ დაეხმაროს ყოველ ადამიანს თავისუფლების არჩევასა და თავისუფალ ადამიანად ცხოვრებაში.

მომდევნო რამდენიმე ნაწილში გავიგებთ სატანის როლის შესახებ; გავიგებთ იმასაც, თუ როგორ გადავყავართ ღმერთს სატანის ძალაუფლებიდან თავის სასუფეველში; ასევე, შევიტყობთ იმ სულიერი ბრძოლის შესახებ, რომელშიც ვართ ჩართულნი.

სატანა და მისი სამეფო

ბიბლიაში ვკითხულობთ, რომ ჩვენ გვყავს მტერი, რომელსაც ჩვენი განადგურება სურს. მას სატანა ეწოდება. სატანას მრავალი დამხმარე ჰყავს. ზოგიერთ დამხმარეს დემონი ჰქვია.

იოანეს 10:10-ში იესო აღწერს იმას, თუ როგორ იქცევა სატანა ადამიანებთან მიმართებით და მას ქურდს უწოდებს: „ქურდი მხოლოდ იმისათვის მოდის, რომ მოიპაროს, მოკლას და მოსპოს. მე იმისთვის მოვედი, რომ სიცოცხლე ჰქონდეთ მათ და უხვად ჰქონდეთ.“ რა შთამბეჭდავი ურთიერთშეპირისპირებაა! იესოს მოაქვს სიცოცხლე და მოაქვს უხვად; სატანას კი მოაქვს დანაკარგი, ნგრევა და

სიკვდილი. იესო იმასაც გვეუბნება, რომ სატანა „დასაბამითვე კაცის მკვლელი იყო“ (იოანე 8:44).

სახარებებიდან და ახალაღთქმისეული წერილებიდან გამომდინარე სატანას ნამდვილ, მაგრამ შეზღუდულ ძალასა და წუთისოფელზე ბატონობას ფლობს. მის სამეფოს „სიბნელის ხელმწიფება“ ეწოდება (კოლასელთა 1:13), ხოლო თავად მას:

- „ქვეყნიერების მთავარი“ (იოანე 12:31)
- „ამ საუკუნის ღმერთი“ (მე-2 კორინთელთა 4:4)
- „ჰაერის ძალთა მთავარი“ (ეფესელთა 2:2)
- „სული... ამჟამად ურჩობის შვილებში რომ მოქმედებს“ (ეფესელთა 2:2).

მოციქული იოანე გვასწავლის კიდეც იმას, რომ მთელ წუთისოფელს სატანა მართავს: „ვიცით, რომ ღმერთისაგან ვართ, და რომ მთელი ქვეყნიერება ბოროტში ძევს“ (1-ელი იოანე 5:19)

თუ გვესმის, რომ „მთელი ქვეყნიერება ბოროტში ძევს“, მაშ, არ უნდა გაგვიკვირდეს, როცა სატანის მოქმედების მოწმობას დავინახავთ მსოფლიოს ამა თუ იმ კულტურაში, იდეოლოგიასა თუ რელიგიაში. სატანა კიდევ უფრო აქტიურად ეკლესიაში მოქმედებს.

ამ მიზეზის გამო, უნდა დავფიქრდეთ იმაზეც, თუ რა შესაძლო ანაბეჭდს ტოვებს ბოროტი ისლამზე, მის მსოფლმხედველობასა და სულიერ ძალაუფლებაზე, თუმცა უპირველეს ყოვლისა, უნდა დავფიქრდეთ ზოგად პრინციპებზე იმასთან დაკავშირებით, თუ როგორ გავთავისუფლდეთ ბოროტისგან.

დიადი გადასვლა

ჯ. ლ. ჰოლდენს, ოქსფორდის ტრინიტი კოლეჯის სამეცნიერო საზოგადოების წევრს ეკუთვნის მიმოხილვა მოციქულ პავლეს თეოლოგიური მსოფლმხედველობის შესახებ. ის წერს, რომ პავლეს:

> „… ჰქონდა შეხედულებები ადამიანის შესახებ. ადამიანი არა მხოლოდ საკუთარი ცოდვითა და ნებით არის გაუცხოებული ღმერთისგან... არამედ ის დემონურ ძალთა ტყვეობაშიც იმყოფება, რომელი ძალებიც დაძრწიან მთელ სამყაროში და რჯულს იყენებენ არა ღვთის მიმართ ადამიანის მორჩილების საშუალებად, არამედ საკუთარი ტირანიის იარაღად. ეს გაუცხოება ადამიანის ღვთისაგან მთელი კაცობრიობისთვისაა დამახასიათებელი – ის არც სუფთა ებრაულია და არც სუფთა არაებრაული [წარმართული]. ეს გახლავთ ადამიანის, ვითარცა ადამის ძის მდგომარეობა“.[1]

ჰოლდენი განაგრძობს იმის ახსნას, რომ პავლეს მსოფლმხედველობაში ადამიანებს სჭირდებათ ამ ტყვეობისგან გათავისუფლება: „ადამიანებს მხოლოდ მათი კონტროლისგან დახსნა სჭირდებათ გათავიუფლებისათვისს“. ამ გათავისუფლების გასაღები არის ის, რაც ქრისტემ მოიმოქმედა თავისი სიკვდილისა და აღდგომის მეშვეობით. ამით მოიპოვა მან გამარჯვება ცოდვასა და ბოროტის დემონურ ძალებზე, რომლებიც ატყვევებენ ადამიანთა მოდგმას.

მუხედავად ამისა, ჩვენ, ქრისტიანები მაინც „ამა სოფლის სიბნელეში“ ვცხოვრობთ (ეფესელთა 6:12; შდრ. ფილიპელთა 2:15). ნიშნავს თუ არა ეს იმას, რომ სატანის ძალაუფლებისა

---

^m1. J. L. Houlden, *Paul's Letters from Prison*, p. 18.

და კონტროლის ქვეშ ვართ მოქცეულნი? არა! არა, რამეთუ ჩვენ იესოს სასუფეველში ვართ გადაყვანილნი.

იესო გამოეცხადა პავლეს ხილვაში და მას წარმართებთან წასვლისკენ მოუწოდა, ამავდროულად, უთხრა მოციქულს, რომ ის [პავლე] ადამიანებს თვალებს აუხელდა და „ბნელიდან ნათლისაკენ, და სატანის ხელმწიფებიდან ღვთისაკენ“ მოაქცევდა მათ (საქმეები 26:18). ეს სიტყვები გულისხმობს იმას, რომ ადამიანები სატანის ძალაუფლების ქვეშ არიან მანამ, სანამ ქრისტე იხსნიდეს მათ. ქრისტეს მეშვეობით ღმერთმა იხსნა ისინი ბოროტის ძალაუფლებისაგან და სიბნელის ხელმწიფებიდან იესო ქრისტეს სასუფეველში გადაიყვანა ისინი.

პავლე მოციქული თავის წერილში კოლასელთა მიმართ განმარტავს, თუ როგორ ლოცულობს მათთვის:

> „მადლობდეთ მამას, რომელმაც წმიდათა მემკვიდრეობის ნაწილის ღირსი გაგვხადა ნათელში, რომელმაც გვიხსნა სიბნელის ხელმწიფებისაგან და გადაგვიყვანა თავისი საყვარელი ძის სასუფეველში, რომელშიც გვაქვს გამოსყიდვა და ცოდვების მიტევება“ (კოლასელთა 1:12-13).

სხვა ქვეყანაში მიგრირებულ ადამიანს შეუძლია იმ ქვეყნის მოქალაქეობა მოითხოვოს, მაგრამ ამისათვის შესაძლოა მას თავისი ქვეყნის მოქალაქეობაზე უარის თქმა მოუხდეს. ქრისტეში ხსნაც ამის მსგავსია: როცა ღვთის სასუფეველში შედიხართ, თქვენ იღებთ ახალ მოქალაქეობას და უკან ტოვებთ ძველ მოქალაქეობას.

თქვენი სრული გადასვლა იესო ქრისტეს ერთგულების მხარეს გაცნობიერებული და განზრახული უნდა იყოს. ეს მოიცავს შემდეგ ელემენტებს:

- უარყავით სატანა და ყოველი ბოროტება.

- უარყავით ყველა არასწორი კავშირი სხვა ადამიანებთან, რომლებიც უღვთო ძალაუფლებას იყენებდნენ თქვენთან მიმართებით.
- უარყავით და დაამსხვრიეთ ყველა უღვთო აღთქმა, რომელიც თქვენმა წინაპრებმა დადეს თქვენ ნაცვლად ან რომელმაც გავლენა მოახდინა თქვენზე ამა თუ იმ გზით.
- უარყავით ყველა უღვთო სულიერი უნარი, რომლებიც ამა თუ იმ რაღაცის მიმართ უღვთო ერთგულებიდან მომდინარეობს.
- თქვენი ცხოვრების განკარგვის სრული უფლება გადაეცით იესოს ქრისტეს და სთხოვეთ მას, რომ დღეიდან მან იმეფოს თქვენს გულში, როგორც უფალმა.

ბრძოლა

ერთი საფეხბურთო გუნდიდან მეორეში გადასვლის შემდეგ მოთამაშემ ახალი გუნდისთვის უნდა ითამაშოს. ძველი გუნდისთვის თამაში მას უკვე აღარ შეუძლია. მსგავსი რამ ხდება, როდესაც ღვთის სასუფეველში გადავდივართ: ჩვენ უნდა იესოს გუნდში ვითამაშოთ და სატანის გუნდისთვის გოლების გატანა შევწყვიტოთ.

ბიბლიის თანახმად ღმერთსა და სატანას შორის სულიერი დაპირისპირება მიმდინარეობს. ეს კოსმოსური სამოქალაქო აჯანყებაა ღვთის სასუფევლის წინააღმდეგ (მარკოზი 1:15; ლუკა 10:18; ეფესელთა 6:12). ეს არის კონფლიქტი ორ სამეფოს შორის, რომელშიც არ არსებობს ნეიტრალური მიწა, რათა ვინმემ თავი შეაფაროს. ქრისტიანები ხანგრძლივ ომში არიან ჩართულნი, რომლის გადამწყვეტი ბრძოლაც უკვე მოგებულია ჯვარზე და საბოლოო შედეგიც უდავოა: ქრისტეს უკვე აქვს და ექნება გამარჯვება.

ქრისტეს მიმდევრები მისი წარმომადგენლები არიან და ამიტომაც ისინი ჩართულნი არიან ყოველდღიურ ბრძოლაში ამ ბნელი საუკუნის ძალების წინააღმდეგ. ქრისტეს სიკვდილი და აღდგომა ერთადერთი ძალაუფლებაა, რომელიც ამ სიბნელის წინააღმდეგ გვაქვს და ეს არის ჩვენი ძალის ერთადერთი საფუძველი, რათა წინ აღვუდგეთ მას. სადავო ტერიტორია ამ ომში შედგება ხალხისგან, თემთაგან, საზოგადოებათაგან და ერთაგან.

ამ ბრძოლაში ეკლესიაც კი შეიძლება ბრძოლის ველი იყოს; ეკლესიის რესურსებიც კი შეიძლება ბოროტი მიზნებისთვის იქნეს გამოყენებული.

ეს სერიოზული და დიდად მნიშვნელოვანი რამაა. მიუხედავად ამისა, პავლე მოციქული ამბობს, რომ გამარჯვება უცილობელია და წერს, რომ ამ ბნელის საუკუნის ძალები განიარაღებული, შერცხვენილი და დამარცხებულია ჯვრისა და მასზე ქრისტეს მიერ მოპოვებული ცოდვების პატიების მეშვეობით:

> „და თქვენც, მკვდრები შეცოდებებში და თქვენი ხორცის წინადაუცვეთლობაში, გაგაცოცხლათ მასთან ერთად. მან მოგვიტევა ყველა შეცოდება. წაშალა ჩვენი ვალების ხელწერილი, რომელიც თავისი დებულებებით ჩვენ წინააღმდეგ იყო, გაანადგურა იგი და ჯვარს მიამსჭვალა. განაიარაღა მთავრობანი და ხელმწიფებანი, საყოველთაოდ გამოააშკარავა ისინი და იზეიმა გამარჯვება მათზე, როგორც ტყვეებზე“ (კოლასელთა 2:13-15).

ამ მონაკვეთში გამოყენებულია რომაელთა გამარჯვების მსვლელობის აღწერილობა, რომელსაც „ტრიუმფი“ ეწოდებოდა. მტრის დამარცხების შემდეგ გამარჯვებული მხედართმთავარი და მისი ჯარი რომში ბრუნდებოდნენ. გამარჯვების აღსანიშნავად მხედართმთავარი წინ მიუძღოდა დიდ პროცესიას, სადაც დამარცხებული და

ზორკილდადებული, იარაღაყრილი მტრებიც იძულებით მიაზიჯებდნენ ქალაქის ქუჩებში. რომაელები უყურებდნენ მათ, ამხნევებდნენ გამარჯვებულებს, დამარცხებულ მტერს კი დასცინოდნენ.

პავლე მოციქული იყენებს რომაელთა გამარჯვების მსვლელობის აღწერილობას, რათა ჯვრის მნიშვნელობა განმარტოს. ქრისტემ გააუქმა ცოდვის ძალაუფლება, როცა ჩვენთვის მოკვდა. თითქოს ჩვენ წინააღმდეგ მომართული ბრალდებანი ჯვარზე იქნა მილურსმული: ეს ბრალდებანი ბნელეთის ყველა ძალის დასანახავად წაშალა ქრისტემ. ამის გამო, სატანამ და მისმა დემონურმა ძალებმა (რომლებსაც ჩვენი განადგურება სურთ) დაკარგეს ძალაუფლება ჩვენზე, რადგან აღარ აქვთ ბრალდებანი, რომელთაც ჩვენ წინააღმდეგ გამოიყენებდნენ. ისინი რომაელთა გამარჯვების მსვლელობაში „მონაწილე“ მტრებივით გახდნენ: დამარცხებულნი, განიარაღებულნი და საჯაროდ დამცირებულნი.

ჯვრის მეშვეობით იქნა მიღწეული გამარჯვება ამ სოფლის ბნელეთის მთავრობათა და ხელმწიფებათა წინააღმდეგ. ეს ტრიუმფი ძარცვავს ბოროტ ძალებს და მმართველობის უფლებებსაც ართმევს, მათ შორის იმ უფლებებსაც, რომლებიც მათ იმ შეთანხმებათა მეშვეობით მიეცათ, რომლებსაც ადამიანები დასთანხმდნენ ნებით თუ უნებლიედ, გაცნობიერებულად თუ გაუცნობიერებლად.

ეს მნიშვნელოვანი პრინციპია: ყოველი ტაქტიკისა და ბრალდებისათვის, რომელსაც სატანა ჩვენ წინააღმდეგ იყენებს, ჯვარი გასაღებს გვაძლევს გამარჯვებისა და თავისუფლებისათვის.

მომდევნო ორ ნაწილში ჩვენ განვიხილავთ სატანის, როგორც ბრალმდებლის როლს და იმ სტრატეგიებს, რომლებსაც

იყენებს იგი ადამიანთა წინააღმდეგ. შემდგომ ამისა ჩვენ ჩავეძიებით იმ ექვს საშუალებას, რომლითაც სატანა ადამიანთა შებორკვას ცდილობს ცოდვის, უპატიებლობის, სიტყვების, სულიერი ჭრილობების, ტყუილების (უღვთო შეხედულებები), შთამომავლობითი ცოდვისა და მის მიერ გამოწვეულ წყევლათა მეშვეობით. სატანის მიერ გამოყენებული ყოველი სტრატეგიის განხილვასთან ერთად აღვწერთ მისგან თავის დაღწევის გზასაც: საშუალებას ქრისტიანთათვის, რათა მათ მოითხოვონ საკუთარი თავისუფლება და მოიშორონ ეს გავლენა ცხოვრებიდან. ყველა ეს საკითხი მნიშვნელოვანი იქნება, როცა ვიფიქრებთ იმის თაობაზე, თუ როგორ გავთავისუფლდეთ ისლამის ბორკილებისგან.

ბრალმდებელი (ცილისმწამებელი)

სატანას აქვს სტრატეგიანი, რომელთაც ის იყენებს ჩვენ წინააღმდეგ. კარგია, ვიცოდეთ ამ სტრატეგიათა შესახებ, გვესმოდეს მათი არსი და მზად ვიყოთ მათთან დაპირისპირებისათვის. ჩვენ უნდა პრაქტიკულად გამოვიყენოთ ჩვენი თავისუფლება და ვიცხოვროთ თავისუფლად. ამისათვის ყურადღება უნდა გავამახვილოთ იმაზე, რომ ქრისტიანმა უნდა იცოდეს სატანის ზრახვები, ესმოდეს მათი და მზად იყოს მათთვის წინააღმდეგობის გასაწევად.

პავლე მოციქული ეფესელთა მიმართ წერილში (6:18) წერს, რომ ქრისტიანებმა უნდა „იფხიზლონ“. მსგავსადვე, პეტრე აფრთხილებს ქრისტიანებს: „მღვიძარენი იყავით, იფხიზლეთ, რადგან თქვენი მოწინააღმდეგე ეშმაკი დაძრწის, როგორც მბრდღვინავი ლომი, და ეძებს, ვინ ჩაყლაპოს“ (1-ელი პეტრე 5:8). რას უნდა ვუფრთხილდეთ? ჩვენ უნდა ფხიზელნი ვიყოთ სატანის ბრალდებათა მიმართ.

ბიბლიაში სატანა წოდებულია „ცილისმწამებლად“ (გამოცხადება 12:10). ებრაულად სიტყვა „სატანა“ ნიშნავს „მოწინააღმდეგეს“/„ცილისმწამებელს“ („ბრალმდებელს“). ეს სიტყვა გამოიყენებოდა სასამართლოში მოწინააღმდეგე მხარის აღსანიშნავად. სიტყვა „სატანა“ ამგვარად არის გამოყენებული 108-ე ფსალმუნში: „... ბრალმდებელი [სატანა] დადგეს მის მარჯვნივ. განკითხვისას გამოვიდეს მტყუანი...“ (ფსალმუნი 108:6-7).

მსგავსი სცენაა აღწერილი ზაქარიას 3:1-3-ში, სადაც „სატანად“ არის წოდებული ფიგურა, რომელიც მღვდელმთავარ იესოს მარჯვნივ დგას და ბრალს სდებს მას ღვთის ანგელოზის წინაშე. კიდევ ერთ მაგალითს ვპოულობთ იობის წიგნში, როცა სატანა იობს სდებს ბრალს ღმერთის წინაშე (იობი 1:9-11) და მას იობის გამოცდის ნებართვას სთხოვს.

ვის წინაშე გვდებს სატანა ბრალს? ვიცით, რომ ის ბრალს გვდებს (ცილს გვწამებს) ღმერთის წინაშე. ის სხვების წინაშეც გვდებს ბრალს და უფრო მეტიც, ჩვენივე თავის წინაშე გვდებს ბრალს სხვათა ნათქვამი სიტყვებისა და ჩვენივე აზრების მეშვეობით. მას სურს, რომ დაგვაზიანოს ამ ბრალდებებით, რათა დავიჯეროთ ისინი, შეგვეშინდეს მათი და ჩვენი შეზღუდვის უფლება მივცეთ მათ.

რაში გვდებს სატანა ბრალს? ის ბრალს გვდებს ჩვენს ცოდვებში; ასევე ბრალს გვდებს ჩვენი ცხოვრების იმ სფეროებში, რომლებიც ამა თუ იმ გზით, მას დავუმორჩილეთ.

ისიც უნდა გვესმოდეს, რომ როდესაც სატანა ბრალს გვდებს, მისი ბრალდებანი სავსეა ტყუილებით. იესო სატანის შესახებ ამბობდა:

„ის კაცის მკვლელი იყო თავიდან და ჭეშმარიტებაში ვერ დადგა, რადგან არაა მასში ჭეშმარიტება. როცა სიცრუეს

56

ამბობს, თავისას ამბობს, რადგან ცრუა იგი და სიცრუის მამაა“ (იოანე 8:44).

როგორია სატანის მატყუარა სტრატეგიანი და როგორ უნდა ვიდგეთ მტკიცედ მის ბრალდებათა პირისპირ? მის სტრატეგიათა ცოდნა ნამდვილად გვეხმარება. მაგალითად, კორინთელთა მიმართ 1-ელ წერილში პავლე მოციქული დაჟინებით ურჩევს ქრისტიანებს, რომ იყვნენ მიმტევებელნი. რატომ არის ეს მნიშვნელოვანი? პავლე ამბობს, რომ უნდა ვაპატიოთ, „რათა ზიანი არ მოგვაყენოს სატანამ, ვინაიდან ჩვენთვის უცნობი არ არის მისი ზრახვები“ (მე-2 კორინთელთა 2:11). პავლე გვეუბნება, რომ შეგვიძლია ვიცოდეთ ის, თუ რა აქვს ჩაფიქრებული სატანას და რადგან ვიცით, რომ სატანის ერთ-ერთი სტრატეგია გახლავთ ჩვენი დადანაშაულება უპატიებლობაში, ჩვენ სწრაფად შევძლებთ სხვებისათვის მიტევებას, რათა მის ბრალდებათა წინაშე დაუცველნი არ აღმოვჩნდეთ.

სატანას სხვა სტრატეგიებიც აქვს. აქ ჩვენ განვიხილავთ ექვს ძირითად სტრატეგიას, რომელსაც ის მორწმუნეთათვის ბრალის დასადებად იყენებს. ასევე ვისაუბრებთ იმის თაობაზე, თუ როგორ აღვუდგეთ წინ მათ. ეს ექვსი სტრატეგიაა:

- ცოდვა
- უპატიებლობა
- სულიერი ჭრილობები
- სიტყვები (და სიმბოლური ქმედებები)
- უღვთო შეხედულებები (ტყუილები)
- შთამომავლობითი ცოდვა და მის მიერ გამოწვეული წყევლანი.

ჩვენ დავინახავთ, რომ სულიერი თავისუფლების მოპოვებისკენ გადადგმული საკვანძო ნაბიჯი გახლავთ ის,

რომ დავასახელოთ და უარვყოთ სატანის ყველა შესაძლო მოთხოვნა. ეს უცვლელია იმ შემთხვევაშიც, თუკი მისი ბრალდებანი გარკვეულწილად ეფუძნება სინამდვილეს და იმ შემთხვევაშიც, თუკი ეს ბრალდებანი მხოლოდ სიცრუეა.

ღია კარი და ფეხის მოსაკიდებელი ადგილები

მანამ, სანამ თითოეულს განვიხილავდეთ ზემოთ ჩამოთვლილი სფეროებიდან, უნდა დავასახელოთ რამდენიმე გამოსადეგი სახელწოდება იმ უფლებებისა, რომლებსაც სატანა მოითხოვს ადამიანებისგან, რათა შეავიწროვოს ისინი. ორი საკვანძო სახელწოდებაა „ღია კარები“ და „ფეხის მოსაკიდებელი ადგილები“.

ღია კარი არის შესასვლელი, რომელიც ზოგმა ადამიანმა შეიძლება გაუღოს სატანას საკუთარი უმეცრების, დაუმორჩილებლობის ან დაუდევრობის გამო და რომელსაც სატანა იყენებს ამ ადამიანზე თავდასხმისა და შევიწროებისათვის. გავიხსენოთ ის, რომ უფალი იესო სატანას ქურდს უწოდებს, რომელიც აქეთ-იქით დაძრწის და ეძებს ხელსაყრელ შემთხვევებს, რათა მოიპაროს, მოკლას და გაანადგუროს (იოანე 10:10). უსაფრთხო სახლის კარები ღია არ არის დატოვებული: თითოეული კარი საგულდაგულოდ არის ჩაკეტილი.

ფეხის მოსაკიდებელი ადგილი არის ადგილი ადამიანის სულში და სატანა აცხადებს, რომ ეს ადგილი მას თავად ადამიანმა გადასცა. ეს არის ჩვენი ნაწილი, რომელიც სატანას სათავისოდ აქვს მონიშნული.

პავლე მოციქული აღნიშნავს იმას, რომ შეიძლება ქრისტიანმა ეშმაკს შესაძლებლობა მისცეს იმით, თუკი რისხვას ჩაიდებს გულში: „განრისხდით, ოღონდ ნუ შესცოდავთ: მზე ნუ ჩავა თქვენს რისხვაზე. ადგილი არ მისცეთ ეშმაკს“ (ეფესელთა 4:26-27). ბერძნული სიტყვა „topos“, რომელიც თარგმნილია, როგორც „ადგილი“ [ფეხის მოსაკიდებელი ადგილი], ნიშნავს

„დასახლებულ ადგილს“. სიტყვის – „Topos“ – ძირითადი მნიშვნელობაა – „ადგილი, რომელიც დაკავებულია“; ხოლო ბერძნული გამოთქმა „topo-სის მიცემა“ გულისხმობს „შესაძლებლობის მიცემას ვინმესთვის“. პავლე მოციქული ამბობს, რომ თუ ვინმე გულში ინახავს თავის რისხვას, ნაცვლად იმისა, რომ აღიაროს ის და უარყოს, როგორც შესაძლო ცოდვა, ეს ადამიანი სულიერ ადგილს გადასცემს სატანას. შემდეგ სატანას შეუძლია დაიკავოს ეს ადგილი და გამოიყენოს იგი თავისი ბოროტი მიზნებისათვის. გულში რისხვის შენახვით პიროვნებას შეუძლია სატანას ფეხის მოსაკიდებელი ადგილი მისცეს.

იოანეს სახარების მე-14 თავში უფალი იესო იურიდიულ უფლებათა ენას იყენებს, როდესაც აცხადებს, რომ სატანას არაფერი ეკუთვნის მასში (სატანას არ გააჩნია მასზე ძალაუფლება):

> „ბევრს აღარ ვილაპარაკებ თქვენთან, რადგან სოფლის მთავარი მოდის და მას ჩემში არაფერი ეკუთვნის. მაგრამ, რათა გაიგოს სოფელმა, რომ მამა მიყვარს და, როგორც მამამ მიბრძანა, ისე ვაკეთებ“ (იოანე 14:30-31).

არქიეპისკოპოსი ჯ. ჰ. ბერნარდი ამ მუხლის შესახებ დაწერილ თავის კომენტარებში წერს: „იესო ამბობს: 'სატანას... არ აქვს წერტილისოდენა ადგილი ჩემს პიროვნებაში, რომელსაც ის ჩაეჭიდებოდა'“.2 აქ გამოყენებული იდიომა იურიდიული ტერმინია, როგორც ამას დ. ა. კარსონი განმარტავს:

> „'მას არ აქვს კონტროლი ჩემზე' იდიომატური თარგმანია გამოთქმისა 'მას ჩემში არაფერი ეკუთვნის'. ეს გვახსენებს ებრაულ იდიომას, რომელიც ხშირად გამოყენებოდა იურიდიულ კონტექსტში და ნიშნავდა:

2. J. H. Bernard, *A Critical and Exegetical Commentary on the Gospel According to John*, vol. 2, p. 556.

> ‘მას არ აქვს უფლება ჩემზე’ ანდა ‘მას არ აქვს ძალაუფლება ჩემზე’. ეშმაკს შეიძლებოდა ჰქონოდა ძალაუფლება იესოზე, საფუძვლიანი ბრალდება რომ არსებულიყო იესოს წინააღმდეგ“.[3]

რატომ არ აქვს სატანას ძალაუფლება იესოზე? იმიტომ, რომ იესო უცოდველია. ის ამბობს, რომ აკეთებს ისე, როგორც მამამ უბრძანა (იოანე 14:31; იხ. აგრეთვე იოანე 5:19). სწორედ ამიტომ არ არის იესოში არაფერი, რაც სატანას შესაძლებლობას მისცემდა, რომ რაიმე კანონიერი უფლება განეცხადებინა მასზე. იესოში არ არის ფეხის მოსაკიდებელი ადგილი, რომლითაც სატანა ისარგებლებს.

იესო ჯვარს ეცვა, როგორც უდანაშაულო კაცი, რასაც ესოდენ დიდი მნიშვნელობა აქვს ჯვრის ძალაუფლებისათვის. იმის გამო, რომ იესო უდანაშაულო იყო, სატანას არ შეუძლია განაცხადოს, რომ ჯვარცმა კანონიერი სასჯელი იყო. უფლის მიერ მოვლინებული მესიის სიკვდილი სხვებისათვის შეწირული უდანაშაულო მსხვერპლი გახლდათ და არა მხოლოდ სასჯელი, რომელიც იესოს წინააღმდეგ აღასრულა სატანამ. ქრისტეს რომ თუნდაც პატარა ადგილი დაეთმო სატანისთვის, მისი სიკვდილი მხოლოდ ცოდვის სასჯელი იქნებოდა და მეტი არაფერი, თუმცა რაკიღა იესო უდანაშაულო იყო, მისი სიკვდილი შეიძლებოდა ყოფილიყო და არის კიდეც ქმედითი მსხვერპლი მთელი ქვეყნიერებისათვის.

როგორ მოვიქცეთ ჩვენს ცხოვრებაში არსებულ ღია კართა და ფეხის მოსაკიდებელ ადგილთა მიმართ? შეგვიძლია დავხუროთ ყველა ღია კარი და მოვსპოთ ფეხის მოსაკიდებელი ადგილები. ამ ნაბიჯების გადადგმა არსებითად მნიშვნელოვანია, რათა მოვითხოვოთ თავისუფლება. გამუდმებით ასე უნდა ვიქცეოდეთ:

3. D. A. Carson, *The Gospel According to John*, pp. 508-9.

ვხურავდეთ ყველა ღია კარს და ვსპობდეთ ფეხის მოსაკიდებელ ყველა ადგილს ჩვენს ცხოვრებაში.

როგორ გავაკეთოთ ეს? მოდი, სათითაოდ განვიხილოთ ექვსივე სფერო. ყველა მათგანი მნიშვნელოვანი იქნება, როდესაც ვიმსჯელებთ იმაზე, თუ როგორ ზორკავს ისლამი ადამიანებს.

ცოდვა

თუკი ღია კარი ჩვენ მიერ ჩადენილი ცოდვებია, შეგვიძლია ეს კარი ამ ცოდვების მონანიების მეშვეობით დავხუროთ. შესაძლებელია, სწორედ ამ ცოდვების საშუალებით მივეცით სატანას ნება იმისა, რომ ჩვენს ცხოვრებაში თავისი უფლებების შესახებ განეცხადებინა. ჯვრის ძალა გასაღებია მთელი ამ პროცესისათვის. ღმერთის პატიების მიღება შეგვიძლია მაშინ, თუკი ქრისტეს მივმართავთ, როგორც ჩვენს მხსნელს. როგორც მოციქული იოანე წერს: „იესო ქრისტეს, სისხლი გვწმედს ყოველგვარი ცოდვისაგან“ (1-ელი იოანე 1:7). ცოდვისგან განწმენდილნი თუ ვართ, მაშ, ცოდვას არავითარი ძალაუფლება არ აქვს ჩვენზე. მოციქული პავლე წერს: „...მისი სისხლით გავმართლდით“ (რომაელთა 5:9). ეს იმას ნიშნავს, რომ ღმერთი მართალ ადამიანებად გვხედავს. მონანიებისა და ქრისტესკენ მოქცევის შემდეგ, ჩვენ მასთან ერთად ვიმარხებით: ჩვენ იესოსთან გაიგივებულნი ვხდებით. შემდეგ ვხდებით ადამიანები, რომელთა წინააღმდეგაც სატანას არ ძალუძს კანონიერ ბრალდებათა წარდგენა. ჩვენ ვხდებით ადამიანები, რომლებზეც სატანას არ გააჩნია ძალაუფლება, ვინაიდან ჩვენი ცოდვები „დაფარულია“ (რომაელთა 4:7). ჩვენ თავისუფალნი ვართ სატანის მიერ ჩვენ წინააღმდეგ მომართულ ბრალდებათაგან.

როგორ მოქმედებს ეს პრაქტიკულად? თუ ვიღაც გამუდმებით ცრუობს და ებრძვის ამ ჩვევას, მან უნდა სცნოს

ის, რომ სიცრუის თქმა არასწორია ღვთის თვალში, აღიაროს და მოინანიოს ტყუილები და დარწმუნდეს პატიებაში, რომელიც იესო ქრისტეს მიერ აღსრულებული საქმის მეშვეობითაა შესაძლებელი. ამის შემდეგ სიცრუე თავისთავად შეიძლება იქნეს უკუგდებული და უარყოფილი. თუკი, ერთი მხრივ, პიროვნებას მოსწონს ტყუილების თქმა, გამოსადეგად მიიჩნევს ამას და არც აპირებს ამ ჩვევისთის თავის დანებებას, სიცრუისაგან გათავისუფლების ნებისმიერი მცდელობა ამაო იქნება, ხოლო სატანას ექნება შესაძლებლობა იმისა, რომ ეს ფეხის მოსაკიდებელი ადგილი ამ პიროვნების წინააღმდეგ გამოიყენოს.

ჩვენ შეგვიძლია ცოდვას კარი მივუხუროთ ცოდვის მონანიებით, მისი უარყოფით და ქრისტეს ჯვარზე იმედის დამყარებით. ამრიგად უარვყოფთ სატანის უფლებას – გამოიყენოს ჩვენი ცოდვა ჩვენსავე საწინააღმდეგოდ.

უპატიებლობა

კიდევ ერთი სტრატეგია, რომლის გამოყენებას მოსწონს სატანას ჩვენ წინააღმდეგ, გახლავთ ჩვენში არსებული უპატიებლობა. პატიების შესახებ იესო ხშირად ასწავლიდა ადამიანებს. ის ამბობდა, რომ ღმერთი არც ჩვენ მოგვიტევებს, თუ ჩვენც არ მივუტევებთ სხვებს (მარკოზი 11:25-26; მათე 6:14-15).

უპატიებლობამ შეიძლება ვიღაცის დანაშაულს ან მტკივნეულ მოვლენას მიგაჯაჭვოთ. ამან კი შეიძლება სატანას ფეხის მოსაკიდებელი ადგილი მისცეს, ჩვენ წინააღმდეგ კანონიერი უფლება მიანიჭოს. პავლე მოციქული ამასთან დაკავშირებით კორინთელთა მიმართ მე-2 წერილში წერს:

> „და ვისაც თქვენ აპატიებთ რამეს, მეც, ვინაიდან მე თუ ვინმეს რაიმე ვაპატიე, თქვენი გულისათვის ვაპატიე

ქრისტეს სახის წინაშე. რათა ზიანი არ მოგვაყენოს სატანამ, ვინაიდან ჩვენთვის უცნობი არ არის მისი ზრახვები“ (მე-2 კორინთელთა 2:10-11).

რატომ აძლევს ჩვენში არსებული უპატიებლობა სატანას იმის ნებას, რომ ზიანი მოგვაყენოს? იმიტომ, რომ მას შეუძლია ეს უპატიებლობა გამოიყენოს, როგორც ფეხის მოსაკიდებელი ადგილი ჩვენ წინააღმდეგ, თუმცა თუ „ჩვენთვის უცნობი არ არის მისი ზრახვები“, როგორც ამბობს პავლე, მაშ, ვიცით, რომ საჭიროა პატიების მეშვეობით მოვსპოთ მისი ფეხის მოსაკიდებელი ადგილი.

პატიებას სამი განზომილება აქვს: სხვების პატიება, ღმერთის პატიების მიღება და ხანდახან, საკუთარი თავის პატიებაც კი. მიტევების ჯვრის4 ეს სიმბოლო გვეხმარება ამ სამი ასპექტის დამახსოვრებაში. ჰორიზონტალური ძელი შეგვახსენებს იმას, რომ უნდა ვაპატიოთ სხვებს. ვერტიკალური ძელი კი შეგვახსენებს იმას, რომ ღმერთის პატიება უნდა მივიღოთ. წრე კი მიგვითითებს იმაზე, რომ საკუთარ თავს უნდა ვაპატიოთ.

პატიება იმას როდი ნიშნავს, რომ დავივიწყოთ ის, რაც სხვა პიროვნებამ გაგვიკეთა, ან გავამართლოთ იგი. პატიება არც იმას ნიშნავს, რომ უბრალოდ უნდა ვენდოთ ამ ადამიანს. სხვების პატიება გულისხმობს იმას, რომ უარი ვთქვათ ჩვენს უფლებაზე – დავადანაშაულოთ ისინი ღვთის წინაშე. ჩვენ ვათავისუფლებთ ადამიანს, რომელიც უსამართლოდ მოგვექცა, ნებისმიერი პრეტენზიისაგან, რომელიც შეგვიძლია გამოვაცხადოთ მათ წინააღმდეგ. ჩვენ მათ ღმერთს გადავცემთ, რათა მან განსაჯოს ისინი

4. პატიების ჯვარი აღებულია ჩესტერ და ბეტსი კილსტრების წიგნიდან *Restoring the Foundations*, p. 98.

სამართლიანად. ასევე ღმერთს გადავცემთ ამ საკითხს. პატიება გრძნობა როდია. პატიება გადაწყვეტილებაა.

ასევე აუცილებელია ღმერთისგან პატიების მიღება, ვინაიდან პატიებას გაცილებით უფრო მეტი ძალა აქვს, როდესაც ვიცით, რომ გვეპატია (ეფესელთა 4:32).

სასწავლო სახელმძღვანელოს ბოლოს, დამატებითი რესურსების ნაწილში შეგიძლიათ იხილოთ „პატიების ლოცვა“.

სულიერი ჭრილობები

სატანისთვის ფეხის მოსაკიდებელი ადგილი შეიძლება სულში არსებულმა ჭრილობამაც შექმნას. სულიერი ჭრილობები სინამდვილეში უფრო მეტად მტკივნეულია, ვიდრე სხეულის ჭრილობები და როდესაც ფიზიკურად გვტკენენ, ჩვენი სულიც შეიძლება დაიჭრას ამ დროს. დავუშვათ, ვიღაცას თავს დაესხნენ, რამაც მას თავზარი დასცა და სულიერად ტრავმირებული დატოვა. ამის შემდეგ ეს ადამიანი შეიძლება კიდევ დიდი ხნის განმავლობაში იტანჯებოდეს შიშისგან. სატანას შეუძლია ეს შიში ამ პიროვნების წინააღმდეგ გამოიყენოს, რათა შებორკოს იგი და კიდევ უფრო დიდი შიშის მონად აქციოს.

ერთხელ[5], როცა ისლამის შესახებ ვასწავლიდი, ჩემთან ერთი სამხრეთ აფრიკელი ქალი მოვიდა, რომელსაც ათი წლით ადრე სულიერი ტრავმის გამომწვევი მძიმე გამოცდილება ჰქონდა მიღებული. ამის მონაწილენი იყვნენ მუსლიმანური წარსულის მქონე ადამიანები. ადგილობრივი სემინარიის თხოვნით ამ ქალის ოჯახმა სტუმართმოყვარეობა გამოიჩინა ორი მამაკაცის მიმართ. ისინი ამბობდნენ, რომ ისლამიდან ქრისტიანობაზე იყვნენ მოქცეულნი. ამით დაიწყო უკიდურესად რთული და მტკივნეული პერიოდი ამ ქალის

---

[5]. მარკ დური, ამ გაკვეთილების ავტორი.

ცხოვრებაში. მისი სტუმრები აგრესიულად იქცეოდნენ და გამუდმებით დასცინოდნენ ქალსაც და მისი ოჯახის წევრებსაც. კედელს ახეთქებდნენ, ღორს უწოდებდნენ და აფურთხებდნენ კიდევ მის გვერდით ჩავლისას. ქალი ქაღალდის პატარა ნაგლეჯებსაც პოულობდა თავისი სახლის სხვადასხვა ნაწილში. ნაგლეჯებზე არაბულად იყო სხვადასხვა წყევლა დაწერილი. ოჯახმა ეკლესიას სთხოვა დახმარება, მაგრამ არავინ დაუჯერა მათ. ბოლოს, სხვა საცხოვრებელი უშოვა ქალის ოჯახმა და როგორც იქნა, შეძლეს „სტუმრების" თავიდან მოშორება. ქალი წერდა: „იმ დროისათვის ფინანსურად, სულიერად, ემოციურად და ფიზიკურად გამოფიტულნი ვიყავით და ფსკერზე ვიმყოფებოდით. საკუთარი თავის აღარ მჯეროდა. თავს უვარგისად ვგრძნობდი, რადგან ისინი ისე მექცეოდნენ, როგორც ტალახს". მას შემდეგ, რაც ამ ქალმა მოისმინა, როგორ ვასწავლიდი ისლამის ბორკილების შესახებ, შეძლო დაპირისპირებოდა საკუთარ შიშსა და თავისი თავისადმი რწმენის უქონლობას, რაც სტანჯავდა მას და შეძლო მათი უარყოფა. ჩვენ ერთად ვილოცეთ, რათა ის სულიერი ტრავმისაგან გაჩკურნებულიყო და ამავდროულად, უკუვაგდეთ დაშინება. ქალი სასწაულებრივად განიკურნა და თქვა: „ვადიდებ ღმერთს მისი მისი ზეციური შეხვედრისათვის... შვებას ვგრძნობ. ვგრძნობ, რომ ღირსი ვარ, ვემსახურო უფალს, როგორც ქალმა. დიდება უფალს!" მოგვიანებით ის მწერდა:

> „ჩვენ ისევ ვემსახურებით უფალს და ადრინდელზე უფრო მეტად გვიყვარს იგი. ძალიან ბევრი ვისწავლეთ მუსლიმანური კულტურისა და შეხედულებების შესახებ და უფრო ძლიერნი გავხდით ამ ყოველივეს მეშვეობით. შეგვიძლია ვთქვათ, რომ მუსლიმანები უფლისმიერი სიყვარულით გვიყვარს და ჩვენი ცხოვრების მეშვეობით მუდამ დავანახვებთ მათ იმას, თუ როგორ უყვარს უფალ იესოს თითოეული მათგანი".

სატანა ცდილობს სიცრუე დააჯეროს ადამიანებს, რომლებიც სულიერი ჭრილობებისგან იტანჯებიან. ტყუილები არ შეესაბამება სინამდვილეს, მაგრამ ადამიანს შეუძლია დაიჯეროს ისინი, რადგან ტკივილი ნამდვილია. ამ ქალისათვის ტყუილი იყო ის, თითქოს ის „უვარგისი" და უფასური იყო.

ამგვარ ტყუილთაგან გასათავისუფლებლად შეგვიძლია ხუთი ნაბიჯი გადავდგათ:

1. პირველად, შევთავაზოთ ადამიანს, რომ თავისი სული გადმოღვაროს უფლის წინაშე, უთხრას მას, რას ფიქრობს საკუთარ ტკივილთან დაკავშირებით.
2. შემდეგ ილოცოს იესოს წინაშე, რათა განიკურნოს ტრავმისგან.
3. შემდეგ აპატიოს ამ პიროვნებამ მას, ვინც ტკივილი მიაყენა.
4. შემდგომ ამისა, ამ პიროვნებამ უნდა უარყოს შიში და ტრავმის სხვა მავნე შედეგები და განაცხადოს, რომ ენდობა ღმერთს.
5. ამის მერე მან უნდა აღიაროს და უარყოს ნებისმიერი ტყუილი, რომელიც სჯეროდა ამ ტკივილიდან გამომდინარე.

ამ ნაბიჯების გადადგმის შემდეგ ადამიანი გაცილებით მეტი წარმატებით შეძლებს სატანის შემოტევათა მოგერიებას, რადგან მისთვის ფეხის მოსაკიდებელი ადგილი აღარ იქნება.

სიტყვები

სიტყვები შეიძლება ძალიან ძლიერი იყოს. ჩვენი სიტყვების გამოყენებით სხვებისა და საკუთარი თავის დატყვევება

შეგვიძლია. სწორედ ამიტომ, სატანა ცდილობს, რომ ჩვენი სიტყვები ჩვენსავე წინააღმდეგ გამოყენოს. იესო ამბობს:

> „თქვენ კი გეუბნებით, რომ ყოველი ფუჭი სიტყვისათვის, რომელსაც იტყვიან ადამიანები, პასუხს აგებენ განკითხვის დღეს. ვინაიდან შენი სიტყვებით გამართლდები და შენივე სიტყვებით გამტყუნდები" (მათე 12:36-37).

უფალი იესო გვასწავლის, რომ ჩვენი სიტყვები კურთხევისათვის გამოვიყენოთ და არა წყევლისათვის: „გიყვარდეთ თქვენი მტრები და სიკეთე უყავით თქვენს მოძულეებს. აკურთხებდეთ თქვენს მაწყევრებს და ლოცულობდეთ თქვენსავე შეურაცხმყოფელთათვის" (ლუკა 6:27-28).

იესოს გაფრთხილება იმის შესახებ, რომ ფუჭი სიტყვები არ წარმოვთქვათ, შეეხება ყველაფერს, რასაც ვამბობთ, მათ შორის ყოველგვარ ფიცს, დაპირებასა თუ სიტყვიერად დადებულ აღთქმებს. დავფიქრდეთ იმ მიზეზზე, რომელიც იესომ მიუთითა თავის მოწაფეებს, რათა მათ არ დაეფიცათ:

> „მე კი გეუბნებით თქვენ: სულ არ დაიფიცოთ არც ცა, რადგან ღვთის ტახტია იგი. არამედ იყოს თქვენი სიტყვა: 'ჰო' ჰო! 'არა' არა! რაც ამაზე მეტია, ის ბოროტისგანაა" (მათე 5:34, 37).

რატომ არ უნდა დავიფიცოთ? იესო განმარტავს, რომ ეს „ბოროტისგანაა", ანუ თავად სატანისგან. სატანას სურს, რომ ვიფიცებდეთ, რადგან ის ჩვენი სიტყვების ჩვენსავე წინააღმდეგ გამოყენებას განიზრახავს ჩვენდა საზიანოდ. ფიცის მეშვეობით მას შეიძლება ადგილი მიეცეს ჩვენში და შესაბასამისად, საფუძველიც – ჩვენი დადანაშაულებისათვის. ეს იმ შეთხვევაშიც ასეა, როცა ჩვენ შეიძლება ვერც კი ვაცნობიერებთ წარმოთქმული სიტყვების ძალას.

მაშ, როგორ უნდა მოვიქცეთ იმ შემთხვევაში, თუკი უკვე დავიფიცეთ, პირობა ან სიტყვიერი აღთქმა დავდეთ (და შესაძლოა, რიტუალურ ქმედებათა თანხლებით), რამაც მცდარ გზას მიგვაჯაჭვა, გზას, რომელსაც არ უნდა დავდგომოდით და რომელიც არ არის ღვთის მიერ ჩვენთვის განკუთვნილი?

ლევიანთა 5:4-10-ში ვკითხულობთ განმარტებას იმასთან დაკავშირებით, თუ როგორ უნდა ემოქმედათ ისრაელიანებს, როცა ვინმეს „დაუფიქრებლად წასცდებოდა ბაგიდან ფიცი" და ამ ფიცის გამო შეკრული იქნებოდა. ზემოხსენებულ მუხლებში მოცემულია საშუალება ამ ფიცისაგან გასათავისუფლებლად. ამ ადამიანს უნდა მიეტანა მსხვერპლშესაწირი მღვდელთან, ვინც შესწირავდა მსხვერპლს მისი ცოდვის შესანდობად; შემდგომ ამისა ეს პიროვნება თავისუფალი იქნებოდა თავისი, დაუფიქრებლად ნათქვამი ფიცისაგან.

კარგი ამბავი ისაა, რომ ჯვრის წყალობით შეგვიძლია გავთავისუფლდეთ ჩვენ მიერ დადებული ყველა უღვთო დაპირებისა და ფიცისგან. საოცარია, ბიბლია გვასწავლის იმას, რომ ქრისტეს სისხლი „აბელის სისხლზე უკეთ მეტყველებს":

> „მაგრამ თქვენ მიეახლეთ სიონის მთას... და ახალი აღთქმის შუამდგომელ იესოს და საპკურებელ სისხლს, რომელიც აბელის სისხლზე უკეთ მეტყველებს" (ებრაელთა 12:22-24).

ეს ნიშნავს იმას, რომ იესოს სისხლს აქვს ძალა იმისა, რომ გააუქმოს ჩვენ წინააღმდეგ მომართული ყველა წყევლა, რომელიც გამოწვეულია ჩვენ მიერ წარმოთქმული სიტყვების მიერ. კერძოდ, აღთქმა იესოს სისხლში უგულებელყოფს და აუქმებს ყველა შეთანხმებას, რომელიც შიშსა თუ სიკვდილთან დავდეთ.

რიტუალური ქმედებანი: თავისუფლება სისხლიან ხელშეკრულებათაგან

ჩვენ ვმსჯელობდით იმის თაობაზე, რომ სიტყვებს აქვს ჩვენი შებორკვის ძალა. ებრაულ წმინდა წერილში აღთქმის მეშვეობით საკუთარ თავზე ვალდებულების აღების (საკუთარი თავის შებორკვის) სტანდარტული საშუალება იყო სისხლიანი შეთანხმება. ეს გულისხმობდა სიტყვებსა და რიტუალურ ქმედებას ერთდროულად.

დაბადების მე-15 თავში, როდესაც ღმერთმა თავისი ცნობილი აღთქმა დადო აბრაამთან, ეს აღთქმა მსხვერპლის მეშვეობით ამოქმედდა. აბრაამმა აიყვანა სამსხვერპლო ცხოველი, გააპო იგი და მიწაზე დააწყო ნაწილები. შემდეგ ცეცხლის ალმა (რაც ღმერთის თანდასწრებასა და მონაწილეობას აღნიშნავდა) გაიარა გაკვეთილი ცხოველის ნაწილებს შორის. ეს რიტუალი მოუხმობდა წყევლას და ამბობდა: „დაე, ამ ცხოველივით გავხდე, თუ ამ აღთქმას დავარღვევ", ანუ „დაე, მომკლან და შუაზე გამკვეთონ".

ეს ასახულია ღვთის მიერ წინასწარმეტყველ იერემიას მეშვეობით მოცემულ გაფრთხილებაში:

> „და მოვექცევი ხალხს, ჩემი აღთქმის დამრღვევთ,
> რომელთაც არ შეასრულეს სიტყვები ჩემი აღთქმისა,
> რომელიც მათ დადეს ჩემ წინაშე, როგორც იმ ხბოს,
> ორად რომ გააპეს მათ და მის ნაწილებს შორის გაიარეს.
> იუდას მთავრებს და იერუსალიმის მთავრებს,
> საჭურისებსა და მღვდლებს, ქვეყნის მთელ ერს, ვინც
> გაპობილი ხბოს ნაწილებს შორის გაიარა, მივცემ მათი
> მტრებისა და მათი სულის მაძიებელთა ხელთ, და მათი
> გვამები ცის ფრინველთა და მინდვრის ცხოველთა
> საჭმელი გახდება" (იერემია 34:18-20).

ინიციაციის რიტუალები, მაგალითად, ჯადოქრობაში მიღებულ რიტუალთა მსგავსად, შეიძლება მოიცავდეს

შეთანხმებით პიროვნების შებორკვას სისხლიანი მსხვერპლის მეშვეობით. ამგვარ რიტუალებში შეიძლება მოხმობილი იქნეს სიკვდილი, არა ნამდვილი სისხლით, არამედ სიმბოლურად: მაგალითად, თვითგანადგურების შესახებ წყევლათა წარმოთქმით; სიკვდილის სიმბოლოს გაკეთებით (კისერზე ყულფის ჩამოცმით); ან რიტუალის მეშვეობით სიკვდილის გათამაშებით (სასახლეში მოთავსებით, ან სიმბოლურად გულში მახვილის ჩაცემით). მოგვიანებით განვიხილავთ რიტუალის მსგავს მაგალითს ისლამთან დაკავშირებით.

სისხლიანი შეთანხმებანი, მათ შორის, სიმბოლურო სასიკვდილო რიტუალები, სასიკვდილო წყევლას მოუხმობს ადამიანზე და ხანდახან, მის შთამომავლებზეც. ეს სულიერად სახიფათოა, ვინაიდან მსგავსი რიტუალები აღებს კარს სულიერი შევიწროებისათვის. თავიდან ისინი ბორკავს პიროვნებას შეთანხმების პირობებით, ხოლო შემდეგ აწესებს სულიერ ნებართვას ამ პიროვნების მოკვლისა თუ სიკვდილის შესახებ ამ შეთანხმების წყევლათა შესრულების მიზნით.

ერთი ქრისტიანი ქალი, ვისი თემიც ისლამის მმართველობის ქვეშ ცხოვრობდა მრავალი თაობის განმავლობაში, კოშმარებით იტანჯებოდა. ის ხედავდა გარდაცვლილ ნათესავებს, რომლებიც მკვდართა მიწისკენ უხმობდნენ მას. ქალს ასევე სრულიად ალოგიკური ფიქრები აწუხებდა თვითმკვლელობის შესახებ, რასაც არავითარი საფუძვლიანი ახსნა არ მოეძებნებოდა. მასთან საუბრისას და ლოცვისას გაირკვა, რომ მისი ოჯახის წევრებსაც, წინა თაობებში, აუხსნელი კოშმარები სტანჯავდათ სიკვდილის შესახებ, რაც მათ ძალიან აშფოთებდათ. მივხვდი, რომ იმის გამო, რაკი მისი წინაპრები ისლამის მმართველობის ქვეშ ცხოვრობდნენ და ექვემდებარებოდნენ დჰიმას მორჩილების აღთქმას, ქალს სიკვდილის შიში თრგუნავდა. არსებობდა რიტუალი,

რომელიც ამ ქალის ქრისტიან წინაპარ მამაკაცებს უნდა შეესრულებინათ ყოველ წელს, როცა მუსლიმანებს ჯიზიას გადასახადს უხდიდნენ დჰიმას პირობების თანახმად. ამ რიტუალის დროს მათ კისერზე ურტყამდნენ მათთვის თავის მოკვეთის სიმბოლოდ და ასეც მოხდებოდა იმ შემთხვევაში, თუ ისინი დაარღვევდნენ ისლამის მორჩილების შესახებ დადებული შეთანხმების პირობებს (ამ რიტუალს მე-6 გაკვეთილში განვიხილავთ). ვლოცულობდი ამ ქალთან ერთად ამ ყოველივეს წინააღმდეგ, რათა შემერისხა სიკვდილის ძალაუფლება და გამეუქმებინა სიკვდილის წყევლა, რომელიც თავის მოკვეთის რიტუალთან იყო დაკავშირებული. ამ ლოცვების შემდეგ, რომლებმაც გაანადგურა ამ რიტუალის ძალა, ქალმა დიდი შვება იგრძნო კოშმარებისა და სიკვდილის შესახებ ფიქრებისგან გათავისუფლებით.

უღვთო შეხედულებები (ტყუილები)

სატანის მიერ ჩვენ წინააღმდეგ გამოყენებული ერთ-ერთი მთავარი სტრატეგია ისაა, რომ ტყუილები დაგვაჯეროს. ამ ტყუილებს როცა ვიღებთ და ვიჯერებთ, სატანას შეუძლია მათი გამოყენება, რათა ბრალი დაგვდოს, დაგვაბნიოს და მოგვატყუოს. არასოდეს დაგავიწყდეთ, რომ სატანა „ცრუა და სიცრუის მამაა“ (იოანე 8:44). (სამხრეთ აფრიკელი ქალის ისტორიაში, რომელიც ამავე გაკვეთილში გიამბეთ, სიცრუე იყო ის, თითქოს ეს ქალი უვარგისი იყო).

იესო ქრისტეს მოწიფულ მოწაფეებად ჩამოყალიბების შემდეგ ვსწავლობთ, როგორ ამოვიცნოთ და უკუვაგდოთ ის ტყუილები, რომლებაც უწინ სიმართლედ აღვიქვამდით და ვიჯერებდით. ეს ტყუილები თუ უღვთო შეხედულებები სხვადასხვაგვარად შეიძლება გამოვლინდეს ჩვენს ცხოვრებაში: იმაში, რასაც ვამბობთ, რასაც ვფიქრობთ ან

რისიც გვჯერა; ასევე, იმაში, თუ რას ვფიქრობთ ჩვენს თავზე და რას ვეუბნებით საკუთარ თავს მაშინ, როცა ყურს არავინ გვიგდებს. უღვთო შეხედულებათა მაგალითებია:

- „ვერასოდეს ვერავინ შემიყვარებს“.
- „ადამიანებს არ შეუძლიათ შეცვლა“.
- „ვერასოდეს ვიქნები უსაფრთხოდ“.
- „რაღაც საფუძველშივე არასწორია ჩემში“.
- „სხვა ადამიანები უარმყოფენ, თუ გაიგებენ, სინამდვილეში როგორი ვარ“.
- „ღმერთი არასოდეს მაპატიებს“.

ზოგიერთი ტყუილი შეიძლება ჩვენი საზოგადოების კულტურის ნაწილი იყოს; მაგალითად: „ქალები სუსტები არიან“ ან „კაცების ნდობა არ შეიძლება“. მე ინგლისური (ანგლო-საქსონური) კულტურის წარმომადგენელი ვარ და ჩემი კულტურისთვის დამახასიათებელი ერთ-ერთი ტყუილი ისაა, თითქოს მამაკაცებისთვის შეუფერებელია ემოციის გამოხატვა. არსებობს ასეთი ინგლისური გამოთქმა: „ნამდვილი მამაკაცები არ ტირიან“. ხალხი ამას „ხასიათის სიმტკიცის გამოვლინებას“ უწოდებს, თუმცა ეს სიმართლე არ არის: ხანდახან ნამდვილი მამაკაცები ტირიან!

მოწიფული მოწაფეები რომ ვხდებით, ვსწავლობთ, როგორ დავაყენოთ ეჭვქვეშ ტყუილები, რომლებიც ჩვენი კულტურის შემადგენელი ნაწილია და როგორ ჩავანაცვლოთ ისინი ჭეშმარიტებით.

გახსოვდეთ: ყველაზე სრულყოფილი ტყუილი ის არის, რომელიც ჭეშმარიტებად გვეჩვენება. ხანდახან, შეიძლება გონებით ვიცოდეთ, რომ ესა თუ ის უღვთო შეხედულება არ შეესაბამება ჭეშმარიტებას, თუმცა შეიძლება ის მაინც ჭეშმარიტებად ეჩვენებოდეს ჩვენს გულს.

უფალი იესო გვასწავლის: „თუ ჩემს სიტყვაში დარჩებით, ჭეშმარიტად ჩემი მოწაფეები ხართ. შეიცნობთ ჭეშმარიტებას და ჭეშმარიტება გაგათავისუფლებთ თქვენ“ (იოანე 8:31-32).

სულიწმიდა გვეხმარება იმაში, რომ ამოვიცნოთ და დავასახელოთ ტყუილები, რომლებიც დავიჯერეთ, ხოლო შემდეგ უავრყოთ ისინი (1-ელი კორინთელთა 2:14-15). ჩვენი აზროვნება იკურნება და გარდაიქმნება, როცა უფალ იესოს მივყვებით და ვსწავლობთ წუთისოფლის ტყუილების უარყოფას. პავლე მოციქული განმარტავს, რომ ამგვარად შეგვიძლია ჩვენი გონების განახლება:

> „და ნუ მიესადაგებით ამ წუთისოფელს, არამედ შეიცვალენით თქვენი გონების განახლებით, რათა შეიცნოთ, რა არის ღვთის ნება - კეთილი, სასურველი და სრულყოფილი“ (რომაელთა 12:2).

ცუდი ამბავი ისაა, რომ ტყუილები სატანას ფეხის მოსაკიდებელ ადგილს აძლევს. კარგი ამბავი კი ის გახლავთ, რომ ამ ფეხის მოსაკიდებელი ადგილების თავიდან მოშორება შეგვიძლია ჭეშმარიტებასთან შეხვედრის მეშვეობით. ჭეშმარიტებას როცა გავარჩევთ, შევძლებთ ნებისმიერი ტყუილის აღიარებას, უკუგდებას და უარყოფას, რომელიც მანამ გვჯეროდა.

ამ სასწავლო სახელმძღვანელოს დამატებითი რესურსების ნაწილში ნახავთ ლოცვას, რომელიც დაგეხმარებათ ტყუილებთან გამკლავებაში.

შთამომავლობითი ცოდვა და მის მიერ გამოწვეული წყევლანი

სატანის მიერ ჩვენ წინააღმდეგ გამოყენებული კიდევ ერთ სტრატეგია შთამომავლობითი ცოდვაა: ჩვენი წინაპრების მიერ ჩადენილი ცოდვები. ამ ცოდვების მიერ გამოწვეულმა სხვადასხვა წყევლამ შეიძლება დიდად დაგვაზიანოს.

ყველას გვინახავს ოჯახები, სადაც რომელიმე ცოდვა ან ცუდი ხასიათი ერთი თაობიდან მეორეს გადაეცემოდა. ამასთან დაკავშირებით ერთი ინგლისური გამოთქმა არსებობს, რომელიც ასე ჟღერს: „ვაშლი ხიდან შორს არ ეცემა“. ოჯახებში შეიძლება თაობებს გადაეცეს სულიერი მემკვიდრეობა, რაც ცუდ გავლენას ახდენს შთამომავლებზე და კარს უღებს სატანას. სულიერმა შევიწროებამ შეიძლება მრავალ თაობაზე მოახდინოს ცუდი გავლენა, როცა ერთი თაობა მეორეს ბორკავს თავისი ცოდვებით და ამ ცოდვებით გამოწვეული წყევლანი ერთ თაობიდან მეორეზე გადადის.

ზოგიერთი ქრისტიანისათვის თაობათა შორის არსებული სულიერი ტყვეობის ცნება მიუღებელი და ირაციონალურიც კია. ნაცვლად ამისა, მათ შეიძლება მიუთითონ იმაზე, თუ რა გავლენას ახდენს მშობლების ქცევა შვილებზე. მაგალითად, თუ მამა მატყუარაა, შვილებმა შეიძლება მიბაძონ მას და თავადაც მატყუარები გახდნენ; ანდა, თუ დედა სწყევლის თავის შვილს, შედეგად, ბავშვს შეიძლება დაბალი თვითშეფასება ჩამოუყალიბდეს. ეს შეძენილი ქცევაა, თუმცა არსებობს ასევე სულიერი მემკვიდრეობა, რომელიც მშობლებისგან შვილებზე გადადის და რომელიც განსხვავდება შეძენილი ქცევისგან.

ბიბლიის მთელი მსოფლმხედველობა აღთქმათა, წყევლათა და კურთხევათა მიმართებით, ამ შეხედულებას შეესაბამება. ბიბლიაში აღწერილია, თუ როგორ დაუდო ღმერთმა აღთქმა ისრაელიან ერს, როგორც თაობათაშორის საზოგადოებას და შეკრა ისინი კურთხევათა და წყევლათა სისტემის მეშვეობით. ეს სისტემა მიემართებოდა უშუალოდ მათ და მათ შთამომავლებს: კურთხევანი მეათასე თაობამდე და წყევლანი – მესამე ან მეოთხე თაობამდე (გამოსვლა 20:5; 34:7).

იქიდან გამომდინარე, რომ ღმერთის დამოკიდებულება ხალხის მიმართ იყო, ასე ვთქვათ, თაობათშორისი, ადვილად

გასაგები ხდება ის, რომ სატანა აცხადებს თაობათშორის უფლებებს ადამიანთა მოდგმის წინააღმდეგ! გახსოვდეთ, რომ სატანა „ცილისმწამებელია“ („ბრალმდებელია“), ვინც „ცილს სწამებდა მათ დღე და ღამე ღვთის წინაშე“ (გამოცხადება 12:10) და ვინც ნებისმიერ ბრალდებას იყენებს ჩვენ წინააღმდეგ. ის ბრალს გვდებს და კიდეც დაგვდებს ჩვენს წინაპართა ცოდვების გამო. მაგალითად, ადამისა და ევას ცოდვამ გამოათავისუფლა თაობათშორისი წყევლანი მათ შთამომავალთა მიმართ, მათ შორის, ტკივილი მშობიარობისას (დაბადება 3:16); მამაკაცების ბატონობა ქალებზე (დაბადება 3:16); მძიმე შრომა თავის სარჩენად (დაბადება 3:17-18) და საბოლოოდ, სიკვდილი და ხრწნილება (დაბადება 3:19). სწორედ ასე მოქმედებს „ამ სოფლის სიბნელე“. სატანამ იცის ეს და ამას ჩვენ წინააღმდეგ იყენებს.

ბიბლია წინასწარმეტყველებს იმის შესახებ, რომ ეს ყოველივე შეიცვლება; შეიცვლება მაშინ, როდესაც ღმერთი მშობლების ცოდვებს შვილებს აღარ მოჰკითხავს და თითოეული პიროვნება საკუთარ ცოდვებზე იქნება პასუხისმგებელი:

> „თქვენ იტყვით: რატომ არ ისჯება შვილი მამის დანაშაულისთვისო? თუ შვილი სამართლიანად და სიმართლით იქცევა, იცავს ჩემს წესებს და ასრულებს მათ, ჭეშმარიტად იცოცხლებს! ცოდვილი სული უნდა მოკვდეს, შვილი მამის დანაშაულის გამო არ უნდა დაისაჯოს. არც მამა შვილის დანაშაულის გამო არ უნდა დაისაჯოს; მართლის სიმართლე მასზე იქნება, ბოროტეულის სიბოროტე მასზე იქნება“ (ეზეკიელი 18:19-20).

ეს მონაკვეთი უნდა გავიგოთ, როგორც მესიანური ეპოქისთვის – იესო ქრისტეს სამეფოსთვის – განკუთვნილი

წინასწარმეტყველება. ეს არ არის მირეული ცვლილება იმისა, თუ როგორ მოქმედებს „ამ სოფლის სიბნელე“ სატანის მმართველობის ქვეშ, არამედ ესაა დაპირება განსხვავებული მსოფლიოს შესახებ; მსოფლიოსი, რომელიც გარდაქმნილი იქნება ღვთის საყვარელი ძის მომავალი სამეფოს დადგომით. ეს არის დაპირება არა მხოლოდ იმასთან დაკავშირებით, რომ ახალი აღთქმის თანახმად ღმერთი თითოეულ ადამიანს მისი ცოდვებისამებრ მოექცევა, არამედ იმასთან დაკავშირებითაც, რომ სატანის ძალაუფლება, რომლითაც ის ბორკავს ადამიანებს მათი მშობლებისა და წინაპრების ცოდვებით, დაიმსხვრევა იესო ქრისტეს სიკვდილისა და აღდგომის ძალაუფლებით.

ამრიგად, თუმცაღა მართალია ის, რომ ძველი რჯულის აღთქმა, „ცოდვისა და სიკვდილის რჯული“ ამბობდა, რომ ცოდვები ერთი თაობიდან მეორეს გადაეცემოდა, ქრისტემ გვერდზე გასწია ეს ძველი რჯული, რომლის მეშვეობითაც სატანა აცხადებდა საკუთარ უფლებათა შესახებ – შეებორკა ადამიანები მათივე მშობლების ცოდვებით, გააუქმა იგი და უსარგებლოდ აქცია ჯვრის მეშვეობით. ეს არის თავისუფლება, რომლის მოთხოვნის სრული უფლებაც აქვთ ქრისტიანებს.

მაშ, როგორ შეგვიძლია მოვითხოვოთ თავისუფლება შთამომავლობით წყევლათაგან? პასუხს ბიბლიაში ვპოულობთ. თორა განმარტავს, რომ წინაპართა ცოდვების შედეგებისგან გასათავისუფლებლად მომდევნო თაობებმა უნდა აღიარონ „თავიანთი დანაშაული და თავიანთი მამების ბრალი“ (ლევიანნი 26:40). შემდეგ კი, ღმერთი ამბობს, რომ გაიხსენებს თავის აღთქმას წინაპრებთან და განკურნავს მათ და მათ მიწას (ლევიანნი 26:45).

ჩვენც შეგვიძლია იგივე სტრატეგია გამოვიყენოთ. შეგვიძლია:

- ვაღიაროთ ჩვენს წინაპართა და ჩვენი ცოდვები,

- უარვყოთ და უკუვაგდოთ ეს ცოდვები და შემდეგ
- დავამსხვრიოთ ამ ცოდვების მიერ გამოწვეული ყველა წყევლა.

ქრისტეს ჯვრის წყალობით ჩვენ გვაქვს ძალაუფლება ამის გასაკეთებლად. ჯვარს აქვს ძალაუფლება, გაგვათავისუფლოს ყოველი წყევლისაგან: „ქრისტემ გამოგვისყიდა რჯულის წყევლისაგან და გახდა წყეული ჩვენ ნაცვლად...“ (გალატელთა 3:13)

წინამდებარე სასწავლო სახელმძღვანელოს დამატებითი რესურსების ნაწილში შეგიძლიათ ნახოთ „ლოცვა შთამომავლობითი ცოდვისათვის“.

მომდევნო ნაწილებში ვისაუბრებთ იმ ძალაუფლების შესახებ, რომელიც გვაქვს ქრისტეში და ვიმსჯელებთ იმაზეც, თუ როგორ უნდა გამოვიყენოთ იგი ჩვენს ცხოვრებაში არსებულ განსაზღვრულ სიტუაციებში. ჩვენ აღვწერთ ხუთ ნაბიჯს, რომელიც სატანის სტრატეგიათა დასამარცხებლად არის საჭირო.

ჩვენთვის მონიჭებული სასუფევლის ძალაუფლება

თავად იესო მიუთითებდა მოწაფეებს, რომ მათ ჰქონდათ ძალაუფლება სხვადასხვა საქმის „გახსნისა“ და „შეკვრის“ ძალაუფლება ზეცაში და დედამიწაზე, ანუ სულიერ სამეფოსა და ფიზიკურ სამფლობელოში:

> „ჭეშმარიტად გეუბნებით თქვენ: რასაც მიწაზე შეკრავთ, ზეცაშიც შეკრული იქნება [უკვე შეკრულია]. და რასაც

> გახსნით მიწაზე, გახსნილი იქნება ზეცაშიც [უკვე გახსნილია]“ (მათე 18:18; იხ. აგრეთვე 16:19).

დაპირება იმისა, რომ გვექნებოდა ძალაუფლება სატანაზე, ბიბლიის დასაწყისშივეა გამოცხადებული, დაბადების 3:15-ში, სადაც ღმერთი ეუბნება გველს, რომ ქალის თესლი [შთამომავალი] „თავს გაუჭეჭყავდა“ მას. პავლე მოციქულიც საუბრობს ამის თაობაზე: „ხოლო მშვიდობის ღმერთი მალე თქვენს ფერხთით შემუსრავს სატანას“ (რომაელთა 16:20).

უფალმა იესომ, როცა ჯერ თორმეტი, ხოლო შემდეგ სამოცდათორმეტი მოწაფე წარგზავნა ღვთის სასუფევლის შესახებ საქადაგებლად, ძალაუფლებაც მისცა მათ ბოროტ სულთა განსადევნად (ლუკა 9:1). მოგვიანებით, უკან დაბრუნებულმა მოწაფეებმა განცვიფრება გამოხატეს ამ ძალაუფლებასთან დაკავშირებით და თქვეს: „უფალო, შენი სახელით ეშმაკებიც კი გვემორჩილებიან“. იესომ მიუგო: „დავინახე სატანა, ელვასავით ციდან გადმოვარდნილი“ (ლუკა 10:17-18).

საოცარი ნუგეშია ის, რომ ქრისტიანებს მართლაც აქვთ ძალაუფლება სატანის სტრატეგიათა დასამარცხებლად და გასანადგურებლად. ეს იმას ნიშნავს, რომ მორწმუნეები ფლობენ ძალაუფლებას უღვთო შეთანხმებათა და ფიცთა დასარღვევად და გასაუქმებლად, ვინაიდან ქრისტეს სისხლით დადებული აღთქმა აუქმებს ბოროტი მიზნებისთვის დადებული ნებისმიერი შეთანხმების ძალაუფლებას. ესა ზაქარიას წიგნში დაწერილი წინასწარმეტყველება, რომ ეს არის მესიის შესახებ დაპირება, რომელსაც ასახავს ძველაღთქმისეული წინასწარმეტყველებანი:

> „შენი აღთქმის სისხლის გულისთვის გავათავისუფლებ შენს ტყვეებს ჭიდან, სადაც წყალი არა დგას“ (ზაქარია 9:11).

კონკრეტულობის პრინციპი

თავისუფლებისკენ სწრაფვისას აუცილებელია კონკრეტული ქმედებები, რომლებიც უპირისპირდება და უმკლავდება ყველა უღვთო ღია კარსა თუ ფეხის მოსაკიდებელ ადგილს. ძველ აღთქმაში ნაბრძანებია, რომ კერპები და მათი თაყვანისცემისთვის განკუთვნილი ადგილები მთლიანად უნდა განადგურდეს. ნიმუში იმისა, თუ როგორ უნდა იქნეს აოხრებული კერპების სულიერი ტერიტორია, მოცემულია მეორე რჯულის წიგნში (12:1-3), სადაც ღმერთი უბრძანებს თავის ხალხს, რომ სრულად და საფუძვლიანად დაანგრიონ ყველა ადგილი მაღალ მთებსა და ბორცვებზე (საკერპოები), სამსხვერპლოები, ძეგლები და თავად კერპები.

კარგია და სასარგებლო ის, რომ ადამიანმა საკუთარი ცოდვები კონკრეტულად დაასახელოს მათი აღიარებისას. ამგვარადვე, როცა ჩვენს სულიერ თავისუფლებას მოვითხოვთ, კონკრეტულნი უნდა ვიყოთ. ეს ღვთიური ჭეშმარიტების ნათელს ჰფენს ნებისმიერ სფეროს, სადაც პატიება გვჭირდება. უღვთო შეთანხმებები ერთმანეთის მიყოლებით უნდა გაბათილდეს, მათ პირობებსა და შედეგებთან ერთად. ეს კი კონკრეტულ ქმედებათა მეშვეობით უნდა გაკეთდეს. ზოგადად, რაც უფრო ძლიერია სატანის სტრატეგია, მით უფრო კონკრეტული ნაბიჯი უნდა გადავდგათ ამ სტრატეგიის ძალის გასანადგურებლად.

კონკრეტულობის ეს პრინციპი გამოიყენება მაშინ, როცა ვირჩევთ – თავი გავითავისუფლოთ უღვთო ვალდებულებებისაგან, რომლებიც საკუთარ თავზე ავიღეთ ჩვენი სიტყვებისა და ქმედებების მეშვეობით. მაგალითად, ადამიანმა, ვინც მდუმარების ფიცით შებორკა საკუთარი თავი სისხლიანი მსხვერპლის მეშვეობით, უნდა მოინანიოს და უარყოს ამ რიტუალში მონაწილეობა, კონკრეტულად ამ რიტუალის საშუალებით დადებული ფიცი გააბათილოს. მსგავსადვე, ვიღაცამ, ვინც უპატიებლობას ებრძვის, ვისაც

წარმოუთქვამს ფრაზა: „არასოდეს ვაპატიებ ამა და ამ ადამიანს ამა და ამ რაღაცის გამო, სანამ ცოცხალი ვარ“, უნდა მოინანიოს, უარყოს თავისი ნათქვამი და ღმერთს პატიება სთხოვოს მისი წარმოთქმისთვის. სექსუალური ძალადობის მსხვერპლმა, ვინც დუმილს დასთანხმდა სიკვდილის ან ზიანის მიყენების შესახებ მუქარის შიშით, უნდა უარყოს დუმილის ფიცი, რათა შეძლოს თავისუფლების მოთხოვნა: მაგალითად, „მე უარვყოფ დუმილს იმასთან დაკავშირებით, რაც გამიკეთეს და მოვითხოვ უფლებას, რომ ხმამაღლა ვთქვა სათქმელი“.

ერთმა ქალმა, სუზანმა, რამდენიმე საყვარელი ადამიანი დაკარგა: მამა, დედა და ქმარი. მას გაუჩნდა შიში იმისა, რომ თუ ვინმეს შეიყვარებდა, მასაც დაკარგავდა და ამიტომ ფიცი დადო: „აღარასოდეს არავის შევიყვარებ“. ის გულქვა ადამიანად იქცა ამის შემდეგ და მტრულ დამოკიდებულებას იჩენდა სხვების მიმართ. ყველას ლანძღავდა და სწყევლიდა, ვინც მასთან ახლოს მიდიოდა, თუმცა შემდეგ უფალი იესო ირწმუნა, უკვე ოთხმოცს გადაცილებულმა და ეკლესიაში დაიწყო სიარული. ამან იმედი მისცა ქალს და მან შეძლო უარეყო 50 წლით ადრე დადებული ფიცი იმის შესახებ, რომ აღარავის შეიყვარებდა. შიშისგან გათავისუფლებულმა სუზანმა შეძლო ეკლესიის წევრ სხვა ქალებთან ღრმა და საოცარი მეგობრობის დამყარება. მისი ცხოვრება მთლიანად შეიცვალა სატანის ბორკილების მსხვრევის შემდეგ.

თავისუფლების ხუთი ნაბიჯი

ქვემოთ მოცემულია ხუთი ნაბიჯისაგან შემდგარი მსახურების მარტივი ნიმუში, რომელიც აუცილებელია იმისათვის, რომ დავუპირისპირდეთ და გავანადგუროთ ჩვენ წინააღმდეგ მომართული სატანის სტრატეგიანი.

1. აღიარება და მონანიება

პირველი ნაბიჯი არის ნებისმიერი ცოდვის აღიარება და ღვთიური ჭეშმარიტების გამოცხადება, რომელი ჭეშმარიტებაც ამ საკითხს შეეხება. მაგალითად, თუ უღვთო შეხედულება გქონდათ აქამდე, შეგიძლიათ კონკრეტულად ეს ცოდვა აღიაროთ, სთხოვოთ ღმერთს პატიება ამისათვის და მოინანიოთ. ამასთან, შეგიძლიათ გამოაცხადოთ ის ღვთიური ჭეშმარიტება, რომელიც ამ სიტუაციას შეესაბამება.

2. უარყოფა

შემდეგი ნაბიჯი უარყოფაა. ეს ნიშნავს – საჯაროდ განაცხადოთ ის, რომ მეტად აღარ ემხრობით ამა თუ იმ რაღაცას, აღარ გჯერათ მისი, აღარ ეთანხმებით და აღარ გაქვთ რაიმე კავშირი მასთან. მაგალითად, თუ უღვთო რიტუალში მიიღეთ მონაწილეობა, ამ რიტუალის უარყოფისას თქვენ აბათილებთ ან უკან მიგაქვთ თქვენ მიერ საკუთარ თავზე აღებული ვალდებულება. როგორც უკვე განვმარტეთ ზემოთ, მნიშვნელოვანია, კონკრეტულად ვიმოქმედოთ.

3. დამსხვრევა

ეს ნაბიჯი გულისხმობს სულიერ სფეროში ძალაუფლების აღებას ამა თუ იმ რაღაცის ძალის გასანადგურებლად. მაგალითად, თუ წყევლასთან გქონდათ საქმე, შეგიძლიათ განაცხადოთ: „მე ვამსხვრევ ამ წყევლას“. იესოს მოწაფეებს მიეცათ ძალაუფლება იმისა, რომ მტრის ყოველი ძალა დაეთრგუნათ იესოს სახელით (ლუკა 10:19). ეს ნაბიჯიც უნდა კონკრეტულად გადაიდგას.

4. განდევნა

მას შემდეგ, რაც ბოროტმა სულებმა ისარგებლეს ღია კარით ან ფეხის მოსაკიდებელი ადგილით და ზიანი მოგაყენეს, მაგრამ აღიარეთ ცოდვა, უარყავით და გაანადგურეთ იგი,

ამით შეძელით ყველა ღია კარის დახურვა და ფეხის მოსაკიდებელი ყველა ადგილის მოშორება. ახლა კი ბოროტ სულებს უნდა უბრძანოთ, რომ დაგტოვონ.

5. კურთხევა და აღვსება

საბოლოო ნაბიჯი ისაა, რომ ვაკურთხოთ ადამიანი და ვილოცოთ იმაზე, რომ ღმერთმა აღავსოს იგი ყოველი სიკეთით, მათ შორის, იმის საპირისპიროთი, რამაც დააზიანა ისინი. მაგალითად, თუ ეს პიროვნება ებრძოდა სიკვდილის შიშს, აკურთხეთ იგი სიცოცხლითა და გაბედულებით.

ეს ხუთი ნაბიჯი შეიძლება გამოიყენოთ ნებისმიერ ბორკილთან მიმართებით, თუმცა ჩვენი ყურადღება აქ ისლამისგან გათავისუფლებაზეა გამახვილებული. ამრიგად, მომდევნო გაკვეთილებში გავიგებთ, თუ როგორ გამოვიყენოთ ეს ნაბიჯები ისლამის ბორკილებისგან ადამიანთა გასათავისუფლებლად.

გზამკვლევი

გაკვეთილი მე-2

ლექსიკონი

უარყოფა

თავისუფლება

მესია

სატანა

ღვთის სასუფეველი

ამ სოფლის სიბნელე

რომაელთა ტრიუმფი

ფეხის მოსაკიდებელი ადგილები

ღია კარები

ფეხის მოსაკიდებელი ადგილები

topos

კანონიერი უფლებები

მიტევების ჯვარი

ფიცი

სისხლიანი შეთანხმება

ჯიზია

საკუთარ თავთან საუბარი

ჭეშმარიტებას თან შეხვედრა

სულიერი ჭრილობები

შთამომავლობ ითი ცოდვა

სულიერი მემკვიდრეობა

თაობათშორის ი

კონკრეტულო ბის პრინციპი

ახალი სახელები

- ღირსი ჯ. ლ. ჰოლდენი: ოქსფორდის ტრინიტი კოლეჯის სამეცნიერო საზოგადოების წევრი (1929-2022).

- ღირსი ჯ. ჰ. ბერნარდი: ირლანდიელი ანგლიკანი ეპისკოპოსი (1860-1927).

- დ. ა. კარსონი: ახალი აღთქმის პროფესორი (1946-).

ბიბლია ამ გაკვეთილში

რომაელთა 8:21	მარკოზი 11:25-26
ესაია 61:1-2	მათე 6:14-15
ლუკა 4:18-21	მე-2 კორინთელთა 2:10-11
იოანე 10:10; 8:44	ეფესელთა 4:32
კოლასელთა 1:13	მათე 12:36-37
იოანე 12:31	ლუკა 6:27-28
მე-2 კორინთელთა 4:4	მათე 5:34, 37
ეფესელთა 2:2	ლევიანნი 5:4-10
1-ელი იოანე 5:19	ებრაელთა 12:22-24
ეფესელთა 6:12	დაბადება 15
ფილიპელთა 2:15	იერემია 34:18-20
საქმეები 26:18	იოანე 8:31-32
კოლასელთა 1:12-13	1-ელი კორინთელთა 2:14-15

მარკოზი 1:15	რომაელთა 12:2
ლუკა 10:18	გამოსვლა 20:5; 34:7
კოლასელთა 2:13-15	გამოცხადება 12:10
ეფესელთა 6:18	დაბადება 3:16-19
1-ელი პეტრე 5:8	ეზეკიელი 18:19-20
გამოცხადება 12:10	ლევიანნი 26:40, 45
ფსალმუნი 108:6-7	გალატელთა 3:13
ზაქარია 3:1-3	მათე 18:18
იობი 1:9-11	მათე 16:19
მე-2 კორინთელთა 2:11	დაბადება 3:15
ეფესელთა 4:26-27	რომაელთა 16:20
იოანე 14:30-31; 5:19	ლუკა 10:17-18
1-ელი იოანე 1:7	ზაქარია 9:11
რომაელთა 5:9; 4:7	მეორე რჯული 12:1-3

კითხვები – გაკვეთილი მე-2

- იმსჯელეთ სასწავლო მაგალითის შესახებ.

1. რამ გააკვირვა რეზა, როცა ცდილობდა ისლამის **უარყოფის** ლოცვა წარმოეთქვა?

2. რა შეიცვალა რეზას ცხოვრებაში მას შემდეგ, რაც ამ ლოცვის წარმოთქმა მოახერხა?

იესო იწყებს სწავლებას

3. რა არის თითოეული ქრისტიანის თანდაყოლილი უფლება?

4. სად დაიწყო იესომ საჯაროდ სწავლება?

5. მისი თქმით, რომელი დაპირების აღსასრულებლად მოვიდა?

6. რისგან გაათავისუფლა იესომ ადამიანები?

არჩევის დრო

7. პატიმრის ციხის კარი ჩაუკეტავი დარჩა. რა უნდა მოიმოქმედოს პატიმარმა, თუკი სურს **თავისუფლებით** ტკბობა? რას გვეუბნება ეს ჩვენი სულიერი **თავისუფლების** შესახებ?

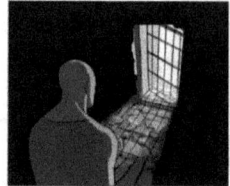

სატანა და მისი სამეფო

8. რა არის **სატანის** ზოგიერთი სახელწოდება და რაზე მიგვითითებს ისინი?

9. იოანეს 12:31-სა და მასთან ერთად ჩამოთვლილ სხვა მუხლებზე დაყრდნობით, რას ფლობს სატანა, ავტორის აზრით, თუმცაღა შეზღუდული ფორმით?

10. მარკ დურის მითითებით, რა უნდა შევაფასოთ ისლამში?

დიადი გადასვლა

11. კოლასელთა 1:12-13-ისა და **ჯ. ლ. ჰოლდენის** თანახმად, რომელი ძალაუფლების ტყვეობაშია ადამიანის ბუნება?

12. საქმეების 26:18-ის თანახმად, რომელ ძალაუფლებათაგან იხსნის და გამოისყიდის უფალი ადამიანებს; რომელ ძალაუფლებათაგან გამოჰყავს ისინი?

13. პავლე მოციქულის თანახმად, რა ხდება ჩვენს თავს მას შემდეგ, რაც ღმერთი გვიხსნის?

14. პავლე მოციქულის ნათქვამის მიხედვით, რისთვის უნდა იყვნენ კოლასელები მადლიერნი?

15. რა არის ის ხუთი ასპექტი, რომელიც ახასიათებს იესო ქრისტეს ერთგულების მხარეს სრულად გადასვლას?

ბრძოლა

16. მარკოზის 1:15-სა და მასთან ერთად ჩამოთვლილ სხვა მუხლებზე დაყრდნობით, რა დაპირისპირებაში არიან ქრისტიანები?

17. რა გაფრთხილებას აძლევს მ. დური ეკლესიას ბოროტ ძალებთან ყოველდღიურ ბრძოლასთან დაკავშირებით?

18. პავლე მოციქულის თანახმად, რაში შეუძლიათ ქრისტიანებს დარწმუნებულნი იყვნენ ამ ბრძოლისას?

19. როგორ იყენებს პავლე იდეას **რომაელთა ტრიუმფის** შესახებ, რათა განმარტოს ჯვრის გამარჯვება?

ბრალმდებელი

20. რას ნიშნავს ებრაული სიტყვა „**სატანა**“?

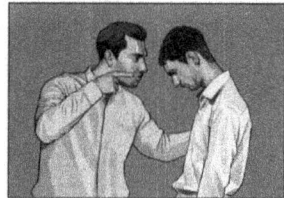

21. **სატანის** ქმედებათა გათვალისწინებით, რის გაკეთებისკენ მოუწოდებენ ქრისტიანებს პეტრე და პავლე მოციქულები?

22. რაში გვდებს ბრალს **სატანა**?

23. **სატანის** მიერ ჩვენთვის ბრალის დასადებად გამოყენებულ რომელ ექვს სტრატეგიას ჩამოთვლის ავტორი?

24. რომელია საკვანძო ნაბიჯი სულიერი **თავისუფლების** მოპოვებისათვის?

ღია კარები და ფეხის მოსაკიდებელი ადგილები

25. როგორ განსაზღვრავს დური:

- ღია კარსა და
- ფეხის მოსაკიდებელ ადგილს?

26. რა შეიძლება გადავცეთ **სატანას**, თუკი უარს ვიტყვით ცოდვის აღიარებასა და მის მონანიებაზე?

27. რას ნიშნავს ქრისტეს სიტყვები: „მას არაფერი ეკუთვნის ჩემში"?

28. რის პოვნა არ შეეძლო **სატანას** იესოში, რაზეც შეეძლო უფლება განეცხადებინა?

29. რატომ არის მნიშვნელოვანია ის, რომ იესო ჯვარცმულიყო, როგორც უდანაშაულო კაცი?

ცოდვა

30. რა უნდა მოვიმოქმედოთ ღია კარებსა და ფეხის მოსაკიდებელ ადგილებთან მიმართებით?

31. როგორ ვხურავთ ცოდვის **ღია კარს** ჩვენს ცხოვრებაში?

უპატიებლობა

32. იესოს თანახმად, რა არის პირობა იმისათვის, რომ ჩვენც გვეპატიოს?

33. რატომ აძლევს ჩვენი უპატიებლობა **სატანას** ჩვენთვის ზიანის მოყენების საშუალებას?

34. რა არის პატიების სამი განზომილება?

35. ნიშნავს თუ არა პატიება დავიწყებას?

სულიერი ჭრილობები

36. როგორ იყენებს **სატანა სულიერ ჭრილობებს** ჩვენ წინააღმდეგ?

37. რისგან განიკურნა სამხრეთ აფრიკელი ქალი და რის **უარყოფა** სჭირდებოდა მას?

38. რომელი ხუთი ნაბიჯის გადადგმაა საჭირო, თუკი სულიერი ჭრილობა იქცა სატანისთვის **ფეხის მოსაკიდებელ ადგილად**?

სიტყვები

39. მათეს მე-12 თავის მიხედვით, რისთვის ვაგებთ პასუხს განკითხვის დღეს?

40. რატომ სურს სატანას, რომ ვიფიცებდეთ?

41. რას აქვს ძალაუფლება ჩვენ მიერ წარმოთქმული სიტყვების დამანგრეველი ძალაუფლების გაუქმებისა?

რიტუალური ქმედებანი: თავისუფლება სისხლიან ხელშეკრულებათაგან:

42. რას გულისხმობს დაბადების წიგნის მე-15 თავში აღწერილი აბრაამის მიერ ღმერთთან დადებულ სისხლიანი შეთანხმება (ასევე, დაფიქრდით იერემიას 34:18-20-ის შესახებ)?

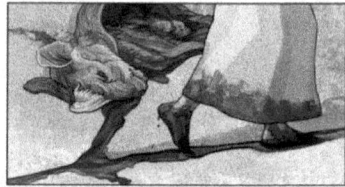

43. რატომ არის **სისხლიანი შეთანხმებანი** სახიფათო?

44. რის სიმბოლო იყო ისლამის მმართველობის ქვეშ მცხოვრებ ქრისტიანთა კისერზე მოქნეული მახვილი, როცა ისინი მუსლიმანებს ყოველწლიურ გადასახადს, **ჯიზიას** აძლევდნენ?

უღვთო შეხედულებანი (ტყუილები)

45. რომელია სატანის მიერ ჩვენს დასაზიანებლად გამოყენებული ერთ-ერთი მთავარი სტრატეგია?

46. ავტორის თქმით, რა უნდა მოვიმოქმედოთ, რათა ქრისტეს მოწიფული მოწაფეები გავხდეთ?

47. რომელ ტყუილს ასახელებს ავტორი, რომელიც ინგლისური კულტურის ნაწილია?

48. რომელია „ყველაზე სრულყოფილი ტყუილი“?

49. რომელი ქმედებანი და როგორი „შეხვედრა“ გვაძლევს უნარს იმისათვის, რომ კარი მივუხუროთ **სატანის** ტყუილებს?

შთამომავლობითი ცოდვა და მის მიერ გამოწვეული წყევლანი

50. დურის აზრით, რა შეიძლება გადავიდეს ოჯახის ერთი თაობიდან მეორეზე სწორედ ისევ, როგორც გენეტიკა გადაეცემათ შვილებს?

51. ავტორის აზრით, რის მეშვეობით ვერ აიხსნება სრულად სულიერი შევიწროების მოქმედების რადიუსი, რასაც ზოგიერთი ადამიანი განიცდის? როგორი სისტემით შეკრა ღმერთმა ისრაელიანი ერი თავის აღთქმაში, რომელიც მათ დაუდო? (იხ. გამოსვლა 20:5; 34:7.)

52. რა **გამოათავისუფლა** ადამისა და ევას ცოდვამ (თაობათშორისი მემკვიდრეობის მაგალითი)? (იხ. გამოცხადება 12:10, დაბადება 3:16-19.)

53. როგორ პასუხობს ავტორი ეზეკიელის მე-18 თავში დაწერილს იმის თაობაზე, რომ შვილები არ ისჯებიან მამების დანაშაულის გამო?

54. რომელი სამი ნაბიჯი უნდა გადავდგათ **შთამომავლობითი ცოდვით** გამოწვეულ შედეგებთან გასამკლავებლად?

ჩვენთვის მონიჭებული სასუფევლის ძალაუფლება

55. რა ძალაუფლებას ჰპირდება ღმერთი ადამიანებს დაბადების 3:15-ში, რომელი ძალაუფლებაც შემდეგ ეძლევათ ქრისტეს მოწაფეებს თავად ქრისტეს მიერ მათეს 16:19-ისა და 18:18-ის თანახმად, რაც ზაქარიას 9:11-ში დაწერილის აღსრულებაა?

კონკრეტულობის პრინციპი

56. რატომ არის ძველ აღთქმაში მოცემული მითითება კერპების შესახებ ნიმუში იმისა, თუ როგორ უნდა მოვიქცეთ სულიერ ტერიტორიებზე? (იხ. მეორე რჯული 12:1-3).

57. რას აქვს ძალაუფლება ბოროტ იმ შეთანხმებათა ძალის განადგურებისა და გაუქმებისა, რომლებიც შესაძლოა ჩვენ დავდეთ?

58. ავტორის თანახმად, რა უნდა მოვიმოქმედოთ ყველა ღია კარსა და ფეხის მოსაკიდებელ ადგილთან მიმართებით?

59. რა ფიცი დადო სუზანმა? რა შედეგები გამოიაღო ამ ფიცმა მის ცხოვრებაში? როგორ გათავისუფლდა იგი ამ ფიცისგან?

ხუთი ნაბიჯი თავისუფლებისკენ

60. რომელია თავისუფლებისკენ გადადგმული ხუთი ნაბიჯი? შეგიძლიათ მათი დამახსოვრება?

61. რა არის აღიარება და რა არის ხმამაღლა თქმა, რაც თავისუფლების მოთხოვნისთვის არის საჭირო?

62. დურის თანახმად, რითი უნდა აკურთხოთ ადამიანი, როცა ის გათავისუფლდება?

3

ისლამის გაგება

„შეიცნობთ ჭეშმარიტებას და ჭეშმარიტება
გაგათავისუფლებთ თქვენ.“
იოანე 8:32

გაკვეთილის მიზნები

ა. გავიგოთ მორჩილების როლი მუსლიმანად გახდომისას.

ბ. შევაფასოთ მუჰამედის პიროვნების მმართველი როლი მუსლიმანის მორჩილებაში ალაჰის მიმართ.

გ. გავიგოთ, რატომ არის არსებითად მნიშვნელოვანი შარიათის კანონი მუსლიმანთა ხელმძღვანელობისათვის.

დ. დავინახოთ, როგორ აყალიბებს მუსლიმანთა შეხედულებებს „წარმატება“ და „წაგება“.

ე. აღვწეროთ ადამიანთა ოთხი ტიპი, როგორც ეს ყურანში ჩანს.

ვ. გავიგოთ მუჰამედის და ისლამის სწავლებანი ქრისტიანთა და ებრაელთა შესახებ.

ზ. ვცნოთ ის შედეგები, რომლებიც ყველაზე ხშირად განმეორებად მუსლიმანურ ლოცვას მოაქვს ქრისტიანებისა და იუდეველებისათვის.

თ. განვიხილოთ შარიათის კანონების მიერ გამოწვეული ზიანი.

ი. განვმარტოთ, რატომ არის ნებადართული ისლამში ტყუილი.

კ. მოვუწოდოთ ქრისტიანებს იმისკენ, რომ მოიპოვონ ინფორმაცია იმ რწმენის შესახებ, რომლებსაც სწავლულები სდარაჯობენ.

ლ. განვასხვაოთ ისა, ისლამური იესო და ნამდვილი ისტორიული იესო.

სასწავლო მაგალითი: რას გააკეთებდით?

დიდი ხნის ლოცვის შემდეგ თქვენ და თქვენი ეკლესიის ჯგუფი გრძნობთ, რომ სულიწმიდა მოგიწოდებთ, ჩამოაყალიბოთ საოჯახო ეკლესია ახალ რაიონში, სადაც ბევრი მუსლიმანი ცხოვრობს. რამდენიმე თვის განმავლობა საიდუმლოდ იკრიბებოდით „მშვიდობის ძის“ (ლუკა 10:6) სახლში მის ოჯახსა და მეზობლებთან ერთად. ერთ-ერთი შეკრების შემდეგ მასპინძელი გატყობინებთ, რომ ისიც და თქვენც დაბარებულნი ხართ ადგილობრივი თემის მერთან. იქ მისულს იმამი და მეჩეთის რამდენიმე უხუცესი გხვდებათ. ერთმანეთს ხელს ართმევთ. მალევე იგებთ, რომ ისინი საზოგადოებრივი წესრიგის დარღვევაში გადანაშაულებენ ფარული შეხვედრების გამო, სადაც მათ წინასწარმეტყველს, მუჰამედს შეურაცხყოფთ. თქვენც და თქვენი მასპინძელიც ამას მტკიცედ უარყოფთ. შემდეგ იმამი ამბობს: „თქვენ, ქრისტიანებს არ გწამთ ალაჰის და უარყოფთ მის უკანასკნელ წინასწარმეტყველს, მუჰამედს. თქვენ ჯოჯოხეთში წახვალთ. ალაჰი მუსლიმანებს აღმატებულად მიიჩნევს და ჩვენ უნდა გმართავდეთ თქვენ. თუ არ დაემორჩილებით ისლამს, გვაქვს უფლებამოსილება იმისა, რომ შეგეწინააღმდეგოთ და თავად ისაც კი თქვენ წინააღმდეგ იბრძოლებს, როცა დედამიწაზე დაბრუნდება. თქვენ უნდა შეწყვიტოთ ჩვენს თემში მცხოვრებ დაუცველ ადამიანთა იძულებით გადაბირება თქვენს დამახინჯებულ რელიგიაში.“ თქვენ არ იცით, რა რელიგიის მიმდევარია მერი, მაგრამ ის ისე გიყურებთ, თითქოს გეუბნებათ, რომ გაქვთ უფლება ამ ბრალდებაზე პასუხის გასაცემად.

რას უპასუხებდით?

მომდევნო ნაწილებში წარმოგიდგენთ შაჰადას და განვმარტავთ, თუ როგორ ზორკავს ის მუსლიმანებს, რათა ისინი მუჰამედის მაგალითს მიჰყვებოდნენ.

როგორ უნდა გახდეს ადამიანი მუსლიმანი

არაბული სიტყვა „ისლამი“ ნიშნავს „მორჩილებას“ ან „დანებებას“. სიტყვა „მუსლიმანი“ კი ნიშნავს „დანებებულს“, მას, ვინც ალაჰს დაემორჩილა.

რას ნიშნავს ეს დამორჩილება და დანებება? ალაჰი ყურანში წარმოდგენილია, როგორც უზენაესი ბატონი, ვინც აბსოლუტურ ძალაუფლებას ფლობს ყოველივეზე. ამ ბატონის მიმართ მოსალოდნელი დამოკიდებულება მისი ძალაუფლების წინაშე მორჩილების გამოხატვაა.

ადამიანი, ვისაც ისლამის აღიარება სურს, თანხმობას აცხადებს იმას, რომ დაემორჩილოს ალაჰსა და მისი შუამავლის გზებს. ეს შეთანხმება იდება ისლამის მრწამსის, შაჰადას აღიარებით:

> Ashhadu an la ilaha illa Allah,
> wa ashhadu anna Muhammadun Rasulu Allah
>
> ვაღიარებ, რომ არ არსებობს სხვა ჭეშმარიტი ღმერთი,
> გარდა ალაჰისა
> და ვაღიარებ, რომ მუჰამედი მისი მაცნეა.

შაჰადას თუ მიიღებთ და წარმოთქვამთ მას, უკვე მუსლიმანი ხართ.

მიუხედავად იმისა, რომ ეს სულ რამდენიმე სიტყვაა, მისი შედეგები უზარმაზარია. შაჰადას წარმოთქმა აღთქმის წარმოთქმას ნიშნავს იმასთან დაკავშირებით, რომ მუჰამედი იქნება თქვენი წინამძღოლი მთელი ცხოვრების განმავლობაში. იყო მუსლიმანი – „დანებებული“ – ნიშნავს იმას, რომ მიჰყვებოდე მუჰამედს, ვითარცა ალაჰის

განსაკუთრებულ, უკანასკნელ შუამავალს, ვინც ყველა ცხოვრებისეული საკითხში გიხელმძღვანელებთ.

მუჰამედის წინამძღოლობას ორი წყაროში ვპოულობთ. ეს ორი წყარო შეადგენს ისლამურ კანონს:

- ყურანი არის გამოცხადებათა წიგნი, რომელი გამოცხადებანიც მუჰამედს მიეცა ალაჰისგან.
- სუნა არის მუჰამედის მაგალითი, რომელშიც შედის:
    - სწავლებანი: ის ყველაფერი, რის კეთებასაც ასწავლიდა მუჰამედი ადამინებს.
    - ქმედებანი: ის ყველაფერი, რასაც მუჰამედი აკეთებდა.

მუჰამედის მაგალითი (სუნა) მუსლიმანთათვის ორი მთავარი ფორმითაა გადმოცემული. ერთია ჰადისები, რომლებშიც გაერთიანებულია ტრადიციული გადმოცემები. მუსლიმანთა რწმენით, ამ გადმოცემებში აღწერილია ის, რასაც ამბობდა და აკეთებდა მუჰამედი. მეორე არის სირა, მუჰამედის შესახებ ბიოგრაფიული ლიტერატურა, რომელიც, მუსლიმანთა შეხედულებით, მუჰამედის ცხოვრებაა აღწერილი თავიდან ბოლომდე.

მუჰამედის პიროვნება

ნებისმიერი ადამიანი, ვინც შაჰადათია შეკრული, ვალდებულია მიჰყვეს მუჰამედის მაგალითს და მიბაძოს მის ხასიათს. ეს ყოველივე გამომდინარეობს შაჰადას აღიარებიდან, რომლის მიხედვითაც მუჰამედი ალაჰის მაცნეა. ამ სიტყვების წარმოთქმა შაჰადაში ნიშნავს იმას, რომ თქვენ მიიღეთ მუჰამედის წინამძღოლობა საკუთარ ცხოვრებაში და შეკრული ხართ, რათა მიჰყვეთ მას.

ყურანში მუჰამედი წოდებულია საუკეთესო მაგალითად, ვისი მიბაძვაც ყველასთვის სავალდებულოა:

„და იყოს თქვენთვის ალაჰის მოციქულში კარგი მაგალითი – იმისათვის, ვინც სასოებდა ალაჰსა და დღეს უკანასკნელს და ახსენებდა ალაჰს მრავალჯერ“ (სურა 33:21).

„ვინც დაემორჩილება მოციქულს, დაემორჩილება ალაჰს...“ (სურა 4:80).

„არ არსებობს მორწმუნე კაცისა და მორწმუნე ქალისათვის, როს ალაჰი და მისი მოციქული გადაუწყვეტენ საქმეს, არჩევანი თავიანთ საქმეზე. ხოლო ვინც არ შეეპუება ალაჰსა და მის მოციქულს, გზა აებნევა შორი გზააბნევით“ (სურა 33:36).

ყურანი აცხადებს, რომ მუჰამედის მიმდევრები წარმატებულნი და კურთხეულნი იქნებიან:

„და ის, ვინც დაემორჩილა ალაჰსა და მის მოციქულს, უფრთხის ალაჰს და მისი ეშინია. აი, სწორედ ესენი არიან გამარჯვებულნი“ (სურა 24:52).

„და ის, ვინც ემორჩილება ალაჰსა და მის მოციქულს, იმათთან ერთადაა, ვისაც მოწყალება მისცა ალაჰმა...“ (სურა 4:69)

როგორც ვკითხულობთ, მუჰამედის დარიგებებისა და მისი მაგალითისათვის შეწინააღმდეგება ურწმუნოებაა, რასაც ამ ცხოვრებაში – წარუმატებლობა, ხოლო იმ ცხოვრებაში ცეცხლი მოჰყვება. ყურანში ვკითხულობთ, რომ ეს წყევლანი დაატყდება თავს მუსლიმანებს:

„ხოლო იმას, ვინც გაემიჯნება მოციქულს იმის შემდგომ, რაც ჭეშმარიტი გზა განეცხადა და გაუყვება არა იმ ბილიკს, რომლითაც მიდიან მორწმუნენი, გეზს მივცემთ იქით [ალაჰი], საითკენაც ეჭირა გეზი; ჩავაგდებთ ჯოჯოხეთში! და რა საძაგელია ეს სამკვიდრებელი!“ (სურა 4:115).

> „რასაც გიბოძებთ ალაჰის მოციქული, აიღეთ; ხოლო რისგანაც შეგაკავებთ, თავი შეიკავეთ! და გეშინოდეთ ალაჰისა. ჭეშმარიტად, ალაჰი სასტიკსაზღაურიანია“ (სურა 59:7).

ყურანი იმ ადამიანის წინააღმდეგ ბრძოლასაც კი ბრძანებს, ვინც მუჰამედს უარყოფს:

> „ებრძოლეთ იმათ, ვისაც არა სწამს ალაჰი და დღე უკანასკნელი, არ იკრძალავენ იმას, რაც აკრძალა ალაჰმა და მისმა მოციქულმა, და არ აღიარებენ სჯულს ჭეშმარიტებისას, ვიდრე თავისი ხელით გაიღებდნენ ჯიზიას, იმ დროს, როცა იქნებიან დაკნინებულნი“ (სურა 9:29).

> „... განამტკიცეთ ისინი, რომელთაც ირწმუნეს. მალე ჩავთესავ მათ გულებში, ვინც იყო ურწმუნო, ძრწოლას; თქვენ კი დაჰკარით მათ კისრის წიბოებზე და ყოველი თითის წვერზე ურტყით. ეს იმის გამო, რომ გაემიჯნენ ალაჰსა და მის მოციქულს... ალაჰი სასტიკსაზღაურიანია“ (სურა 8:12-13).

ღირს კი მუჰამედის მაგალითის მიბაძვა? მიუხედავად იმისა, რომ მუჰამედის ცხოვრების ზოგიერთი ასპექტი დადებითია, ზოგი – შესანიშნავი და ზოგიც კი – აღტაცების ღირსი, მან ისეთი საქმეებიც მოიმოქმედა, რომლებიც მცდარია თითქმის ყველა ეთიკური სტანდარტის მიხედვით. სხვადასხვა ჰადისსა და სირაში ჩამოთვლილი მუჰამედის უამრავი ქმედება შოკისმომგვრელია, მათ შორისაა, მკვლელობანი, წამება, გაუპატიურება და ქალებზე სხვა ფორმით ძალადობა, დამონება, ქურდობა, ტყუილი და არამუსლიმანთა მიმართ დანაშაულის წახალისება.

ამგვარი მასალა არა მხოლოდ შემაშფოთებელია, როგორც მოწმობა იმისა, თუ ვინ იყო მუჰამედი პიროვნულად, არამედ შარიათის მეშვეობით ამას ყველა მუსლიმანისთვის მოაქვს

შედეგები. მუჰამედის მაგალითი ალაჰის მიერ იქნა დაკანონებული ყურანში, როგორც საუკეთესო ნიმუში მიბაძვისთვის. ამრიგად, მუჰამედის ცხოვრებაში მომხდარი ყველა შემთხვევა, მათ შორის, ცუდიც, სტანდარტულ მისაბაძ მაგალითად იქცა ყველა მუსლიმანისათვის.

ყურანი – მუჰამედის პირადი დოკუმენტი

მათ, ვინც ისლამს მკაცრად მისდევს, სწამთ, რომ ყურანი ადამიანთა მოდგმისათვის განკუთვნილი ალაჰის სრულყოფილი გამოცხადებაა, რომელიც მისი მაცნის, მუჰამედის მეშვეობით იქნა ნაუწყები. მაცნეს თუ მიიღებთ, მისი უწყებაც უნდა მიიღოთ. მაშასადამე, შაჰადა ავალდებულებს მუსლიმანს – სწამდეს ყურანი და ემორჩილებოდეს მას.

იმის გასაგებად, თუ როგორ შეიქმნა ყურანი, საკვანძო მნიშვნელობა აქვს, გვესმოდეს, რომ მუჰამედი და ყურანი მჭიდროდ არიან ურთიერთდაკავშირებულნი, როგორც სხეული – ხერხემალთან. სუნა (მუჰამედის სწავლება და მაგალითი) ჰგავს სხეულს, ხოლო ყურანი – ხერხემალია. არცერთს არ შეუძლია დგომა მეორის გარეშე და ვერცერთს ვერ გაიგებთ მეორის გარეშე.

ისლამური შარიათი – მუსლიმანად ყოფნის „გზა“

იმისათვის, რომ მუჰამედის სწავლებასა და მაგალითს მიჰყვეს, მუსლიმანი ყურანითა და სუნათი უნდა ხელმძღვანელობდეს, თუმცაღა ეს ნედლი, საწყისი მასალა მუსლიმანთა უდიდესი ნაწილისათვის მეტისმეტად რთული და ჩახლართულია მისაწვდომად, გასაგებად და გამოსაყენებლად. ისლამის გავრცელების ადრეულ საუკუნეებში მცხოვრებ რელიგიურ წინამძღოლთათის ცხადი გახდა, რომ მუსლიმანთა უმრავლესობა უნდა

დაყრდნობოდა მცირერიცხოვან სწავლულებს, რომლებსაც შეეძლოთ მუჰამედის სუნასა და ყურანის საწყისი მასალის კლასიფიცირება და ორგანიზება ადამიანის ცხოვრებისათვის განკუთვნილი წესების სისტემატურ და თანმიმდევრულ კრებულად. ამრიგად, ყურანისა და სუნას საფუძველზე, მუსლიმანმა სამართალმცოდნეებმა შეადგინეს ის, რაც შარიათის სახელწოდებითაა ცნობილი – „საშუალება" თუ „გზა" მუსლიმანად ცხოვრებისათვის.

ისლამურ შარიათს მუჰამედის შარიათიც შეიძლება ვუწოდოთ, რადგან მუჰამედის სწავლებასა და მაგალითს ეფუძნება. შარიათის წესების სისტემა სრულად განსაზღვრავს როგორც ცალკეული პიროვნების, ასევე თემის ცხოვრების წესს. არ არსებობს ისლამი შარიათის გარეშე.

იქიდან გამომდინარე, რომ შარიათის კანონს მუჰამედის სუნა უდევს საფუძვლად, მნიშვნელოვანია გვესმოდეს და ყურადღებას ვაქცევდეთ ჩაწერილ დეტალებს იმასთან დაკავშირებით, თუ რას ამბობდა და აკეთებდა მუჰამედი სხვადასხვა ჰადისსა და სირაში დაწერილის თანახმად. უცოდინრობა მუჰამედთან დაკავშირებით ნიშნავს უცოდინრობას შარიათის კანონთან დაკავშირებით და ეს არის უცოდინრობა იმ ადამიანთა უფლებებისა, რომლებიც ისლამის პირობებში ცხოვრობენ ან რომელთა ცხოვრებაზეც ისლამი ახდენს გავლენას. შარიათის კანონი მუსლიმანებს ავალებს მიბაძონ იმას, რასაც მუჰამედი აკეთებდა; შედეგად, ეს მავნე გავლენას ახდენს როგორც მუსლიმანებზე, ასევე არამუსლიმანებზე. კავშირი მუჰამედის ცხოვრებასა და მუსლიმან ადამიანებს შორის დღეს შეიძლება ყოველთვის პირდაპირი არ იყოს, თუმცა მაინც უკიდურესად ძლიერი და მნიშვნელოვანია.

შარიათის კანონთან დაკავშირებით უნდა აღინიშნოს ისიც, რომ ამა თუ იმ პარლამენტის მიერ მიღებული კანონებისგან განსხვავებით, რომლებსაც ადამიანები წერენ და რომელთა

105

შეცვლაც შეიძლება, შარიათის კანონი მიჩნეულია ღვთის მიერ დადგენილად. შესაბამისად, ისლამი ამტკიცებს, რომ შარიათი სრულყოფილი და უცვლელია. მიუხედავად ამისა, არსებობს სფეროები, რომლებიც მოქნილობის შესაძლებლობას იძლევა. იქმნება ახალ-ახალ გარემოებანი, რომელთათვისაც მუსლიმანმა სამართალმცოდნეებმა უნდა გაარკვიონ, როგორ შეიძლება შარიათის კანონის გამოყენება, თუმცაღა ეს გახლავთ მხოლოდ იმ რაღაცის კიდეების შესწორებანი, რაც წინასწარ დადგენილად, სრულყოფილად და მუდმივ სისტემადაა მიჩნეული.

მომდევნო ნაწილებში ჩვენ განვიხილავთ ისლამის სწავლებას იმის შესახებ, რომ მუსლიმანები წარმატებულნი და სხვა ადამიანებზე აღმატებულნი არიან.

„მოდით წარმატებასთან"

რა არის სწორი წინამძღოლობის შედეგი ყურანის თანახმად? მათთვის, ვინც ალაჰს ემორჩილება და იღებს მის წინამძღოლობას, განზრახული შედეგია წარმატება ამ ცხოვრებაშიც და მომდევნოშიც. ისლამის მოწოდება გახლავთ წარმატებისკენ მოწოდება.

წარმატებისკენ ეს მოწოდება გამოცხადებულია აზანში – თაყვანისცემისკენ მოწოდებაში – რომელიც მუსლიმანების მიმართ დღეში ხუთჯერ გაისმის:

> „ალაჰი დიდია! ალაჰი დიდია!
> ალაჰი დიდია! ალაჰი დიდია!
> ვმოწმობ, რომ არ არის ღმერთი, გარდა ალაჰისა,
> ვმოწმობ, რომ არ არის ღმერთი, გარდა ალაჰისა.
> ვმოწმობ, რომ მუჰამედი შუამავალია ალაჰისა,
> ვმოწმობ, რომ მუჰამედი შუამავალია ალაჰისა.
> მოდით სალოცავად, მოდით სალოცავად.

მოდით წარმატებასთან, მოდით წარმატებასთან.

ალაჰი დიდია! ალაჰი დიდია!

ალაჰი დიდია! ალაჰი დიდია!

არ არის ღმერთი, გარდა ალაჰისა“.

ყურანში ბევრჯერ არის ხაზგასმული წარმატების მნიშვნელობა. ის კაცობრიობას ორ ნაწილად ყოფს: გამარჯვებულებად და დანარჩენებად. ისინი, ვინც არ იღებენ ალაჰის წინამძღოლობას, არაერთხელ ეწოდებათ „წაგებულნი“:

„ხოლო ის, ვინც ისლამის (მორჩილების) გარდა ისურვებს სხვა სჯულს, არ შეიწყნარება ეს მისგან და ზესთასოფელში **წაგებულთა** თანა იქნება“ (სურა 3:85).

„თუკი თანაზიარს უქმნიდი უფალს [იტყოდი, რომ ალაჰი თავის ძალაუფლებას უზიარებს სხვას ან სხვასთან ერთად მმართველობს], უთუოდ ჩაიფარცხებოდა საქმე შენი და უსათუოდ იქნებოდი **წაგებულთაგანი**“ (სურა 39:65).

ისლამის მიერ წარმატებისა და მარცხის ესოდენ გამოკვეთა ნიშნავს იმას, რომ ბევრმა მუსლიმანმა საკუთარი რელიგიიდან ისწავლა ის, რომ თავისი თავი არამუსლიმანებზე აღმატებულად შერაცხოს, ხოლო უფრო მეტად ღვთისმოსავ მუსლიმანებს ეუბნებიან, რომ ისინი ნაკლებად ღვთისმოსავ მუსლიმანებზე აღმატებულნი არიან. ამრიგად, დისკრიმინაცია ცხოვრების წესია ისლამში.

გაყოფილი მსოფლიო

ყურანის თავებში ბევრია ნათქვამი არა მხოლოდ მუსლიმანების, არამედ სხვა რწმენის ადამიანთა შესახებაც, მათ შორის, ბევრი ქრისტიანთა და ებრაელთა შესახებაც. ყურანისა და ისლამის სამართლებრივი ტერმინოლოგია ოთხი კატეგორიის ადამიანებს მიემართება:

1. უპირველესად არიან ჭეშმარიტი მუსლიმანები.

2. შემდეგ არის სხვა კატეგორია. ამ კატეგორიაში შემავალ ადამიანებს ეწოდებათ თვალთმაქცები. ესენი არიან მეამბოხე მუსლიმანები.

3. კერპთაყვანისმცემელნი შეადგენდნენ უმთავრეს კატეგორიას არაბთა შორის მუჰამედის გამოჩენამდე. კერპთაყვანისმცემლის აღსანიშნავი არაბული სიტყვაა mushrik (მრავალღმერთიანი), რაც სიტყვასიტყვით ნიშნავს „მას, ვინც მოზიარეს უქმნის ღმერთს". ესენი არიან ადამიანები, რომლებმაც ჩაიდინეს მრავალღმერთიანობის ცოდვა, რაც ნიშნავს იმის თქმას, რომ რაღაც ან ვიღაც ალაჰის მსგავსია, ან რომ ალაჰს ჰყავს თანაზიარნი, რომლებიც მის ძალაუფლებასა და მმართველობას იყოფენ.

4. წიგნის ხალხი მრავალღმერთიანთა (mushrik) ქვეკატეგორიაა. მასში შედიან ქრისტიანები და ებრაელები. ისინი მიჩნეულ უნდა იქნენ მრავალღმერთიანებად (mushrik), რადგან ყურანი ქრისტიანებსაც და ებრაელებსაც მრავალღმერთიანობაში/კერპთაყვანისმცემლობაში დამნაშავეებად ასახელებს (სურა 9:30-31; სურა 3:64).

„წიგნის ხალხის" ცნება აღნიშნავს იმას, რომ ქრისტიანობა და იუდაიზმი მიჩნეულია ისლამთან დაკავშირებულად და ისლამიდან წარმომდგარად. ისლამი მიიჩნევა დედა რელიგიად, საიდანაც ქრისტიანებმა და იუდეველებმა გადაუხვიეს საუკუნეების განმავლობაში. ყურანის თანახმად, ქრისტიანები და ებრაელები მიჰყვებიან რწმენას, რომელიც თავდაპირველად სუფთად მონოთეისტური იყო (ანუ, სხვა სიტყვებით რომ ვთქვათ, ეს რწმენა გახლდათ ისლამი), ხოლო მათი წმინდა წერილი შეირყვნა და ახლა აღარ არის სარწმუნო და ჭეშმარიტი. ამ გაგებით, მიიჩნევა, რომ ქრისტიანობა და იუდაიზმი ისლამიდან წარმოებული

108

დამახინჯებული ფორმებია, რომელთა მიმდევრებმაც გადაუხვიეს სწორი გზიდან.

ყურანში ვკითხულობთ როგორც დადებით, ასევე უარყოფით შენიშვნებს ქრისტიანებისა და ებრაელების შესახებ. დადებითი მხრით, ის გვატყობინებს, რომ ზოგიერთი ქრისტიანი და ებრაელი ერთგულია და ჭეშმარიტად სწამს (სურა 3:113-14). მიუხედავად ამისა, იმავე თავში (სურაში) დაწერილია, რომ მათი გულწრფელობის გამოცდა ისაა, რომ მათან ნამდვილნი მუსლიმანები გახდებიან (სურა 3:199).

ისლამის თანახმად, ქრისტიანებს და ებრაელებს არ შეეძლოთ გათავისუფლება საკუთარი უმეცრებისგან მანამ, სანამ მუჰამედი არ მოვიდა ყურანით (სურა 98:1). ისლამის სწავლების მიხედვით, მუჰამედი იყო ალაჰის მიერ ქრისტიანთა და ებრაელთათვის მოვლინებული საჩუქარი, რათა სწორად ესწავლებინა მათთვის ის, რაც არასწორად ესმოდათ. ეს იმას ნიშნავს, რომ ქრისტიანებმა და ებრაელებმა მუჰამედი ალაჰის მაცნედ, ხოლო ყურანი – მის საბოლოო გამოცხადებად (სურა 4:47; სურა 5:15; სურა 57:28-29).

აი, ოთხი რამ, რასაც ამტკიცებს ყურანი და სუნა არამუსლიმანების, კერძოდ კი, ქრისტიანებისა და ებრაელების შესახებ:

1. მუსლიმანები „საუკეთესო ხალხია“; ისინი აღმატებულნი არიან სხვა ხალხებზე. მათი როლი იმაში გამოხატება, რომ დანარჩენ ადამიანებს ასწავლონ, რა არის მცდარი და სწორი; უბრძანონ ის, რაც სწორია და აუკრძალონ ის, რაც მცდარია (სურა 3:110).

2. ისლამის ბედისწერა ისაა, რომ იბატონოს ყველა სხვა რელიგიაზე (სურა 48:28).

3. ამ უპირატესობისა და ბატონობის მისაღწევად მუსლიმანებმა უნდა იბრძოლონ ებრაელთა და ქრისტიანთა (წიგნის ხალხის) წინააღმდეგ მანამ, სანამ არ დაამარცხებენ, დაამდაბლებენ და აიძულებენ, რომ ხარკი გადაუხადონ მუსლიმთა თემს (სურა 9:29).

4. ის ქრისტიანები და ებრაელები, რომლებიც საკუთარ მრავალღმერთიანობას (*shirk*) ეჭიდებიან და განარძობენ მუჰამედისა და მისი ერთღმერთიანობის მიმართ ურწმუნოების გამოჩენას (ანუ არ ექცევიან ისლამზე), წავლენ ჯოჯოხეთში (სურა 5:72; სურა 4:47-56).

მიუხედავად იმისა, რომ ებრაელები და ქრისტიანები ერთ კატეგორიად მოიაზრებიან, რომელიც „წიგნის ხალხის" სახელითაა ცნობილი, ებრაელები მაინც მაინც უფრო მეტად არიან გაკრიტიკებულნი. ყურანსა და სუნაში უამრავი თეოლოგიური ბრალდებაა მათ მიმართ გამოთქმული. მაგალითად, მუჰამედი ასწავლიდა, რომ დასასრულს, ქვებიც კი ხმას ამოიღებენ და დაეხმარებიან მუსლიმანებს ებრაელთა დახოცვაში; ყურანში ნათქვამია, რომ ქრისტიანები „ყველაზე ახლოს არიან სიყვარულში" მუსილიმანებთან, ხოლო ებრაელებს (და კერპთაყვანისმცემელებს) ყველაზე დიდი მტრობა აქვთ მუსლიმანების მიმართ (სურა 5:82).

ბოლოს, ყურანის საბოლოო განაჩენი უარყოფითია როგორც ებრაელთა, ისე ქრისტიანთა მიმართ. ეს მსჯავრდადება ყოველი მართლმორწმუნე მუსლიმანის ყოველდღიურ ლოცვებშიც კია ჩართული.

ებრაელები და ქრისტიანები მუსლიმანის ყოველდღიურ ლოცვებში

ყურანის ყველაზე მეტად ცნობილი თავი (სურა) გახლავთ *al-Fatihah* („გამხსნელი"). ეს სურა ყოველდღიურ

სავალდებულო ლოცვათა (სალათი/ნამაზი) შემადგენელი ნაწილია და მეორდება ყველა ლოცვაში. ერთგული მუსლიმანები, რომლებიც ყველა ლოცვას წარმოთქვამენ, ამ სურას დღეში, სულ მცირე, 17-ჯერ იმეორებენ, წელიწადში კი, დაახლოებით, ხუთი ათასჯერ.

ალ-ფატიჰა არის ლოცვა ალაჰის წინამძღოლობის შესახებ:

სახელითა ალაჰისა,
მოწყალისა, მწყალობლისა.
ქება ალაჰს, უფალს სამყაროთა.
მოწყალესა, მწყალობელსა.
სამსჯავროს დღის მბრძანებელსა.
მხოლოდ შენა გმონებთ
და მხოლოდ შენ გთხოვთ შეწევნას.
გვიწინამძღვრე პირდაპირი გზით,
იმათი გზით, რომელთაც მიეც მოწყალება:
არა **შერისხულთა** და არცა **გზააბნეულთა**.
(სურა 1:1-7)

ეს არის ლოცვა, თხოვნა იმისა, რომ ალაჰი წარუძღვეს მორწმუნეებს „პირდაპირი გზით". ეს ლოცვა შეესაბამება ისლამის უწყების არსს წინამძღოლობის შესახებ.

კი, მაგრამ ვინ არიან ალაჰის მიერ შერისხულნინ ან გზააბნეულნი? ვინ არის ის ხალხი, რომელიც ესოდენ ცუდად არის მოხსენიებული ყოველი მუსლიმანის ლოცვებში, რომლებიც ყოველდღე, ასობით ათასჯერ აღევლინება უამრავი მუსლიმანის მიერ ცხოვრების განმავლობაში? მუჰამედი განმარტავს ამ სურას მნიშვნელობას და ამბობს: „შერისხულნი ებრაელები არიან, ხოლო გზააბნეულნი – ქრისტიანები".

აღსანიშნავია, რომ ყოველი მუსლიმანის ყოველდღიური ლოცვები (რომლებიც ისლამს უდევს საფუძვლად) მოიცავს

ქრისტიანთა და ებრაელთა უარყოფას, ვითარცა გზაარეული და ალაჰის მიერ შერისხული ადამიანებისა.

მომდევნო ნაწილებში ვისაუბრებთ ისლამური შარიათის მიერ გამოწვეული ზიანის შესახებ. ის მუჰამედის მაგალითითა და სწავლებით არის განპირობებული.

შარიათის პრობლემები

ქვეყანაში ისლამის დამკვიდრების შემდეგ, ხანგრძლივი დროს განმავლობაში საზოგადოების კულტურა შეიძლება შეიცვალოს შარიათის გავლენის შედეგად. ამ პროცესს „ისლამიზაცია“ ეწოდება. იმის გამო, რომ მუჰამედის ცხოვრებასა და სწავლებაში ძალიან ბევრი რამ იყო არასწორი, შარიათი უამრავ უსამართლობასა და სოციალურ პრობლემებს იწვევს. ეს იმას ნიშნავს, რომ თუმცაღა ისლამი წარმატებას ჰპირდება მუსლიმანებს, შარიათის გავლენის ქვეშ მცხოვრები საზოგადოებანი ხშირად ძალიან ვნებენ ადამიანებს. დღევანდელ მსოფლიოს თუ გადავხედავთ, დავინახავთ, რომ ბევრი ისლამური ქვეყანა ცუდად არის განვითარებული და ისლამის გავლენის გამო უამრავი პრობლემა აქვს ადამიანთა უფლებების დაცვასთან დაკავშირებით.

ქვემოთ ჩამოთვლილია შარიათის მიერ გამოწვეული ზოგიერთი უსამართლობა და პრობლემა:

- ქალებს მეორეხარისხოვანი სტატუსი აქვთ მუსლიმანურ საზოგადოებაში და ხშირად ხდებიან ძალადობის მსხვერპლნი ისლამური კანონის გამო. ჩვენ განვიხილავთ კიდეც ერთ მაგალითს: ამინა ლავალის საქმეს.
- ისლამის სწავლება *ჯიჰადთან* დაკავშირებით მთელ მსოფლიოში იწვევს კონფლიქტებს და დიდი ზიანი

მოაქვს მილონობით მამაკაცის, ქალისა და ბავშვისათვის.

- სასტიკი და ზღვარგადასულია ამა თუ იმ დანაშაულისათვის განკუთვნილი შარიათის სხვადასხვა სასჯელი: ქურდებისათვის ხელის მოკვეთა და ისლამის უარყოფისათვის განდგომილთა მოკვდინება.

- *შარიათს* არ შეუძლია შეცვალოს ადამიანები, რათა კარგ პიროვნებებად აქციოს ისინი. ამა თუ იმ ქვეყანაში ისლამური რევოლუციისა და რადიკალ მუსლიმანთა მიერ ხელისუფლების ხელში ჩაგდების შემდგომ უპატიოსნება და მექრთამეობა არ შემცირებულა, პირიქით, ყოველთვის უფრო იზრდებოდა. ირანის უახლესი ისტორია სწორედ ამის თვალსაჩინო მაგალითია: 1978 წელს ირანის რევოლუციის შემდეგ, როცა შაჰი ტახტიდან ჩამოაგდეს, მუსლიმანმა სწავლულებმა აიღეს ხელში ქვეყნის მართვის სადავეები, თუმცა მათ დაპირებათა მიუხედავად, უპატიოსნებამ და მექრთამეობამ იმატა.

- მუჰამედი ნებას იძლეოდა ზოგ შემთხვევაში, ახალისებდა კიდეც ტყუილის თქმას. ამის შედეგებს მოგვიანებით განვიხილავთ.

- ისლამის სწავლებათა გამო, არამუსლიმანები ხშირად იჩაგრებიან მუსლიმან საზოგადოებაში. ქრისტიანები დღეს ყველაზე მეტად მუსლიმანთა მიერ იდევნებიან.

ამინა ლავალის საქმე

ახლა განვიხილოთ ერთი მუსლიმანი ქალის საქმე, ვისი სიცოცხლეც საფრთხეში იყო შარიათის კანონის. 1999 წელს ნიგერიამ შარიათის სასამართლოები შემოიღო ქვეყნის ჩრდილოეთით, იმ შტატებში, რომლებიც უმთავრესად,

მუსლიმანებით იყო დასახლებული. სამი წლის შემდეგ, 2002 წელს, ამინა ლავალს სასიკვდილო სასჯელი – ქვებით ჩაქოლვა – მიუსაჯა შარიათის მცოდნე მოსამართლემ, რადგან ქალმა განქორწინების შემდეგ ჩასახული ბავშვი გააჩინა. მან ბავშვის მამაც დაასახელა, მაგრამ დნმ-ის ტესტის გარეშე სასამართლოს არ შეეძლო იმის დამტკიცება, ნამდვილად იყო თუ არა მამა ის კაცი და ამიტომაც იგი უდანაშაულოდ ცნეს. მხოლოდ ქალი დაადანაშაულეს მრუშობაში და ქვებით ჩაქოლვა მიუსაჯეს.

მოსამართლემ, რომელმაც ამინას განაჩენი გამოიტანა, ასევე დაადგინა, რომ ქალი მხოლოდ მას შემდეგ უნდა ჩაექოლათ, რაც ბავშვი ძუძუს მოსწყდებოდა. ეს განაჩენი და დადგენილება იმის შესახებ, რომ სასჯელი მხოლოდ ბავშვის ძუძუდან მოწყვეტის შემდეგ უნდა აღსრულებულიყო, მუჰამედის მაგალითს იმეორებდა: მან მუსლიმანი ქალი ჩააქოლინა მას შემდეგ, რაც ქალმა მრუშობა აღიარა, თუმცა სასჯელი მხოლოდ მაშინ აღასრულეს, როცა ჩვილი ძუძუს მოსწყვიტეს.

შარიათის ქვებით ჩაქოლვის შესახებ კანონი ცუდია რამდენიმე მიზეზის გამო:

- ის ზღვარგადასულია.
- ის სასტიკია: ქცებით ჩაქოლვა საშინელი სიკვდილია.
- ის იმ კაცებსაც აზიანებს, რომლებიც ქვებით ქოლავენ ადამიანს.
- ის დისკრიმინაციულია, რადგან მისი სამიზნეა ქალი, რომელიც ორსულდება და არა კაცი, რომელიც იწვევს ამ ორსულობას.
- ის ახალშობილს დედას აშორებს და აობლებს.
- ის უგულებელყოფს შესაძლებლობას იმისას, რომ ქალი შეიძლება გააუპატიურეს.

ამინას საქმემ საერთაშორისო მღელვარება გამოიწვია. მილიონზე მეტი საპროტესტო წერილი იქნა გაგზავნილი ნიგერიის საელჩოებში მთელი მსოფლიოს მასშტაბით. ამინას საბედნიეროდ, მისი განაჩენი სააპელაციო სასამართლომ გააუქმა. ამინას სასჯელის გაუქმებით შარიათის სააპელაცო სასამართლოს სინამდვილეში არ უარუყვია პრინციპი იმასთან დაკავშირებით, რომ ისლამში სასჯელი მრუშობისათვის ქვებით ჩაქოლვას ითვალისწინებს. ნაცვლად ამისა, დასახელდა სხვა მიზეზები, მაგალითად, სააპელაციო სასამართლომ განაცხადა, რომ ამინას განაჩენი სამ მოსამართლეს უნდა გამოეტანა და არა ერთს.

კანონიერი ტყუილი

ისლამური შარიათის ერთ-ერთი პრობლემური ასპექტია მისი სწავლება ტყუილისა და სიცრუის შესახებ. უნდა აღინიშნოს, რომ ტყუილი ძალიან სერიოზულ ცოდვად მიიჩნევა ისლამში, არის სიტუაციები, სადაც ტყუილის თქმა ნებადართული ან სავალდებულოც კია, ისლამის ავტორიტეტთა თანახმად, რაც მუჰამედის მაგალითს ეფუძნება.

არსებობს რამდენიმე განსხვავებული გარემოება, სადაც მუსლიმანებს ნება ეძლევათ, ან მოეთხოვებათ კიდეც ტყუილის თქმა. მაგალითად, ჰადისების კრებულში არის თავი, რომელსაც Sahih al-Bukhari ეწოდება. ამ თავში არის სათაური „ის, ვინც მშვიდობას ამყარებს ადამიანებს შორს, მატყუარა არ არის“. მუჰამედის მაგალითის ამ ასპექტის თანახმად, ერთ-ერთი გარემოება, რა შემთხვევაშიც მუსლიმანებს ტყუილის თქმის უფლება ეძლევათ, მაშინაა, როცა ადამიანთა შესარიგებლად ნათქვამ ტყუილს დადებითი შედეგი გამოაქვს.

კიდევ ერთი კონტექსტი კანონიერი სიცრუისათვის ისაა, როცა მუსლიმანებს საფრთხე ემუქრებათ

არამუსლიმანებისგან (სურა 3:28). ამ აიადან (მუხლიდან) წარმოქმნილია ცნება taqiyya, რომელიც აღნიშნავს მუსლიმანთა უსაფრთხოებისთვის გამიზნულ ტყუილის თქმის პრაქტიკას. მუსლიმანი სწავლულები შეთანხმდნენ იმაზე, რომ ის მუსლიმანებს, რომლებიც არამუსლიმანთა პოლიტიკური მმართველობის ქვეშ ცხოვრობენ, ნება ეძლევათ, თავის დაცვის მიზნით, გამოავლინონ მეგობრული და კეთილი დამოკიდებულება არამუსლიმანთა მიმართ, იმ პირობით, თუ გულში საკუთარ რწმენას (და მტრობას) შეინარჩუნებენ. ამ დოქტრინის ერთ-ერთი აზრი გახლავთ ის, რომ მართლმორწმუნე მუსლიმანის ქცევა არამუსლიმანის მიმართ ნაკლებად მეგობრული უნდა გახდეს, ხოლო მათი შეხედულებები ნაკლებად უნდა შეინიღბოს მუსლიმანთა პოლიტიკური გავლენის ზრდასთან ერთად.

შარიათის კანონით, მუსლიმანებს ტყუილის თქმა შეუძლიათ მაშინაც, როცა მეუღლეებს შორის ოჯახური ჰარმონიის შენარჩუნებაა საჭირო; მაშინ, როცა უთანხმოებანია გადასაჭრელი; მაშინ, როცა სიმართლის თქმით შეიძლება საკუთარი თავი ამხილო (ხანდახან მუჰამედი კიცხავდა იმ ადამიანებს, რომლებიც დანაშაულს აღიარებდნენ); მაშინ, როცა ვიღაცა თავის საიდუმლოს განდობს და ასევე, ომში. უფრო ზოგადად, ისლამი დამცველია სიცრუის ეთიკისა, რომელშიც მიზანი ამართლებს საშუალებას.

ზოგიერთმა მუსლიმანმა სწავლულმა მკაფიო ზღვარი გაავლო სხვადასხვა სახის ტყუილს შორის; მაგალითად, დამაბნეველი შთაბეჭდილების შექმნა სჯობს აშკარა ტყუილის თქმას. გამოყენებითი – „მიზანი ამართლებს საშუალებას" – ტყუილისა და სიმართლის თქმის ეთიკას დიდი ზიანის მოტანა შეუძლია საზოგადოებისათვის. ეს ანგრევს ნდობას და იწვევს დაბნეულობას, რითიც ვნებს როგორც შიდა, ისე პოლიტიკურ კულტურას. სწორედ ამის

გამო, მუსლიმანური Umma, ანუ მუსლიმანთა მთელი საზოგადოება, ეთიკურად ხელყოფილი საზოგადოებაა. მაგალითად, თუ ქმრები ჩვეულებისამებრ ატყუებენ საკუთარ ცოლებს უთანხმოებათა მოსაგვარებლად (როგორც ამას მუჰამედი ასწავლიდა ხალხს), ეს სრულიად დაანგრევს ნდობას ოჯახში. ბავშვები, რომლებსაც ესმით, როგორ ატყუებს მამა მათ დედას, თავადაც მოატყუებენ სხვებს და გაუჭირდებათ სხვების ნდობა. კულტურა, სადაც კანონიერი ტყუილი არსებობს, მთელ საზოგადოებაში ანადგურებს ნდობას. ეს ნიშნავს იმას, რომ მაგალითად, ბიზნესის წარმოება უფრო ძვირია, კონფლიქტები ჭიანურდება, შერიგება კი უფრო რთულდება.

ისლამის დატოვებისას, დიდი მნიშვნელობა აქვს იმას, რომ ადამიანმა მუჰამედის მაგალითის ეს კონკრეტული ასპექტი უარყოს. ამ საკითხს მე-7 გაკვეთილში დავუბრუნდებით.

თავად დაფიქრდით

იმის გამო, თუ როგორ არის ისლამში ცოდნა სისტემატიზებული და დაცული ხელმიუწვდომლად, შესაძლოა რთული აღმოჩნდეს იმის გაგება, სინამდვილეში, რას ასწავლის ისლამი ამა თუ იმ საკითხთან დაკავშირებით. ტყუილის კულტურა კი ამ პრობლემას აუარესებს.

ისლამის მთავარი წყაროები ვრცელი და კომპლექსურია, ხოლო ყურანისა და სუნას პირველწყაროებიდან შარიათის დადგენილებათა მიღების პროცესს მაღალი კვალიფიკაცია სჭირდება და მრავალწლიან განსწავლას მოითხოვს. მუსლიმანთა უდიდეს ნაწილს კი ეს არ შეუძლია, რაც იმას ნიშნავს, რომ ისინი ისლამის სწავლულებს უნდა ენდონ რწმენის საკითხებში წინამძღოლობისათვის. მართლაც, ისლამური კანონი მუსლიმანებს ასწავლის, რომ მოძებნონ ვინმე, ვისაც მათზე უფრო მეტი ესმის რწმენის საკითხების შესახებ და მისდიონ იმ პიროვნებას. მუსლიმანებმა

შარიათის კანონებთან დაკავშირებით უნდა ჰკითხონ ვინმეს, ვინც შესაბამისად არის განსწავლული.

ისლამის რელიგიური ცოდნა არ არის ისეთი ხელმისაწვდომი, როგორც ბიბლიური ცოდნა უკანასკნელი საუკუნეების განმავლობაში. მხოლოდ აუცილებლობის შემთხვევაშია ცოდნა ხელმისაწვდომი. ისლამში ზოგიერთი საკითხი არ განიხილება, თუკი მათი ხსენების საჭიროება არ არის და თუკი მათ შესახებ მსჯელობამ შეიძლება ისლამი ცუდად წარმოაჩინოს. ბევრ მუსლიმანს მიუღია საყვედური, როდესაც ისლამის მასწავლებლისთვის „არასწორი შეკითხვა“ დაუსვამს.

არავინ უნდა შეშინდეს იმ განცხადებათა გამო, თითქოს უფლება არ ჰქონდეთ ისლამის, ყურანისა თუ მუჰამედის სუნას შესახებ საკუთარ მოსაზრებათა გამოთქმისა. ამ საუკუნეში, როცა ამ საკითხების შესახებ პირველწყაროები ადვილად ხელმისაწვდომია, ყველამ – ქრისტიანებმა, იუდეველებმა, ათეისტებმა თუ მუსლიმანებმა – ნებისმიერი შესაძლებლობა უნდა გამოიყენონ ინფორმაციის მისაღებად და გამოთქვან საკუთარი შეხედულებანი ამ საკითხებთან დაკავშირებით. ნებისმიერ ადამიანს, ყველას, ვისზეც ისლამმა ცუდი გავლენა მოახდინა, აქვს ინფორმაციის მიღებისა და მის შესახებ საკუთარი მოსაზრების ჩამოყალიბების უფლება.

მომდევნო ნაწილებში განვიხილავთ იესოს შესახებ ისლამისეულ გაგებას და განვმარტავთ, რატომ არ შეუძლია ისლამურ იესოს ადამიანთათვის თავისუფლების მინიჭება.

ისა – ისლამის წინასწარმეტყველი

მორწმუნეებმა ერთი მნიშვნელოვანი საკითხი უნდა გადაწყვიტონ: ნაზარეველ იესოს გაჰყვებიან თუ მექელ

მუჰამედს? ეს ძალიან მნიშვნელოვანი არჩევანია და მას უზარმაზარი შედეგები მოჰყვება არა მხოლოდ ცალკეული პიროვნებისათვის, არამედ ერებისთვისაც.

ცნობილია, რომ მუსლიმანები იესოს, რომელსაც ისინი „ისას“ უწოდებენ, ალაჰის მაცნედ მიიჩნევენ, მუჰამედის მსგავსად. ისლამის სწავლების მიხედვით, იესო სასწაულებრივად იშვა ქალწულ მარიამისაგან და ამიტომაც მას ხანდახან „მარიამის ძე“ (ibn Maryam) ეწოდება. ყურანი ისას „მესიადაც“ (al-Masih) მოიხსენიებს, თუმცა არ არის განმარტებული ის, თუ რას შეიძლება ნიშნავდეს ეს წოდება.

ყურანში, სახელით „ისა“, იესო ოცზე მეტჯერ არის მოხსენიებული (შედარებისათვის, მუჰამედის სახელი მხოლოდ ოთხჯერ არის ნახსენები); გარდა ამისა, სხვადასხვა წოდებით ყურანში იესო სულ 93-ჯერ არის ნახსენები. ისლამის სწავლების თანახმად, მუჰამედის მოსვლამდე ბევრი მაცნე თუ წინასწარმეტყველი იყო წარმოგზავნილი ალაჰის მიერ წარსულში მცხოვრებ ხალხთათვის. ყურანი ხაზს უსვამს იმას, რომ ყველა ეს მაცნე თუ წინასწარმეტყველი, მათ შორის, იესოც, მხოლოდ და მხოლოდ ადამიანი იყო.

ყურანი ამტკიცებს, რომ ეს უწინდელი მაცნეები იმავე უწყებას ქადაგებდნენ, რასაც მუჰამედი: ისლამის უწყებას. მაგალითად, ყურანი ამტკიცებს, რომ ბრძოლისა და მოკვლის შესახებ ბრძანება, ასევე სამოთხის შეპირება ბრძოლაში დაღუპული მორწმუნეებისათვის, იესოსაც მიეცა და მოსესაც წარსულში (სურა 9:111), მოგვიანებით კი იგივე ბრძანება და დაპირება მუჰამედის მეშვეობითაც მიეცათ ადამიანებს. რასაკვირველია, ნამდვილი იესო ნაზარეველი მსგავს რაღაცებს არ ასწავლიდა და არ ჰპირდებოდა ადამიანებს.

ყურანში ისას მოწაფეები აცხადებენ: „ჩვენ მუსლიმანები ვართ“ (სურა 3:52; იხ. აგრეთვე სურა 5:111); ყურანი აცხადებს, რომ აბრაამი არა იუდეველი იყო და ან ქრისტიანი, არამედ

მუსლიმანი იყო (სურა 3:67). სხვა ბიბლიურ პერსონაჟებზე კი ნათქვამია, რომ ისინი ისლამის წინასწარმეტყველები იყვნენ, მათ შორის, აბრაამი, ისააკი, იაკობი, ისმაელი, მოსე, აარონი, დავითი, სოლომონი, იობი, იონა და იოანე ნათლისმცემელი.

ისლამი უშვებს იმას, რომ „ისლამის ადრეულ წინასწარმეტყველთა" მიერ გაცხადებული სავარაუდო შარიათი არ იყო ზუსტად ისეთი, როგორიც მუჰამედისა, თუმცაღა ისლამი იმასაც ამტკიცებს, რომ ადრეული შარიათი გაუქმდა და ჩანაცვლებული იქნა მუჰამედის მოსვლისას; ამრიგად, როცა იესო დაბრუნდება, ის მუჰამედის შარიათის მიხედვით განაგებს მსოფლიოს:

> „ვინაიდან ყველა ადრეული წინასწარმეტყველის შარიათი გაუქმდა მუჰამედის მოციქულად მოსვლასთან ერთად, მაშასადამე, იესო განსჯის ისლამის კანონის მიხედვით".[6]

ყურანი ასევე ამტკიცებს, რომ ალაჰმა, მუჰამედის ყურანის მსგავსად, ისასაც მისცა წიგნი, რომელსაც ინჯილი ეწოდებოდა. მიჩნეულია, რომ ინჯილის სწავლება ყურანის სწავლების მსგავსი იყო, თუმცა ისლამი ამტკიცებს, რომ თავდაპირველი ინჯილის ტექსტი დაკარგულია. მუსლიმანებს სწამთ, რომ ბიბლიაში არსებული სახარებები შეიცავს თავდაპირველი ინჯილის სახეშეცვლილ და დამახინჯებულ ფრაგმენტებს. მიუხედავად ამისა, მიიჩნევა, რომ ამას არ აქვს მნიშვნელობა, რადგან ალაჰმა მუჰამედი წარმოგზავნა აუცილებელ საკითხებთან დაკავშირებით საბოლოო სიტყვის სათქმელად.

თავისი არსით, რასაც ისლამი ასწავლის და რისიც მუსლიმანთა უმრავლესობას სწამს, გახლავთ ის, რომ იესო დღეს ცოცხალი რომ იყოს, ეტყოდა ქრისტიანებს: „გაჰყევით მუჰამედს!" ეს იმას ნიშნავს, რომ თუკი ვინმეს სურს იცოდეს,

6. *Sahih Muslim*, vol. 2, p. 111, fn. 288.

რას ასწავლიდა სინამდვილეში ისა და სურს გაჰყვეს მას, ამისათვის უნდა მუჰამედის კვალდაკვალ იაროს და ისლამს დაემორჩილოს: ყურანი განმარტავს, რომ კარგი ქრისტიანი ან კარგი იუდეველი მუჰამედს სცნობს ალაჰის ჭეშმარიტ წინასწარმეტყველად (სურა 3:199).

ქრისტიანებს აფრთხილებს ყურანი, არ უწოდონ იესოს „ღვთის ძე“ და არც თაყვანი სცენ მას, როგორც ღმერთს. ყურანში ხაზგასმულია, რომ ისა მხოლოდ და მხოლოდ ადამიანი (სურა 3:59) და ალაჰის მონა იყო (სურა 19:30).

ისლამის სწავლების თანახმად, სამყაროს აღსასრულამდე, იუდაიზმი და ქრისტიანობა განადგურდება ისას ხელით. დროთა აღსასრულთან დაკავშირებული ეს სწავლება გვეხმარება ისლამის თვალთახედვის გაგებაში. იფიქრეთ ქვემოთ მოცემული ჰადისების ერთ-ერთ კრებულში (Sunan Abu Daud) მოცემული ჰადისის შესახებ:

> [როცა ისა დაბრუნდება] ის შეებრძოლება ხალხს ისლამის საქმისათვის. ის გატეხს ჯვარს, დახოცავს ღორებს და გააუქმებს *ჯიზიას*. ალაჰი ყველა რელიგიას გაანადგურებს, გარდა ისლამისა. ის გაანადგურებს ანტიქრისტეს, დედამიწაზე იცხოვრებს ორმოცი წელი და შემდეგ მოკვდება“.

აქ მუჰამედი ამბობს იმას, რომ დედამიწაზე ისას დაბრუნებისას ის „გატეხს ჯვარს“, ანუ გაანადგურებს ქრისტიანობას და „გააუქმებს ჯიზიას“, ანუ დაასრულებს ისლამის მმართველობის ქვეშ მცხოვრებ ქრისტიანთა მიმართ კანონიერ შემწყნარებლობას. ეს ნიშნავს იმას, რომ ქრისტიანები აღარ ექნებათ შესაძლებლობა იმისა, რომ გადასახადი იხადონ ქრისტიანული რელიგიის შენარჩუნების მიზნით. მუსლიმანი სწავლულების განმარტებით, ეს გულისხმობს იმას, რომ მუსლიმანთა იესოს, ანუ ისას დაბრუნების შემდგომ, ის ყველა

არამუსლიმანს, მათ შორის, ქრისტიანებსაც, აიძულებს ისლამზე მოქცევას.

ნამდვილი იესო ნაზარეველის კვალდაკვალ სვლა

ზემოთ ითქვა, რომ ადამიანებმა უნდა გადაწყვიტონ, ვის გაჰყვებიან: იესოს თუ მუჰამედს, თუმცაღა მუსლიმანებს ასწავლიან, რომ ეს ერთ და იგივე არჩევანია: იესოს კვალდაკვალ სვლა იგივეა, რაც მუჰამედის კვალზე სიარული. მუსლიმანებს ასევე ასწავლიან, რომ თუკი მუჰამედს მიჰყვებიან და უყვართ იგი, ამით იესოს მიჰყვებიან და უყვართ იგი. მუსლიმანებმა ისტორიული იესო, სახარებათა იესო ჩაანაცვლეს სხვა იესოთი, ყურანის ისათი. ვინაობის ეს ცვლილება ფარავს ღმერთის მხსნელ გეგმასა და საქმეებს და აბრკოლებს მუსლიმანებს ჭეშმარიტი იესოს პოვნასა და მის კვალდაკვალ სვლაში.

სიმართლე ისაა, რომ ნამდვილი, ისტორიული იესოს შესახებ ოთხი სახარებიდან შეიძლება გავიგოთ, რადგან სახარებები დაიწერა იესოს თვითმხილველთა მიერ. ესენია უტყუარი ჩანაწერები იესოს, მისი უწყებისა და მსახურების შესახებ. ისლამის სწავლებანი, რომლებიც იესოს დედამიწაზე ცხოვრებიდან 600 წლის შემდეგ იქნა შედგენილი, არ შეიძლება იყოს სარწმუნო წყარო იესო ნაზარეველის შესახებ ინფორმაციის მიღებისათვის.

ის, ვინც უარყოფს ისლამს, უნდა უარყოს არა მხოლოს მუჰამედის მაგალითი, არამედ ყურანი ცრუ იესოც. ჭეშმარიტი და საუკეთესო გზა, რათა ვიცხოვროთ, როგორც იესოს მოწაფეებმა, ისაა, რომ ვისწავლოთ მისგან და მის მიმდევართა მიერ ოთხ სახარებაში შემონახული უწყებიდან, როგორც ლუკა მახარებელი ამბობს: რომ შეიცნო იმ მოძღვრების ჭეშმარიტება, რომელიც გისწავლია“ (ლუკა 1:4).

ეს ძალიან მნიშვნელოვანია, რადგან, როგორც დავინახავთ, სულიერი ტყვეობისაგან თავისუფლების მოპოვების გასაღები იესო ქრისტეს სიცოცხლე და სიკვდილია. მხოლოდ ჭეშმარიტ იესო ნაზარეველს, სახარებათა იესოს ძალუძს თავისუფლების მონიჭება ჩვენთვის.

გზამკვლევი

გაკვეთილი მე-3

ლექსიკონი

ისლამი

შაჰადა

ყურანი

სუნა

ჰადისი

სირა

მაცნე

აზანი

მრავალღმერთიანი (mushrik)

მრავალღმერთიანობის ცოდნა (shirk)

წიგნის ხალხი

al-Fatihah (გამხსნელი)

ნამაზი/სალათი

ისლამიზაცია

ალ-ბუჰარის საჰიჰი (Sahih al-Bukhari)

Taqiyya

Umma (მუსლიმანთა საზოგადოება)

ინჯილი

ახალი სახელები

- ამინა ლავალი: ნიგერიელი ქალი (დაიბადა 1972 წელს)
- ისა: იესოს სახელი ყურანში

ბიბლია ამ გაკვეთილში

ლუკა 1:4

ყურანი ამ გაკვეთილში

სურა 33:21	სურა 8:12-13	სურა 4:47	სურა 1:1-7
სურა 4:80	სურა 3:85	სურა 5:15	სურა 3:28
სურა 33:36	სურა 39:65	სურა 57:28-29	სურა 9:111
სურა 24:52	სურა 9:30-31	სურა 3:110	სურა 3:52
სურა 4:69	სურა 3:64	სურა 48:28	სურა 5:111
სურა 4:115	სურა 3:113-14	სურა 5:72	სურა 3:67
სურა 59:7	სურა 3:199	სურა 4:47-56	სურა 3:59
სურა 9:29	სურა 98:1	სურა 5:82	სურა 19:30

კითხვები – გაკვეთილი მე-3

- იმსჯელეთ სასწავლო მაგალითის შესახებ.

როგორ უნდა გახდეს ადამიანი მუსლიმანი

1. რა არის ძირითადი მნიშვნელობა და განმარტება არაბული სიტყვსა „ისლამი“?
2. ვინ გახდებით, თუ შაჰადას წარმოთქვამთ?

3. შაჰადას წარმოთქმისას, ვის აცხადებთ თქვენი ცხოვრების წინამძღოლად?

4. რომელია მუჰამედის მიერ მოცემული წინამძღოლობის გასაგებად საჭირო ორი წყარო და რა განსხვავებაა მათ შორის?

5. რომელია ის ორგვარი ტექსტი, რომელშიც ჩაწერილია მუჰამედის მაგალითი?

მუჰამედის პიროვნება

6. ვის უნდა დაემორჩილონ მუსლიმანები, თუ ალაჰის მორჩილება სურთ?

7. რა შედეგებს მოიტანს, თუკი მუჰამედის ყველა მაგალითი დაკანონდებული იქნება ალაჰის მიერ, როგორც საუკეთესო მისაბაძი ნიმუში ყველა მუსლიმანისათვის?

8. ვის მიმართ არის მიცემული გამარჯვების დაპირება სურაში 24:52?

9. რა სასჯელი ელოდებათ ალაჰისა და მისი **მაცნის** ურჩებს?

10. ვის წინააღმდეგ უნდა იბრძოლონ მუსლიმანებმა სურა 9:29-ისა და სურა 8:12-13-ის თანახმად?

11. ავტორი შენიშნავს, რომ მუჰამედი აღფრთოვანების ღირს საქმეებსაც აკეთებდა, თუმცა ის შოკისმომგვრელ რაღაცებსაც სჩადიოდა. რომელი რვა ასეთი თავზარდამცემი მაგალითია ჩამოთვლილი?

ყურანი – მუჰამედის პირადი დოკუმენტი

12. ***შაჰადას*** წარმოთქმის შემდეგ რა უნდა ირწმუნოთ და რას უნდა დაემორჩილოთ?

13. რა ილუსტრაციას იყენებს დური ***სუნასა*** და **ყურანს** შორის არსებული ურთიერთდამოკიდებულების განსამარტავად?

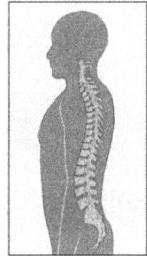

ისლამური შარიათი – მუსლიმანად ყოფნის „გზა“

14. ვის ავტორიტეტს და ცოდნას უნდა დაეყრდნონ მუსლიმანები, ვისაც შეუძლია ***სუნასა*** და **ყურანი**ს კლასიფიცირება წესების სისტემატურ კრებულად, რომელსაც *შარიათი* ეწოდება?

15. ავტორის თანახმად, რის გარეშეა შეუძლებელი ისლამი?

16. რატომ არის *შარიათი* განსხვავებული პარლამენტთა მიერ მიღებული კანონებისგან?

☙

„მოდით წარმატებასთან"

17. რა არის ისლამის მოწოდება?

18. რომელ ორ კატეგორიად ჰყოფს კაცობრიობას **ყურანის** მოწოდება?

19. რომელი ორი საშუალებით ასწავლის ისლამი მუსლიმანებს დისკრიმინაციასა და აღმატებულების გრძნობას?

გაყოფილი მსოფლიო

20. რომელია ადამიანთა ოთხი კატეგორია **ყურანისა** და ისლამური კანონის მიხედვით?

21. რას უწოდებს მუჰამედი მას, ვინც ალაჰს თანაზიარად უქმნის ვიღაცას ან რაღაცას?

22. მიუხედავად იმისა, რომ ყურანის მიხედვით, იუდაიზმი და ქრისტიანობა (**წიგნის ხალხი**) თავდაპირველად მონოთეისტური იყო, შემდეგ ეს შეიცვალა. აღნიშნეთ

128

ოთხი რამ, რის გამოც მუსლიმანები ახლა გმობენ იუდეველებსა და ქრისტიანებს:

1)

2)

3)

4)

23. რას ვკითხულობთ დადებითს იუდეველებისა და ქრისტიანების შესახებ **ყურანში**?

24. მუსლიმანთა მიერ არამუსლიმანების წინააღმდეგ გამოთქმული რომელი ოთხი თეოლოგიური მტკიცება უდევს საფუძვლად ქრისტიანებისა და ებრაელების ასევე ოთხი გზით დევნას? ჩამოთვალეთ ოთხივე.

1)

2)

3)

4)

25. როგორ არის დახატული **ყურანში** ებრაელთა ურთიერთობა მუსლიმანებთან?

ებრაელები და ქრისტიანები მუსლიმანთა ყოველდღიურ ლოცვებში

26. რომელი სამი რამ აქცევს ყურანის პირველ თავს (რომელსაც ეწოდება ***ალ-ფატიჰა*** – „გამხსნელი“) უნიკალურად?

27. დურის თანახმად, ვინ არის ***ალ-ფატიჰაში*** მოხსენიებული გზაარეული ხალხი და ვინ არის ალაჰის მიერ შერისხული ხალხი?

შარიათის პრობლემები

28. რა არის *შარიათის* მიერ გამოწვეული პრობლემების მთავარი წყარო?

29. რა ეწოდება ერის კულტურის ცვლილების პროცესს, რომელიც მიმართულია იმისკენ, რომ ისლამის შესაბამისად გარდაქმნას იგი?

30. ჩამოწერეთ ექვსი პრობლემა, რომელსაც ავტორი
შარიათს მიაწერს:

1)

2)

3)

4)

5)

6)

ამინა ლავალის საქმე

31. ნიგერიაში 1999 წელს
განხორციელებულმა რომელმა
ცვლილებამ გამოიწვია ის, რომ **ამინა
ლავალს** მრუშობაში დასდეს ბრალი?

32. ვის მაგალითით ხელმძღვანელობდა შარიათის
მოსამართლე, როდესაც ამინა ლავალს ქვებით
ჩაქოლვის განაჩენის გამოუტანა?

33. რომელია ავტორის ექვსი კრიტიკული პუნქტი ისლამში მიღებული ქვებით ჩაქოლვის კანონის საწინააღმდეგოდ?

1)

2)

3)

4)

5)

6)

კანონიერი ტყუილი

34. რომელ რამდენიმე გარემოებას ჩამოთვლის ავტორი იმის საილუსტრაციოდ, რომ მუსლიმანებს შეუძლიათ იცრუონ?

35. რას ნიშნავს ***taqiyya*** ?

36. ავტორის აზრით, რა არის ჩვეული ტყუილის მიერ მოტანილი ეთიკური ზიანი?

თავად დაფიქრდით

37. რა ეყრდნობა მუსლიმანთა უმეტესობა სახელმძღვანელოდ რწმენის საკითხებში?

38. რის გაკეთებისკენ მოგვიწოდებს დური ახლა, როცა ისლამის პირველწყაროები ხელმისაწვდომია ჩვენთვის ინტერნეტის თანამედროვე ეპოქაში?

ისა – ისლამის წინასწარმეტყველი

39. რომელი მნიშვნელოვანი არჩევანის წინაშე დგანან ადამიანები?

40. რომელი სახელია უფრო მეტჯერ ნახსენები **ყურანში**: მუჰამედის თუ ისასი (იესოსი)?

41. ისლამის თანახმად, რის გაუქმება გამოიწვია მუჰამედმა?

42. **ყურანის** თანახმად, რა იყო ***ინჯილი***?

43. **ჰადისების** მიხედვით, რას მოიმოქმედებს ***ისა***, როცა დაბრუნდება?

ნამდვილი იესო ნაზარეველის კვალდაკვალ სვლა

44. რას ასწავლიან მუსლიმანებს იესოს კვალზე სვლასთან დაკავშირებით?

45. რას ფარავს ეს მუსლიმანთაგან??

46. როგორ შეგვიძლია სარწმუნო ინფორმაცია მივიღოთ ნამდვილი იესო ნაზარეველის შესახებ?

47. რა მნიშვნელოვანი განსხვავებაა **ყურანის ისასა** და სახარებათა იესოს შორის?

4

მუჰამედი და უარყოფა

„გიყვარდეთ თქვენი მტრები და სიკეთე უყავით თქვენს მოძულეებს“.

ლუკა 6:27

გაკვეთილის მიზნები

ა. შევაფასოთ მუჰამედის არაბეთში ცხოვრების მტკივნეული პირველი 40 წელი.

ბ. გავიგოთ ის, რომ მუჰამედისათვის დამახასიათებელი საკუთარი თავის უარყოფა და საკუთარ თავში დაურწმუნებლობა განუყოფელი ნაწილი იყო მექაში ისლამის დაარსებისა.

გ. ჩავწვდეთ იმას, თუ როგორ იქნა გამოყენებული მექაში მიღებული „გამოცხადებანი“ მუჰამედის სწავლების ნამდვილობის დასამტკიცებლად მექელთა დაცივნისა და დევნის პირისპირ.

დ. შევაფასოთ მუჰამედის მექური ცხოვრების საკვანძო ფიგურები: მისი თავგამოდებული მომხრეები და მისი გამძვინვარებული მტრები.

ე. გავიგოთ, მუჰამედის თავდაპირველი კონცეფცია „ფიტნა“, ანუ დევნა თუ განსაცდელი, როგორ იქცა ომის შესახებ ძალადობრივ დოქტრინად, დაწყებული გვიანდელი მექური პერიოდიდან და გაგრძელებული მისი მედინაში ყოფნის წლების განმავლობაში.

ვ. გავაცნობიეროთ, როგორ ჩამოაყალიბა შურისძიებისა და სამაგიეროდ გადახდის მუჰამედისეულმა სურვილმა მისი თეოლოგია და დამოკიდებულება „ურწმუნოთადმი“ (განსაკუთრებით, ებრაელებისადმი).

ზ. მივხვდეთ იმას, თუ როგორ იქცა უარყოფისადმი მიმართული მუჰამედის საპასუხო რეაქციები საყოველთაო მსხვერპლის როლის გრძნობად და აგრესიად ისლამში.

თ. გავიგოთ, როგორ მეორდება მუჰამედის ცუდი მახასიათებლები დღეს მცხოვრებ მუსლიმანთა ცხოვრებაში *შარიათის* გავლენის გამო.

ი. შევაფასოთ მათი საჭიროებანი, ვინც ტოვებენ ისლამს, რათა გაწყვიტონ კავშირი მუჰამედის ხასიათსა და მაგალითთან.

სასწავლო მაგალითი: რას გააკეთებდით?

თქვენი პროფესია მოითხოვს იმას, რომ შესაბამის სემინარებს დაესწროთ კვალიფიკაციის ამაღლების მიზნით. ერთ-ერთი სემინარის დროს თქვენ მოგახვედრეს სამუშაო ჯგუფში, სადაც ერთი მართლმორწმუნე მუსლიმანია, ერთი ცინიკოსი ათეისტი, ერთი ნომინალური კათოლიკე და თქვენ. ამ ჯგუფთან ერთად მუშაობა ხანდახან ერთად სადილობასაც გულისხმობს. ერთ-ერთი სადილისას გამართულ საუბარში მუსლმანი ბატონი გადაწყვეტს, რომ ჩამოთვალოს საუკუნეების განმავლობაში ქრისტიანთა მიერ მუსლიმანების წინააღმდეგ განხორციელებული ძალადობრივი ქმედებანი, მათ შორის, ის ბოროტებაც, რასაც მუსლიმან ერებს უკეთებენ დღეს. ის მიიჩნევს: „მუსლიმანები ჩაგრული მსხვერპლნი არიან, ხოლო ქრისტიანები - აგრესორები“. ათეისტი უერთდება მუსლიმანს და ისიც აკრიტიკებს ჯვაროსნების მიერ წარმოებულ სისხლიან „წმინდა ომებს“. კათოლიკე კოლეგა წითლდება და დახმარების მთხოვნელი მზერით გიყურებთ.

რას ეტყოდით მუსლიმანსა და ათეისტს, რომლებიც ასევე თქვენ გიყურებენ ახლა?

მუჰამედი ისლამის ფესვი და სხეულია. წინამდებარე გაკვეთილში მიმოხილულია მუჰამედის ცხოვრების ზოგიერთი მტკივნეული გამოცდილება და ის ზიანის მომტანი გზა, რომლის მეშვეობითაც პასუხობდა იგი თავის ცხოვრებაში არსებულ სირთულეებს. პირველ ნაწილში ვისაუბრებთ მის რთულ ოჯახურ გარემო-პირობებსა და მექაში გამოცდილ სხვა პრობლემებზე.

ოჯახური საწყისები

მუჰამედი დაიბადა დაახლოებით, ახ. წ. აღ-ის 570, მექაში მცხოვრებ არაბულ ტომში, ყურეიშში. მამამისი, აბდულა იბნ აბდ ალ-მუტალიბი მუჰამედის დაბადებამდე გარდაიცვალა. მუჰამედი სხვა ოჯახში გააშვილეს, რათა იქ ეზრუნათ მასზე ბავშვობის ადრეულ წლებში. ექვსი წლისას დედაც გარდაეცვალა და ცოტა ხნით მისი აღზრდა თავის თავზე მუჰამედის გავლენიანმა პაპამ იკისრა, თუმცა ისიც მალე გარდაიცვალა, როცა მუჰამედი რვა წლის გახლდათ. ამის შემდეგ მუჰამედი ბიძასთან, აბუ ტალიბთან საცხოვრებლად წავიდა, სადაც მას ბიძის აქლემებისა და ცხვრის მოვლა-პატრონობის დამამცირებელი საქმე ჩააბარეს. მოგვიანებით ის ამტკიცებდა, რომ ყველა წინასწარმეტყველი მწყემსავდა ცხვარს, რაც მის უბრალო წარმოშობას განსაკუთრებულად და გამორჩეულად აქცევდა.

მიუხედავად იმისა, რომ მუჰამედის სხვა ბიძები მდიდრები იყვნენ, როგორც ჩანს, ისინი არაფერს აკეთებდნენ მის დასახმარებლად. ყურანში გამოთქმულია ზიზღი ერთი ბიძის, რომელსაც აბუ ლაჰაბს ანუ „ცეცხლის ალის მამა“ ეწოდება ზედმეტსახელად; ნათქვამია, რომ ის ჯოჯოხეთში დაიწვებოდა მუჰამედის მიმართ თავისი ზიზღის გამო:

> „მოწყდეს ხელები აბუ ლაჰაბს და თვითაც მოწყდეს,
> ვერა არგოს რა ქონებამ თვისმა და ვერც იმან, რაც მოუხვეჭია,

დაიწვას მალე ცეცხლში ალმოდებულში,
მისი ცოლი კი იყოს შეშის ზეჯითად მზიდი.
და ყელზე ოდენ პალმის ბოჭკოთა თოკი ეკიდოს." (სურა 111).

ქორწინება და ოჯახი

ოცდახუთი წლის ახალგაზრდა მუჰამედი მდიდარი ქალისთვის, ხადიჯასთვის მუშაობდა. ქალმა საკუთარი ხელი შესთავაზა. ის მუჰამედზე უფროსი გახლდათ. იბნ კასირის გადმოცემის მიხედვით, ხადიჯა შიშობდა, რომ მამამისი არ დაუშვებდა ამ ქორწინებას და ამიტომაც აიძულა წყვილი დაექორწინებინა მაშინ, როცა მთვრალი იყო. გამოფხიზლებული ხადიჯას მამა განრისხდა, როცა მომხდარის შესახებ შეიტყო.

არაბულ კულტურაში მამაკაცს გამოსასყიდი უნდა გადაეხადა ქალისთვის, რის შემდეგაც ცოლი მის საკუთრებად მიიჩნეოდა. ქმარი თუ მოკვდებოდა, ქალი მისი ქონების ნაწილი ხდებოდა და გარდაცვლილი ქმრის მამრობითი სქესის მემკვიდრეს მასზე დაქორწინება შეეძლო, თუკი ქალიც მოისურვებდა. ჩვეულებრივი სიტუაციისგან განსხვავებით, ხადიჯა ძალაუფლების მქონე და მდიდარი ქალი იყო (მუჰამედის ბიოგრაფი იბნ ისჰაკი მას „მდიდარ და ღირსეულ ქალს" უწოდებდა), მუჰამედი კი - ღარიბი და დიდი სამომავლო პერსპექტივა არ ჰქონდა. ხადიჯა ორჯერ იყო გათხოვილი მანამდე. განსხვავება იმ დროს არაბებში გავრცელებულ ქორწინების ჩვეულ გაგებასა და მუჰამედისა და ხადიჯას შორის არსებულ შეთანხმებას შორის - გამაოგნებელია.

ხადიჯას და მუჰამედს ექვსი (ზოგი ჩანაწერის მიხედვით, შვიდი) შვილი ჰყავდათ. მათგან მუჰამედის სამი (ოთხი) ვაჟი, მაგრამ ისინი ადრეულ ასაკში გარდაიცვალნენ და მუჰამედს მამრობითი სქესის მემკვიდრე არ დარჩენია.

139

უდავოა, რომ ეს იმედგაცრუების კიდევ ერთი წყარო იყო მუჰამედისათვის ოჯახური ცხოვრების გამოცდილებაში, რასაც ბავშვობის მტკივნეული გამოცდილებაც ემატებოდა.

დასასრულ, მუჰამედის ოჯახურ გარემოებათა შორის რამდენიმე შესაძლო მტკივნეული მახასიათებელი გამოვყოთ, მათ შორის, დაობლება და პაპის დაკარგვა, ღარიბ და სხვაზე დამოკიდებულ ნათესავად ქცევა, მთვრალი სიმამრის მიერ მისი და ხადიჯას შეურაცხყოფა, შვილების გარდაცვალება და მტრულად განწყობილ, გავლენიან ნათესავთა სამიზნედ გადაქცევა. მის ცხოვრებაში არსებული იმედგაცრუებისა და ხალხის მხრიდან უარყოფის ამ მოდელიდან საოცარი გამონაკლისები იყო ბიძის, აბუ ტალიბის მიერ გამოჩენილი ზრუნვა და ხადიჯას მიერ მისი ქმრად არჩევა, რამაც ის სიღარიბისაგან იხსნა.

ახალი რელიგიის ჩამოყალიბება (მექა)

მუჰამედის ოჯახური გარემოებანი ყოველთვის ძნელბედობით ხასიათდებოდა და ახალი რელიგიის შემდეგაც არ შეცვლილა ეს.

მუჰამედი, დაახლოებით, ორმოცი წლის იყო, როცა მის ცხოვრებაში დაიწყო სულის გამოცხადებანი. მოგვიანებით, მან თქვა, რომ ეს სული ანგელოზი ჯიბრაელი გახლდათ. თავდაპირველად, მუჰამედი უკიდურესად შეშფოთებული იყო ანგელოზის გამოცხადებათა გამო და ფიქრობდა, შეპყრობილი ხომ არ იყო. ის თავის მოკვლასაც კი განიზრახავდა: „ავალ მთის წვერზე და თავს გადმოვიგდე, ართა თავი მოვიკლა და მოსვენება ვპოვო“. ცოლმა, ხადიჯამ ანუგეშა იგი ამ დიდი მოუსვენრობის ჟამს და თავის ქრისტიან ბიძაშვილთან, ვარაკასთან, რომელმაც გამოაცხადა, რომ მუჰამედი წინასწარმეტყველი იყო და არა გიჟი.

მოგვიანებით, როცა გამოცხადებანი დროებით შეწყდა, მუჰამედს კვლავ ეწვია ფიქრები თვითმკვლელობის შესახებ, მაგრამ ყოველ ჯერზე, როცა მთიდან თავის გადმოგდებას დააპირებდა, ჯიბრაელი ეცხადებოდა და არწმუნებდა: „ახალი რელიგია, მუჰამედ! შენ ნამდვილად ალაჰის მაცნე ხარ ჭეშმარიტებაში!"

ჩანს, მუჰამედს ეშინოდა, რომ თაღლითად არ გამოეცხადებინათ და არ უარეყოთ, რადგან ერთ-ერთ ადრეულ სურაში ალაჰი არწმუნებს მუჰამედს, რომ ის არ მიატოვებს და არ უარყოფს მას (სურა 93).

თავიდან მუსლიმანური თემი ნელ-ნელა იზრდებოდა. ხადიჯა პირველი გახლდათ, ვინც ისლამზე მოექცა. შემდეგი იყო მუჰამედის ახალგაზრდა ბიძაშვილი ალი იბნ აბუ ტალიბი, რომელიც მუჰამედის სახლში გაიზარდა. მათ სხვებიც მოჰყვნენ, ძირითადად, ღარიბები, მონები ან გათავისუფლებული მონები.

მუჰამედის საკუთარი ტომი

თავდაპირველად, ახალ რელიგიას საიდუმლოდ ინახავდნენ მისი მიმდევრები, მაგრამ სამი წლის შემდეგ ალაჰმა უთხრა მუჰამედს, რომ საჯაროდ გამოეცხადებინა იგი. მან ოჯახური თავყრილობა მოაწყო და ნათესავებს ისლამის მიღებისკენ მოუწოდა.

თავიდან, მექაში მცხოვრები მუჰამედის ტომის, ყურეიშის წამომადგენლებს სურდათ მისი მოსმენა, მაგრამ მხოლოდ მანამდე, სანამ მუჰამედი მათ ღმერთებს დაუპირისპირდებოდა. ამის შემდეგ მუსლიმანები იქცნენ, როგორც იბნ ისჰაკი უწოდებდა, „მოძულებულ უმცირესობად". დაძაბულობა იზრდებოდა და ბოლოს, ორივე მხარე ერთმანეთთან ბრძოლაში ჩაება.

წინააღმდეგობის მატებასთან ერთად მუჰამედს თავისი ბიძა, აბუ ტალიბი იცავდა. მექაში მცხოვრებნი მიდიოდნენ მასთან და ეუბნებოდნენ: „ო, აბუ ტალიბ, შენმა ძმიშვილმა დასწყევლა ჩვენი ღმერთები, შეურაცხყო ჩვენი რელიგია, დასცინა ჩვენი ცხოვების ადათს... ან შეაჩერე იგი, ან ნება მოგვეცი, რომ თავად შევიპყროთ...“ აბუ ტალიბი რბილად პასუხობდა და ისინიც თავს ანებებდნენ მას.

ურწმუნო არაბებმა ეკონომიკური და სოციალური ბოიკოტი გამოუცხადეს მუჰამედის საგვარეულოს; აკრძალეს მათთან ვაჭრობა და შერეული ქორწინებანი. სიღარიბის გამო მუსლიმანები დაუცველნი იყვნენ. იბნ ისჰაკი მოკლედ აჯამებს ყურეიშელთა ტომის წარმომადგენელთა მოპყრობას მუსლიმანთა მიმართ:

> „შემდეგ ყურეიშელებმა გამოიჩინეს მტრობა ყველას მიმართ, ვინც მოციქულს მიჰყვებოდა; ყოველი საგვარეულო, სადაც მუსლიმანები იყვნენ, თავს ესხმოდა მათ [მუსლიმანებს]; ატყვევებდნენ და სცემდნენ მათ, არ აძლევდნენ საკვებსა და სასმელს და მექას მწველ სიცხეში ტოვებდნენ, რათა მათ უარი ეთქვათ საკუთარ რელიგიაზე. ერთნი ვერ უძლებდნენ დევნის ზეწოლას, მეორენი კი წინააღმდეგობას უწევდნენ, ღვთის მიერ დაცულნი“.[7]

თავად მუჰამედი არ გაურბოდა საშიშროებასა და შეურაცხყოფას: მას ტალახსა და ცხოველების ნაწლავებსაც კი ესროდნენ, როცა ლოცულობდა.

დევნა გრძელდებოდა და ამიტომაც 83 მუსლიმანი მამაკაცი ოჯახებითურთ ქრისტიანულ აბისინიაში წავიდნენ თავშესაფრის საპოვნელად, სადაც პოვეს მათ დაცვა.

7. A. Guillaume, *The Life of Muhammad*, p. 143.

მომდევნო ნაწილებში ვისაუბრებთ იმის შესახებ, თუ როგორ მოიქცა მუჰამედი მექაში მცხოვრები თავისი ხალხის მიერ უარყოფის საპასუხოდ.

საკუთარ თავში დაურწმუნებლობა და თვითდამკვიდრების მცდელობანი

რაღაც მომენტში, ყურეიშელთა ზეწოლის გამო, მუჰამედს რწმენა შეერყა ერთი ღმერთის მიმართ. მათ მუჰამედს შესთავაზეს, რომ ალაჰს თაყვანს სცემდნენ, თუკი მუჰამედიც ეთაყვანებოდა მათ ღმერთებს. მუჰამედმა უკუაგდო მათი შეთავაზება და გამოაცხადა ეს სიტყვები (სურა 109:6): „თქვენ თქვენი რელიგია, მე ჩემი რელიგია!“

მიუხედავად ამისა, ჩანს, ის ყოყმანობდა, რადგან ალ-ტაბარის გადმოგვცემს, რომ 53-ე სურის მიღებისას, მუჰამედს „განეცხადა“ ის, რაც „სატანური აიების“ სახელითაა ცნობილი. ეს აიები შეეხება მექის ქალღმერთების, ალ-ლათის, ალ-უზას და მანათს: „ესენი არიან ამაღლებული gharaniq (ყანჩები), რომელთა შუამავლობაც მოწონებულია“.

ამ სიტყვების გაგონებისას წარმართი ყურეიშელები აღფრთოვანებულნი დარჩნენ და მუსლიმანებთან ერთად იწყეს თაყვანისცემა, თუმცაღა ანგელოზმა ჯიბრაელმა გაკიცხა მუჰამედი. მანაც განაცხადა, რომ ეს აიები გაუქმებული იყო, რადგან ისინი სატანის მიერ იყო ნაკარნახევი. მას შემდეგ, რაც მუჰამედმა ამ აიების გაუქმების შესახებ გამოაცხადა, ამან ყურეიშელთა კიდევ უფრო მეტი სიძულვილი გამოიწვია. ისინი კიდევ უფრო მეტად მტრულად განეწყვნენ მუჰამედისა და მისი მიმდევრების მიმართ.

შემდგომ ამისა, მუჰამედმა გამოაცხადა აია, რომლის მეშვეობითაც ამტკიცებდა, რომ სატანამ მის წინამორბედ წინასწარმეტყველთა გზიდან გადაცდენაც შეძლო (სურა 22:52). აქ კიდევ ერთხელ ვხედავთ იმას, თუ როგორ იყენებს

მუჰამედი სირცხვილის გამომწვევ შესაძლო მიზეზს და მას გამორჩეულობის ნიშნად აქცევს.

მუჰამედს დასცინოდნენ და ბრალს სდებდნენ თაღლითობაში, რაც მას გულს ძალიან სტკენდა. ამ ყოველივეს საპასუხოდ მუჰამედმა გამოაცხადა, რომ ალაჰისგან მიიღო აიები, რომლებიც განამტკიცებდა მის ავტორიტეტს და აქებდა მის გამორჩეულ ხასიათს. ყურანში ნათქვამია, რომ მუჰამედი არ ცდებოდა, ის ერთგული კაცი გახლდათ (სურა 53:1-3; სურა 68:1-4).

ჰადისებში გადმოცემული სხვადასხვა ტრადიცია გვაუწყებს, რომ მუჰამედმა ირწმუნა თავისი რასის, ტომის, საგვარეულოსა და წარმომავლობის უპირატესობა. იმ მტკიცებათა საპასუხოდ, თითქოსდა ის უკანონოდ შობილი იყო, მუჰამედმა თქვა, რომ მის წინაპართაგან ყველა კანონიერ ქორწინებაში იყო დაბადებული (არცერთი არ იყო დაბადებული უკანონოდ) თვით ადამიდან მოყოლებული. იბნ კასირის მიერ გადმოცემულ ჰადისში ვკითხულობთ, რომ მუჰამედმა გამოაცხადა, თოთქოს ის საუკეთესო ერის (არაბების) საუკეთესო საგვარეულოს (ჰაშიმიდების) წარმომადგენელი საუკეთესო მამაკაცი იყო: „მე საუკეთესო ვარ თქვენ შორის სულით და საუკეთესო ვარ წარმომავლობით... მე ვარ რჩეული რჩეულთა შორის და ამიტომაც, ვისაც უყვარს არაბები, ჩემი სიყვარულის გამო უყვარს ისინი“.

მუჰამედის მიერ მექაში გატარებული ცამეტი წლის შემდეგ გაჩნდა ყურანის თემებს შორის თემები წარმატების ისლამური ცნებისა და ასევე, გამარჯვებულთა და წაგებულთა ენის შესახებ. მაგალითად, ყურანი ხშირად იხსენიებს მოსესა და ეგვიპტელ კერპთაყვანისმცემლებს შორის არსებულ უთანხმოებას და ამით აღწერს შედეგებს გამარჯვებულთა და წაგებულთა თვალთახედვით (მაგალითად, სურა 20:64, 68; სურა 26:40-44). მუჰამედმა ასევე

დაიწყო წარმატების ტერმინოლოგიის გამოყენება მასა და თავის მოწინააღმდეგეებს შორის ბრძოლასთან მიმართებით და განაცხადა, რომ ალაჰის გამოცხადებათა უარმყოფელნი წაგებულნი იქნებოდნენ (სურა 10:95).

უფრო მეტი უარყოფა და ახალი მოკავშირენი

მექაში საქმეები კარგად არ იყო გარკვეული ხნის განმავლობაში, როცა მუჰამედმა ერთ წელიწადს დაკარგა ცოლიც, ხადიჯა და ბიძაც, აბუ ტალიბი. ეს მძიმე დარტყმები იყო მისთვის. მათი მხარდაჭრისა და დაცვის გარეშე დარჩენილი მუჰამედის მიმართ ყურეიშელებს გამბედაობა მოემატათ და უფრო მტრულად განეწყვნენ როგორც მუჰამედის, ისე მისი რელიგიის მიმართ.

არაბთა საზოგადოება კავშირებსა და კლიენტურ ურთიერთობებს ეფუძნებოდა. უსაფრთხოებისათვის ადამიანს თავისზე უფრო ძლიერი და გავლენიანი პიროვნების მფარველობა უნდა ეძია. მუჰამედისა და მისი მიმდევრებისათვის საფრთხე უფრო და უფრო იზრდებოდა. მუჰამედი თავისივე ტომმა უარყო და ამიტომაც ის მექას ახლოს მდებარე ქალაქ ტაიფში წავიდა, რათა იქ ეძია სხვა მფარველები. ტაიფში ბრბომ ის მასხრად აიგოდ, დასცინა და განდევნა.

ტაიფიდან მომავალ გზაზე, ისლამური ტრადიციის თანახმად, ჯინების (დემონების) ჯგუფმა გაიგონა, როგორ ამბობდა მუჰამედი ყურანის აიებს შუაღამის ლოცვისას. ამან მათზე ისეთი დიდი შთაბეჭდილება მოახდინა, რომ მათ მაშინვე მიიღეს ისლამი. შემდეგ მუსლიმანი დემონები წავიდნენ, რათა სხვა ჯინებისთვისაც ექადაგათ ისლამი. ეს შემთხვევა ორჯერ არის ყურანში მოხსენიებული (სურა 46:29-32; სურა 72:1-15).

ეს შემთხვევა მნიშვნელოვანია ორი მიზეზის გამო: პირველი, შეესაბამება მუჰამედის მიერ თვითდამკვიდრების არსებულ

ნიმუშს: მას შეეძლო ემტკიცებინა ის, რომ მიუხედავად ტაიფის მცხოვრებთა მიერ მისი უარყოფისა, იყვნენ ჯინები, რომლებმაც აღიარეს იგი (მუჰამედი) ალაჰის ჭეშმარიტ მაცნედ, რასაც ამტკიცებდა კიდეც იგი.

მეორე, იდეამ იმის შესახებ, რომ ჯინები შეიძლება ღვთისმოშიში მუსლიმანები იყვნენ, ისლამში დემონურ სამეფოს გაუღო კარი. ეს შემთხვევა მუჰამედის ცხოვრებაში და მის მიერ მუსლიმანი ჯინების მოხსენიება მუსლიმანთათვის იქცა სულთა სამყაროსთან დაკავშირების მცდელობის გამართლებად. კიდევ ერთი მიზეზი მუსლიმანთა მიერ სულების სამყაროსთან კავშირის დამყარებისათვის გახლდათ ყურანსა და ჰადისებში იმის მოხსენიება, ყოველ ადამიანს ჰყავს თანამგზავრი სული (qarin – სურა 43:36; სურა 50:23, 27).

მექაში მუჰამედისათვის ხელსაყრელი ვითარება არ სუფევდა. მიუხედავად ამისა, მან მაინც მოახერხა ისეთი თემის მოძებნა, რომელიც მზად იყო მის დასაცავად. ესენი იყვნენ არაბები იათრიბიდან (რომელსაც მოგვიანებით ეწოდა მედინა). ეს გახლდათ ქალაქი, სადაც ბევრი იუდეველი ცხოვრობდა. მექაში ყოველწლიური ბაზრობის დროს მედინადან ჩამოსულმა ადამიანთა ჯგუფმა ერთგულება და მორჩილება შეჰფიცა მუჰამედს და დათანხმდნენ იმას, რომ ეცხოვრათ ერთღმერთიანობის შესახებ მისი უწყებისდა თანახმად.

ეს პირველი ფიცი არ მოიცავდა ბრძოლის შესახებ დაპირებას. მიუხედავად ამისა, მომდევნო წელს გამართულ ბაზრობაზე მედინელთა უფრო დიდმა ჯგუფმა დადო ფიცი მუჰამედის დაცვის შესახებ. ეს კი სწორედ ის იყო, რასაც მუჰამედი ეძიებდა. ამ მედინელებმა, რომლებიც ცნობილნი იყვნენ, როგორც „დამხმარეები“ (ანსარები), საკუთარ თავზე აიღეს წამოწყება „ომისა, მოციქულის სრულ მორჩილებაში“.

ამის შემდეგ გადაწყდა, რომ მექელი მუსლიმანები მედინაში გადავიდოდნენ საცხოვრებლად პოლიტიკური უსაფრთხო თავშესაფრის ჩამოსაყალიბებლად. მუჰამედი ბოლო იყო, ვინც მექადან გაიქცა შუაღამისას, უკანა ფანჯრის მეშვეობით. მედინაში მუჰამედმა შეძლო დაუბრკოლებლად ექადაგა თავისი უწყება და გარეგნულად ყველა მედინელი არაბი მოექცა ისლამისკენ პირველი წლის განმავლობაში. იმ დროისათვის მუჰამედი ორმოცდათორმეტს ცოტათი გადაცილებული იყო.

მექაში გატარებული წლების განმავლობაში მუჰამედი უარყვეს საკუთარმა ოჯახმა და ტომმა. რამდენიმე გამონაკლისის გარდა, მხოლოდ თავმდაბალმა ღარიბებმა ირწმუნეს მისი. დანარჩენები კი დასცინოდნენ, ამცირებდნენ, ემუქრებოდნენ და თავს ესხმოდნენ მას.

თავდაპირველად მუჰამედი საერთოდ არ იყო საკუთარ თავში დარწმუნებული და ეშინოდა იმის, რომ მისი წინასწარმეტყველური მოწოდების შეგრძნება უარყოფილი იქნებოდა. იყო ისეთი მომენტიც, როცა მან თითქოს ყურეიშელთა ღმერთები მიიღო, თუმცაღა, საბოლოოდ, მთელი წინააღმდეგობის მიუხედავად, მუჰამედი მიზანდასახული დაჟინებულობით ამოქმედდა და თავდადებულ მიმდევართა ჯგუფიც შეიძინა.

ნამდვილად მშვიდობიანად განწყობილი იყო მუჰამედი მექაში ყოფნისას?

ბევრი მწერალი ამტკიცებდა იმას, რომ მუჰამედის მიერ მექაში გატარებული ისლამის ქადაგების ათი წელი მშვიდობიანი იყო. გარკვეულწილად, ეს მართალიც იყო, თუმცაღა, მიუხედავად იმისა, რომ მექაში დაწერილ ყურანის თავებში ფიზიკური ძალადობა ნაბრძანები არ არის, უდავოა, რომ ის განზრახული გახლდათ. მუჰამედის ადრეული გამოცხადებანი თავზარდამცემი სიტყვებით გმობს, საშინელ

ტანჯვა-წამებას უცხადებს მომავალ ცხოვრებაში მათ, ვინც მის რელიგიას უარყოფენ.

მექაში ყოფნისას დაწერილი ყურანის მსჯავრმდებელი მუხლების ერთ-ერთი ფუნქცია იყო მუჰამედის სიმართლის დამტკიცება ყურეიშელ არაბთა უარყოფის საპირისპიროდ. მაგალითად, ყურანში ნათქვამია, რომ ის, ვინც მუსლიმანებს დასცინის, ამ ცხოვრებაშიც დაისჯებიან და მომდევნოშიც. ფუფუნებაში მყოფი, საკუთარ სავარძლებზე მსხდომი მორწმუნეები, ღვინის სმისას ზემოდან გადმოხედავენ ჯოჯოხეთის ცეცხლში დახრუკულ ურწმუნოებს და გაიცინებენ (სურა 83:29-36).

ეჭვგარეშეა, რომ ეს მსჯავრმდებელი უწყებანი კიდევ უფრო აღვივებდა მექაში დაწყებული უთანხმოების ცეცხლს. ურწმუნო კერპთაყვანისმცემლებს არ მოსწონდათ ის, რაც ესმოდათ.

მუჰამედი არა მხოლოდ საუკუნო მსჯავრდების შესახებ ქადაგებდა, არამედ, იბნ ისჰაკის ცნობის თანახმად, მუჰამედმა, მექაში ყოფნის ადრეულ პერიოდში პირველად განჭვრიტა თავისი განზრახვა ურწმუნო მექელთა დახოცვის შესახებ. მან უთხრა მათ: „მომისმენთ, ო, ყურეიშელნო? მისი მეშვეობით, ვისაც ხელთ უპყრია ჩემი სიცოცხლე, ხოცვა-ჟლეტა მომაქვს თქვენთვის“.

მოგვიანებით, მუჰამედის მედინაში გაქცევამდე, ყურეიშელთა ჯგუფი მივიდა მასთან და ბრალი დასდო იმაში, რომ ის მოკვლით ემუქრებოდა ყველა მის უარმყოფელს: „მუჰამედი ამტკიცებს, რომ... თუ მას არ გაჰყვებით, დაგხოცავენ და მკვდრეთით აღდგომის შემდეგ ჯოჯოხეთის ცეცხლში დაიწვებით“. მუჰამედმა აღიარა, რომ ეს სწორი იყო და თქვა: „მე ნამდვილად ვთქვი ეს“.

მექაში ხალხის მხრიდან უარყოფისა და დევნის გადატანის შემდეგ მუსლიმანთა თემმა, წინასწარმეტყველ მუჰამედის

წინამძღოლობით, გადაწყვიტა მოწინააღმდეგეებს შებრძოლებოდა.

მომდევნო ნაწილებში ვნახავთ, თუ როგორ მიმართა მუჰამედმა ძალადობას მათ წინააღმდეგ, ვინც უარყვეს ის და მისი უწყება.

დევნიდან მკვლელობამდე

არაბული სიტყვა „ფიტნა“ (განსაცდელი, დევნა, ცდუნება) არსებითად მნიშვნელოვანია იმის გასაგებად, თუ როგორ გარდაიქმნა მუჰამედი სამხედრო წინამძღოლად. ხსენებული სიტყვა მომდინარეობს სიტყვიდან „fatana“, რაც ნიშნავს „რაღაცისთვის ზურგის შექცევას, ცდუნებას, შეცდენას ან გამოცდას“. მისი ძირითადი მნიშვნელობაა ლითონის გამოცდა და გაწმენდა ცეცხლით. ფიტნა შეიძლება აღნიშნავდეს ცდუნებას ან განსაცდელს. ის გულისხმობს დარწმუნების როგორც დადებით, ისე უარყოფით საშუალებებს. ის შეიძლება მოიცავდეს ფინანსურ ან სხვა ფორმის წახალისებას ანდა წამების გამოყენებას.

ფიტნა იქცა ადრეული მუსლიმანური თემის ურწმუნოებთან ურთიერთობის საკვანძო კონცეფციად თეოლოგიურ ჭვრეტაში. მუჰამედის ბრალდება ყურეიშელთა წინააღმდეგ იყო ის, რომ ისინი ფიტნას იყენებდნენ (მათ შორის, შეურაცხყოფას, ცილისწამებას, წამებას, გაძევებას, ეკონომიკურ ზეწოლას და სხვა საშუალებებს) იმისათვის, რომ მუსლიმანები იძულებულნი გაეხადათ – დაეტოვებინათ ისლამი ან შეესუსტებინათ ისლამის მოთხოვნები.

ყურანის ყველაზე ადრეული აიებიდან, რომლებიც შეეხება ბრძოლას, ცხადია, რომ ბრძოლისა და მკვლელობის მიზანი ფიტნას აღმოფხვრა იყო:

„და ებრძოლეთ ალაჰის გზაზე მათ, რომლებიც გებრძვიან თქვენ,
მაგრამ ნუ გადახვალთ საზღვრებს, რადგან ალაჰს არ უყვარს თავგასულნი.
დახოცეთ ისინი, სადაც მიეწევით
და გამოყარეთ იქიდან, საიდანაც გამოგყარეს.
რამეთუ (დევნა) საცდური [ფიტნა] ბრძოლაზე (მოკვლაზე) უარესია. ....

და ებრძოლეთ მათ, ვიდრე აღმოიფხვრებოდეს (დევნა) საცდური [ფიტნა]
და დარჩებოდეს რწმენა ალაჰისა.
ხოლო თუკი ისინი შეეშვებიან (ბრძოლას ისლამის წინააღმდეგ და ურწმუნოებას),
მაშინ აღარ განაგრძოთ (არავის) მტრობა, გარდა უსამართლოთა".
(სურა 2:190-193)

იდეა იმის შესახებ, რომ მუსლიმანთა ფიტნა „ბრძოლაზე (მოკვლაზე) უარესი" იყო, დიდად მნიშვნელოვანი აღმოჩნდა. იგივე ფრაზა იქნა გამოცხადებული მას შემდეგ, რაც მექელთა ქარავანს დაესხნენ თავს (სურა 2:217) წმინდა თვეში (პერიოდი, რომლის დროსაც არაბთა ტომობრივი ტრადიციები კრძალავდა თავდასხმებს). ეს, სულ მცირე, იმას გულისხმობდა, რომ ურჯულოთა სისხლის დაღვრა ისეთი ცუდი არ არის, როგორც მუსლიმანთა გადაცდენა მათი რწმენიდან.

ამავე მონაკვეთის (მე-2 სურა) კიდევ ერთი დიდად მნიშვნელოვანი ფრაზაა: და ებრძოლეთ მათ, ვიდრე აღმოიფხვრებოდეს (დევნა) საცდური [ფიტნა]". ესეც მეორედ იქნა გამოცხადებული ბადრიში გამართული ბრძოლის შემდგომ, მედინაში ყოფნის მეორე წელს (სურა 8:39).

ფიტნასთან დაკავშირებულმა ამ ფრაზებმა (რომელთაგან თითოეული ორ-ორჯერ იქნა გამოცხადებული)

ჩამოაყალიბეს პრინციპი, რომლის მიხედვითაც ჯიჰადი გამართლებული იყო ნებისმიერი დაბრკოლების არსებობისას, რომელიც ხელს უშლიდა ადამიანების მოქცევას ისლამისკენ, ან მუსლიმანებს უბიძგებდა რწმენის დატოვებისკენ. რაოდენ სამწუხაროც არ უნდა ყოფილიყო სხვებთან ბრძოლა და მათი დახოცვა, ისლამის დაკნინება თუ მისთვის ხელის შეშლა უარესი გახლდათ.

მუსლიმანმა სწავლულებმა განავრცეს ფიტნას ცნება, რომელმაც საცდურთან (დევნასთან) ერთად უბრალო ურწმუნოებაც მოიცვა. ამრიგად, ხსენებული ფრაზა შეიძლება ასეც წარმოვადგინოთ: „ურწმუნოება ბრძოლაზე (მოკვლაზე) უარესია".

ამგვარად გაგებული ფრაზა – „ფიტნა ბრძოლაზე (მოკვლაზე) უარესია" – საყოველთაო ბრძანებად იქცა ყველა ურჯულოსთან შებრძოლებისა და მათი დახოცვისათვის, ვინც უარყოფდნენ მუჰამედის უწყებას, ამასთან, მნიშვნელობა არ ჰქონდა, ეს ადამიანები უშლიდნენ თუ არა ხელს მუსლიმანებს. ურწმუნოთათვის უბრალოდ „ურწმუნოების ჩადენა" (როგორც დიდი განმმარტებელი იბნ კასირი წერს) უფრო დიდი ბოროტება გახლდათ, ვიდრე მათი დახოცვა. ეს გახდა ურწმუნოების აღმოფხვრისკენ მიმართული ომისა და სხვა რელიგიებზე ისლამის გაბატონების გამართლების საფუძვლად (სურა 2:193; სურა 8:39).

„ჩვენ მსხვერპლნი ვართ!"

ყურანის ამ ნაწყვეტების მეშვეობით მუჰამედი ხაზს უსვამდა იმას, რომ მუსლიმანები მსხვერპლნი იყვნენ. ბრძოლისა და დაპყრობის გასამართლებლად ის ამტკიცებდა, რომ ურჯულო მტრები დამნაშავენი იყვნენ და იმსახურებდნენ თავდასხმას. მუსლიმანთა მსხვერპლის როლში ყოფნა ძალადობის გასამართლებლად იქნა გამოყენებული: რაც

უფრო სასტიკი იყო მუსლიმანთა მიერ საკუთარი მტრებისათვის მოვლენილი სასჯელი, მით უფრო აუცილებელი იყო მტრების დანაშაულის დაჟინებით მტკიცება. მას შემდეგ, რაც ალაჰმა გამოაცხადა, რომ მუსლიმანთა ტანჯვა „ბრძოლაზე (მოკვლაზე) უარესი იყო“, მუსლიმანთათვის სავალდებულო გახდა – საკუთარი მსხვერპლის როლი უფრო დიდ ბოროტებად შეერაცხათ, ვიდრე ის, რასაც ისინი მოაწევდნენ საკუთარ მტრებს.

ეს თეოლოგიური ფესვი, რომელიც ყურანსა და მუჰამედის სუნაშია გადგმული, განმარტავს იმას, თუ კვლავ და კვლავ რატომ ამტკიცებდა დაჟინებით ზოგიერთი მუსლიმანი, რომ თავად უფრო მეტად იყვნენ მსხვერპლნი, ვიდრე ისინი, ვისაც თავს ესხმოდნენ. სწორედ ასეთი მენტალიტეტი გამოავლინა აჰმად იბნ მუჰამედმა, რელიგიური პოლიტიკის ალჟირელმა პროფესორმა ალ-ჯაზირას ტელევიზიაში გამართული დებატებისას დოქტორ ვაფა სულთანთან. დოქტორმა სულთანმა მიუთითა, რომ მუსლიმანებს უდანაშაულო ადამიანები ჰყავდათ დახოცილი. დოქტორ სულთანის არგუმენტებით განრისხებული აჰმად იბნ მუჰამედი აყვირდა:

> „ჩვენ მსხვერპლნი ვართ!... მილიონობით უდანაშაულო ადამიანია ჩვენ შორის [მუსლიმანებს შორის] მაშინ, როცა თქვენ შორის უდანაშაულოთა რიცხვი... მხოლოდ ათეულებს, ასეულებს ან ყველაზე ბევრი, ათასეულებს უდრის...“

მსხვერპლის მენტალიტეტი დღესაც დიდად აზიანებს ბევრ მუსლიმან თემს და ასუსტებს თითოეული მათგანის უნარს იმისას, რომ აიღონ პასუხისმგებლობა საკუთარ ქმედებებზე.

სამაგიეროს მიგება

მედინაში მუჰამედის სამხედრო ძალის თანდათანობით ზრდისა და გამარჯვებათა მოპოვების კვალდაკვალ

დამარცხებული მტრისადმი მისმა მოპყრობამ ბევრი რამ გამოამჟღავნა იმის შესახებ, თუ რა ამოძრავებდა მას ბრძოლისას. მრავლისმეტყველი იყო მუჰამედის მოპყრობა უკბასადმი, რომელმაც მას ადრე აქლემის განავალი და ნაწლავები ესროლა. უკბა ბადრის ბრძოლაში შეიპყრეს. ის დანდობას ევედრებოდა მუჰამედს და ეუბნებოდა: „ვინ მიხედავს ჩემს შვილებს, ო, მუჰამედ?“ პასუხი ასეთი იყო: „ჯოჯოხეთი!“ შემდეგ კი მუჰამედმა უკბას მოკვლა ბრძანა. ბადრისთან ბრძოლის შემდეგ ბრძოლაში დახოცილ მექელთა გვამები ორმოში ჩაყარეს. შუაღამისას მუჰამედი ორმოსთან მივიდა, რათა მკვდართათვის დაეცინა.

ამგვარი შემთხვევები გვიჩვენებს, რომ მუჰამედი მხოლოდ თავის დამკვიდრებას და სახელის განმტკიცებას ცდილობდა, რათა შური ეძია მათზე, ვინც იგი უარყო. მას დაჟინებით სურდა, რომ ბოლო სიტყვა მისი ყოფილიყო, თუნდაც მკვდართა მიმართ.

მუჰამედის უარმყოფელნი მოსაკლავად გამზადებულ ადამიანთა სიის დასაწყისში იყვნენ ჩაწერილნი. მექას დაპყრობის შემდეგ მუჰამედმა არ დაუშვა მკვლელობანი, თუმცა მას იმ ადამიანთა მოკლე ჩამონათვალი ჰქონდა, რომელი ადამიანებიც სიცოცხლეს უნდა გამოსალმებოდნენ. ეს ჩამონათვალი მოიცავდა სამ განდგომილს: ქალსა და მამაკაცს, რომლებმაც შეურაცხყვეს მუჰამედი მექაში ყოფნისას და ორ მონა გოგონას, რომლებიც სატირულ სიმღერებს მღეროდნენ მის შესახებ.

დასახოცად გამზადებულ ადამიანთა სია ასახავს ხალხის მხრიდან უარყოფით გამოწვეულ მუჰამედის ზიზღს. განდგომილთა არსებობა ფიტნას ნაირსახეობა გახლდათ, რამეთუ სანამ ისინი ცოცხლობდნენ, ისინი იყვნენ მოწმობა იმისა, რომ შესაძლებელი იყო ისლამის დატოვება; მუჰამედის დამცინავნი და შეურაცხმყოფელნი კი

სახიფათონი იყვნენ, რადგან მათ ჰქონდათ ძალაუფლება სხვების რწმენისთვის საფუძვლის გამოსაცლელად.

შედეგები არამუსლიმანთათვის

არამუსლიმანთა უარყოფის ფესვი ისლამურ კანონში სათავეს იღებს მუჰამედის ემოციური მსოფლმხედველობიდან და უარყოფაზე მისივე საპასუხო რეაქციიდან.

თავდაპირველად, მუჰამედი ყურადღებას თავისი თანატომელების, წარმართი არაბებისადმი მტრობაზე ამახვილებდა. შეგვიძლია თვალი მივადევნოთ წარმართი არაბების მიმართ მუჰამედის დამოკიდებულების ტენდენციას: მათ მიერ მუსლიმანთათვის მოწყობილ განსაცდელთა მიერ გამოწვეული წყენის გრძნობა გამოყენებული იქნა იმ იდეის გასამართლებლად, თითქოს თავად ურწმუნოების არსებობა წარმოადგენს ფიტნას. იგივე ტენდენცია შეინიშნება წიგნის ხალხისადმი მუჰამედის დამოკიდებულებაში. ისინი, როგორც ისლამის უარმყოფელნი, სამუდამოდ დამნაშავეებად იქნენ მიჩნეულნი, რომლებიც ღირსნი იყვნენ, რომ მათზე ებატონათ და დაბლა მდგომებად შეერაცხათ.

მექის დაპყრობამდე მუჰამედს ხილვა ჰქონდა, სადაც ის მექაში მომლოცველად შევიდა. იმ დროისათვის ეს შეუძლებელი იყო, რადგან მუსლიმანები მექას მცხოვრებლებს ეომებოდნენ. ამ ხილვის შემდეგ მუჰამედმა ჰუდაიბიას შეთანხმება დადო, რამაც შესაძლებლობა მისცა მას – აღესრულებინა ეს მომლოცველობა. შეთანხმება ათი წლის ვადით იყო განსაზღვრული და მისი ერთ-ერთი პირობა გახლდათ ის, რომ მუჰამედი მექელებს ნებისმიერ ადამიანს დაუბრუნებდა, ვინც მასთან დამცველის ნებართვის გარეშე მივიდოდა. ეს გულისხმობდა მონებსა და

ქალებს. შეთანხმება ორივე მხარის წარმომადგენლებს აძლევდა იმის საშუალებას, რომ შეექმნათ გაერთიანებანი.

მუჰამედმა არ შეასრულა შეთანხმებით გათვალისწინებული საკუთარი ვალდებულება: როცა მექიდან ხალხი მივიდა მასთან ცოლებისა და მონების დასაბრუნებლად, მან უარი განაცხადა ლტოლვილთა დაბრუნებაზე და ამისათვის ალაჰის ავტორიტეტი მოიხმო. პირველი შემთხვევა იყო ქალი, უმ კულსუმი, ვისი ძმებიც მის წასაყვანად მივიდნენ მუჰამედთან. მან უარი განუცხადა მათ; როგორც იბნ ისჰაკი წერს: „ალაჰმა აკრძალა ეს“ (იხ. აგრეთვე სურა 60:10).

მე-60 სურა მიუთითებს მუსლიმანებს, რომ ურწმუნოებს არ დაუმეგობრდნენ. იქ ნათქვამია, რომ თუ რომელიმე მუსლიმანს საიდუმლოდ უყვარს მექელები, ეს ნიშნავს, რომ ისინი გზას ასცდნენ, რაკიღა ურწმუნოთა სურვილი მხოლოდ ისაა, რომ მუსლიმანებს რწმენა დააკარგვინონ. მთელი მე-60 სურა ეწინააღმდეგება ჰუდაიბიას შეთანხმების სულისკვეთებას, სადაც ეწერა: „ჩვენ არ გამოვიჩენთ მტრობას ერთმანეთის მიმართ და არ იქნება არავითარი საიდუმლო ეჭვი ან არაკეთილსინდისიერება“. მიუხედავად ამისა, მოგვიანებით, როდესაც მუსლიმანებმა შეუტიეს მექას და აიღეს იგი, მათ საკუთარი ქმედება გაამართლეს იმით, თითქოსდა შეთანხმება ყურეიშელებმა დაარღვიეს.

ამის შემდეგ ალაჰმა განაცხადა, რომ კერპთაყვანისმცემლებთან შეთანხმება აღარ უნდა დადებულიყო: „შეებრძოლეთ (დახოცეთ) წარმართებს, სადაც წააწყდებით“ (სურა 9:3, 5).

მოვლენათა ეს თანმიმდევრობა თვალსაჩინოს ხდის იმას, თუ რა გახდა ისლამის დამკვიდრებული შეხედულება იმასთან დაკავშირებით, რომ არამუსლიმანი მორწმუნეები ბუნებით შეთანხმების დამრღვევნი იყვნენ და არ შეეძლოთ აღთქმათა შესრულება (სურა 9:7-8). იმავდროულად, მუჰამედმა. ალაჰის მითითებით, მოითხოვა ურჯულოებთან

შეთანხმების გაწყვეტის უფლება. შეთანხმებათა დარღვევისას მუჰამედი თავისზე მაღლა მდგომის ავტორიტეტს მოუხმოდა და ამიტომაც, მისი მხრიდან შეთანხმებათა დარღვევა უმართლობად არ მიიჩნეოდა.

მუჰამედმა ურწმუნონი მიაკუთვნა ისეთ ადამიანთა კატეგორიას, რომლებიც მუსლიმანებს უბიძგებდნენ რწმენიდან გადახვევისკენ (ესე იგი, ისინი ფიტნას სჩადიოდნენ). სწორედ ამიტომ, მუჰამედის გამო შეუძლებელი გახდა ნორმალურ ურთიერთობათა ქონა არამუსლიმანებთან მანამ, სანამ ისინი ისლამს უარყოფდნენ.

მომდევნო ნაწილებში ვისაუბრებთ იმის შესახებ, თუ როგორ მოაქცია მუჰამედმა თავისი აგრესია და გაღიზიანება არაბეთში მცხოვრებ იუდეველთა მიმართ, რასაც ტრაგიკული შედეგები მოჰყვა. მარაბეთში მცხოვრები ებრაელებისადმი მუჰამედის ურთიერთქმედება აყალიბებს არამუსლიმანთა მიმართ ისლამის პოლიტიკის საფუძველს, მათ შორის, წიგნის ხალხისათვის განკუთვნილ დჰიმას აღთქმის სისტემას, რომელსაც შემდგომ გაკვეთილში მიმოვიხილავთ.

მუჰამედის ადრეული შეხედულებანი ებრაელებთან დაკავშირებით

თავდაპირველად, მუჰამედის მთავარი ინტერესი ებრაელთა მიმართ შეეხებოდა მის მტკიცებას იმის შესახებ, რომ იყო წინასწარმეტყველთა გრძელი ხაზიდან, რომელიც მრავალ ებრაელ წინასწარმეტყველს მოიცავდა. გვიანდელ მექურ და ადრეულ მედინურ პერიოდში ებრაელები ბევრჯერ არიან მოხსენიებულნი, როგორც წიგნის ხალხი. ამ დროის განმავლობაში დაწერილი ყურანის სურებში ხაზგასმულია ის, რომ თუმცაღა ზოგიერთი ებრაელი მორწმუნე იყო, ხოლო

ზოგიერთი – არა, მუჰამედის უწყება შეიძლება კურთხევად ქცეულიყო მათთვის (სურა 98:1-8).

მუჰამედი ქრისტიანებსაც შეხვდა და ეს შეხვედრები გამამხნევებელი იყო მისთვის. ხადიჯას ქრისტიანმა ბიძაშვილმა, ვარაკამ წინასწარმეტყველი უწოდა მუჰამედს. არსებობს ტრადიცია, რომლის თანახმადაც მუჰამედი, თავის მოგზაურობათა დროს, შეხვდა ბერს, ბაჰირას, რომელმაც იგი წინასწარმეტყველად გამოაცხადა. შესაძლოა, მუჰამედს იმედი ჰქონდა, რომ ებრაელები მასში ალაჰისგან მოვლინებულ „მკაფიო ნიშანს" დაინახავდნენ (სურა 98) და დადებითად გამოეხმაურებოდნენ მის უწყებას. მართლაც, მუჰამედი ამბობდა, რომ მისი სწავლება იგივე იყო რაც ებრაელთა რელიგია, მათ შორის, „ლოცვად დადგომა" და ზაქათის8 გადახდა (სურა 98:5). ის თავის მიმდევრებს იმასაც კი მიუთითებდა, რომ ელოცათ სახით al-Sham-ისკენ (სირია), რაც შეიძლება განიმარტოს, როგორც „სახით იერუსალიმისკენ", რაც ებრაელთა ჩვეულების გამეორება გახლდათ.

ისლამური ტრადიცია გადმოგვცემს, რომ მედინაში ჩასულმა მუჰამედმა აღთქმა დადო მუსლიმანებსა და ებრაელებს შორის. ეს აღთქმა სცნობდა ებრაულ რელიგიას – „ებრაელებს საკუთარი რელიგია აქვთ, ხოლო მუსლიმანებს – საკუთარი" და ებრაელებს მუჰამედის ერთგულებას უბრძანებდა.

წინააღმდეგობა მედინაში

მუჰამედმა თავისი უწყების გაცნობა დაიწყო მედინაში მცხოვრები ებრაელებისათვის, მაგრამ მოულოდნელ წინააღმდეგობას წააწყდა. ისლამური ტრადიცია ამას შურს მიაწერს. მუჰამედის ზოგიერთი გამოცხადება მოიცავდა მითითებებს ბიბლიიდან და უდავოა, რომ რაბინები ეჭვქვეშ

8. ზაქათი ისლამის ერთ-ერთი სვეტი ხუთიდან და ეს არის ყოველწლიური რელიგიური გადასახადი.

აყენებდნენ ამ მასალას და მუჰამედის განმარტებებში არსებულ ურთიერთწინააღმდეგობებზე მიუთითებდნენ.

ისლამის წინასწარმეტყველისათვის რაბინების შეკითხვები შემაწუხებელი იყო და დროდადრო მას ყურანს უგზავნიდნენ თავისი პასუხებითურთ. კვლავ და კვლავ, როცა მუჰამედს გამომწვევ კითხვას უსვამდნენ, ის ამ შემთხვევას საკუთარი სიმართლის დამტკიცებისა და თვითდამკვიდრების საშუალებად იყენებდა, როგორც ამას ყურანის მუხლებში ვხედავთ.

მუჰამედის ერთ-ერთი უმარტივესი სტრატეგია იყო მტკიცება იმისა, რომ ებრაელები მატყუარები იყვნენ და თავისთვის ხელსაყრელ მონაკვეთებს იშველიებდნენ, სხვებს კი მალავდნენ, რომლებიც მათთვის სასარგებლო არ იქნებოდა (სურა 36:76; სურა 2:77). ალაჰისგან მიღებული კიდევ ერთი პასუხი იყო ის, რომ ებრაელებმა მიზანმიმართულად გააყალბეს თავიანთი წმინდა წერილები (სურა 2:75).

რაბინების საუბრები მუჰამედთან ისლამურ ტადიციათა მიერ განმარტებულია არა როგორც ნამდვილი დიალოგი ანდა მუჰამედის მტკიცებათათვის გაცემული კეთილგონივრული პასუხები, არამედ როგორც ფიტნა, ანუ მცდელობა ისლამისა და მუსლიმანთა რწმენის განადგურებისა.

ურწმუნოთა მტრული თეოლოგია

ებრაელებთან საუბრები მუჰამედს იმედს უცრუებდა და მათდამი მტრობა უღვივებდა. მაშინ, როცა წარსულში ყურანის მუხლებში ნათქვამი იყო, რომ ზოგიერთი ებრაელი მორწმუნე იყო, მოგვიანებით, ყურანში გამოცხადებული იქნა, რომ ებრაელთა რასა წყეული გახლდათ და მხოლოდ რამდენიმე მათგანი იყო ჭეშმარიტი მორწმუნე (სურა 4:46).

ყურანი ამტკიცებდა, რომ წარსულში ზოგიერთი ებრაელი მაიმუნად და ღორად გადაიქცა საკუთარი ცოდვების გამო (სურა 2:65; სურა 5:60; სურა 7:166). ალაჰი მათ წინასწარმეტყველთა მკვლელებსაც უწოდებდა (სურა 4:155; სურა 5:70) ამბობდნენ, რომ ალაჰმა უარი თქვა აღთქმის დამრღვევ ებრაელებთან ურთიერთობაზე, გულები გაუსასტიკა მათ და ამიტომაც მუსლიმანებს ყოველთვის იმის მოლოდინი უნდა ჰქონოდათ, რომ ისინი მოღალატენი იქნებოდნენ (გარდა რამდენიმე გამონაკლისისა) (სურა 5:13). აღთქმის დამრღვევი ებრაელები გამოცხადდნენ „წაგებულებად", რომლებმაც მიატოვეს ჭეშმარიტი წინამძღოლობა (სურა 2:27).

მედინაში მუჰამედმა დაასკვნა, რომ ის იმისთვის იქნა წარმოგზავნილი, რომ ებრაელებისთვის შეცდომებზე მიეთითებინა (სურა 5:15). ადრეულ მედინურ პერიოდში მუჰამედის გამოცხადებანი მიანიშნებდა იმაზე, რომ იუდაიზმი სწორი და ნამდვილი იყო (სურა 2:62). მიუხედავად ამისა, ეს აია გაუქმებული იქნა სხვა აიით: სურა 3:85.

მუჰამედმა გამოიტანა დასკვნა იმის შესახებ, რომ მისმა მოსვლამ გააუქმა იუდაიზმი, რომ ისლამი იყო უკანასკნელი რელიგია და რომ ყურანი გახლდათ უკანასკნელი გამოცხადება. ყველა ვინც მის უწყებას უარყოფდა, „წაგებული" იქნებოდა (სურა 3:85). ებრაელთა და ქრისტიანთათვის მეტად აღარ იქნებოდა მისაღები საკუთარი ძველი რელიგიის დაცვა: მათ უნდა ეღიარებნათ მუჰამედი და თავად მუსლიმანები გამხდარიყვნენ.

ყურანის მუხლებში მუჰამედი სრულმასშტაბიანი თეოლოგიური შეტევა წამოიწყო იუდაიზმის წინააღმდეგ. ამას საფუძვლად დაედო მუჰამედის დიდი წყენა, რომელიც გამოწვეული იყო ებრაელთა მიერ მისი უწყების უარყოფით. ეს კიდევ ერთი თვითდამკვიდრებისა და საკუთარი

სიმართლის დამტკიცების საშუალება იყო მუჰამედისათვის, იმ შემთხვევების მსგავსად, რომლებსაც იგი მექაში მცხოვრებ კერპთაყვანისმცემელთა მიმართ იყენებდა. შემდეგ მუჰამედმა კიდევ უფრო შორს შეტოპა და აგრესიული საპასუხო ქმედებებიც გამოიყენა.

უარყოფა ძალადობად იქცევა

მედინაში მუჰამედმა წამოიწყო კამპანია ებრაელთა დაშინებისა და საბოლოოდ, მათი განადგურების მიზნით. ბადრის ბრძოლაში კერპთაყვანისმცემელთა დამარცხებით გათამამებული მუჰამედი კაინუკას ებრაულ ტომს ეწვია და ღმერთს შურისგებით დაემუქრა. შემდეგ კი საბაბიც იპოვა იმისათვის, რომ კაინუკას ებრაელთათვის ალყა შემოერტყა და მედინადან გაესახლებინა.

შემდეგ მუჰამედმა დაიწყო ებრაელთა მიზანმიმართული მკვლელობანი და თავის მიმდევრებს უბრძანა: „მოკალით ნებისმიერი ებრაელი, რომელიც ხელში ჩაგივარდებათ" ებრაელებს კი გამოუცხადა: „მიიღეთ ისლამი და უსაფრთხოდ იქნებით" (aslim taslam).

მუჰამედის აზროვნებაში მნიშვნელოვანი ცვლილება მოხდა: არამუსლიმანებს მხოლოდ იმ შემთხვევაში ექნებოდათ სიცოცხლისა და ქონების ფლობის უფლება, თუკი მხარს დაუჭერდნენ და პატივს მიაგებდნენ ისლამსა და მუსლიმანებს. ყოველივე სხვა იყო ფიტნა და საბაბი მათთან ბრძოლისათვის.

მუჰამედს ჯერ არ ჰქონდა მედინელ ებრაელებთან გამკლავების ამოცანა დასრულებული. ბანუ ნადირი მომდევნო იყო, ვინც მისი ყურადღების ცენტრში მოექცა. მან ნადირის მთელი ტომი დაადანაშაულა აღთქმის დარღვევაში, რის გამოც მუსლიმანებმა შეუტიეს მათ და ხანგრძლივი ალყის შემდგომ მათაც დაატოვებინეს მედინა. ებრაელთა ქონება მუსლიმანებს დარჩათ ალაფად.

ამის შემდეგ მუჰამედმა უკანასკნელი დარჩენილი ებრაული ტომი, ბანუ კურაიზა მოაქცია ალყაში ანგელოზ ჯიბრაელისგან მიღებული ბრძანების საფუძველზე.

ებრაელები უპირობოდ დანებდნენ, რის შემდეგაც ებრაელ მამაკაცებს თავები მოჰკვეთეს მედინას ბაზარში – სხვადასხვა ჩანაწერის თანახმად, 600-იდან 900-მდე მამაკაცს. ებრაელი ქალები და ბავშვები კი ნადავლივით გაუნაწილეს (მონებად) მუსლიმანებს.

მიუხედავად ამისა, მუჰამედს ჯერ არ დაესრულებინ არაბეთში მცხოვრებ ებრაელებთან საქმე. ებრაელთაგან მედინას გაწმენდის შემდეგ მუჰამედმა ხაიბარს შეუტია. შეტევამდე, იქ მცხოვრებ ებრაელებს შესთავაზეს არჩევანი: ან ისლამი მიეღოთ, ან დახოცილიყვნენ, თუმცაღა ქალაქის აღების შემდეგ მათ მესამე არჩევანის საშუალებაც მისცეს და ეს იყო პირობითი დანებება. სწორედ ასე გახდნენ ხაიბაში მცხოვრები ებრაელები პირველი დჰიმები (იხ. გაკვეთილი მე-6).

ამით ვასრულებთ საუბარს ებრაელების მიმართ მუჰამედის დამოკიდებულების შესახებ.

მნიშვნელოვანია, აღინიშნოს, რომ ვინაიდან ყურანს ერთნაირი დამოკიდებულება აქვს წიგნის ხალხის კატეგორიის წარმომადგენლების – ქრისტიანებისა და ებრაელების მიმართ, ყურანსა და მუჰამედის ცხოვრებაში აღწერილი მოპყრობა ებრაელებისადმი (როგორც წიგნის ხალხისადმი) იქცა ქრისტიანთა მიმართ მოპყრობის ნიმუშად საუკუნეების განმავლობაში.

მუჰამედის სამი საპასუხო რეაქცია უარყოფაზე

მუჰამედის წინასწარმეტყველური კარიერის ისტორიაში დავინახეთ, თუ რა მრავალმხრივი უარყოფა გამოცადა მან:

საკუთარი ოჯახის წევრებისგან, მექაში მცხოვრები საკუთარი თემისა და მედინას ებრაელებისაგან.

ისიც ვნახეთ, თუ რა მრავალგვარი იყო მისი საპასუხო რეაქციები უარყოფაზე. მანამდე მუჰამედი საკუთარ თავს უარყოფდა, რაც მოიცავდა ფიქრებს თვითმკვლელობის შესახებ, შიშს იმასთან დაკავშირებით, რომ შეპყრობილი იყო და სასოწარკვეთილებას.

ასევე დავინახეთ, რომ მას თვითმდამკვიდრებისა და საკუთარი სიმართლის დამტკიცების მცდელობებიც ახასიათებდა, რომლებიც თითქოს უარყოფის შიშთან დაპირისპირებისკენ იყო მიმართული.9 ეს მოიცავდა მტკიცებათ იმასთან დაკავშირებით, რომ ალაჰი ჯოჯოხეთში დასჯიდა თავის ყველა მტერს; განცხადებებს, რომლებიც შესაძლო უხერხულობისა და სირცხვილის დასაფარად იყო განკუთვნილი (მაგალითად, მტკიცება იმისა, რომ ყველა წინასწარმეტყველი, საკუთარი ცხოვრების რაღაც ეტაპზე, სატანის მიერ იყო გზიდან აცდენილი) და ალაჰის მიერ წარმოგზავნილი აიები, რომლებშიც ნათქვამი იყო, რომ მუჰამედის გამოცხადებათა მიმდევრები გამარჯვებულები იქნებოდნენ ამ ცხოვრებაშიც და მომდევნოშიც.

და ბოლოს, გაბატონდა აგრესიული საპასუხო რეაქციები. ამას შედეგად მოჰყვა ჯიჰადის დოქტრინა, რომელიც მიმართული იყო ფიტნას აღმოფხვრისკენ, რაც შესაძლებელი ხდებოდა არამუსლიმანთა წინააღმდეგ ბრძოლისა და მათი დაპყრობის მეშვეობით.

თავის საპასუხო რეაქციებში მუჰამედმა გამოიარა საკუთარი თავის უარყოფა, თვითდამკვიდრების მცდელობანი და ბოლოს, აგრესია. მუჰამედ-ობოლი მუჰამედ-

---

9. უარყოფისა და ამაზე საპასუხო რეაქციების შესახებ მსჯელობისათვის იხილეთ: Noel and Phyl Gibson, *Evicting Demonic Squatters and Breaking Bondages.*

დამაობლებლად იქცა. ადამიანი, რომელსაც ეჭვი ეპარებოდა საკუთარ თავში და რომელიც თვითმკვლელობაზე ფიქრობდა, რადგანაც შიშობდა, რომ დემონების აწამებდნენ, თავად იქცა უარმყოფელად, ვინც საკუთარ მრწამსს ძალადობის მეშვეობით ახვევდა თავს სხვებს, რათა განედევნა ყველა სხვა რწმენა და საბოლოოდ, ჩაენაცვლებინა ისინი.

მუჰამედის ემოციურ მსოფლმხედველობაში ურწმუნოთა დამარცხება და გადაგვარება „განკურნავდა“ მის მიმდევართა გრძნობებს და რისხვას დაუკმაყოფილებდა. ეს კურნება, „ისლამური მშვიდობა“, რომელიც ბრძოლის მეშვეობითაა მოპოვებული, აღწერილია ყურანში:

> „შეებრძოლეთ მათ! ალაჰი დასჯის და დაამცირებს თქვენი ხელით. გაგიმარჯვებთ მათზე და დაამშვიდებს მორწმუნე ხალხის გულებს“ (სურა 9:14-15).

თავდაპირველად, მუჰამედსა და მის მიმდევრებს ნამდვილად სდევნიდნენ მრავალღმერთიანი მექელები. შემდეგ მუჰამედმა ძალაუფლება იგდო ხელთ მედინაში ყოფნისას და თავისი წინასწარმეტყველების მიმართ ურწმუნოებაც კი მუსლიმანთა დევნად მიიჩნია; ამიტომ მან თავის მიმდევრებს მისცა უფლება, ძალადობა გამოეყენებინათ ურწმუნოთა და დამცინავთა წინააღმდეგ (იქნებოდნენ ესენი კერპთაყვანისმცემელნი, ქრისტიანები თუ ებრაელები), რათა დაედუმებინათ ისინი და შიშით დაემორჩილებინათ. მუჰამედმა ჩამოაყალიბა სამხედრო პროგრამა, რათა აღმოფხვრა თავისი პიროვნების, თავისი რელიგიისა და თავისი თემის უარყოფის ნებისმიერი ფორმა. მოგვიანებით, ის ამტკიცებდა, რომ ამ პროგრამის წარმატებამ დაამტკიცა და გაამართლა ის, რომ იგი წინასწარმეტყველი გახლდათ.

ამავდროულად, როდესაც ეს ყველაფერი ხდებოდა, მუჰამედი სულ და უფრო მეტ კონტროლს იხვეჭდა თავის

მიმდევრებზე, მუსლიმანებზე. ადრეულ მექურ პერიოდში ყურანი აცხადებდა, რომ მუჰამედი „მხოლოდ შემგონებელი“ იყო, თუმცა მედინაში გადასვლის შემდგომ ის გახდა ერთგულთა მეთაური და მათ ცხოვრებას მთლიანად მართავდა. ყურანში ვკითხულობთ, რომ როცა მორწმუნეებს „ალაჰი და მისი მაცნე გადაუწყვეტენ საქმეს“, მათ სხვა აღარაფერი დარჩენიათ, გარდა უპირობო მორჩილებისა (სურა 33:36); ალაჰის მორჩილება კი მუჰამედის მორჩილებით იყო შესაძლებელი (სურა 4:80).

მედინურ პერიოდში მუჰამედის მიერ შემოღებული მაკონტროლებელი საშუალებანი დღესაც ბევრ მუსლიმანის ცხოვრებაში იწვევს ტრავმას შარიათის მეშვეობით. ამის ერთი მაგალითია მუჰამედის მიერ დაწესებული შარიათის ის კანონი, რომლის თანახმადაც, თუ მამაკაცი სამჯერ გაიმეორებს ფრაზას – „მე შენ გეყრები“ – და ამით თავის ცოლს გაეყრება, თუმცა შემდეგ წყვილი ხლახლა დაქორწინებას მოისურვებს, ქალი ჯერ სხვა კაცზე უნდა გათხოვდეს, სექსუალური ურთიერთობა დაამყაროს მასთან, შემდეგ ეს კაცი უნდა გაეყაროს მას და მხოლოდ ამის მერე შეუძლია ქალს თავის პირველ ქმართან დაბრუნება. ამ წესს ბევრჯერ გამოუწვევია დიდი მწუხარება მრავალი მუსლიმანი ქალის ცხოვრებაში.

ყურანი გვიჩვენებს მუჰამედის წინასწარმეტყველური კარიერის განვითარებას: ეს არის მუჰამედის საკუთარი, მეტისმეტად პირადული დოკუმენტი, ჩანაწერი უარყოფის პირისპირ მისი მტრობისა და აგრესიის მზარდი გრძნობის შესახებ, ჩანაწერი სხვა ადამიანთა ცხოვრების მართვის მისი მზარდი სურვილის შესახებ. მახასიათებლები, რომლებიც, მოგვიანებით არამუსლიმანთათვის იქნა თავსმოხვეული (მდუმარება, დანაშაულის გრძნობა და მადლიერება), წარმოიშვა უარყოფაზე მუჰამედის საპასუხო რეაქციათა ევოლუციის შედეგად, რადგან ის ძალმომრეობით ახვევდა

თავს მარცხსა და უარყოფას ყველას, ვინც უარს იტყოდა, განეცხადებინა: „მწამს, რომ არ არის ღმერთი, თვინიერ ალაჰისა და მუჰამედი ღმერთის მოციქულია“.

ამით სრულდება მიმოხილვა იმისა, თუ როგორი იყო მუჰამედის გამოცდილება და საპასუხო რეაქციები როგორც მიღებულ, ისე სხვებისათვის თავსმოხვეულ უარყოფაზე და როგორ ცდილობდა თვითდამკვიდრებას მტრების დამარცხების გზით.

„საუკეთესო მაგალითი“

ამ გაკვეთილში გავიგეთ მუჰამედის ზოგიერთი საკვანძო მახასიათებლის შესახებ. მიუხედავად იმისა, რომ ის ისლამში ადამიანობის საუკეთესო მაგალითად მიიჩნევა, რომელსაც უნდა მივბაძოთ, ჩვენ უკვე დავინახეთ, რომ მასზე დიდი გავლენა იქონია და ძალიან დააზიანა იგი უარყოფამ. მისი საპასუხო რეაქციები მოიცავდა საკუთარი თავის უარყოფას, თვითდამკვიდრების მცდელობებს, კონტროლსა და აგრესიას. უარყოფაზე მისი საპასუხო რეაქციები საზიანო იყო მისთვის და დღესაც საზიანოა მრავალი სხვა ადამიანისათვის.

მუჰამედის პირადი ისტორია მნიშვნელოვანია, რადგან მისი პირადი პრობლემები მსოფლიო პრობლემებად იქცა შარიათისა და მისი მსოფლმხედველობის გამო. ამგვარად მუსლიმანი სულიერად დაკავშირებულია მუჰამედის ხასიათსა და მაგალითთან. ეს კავშირი ცხადდება შაჰადას წარმოთქმის რიტუალით და მტკიცდება ისლამის რიტუალების მეშვეობით ყოველთვის, როცა შაჰადა წარმოითქმის. პირველი სიტყვები, რომლებიც მუსლიმან ჩვილს დაბადების შემდგომ ესმის, არის მის ყურში ნაჩურჩულები შაჰადა. შაჰადა აცხადებს, რომ მუჰამედი ალაჰის მაცნეა, რაც გახლავთ ყურანის, ვითარცა ალაჰის

სიტყვის, დადასტურება, რომელიც მუჰამედს, ალაჰის მაცნეს გამოეგზავნა ზეციდან.

შაჰადა ადასტურებს იმას, რასაც ყურანი ამბობს მუჰამედის შესახებ (მათ შორის, მუჰამედის მაგალითის მიბაძვის ვალდებულებასთან დაკავშირებით); ადასტურებს იმ მუქარათა და წყევლათა შესახებ, რომელნიც მუჰამედმა წარმოთქვა მათზე, ვინც მას არ გაჰყვებოდა; ასევე ადასტურებს იმ მოვალეობის შესახებ, რომლის თანახმადაც მუსლიმანები უნდა შეწინააღმდეგებოდნენ და შებრძოლებოდნენ კიდეც მათ, ვინც უარყოფდა მის უწყებას და უარს ამბობდა – გაჰყოლოდა მას.

არსებითად, შაჰადა განცხადებაა სულიერი სამყაროს მიმართ – ამ სოფლის სიბნელის მპყრობელთა წინააღმდეგ (ეფესელთა 6:12) – ანუ მორწმუნე შეკრულია აღთქმით, რომ დაემსგავსოს მუჰამედის მაგალითს: ქალს ან კაცს „სულიერი კავშირი" აქვს მუჰამედთან (იხ. მე-7 გაკვეთილი). ამით მყარდება სულიერი კავშირი მუჰამედთან. აღთქმის ეს კავშირი მთავრობათ და ხელმწიფებათ აძლევს იმის ნებას, რომ მუსლიმან მორწმუნეებს თავს მოახვიოს იგივე მორალური და სულიერი პრობლემები, რომლებიც გამოწვევა იყო მუჰამედისათვის და რომლებიც ბორკავდა მას, რომლებმაც ფესვი გაიდგა და განმტკიცდა ისლამური შარიათის მეშვეობით და ღრმად დამკვიდრდა ისლამურ საზოგადოებათა კულტურებში.

ჩვენ ვიმსჯელეთ მუჰამედის სუნას მრავალი უარყოფითი ასპექტიდან მხოლოდ რამდენიმეს შესახებ. ეს ასპექტები მეორდება დღეს მცხოვრების ბევრი მუსლიმანის ცხოვრებაში შაჰადასა და შარიათის გავლენის გამო. ქვემოთ ჩამოთვლილია მუჰამედის მაგალითისა და სწავლების რამდენიმე უარყოფითი მახასიათებელი:

- ძალადობა და ომი
- მკვლელობა
- მონობა
- სამაგიეროს მიგება და შურისძიება
- სიძულვილი
- ქალების სიძულვილი
- ებრაელთა სიძულვილი
- ძალადობა (სხვადასხვა ფორმით)
- სირცხვილი და სხვების შერცხვენა
- დაშინება
- მოტყუება
- წყენის გულში ჩადება
- მსხვერპლის როლი
- თვითგამართლება
- უპირატესობის გრძნობა
- ღმერთის არასწორად წარმოდგენა
- სხვებზე ბატონობა
- გაუპატიურება

შაჰადას წარმოთქმისას მუსლიმანები, არსებითად, ადასტურებენ ყურანისა და სუნას მტკიცებებს ქრისტესა და ბიბლიის შესახებ. ეს მტკიცებანი მოიცავს:

- ჯვარზე ქრისტეს სიკვდილის უარყოფას
- ჯვრის სიძულვილს
- უარყოფას, რომ იესო ღვთის ძეა (და წყევლას ყველაზე, ვისაც ამის სწამს)

- ბრალდებას იმის შესახებ, რომ ებრაელებმა და ქრისტიანებმა დაამახინჯეს თავიანთი წმინდა წერილი
- მტკიცებას იმის შესახებ, რომ იესო დაბრუნდება ქრისტიანობის გასანადგურებლად და მთელ მსოფლიოს მუჰამედის შარიათს დაუმორჩილებს.

ეს დამახასიათებელი ნიშნები ნამდვილად მძიმე ტვირთია. მათთვის, ვინც ტოვებენ ისლამს, რათა იესო ქრისტეს გაჰყვნენ, ერთ-ერთ გამოწვევა ისაა, რომ თუ ამ მახასიათებლებს გაბედულად არ დაუპირისპირდებიან, ისინი კვლავ და კვლავ იპოვიან ფეხის მოსაკიდებელ ადგილს ადამიანთა სულებში. ეს გახლავთ ერთ-ერთი მიზეზი იმისა, თუ რატომ განიცდიან სირთულეებსა და წინააღმდეგობებს საკუთარ ქრისტიანულ ცხოვრებაში ყოფილი მუსლიმანები, რომლებიც ქრისტეს გზას ირჩევენ.

იმ შემთხვევაში, თუკი ადამიანი მკაფიოდ არ უარყოფს მუჰამედის, ვითარცა მაცნის სტატუსს, მაშინ, ყურანის წყევლანი და მუქარანი, ასევე მუჰამედის წინააღმდეგობა ქრისტეს სიკვდილისა და ქრისტეს უფლობისადმი, შეიძლება სულიერი მერყეობის გამომწვევი იყოს. ამას კი შეიძლება შედეგად მოჰყვეს ის, რომ პიროვნება ადვილად დასაშინებელი და დაუცველი გახდეს, წარმოშვას მასში – ქრისტეს მორწმუნეში – თავდაუჯერებლობა. ამან შეიძლება დიდად ავნოს პიროვნების მოწაფეობას.

ამის გამო, როდესაც ვინმე ტოვებს ისლამს, რეკომენდებულია, რომ მან კონკრეტულად უარყოს მუჰამედისა და ყურანის მაგალითი და სწავლება, შაჰადას მემკვიდრეობასა და მის მიერ ნაგულისხმევ ყველა წყევლასთან ერთად. მომდევნო გაკვეთილში, იესო ქრისტეს ცხოვრებისა და ჯვრის შესახებ საუბრისას, გავიგებთ სწორედ იმას, თუ როგორ უნდა გავაკეთოთ ეს. ამასთან,

შემოგთავაზებთ ქმედით საშუალებებს მუჰამედის მაგალითისგან გასათავისუფლებლად.

გზამკვლევი

გაკვეთილი მე-4

ლექსიკონი

სატანური მუხლები

გაუქმება

ჯინები

Qarin (თანამგზავრი სული)

ფიტნა

ჰუდაიბიას შეთანხმება

ზაქათი

aslim taslam (მიიღეთ ისლამი და უსაფრთხოდ იქნებით)

ხაიბარი

დჰიმი

წიგნის ხალხი

საპასუხო რეაქციები უარყოფაზე: საკუთარი თავის უარყოფა, თვითდამკვიდრების მცდელობები და აგრესია

ახალი სახელები

- ყურეიშელები, მუჰამედის ტომი მექაში
- აბდულა იბნ აბდ ალ-მუტალიბი: მუჰამედის არაბი მამა (გარდაიცვალა ახ. წ. აღ-ის 570 წელს)
- აბუ ტალიბი: მუჰამედის ბიძა და მფარველი (გარდაიცვალა ახ. წ. აღ-ის 620 წელს)
- აბუ ლაჰაბი: მუჰამედის ბიძა და მოწინააღმდეგე (გარდაიცვალა ახ. წ. აღ-ის 624 წელს)
- ხადიჯა: მუჰამედის მექელი ცოლი (გარდაიცვალა ახ. წ. აღ-ის 620 წელს)

- იბნ კასირი: სირიელი ისტორიკოსი და სწავლული (ახ. წ. აღ-ის 1301-1373)
- იბნ ისჰაკი: მუჰამედის სირიელი მუსლიმანი ბიოგრაფი (ახ. წ. აღ-ის 704-768 წწ.). მუჰამედის ცხოვრების შესახებ მისი მონათხრობა ჩაიწერა (რედაქტირებული) იბნ ჰიშამმა (დაახლ. ახ. წ. აღ-ის 833 წ.).

- ჯიბრაელი: სავარაუდო ანგელოზი, რომელიც მუჰამედს ალაჰის სიტყვებს აუწყებდა
- ვარაკა: ხადიჯას, მუჰამედის პირველი ცოლის ქრისტიანი ბიძაშვილი
- ალი იბნ აბუ ტალიბი: მუჰამედის უმცროსი ბიძაშვილი და მუჰამედის მიერ მოქცეული მეორე ადამიანი (ახ. წ. აღ-ის 601-661 წწ.)
- ალ-ტაბარი: გავლენიანი მუსლიმანი ისტორიკოსი და ყურანის განმმარტებელი (ახ. წ. აღ-ის 839-923 წწ.)
- ალ-ლათი, ალ-უზა და მანათი: მექელი ქალღმერთები, ალაჰის ქალიშვილები
- ჰაშიმიდები: მუჰამედის დიდი პაპის, ჰაშიმი შთამომავლები
- იათრიბი: მედინას ადრინდელი სახელწოდება
- ანსარები (დამხმარეები): მედინელები, რომლებიც გაჰყვნენ მუჰამედს
- დრ. ვაფა სულთანი: სირიელ-ამერიკელი ფსიქიატრი და ისლამის კრიტიკოსი (დაბადებული 1958 წ.)
- აჰმად იბნ მუჰამედი: რელიგიური პოლიტიკის ალჟირელი პროფესორი

- უკბა: მექელი არაბი, რომელიც მუჰამედს ემტერებოდა

- ბაჰირა: ქრისტიანი ბერი, რომელსაც მუჰამედი თავისი მოგზაურობისას შეხვდა

- ბანუ კაინუკა, ბანუ ნადირი და ბანუ კურაიზა: მედინელი ებრაული ტომები

ბიბლია ამ გაკვეთილში

ეფესელთა 6:12

ყურანი ამ გაკვეთილში

სურა 111	სურა 46:29-32	სურა 36:76	სურა 2:27
სურა 93	სურა 71:1-15	სურა 2:77	სურა 5:15
სურა 109:6	სურა 83:29-36	სურა 2:75	სურა 2:62
სურა 53	სურა 2:190-93	სურა 4:46	სურა 3:85
სურა 22:52	სურა 2:217	სურა 2:65	სურა 9:14-15
სურა 53:1-3	სურა 8:39	სურა 5:60	სურა 33:36
სურა 68:1-4	სურა 2:193	სურა 7:166	სურა 4:80
სურა 20:64, 69	სურა 60:10	სურა 4:155	
სურა 26:40-44	სურა 9:3-5, 7-8	სურა 5:70	
სურა 10:95	სურა 98:1-8	სურა 5:13	

კითხვები – გაკვეთილი მე-4

- იმსჯელეთ სასწავლო მაგალითის შესახებ.

172

ოჯახური საწყისები

1. რომელი სამი მტკივნეული მოვლენა მოხდა მუჰამედის ცხოვრების ადრეულ წლებში?
2. რით არის ცნობილი მუჰამედის ბიძა, **აბუ ლაჰაბი**?
3. რომელია მუჰამედის **ხადიჯაზე** ქორწინების ექვსი უნიკალური ასპექტი?
4. რა ტანჯვა ხვდათ წილად მუჰამედსა და **ხადიჯას** შვილებთა დაკავშირებით?
5. ვინ იყო ის ორი პიროვნება, ვნც დიდ ზრუნვას იჩენდა მუჰამედის მიმართ?

ახალი რელიგიის ჩამოყალიბება (მექა)

6. რამდენი წლის იყო მუჰამედი, როცა „ანგელოზ“ **ჯიბრაელის** გამოცხადებანი დაიწყო მის ცხოვრებაში და როგორი იყო მისი საპასუხო რეაქცია ამაზე?

7. რა გამოაცხადა **ვარაკამ**, როდესაც მუჰამედისთვის ანგელოზის გამოცხადებათა შესახებ შეიტყო?
8. რის ეშინოდა მუჰამედს გამუდმებით, რის შესახებაც ალაჰი გამუდმებით არწმუნებდა, რომ ის, რისიც მას ეშინოდა, სიმართლე არ იყო?

9. ვინ იყვნენ პირველი მუსლიმანი მორწმუნეები?

მუჰამედის საკუთარი ტომი

10. რამ გამოიწვია ის, რომ მუჰამედის მიმდევარ მუსლიმანთა მცირე თემი მოძულებული უმცირესობად იქცა?

11. რა მნიშვნელოვან როლს ასრულებდა მუჰამედის ბიძა, **აბუ ტალიბი**, მიუხედავად იმისა, რომ ის მუსლიმანი არ იყო?

12. რა იქცა მექაში მცხოვრებ **ყურეიშელთა** ტომის ახალ პოლიტიკად მუჰამედისა და მისი თემის მიმართ?

13. რომელ ქრისტიან ერთან თავშესაფარებლად გაიქცნენ მუსლიმანები და რამდენი მუსლიმანი გაიქცა საკუთარი ოჯახებით?

⁂

საკუთარ თავში დაურწმუნებლობა და თვითდამკვიდრების მცდელობანი

14. რა შესთავაზეს მუჰამედს, რასაც შეეხება სურა 109:6?

15. რა მომოქმედა მუჰამედმა, რამაც მექელები ძალიან გაახარა, თუმცა, რაც მოგვიანებით შეცვალა და რასაც ახლა **„სატანური აიები“** ეწოდება?

16. რით გაამართლა მუჰამედმა თავისი შეხედულების რადიკალურად შეცვლა, რის შესახებ ვკითხულობთ სურაში 22:52?

17. მუჰამედი ბევრს ტრაბახობდა თავისი უპირატესობის წარმოსაჩენად. ჩამოთვალეთ, რის შესახებ ტრაბახობდა იგი.

18. რა იქცა მუჰამედის ახალ ცნებად „წარმატების“ შესახებ მექური პეროდის დასასრულს?

უფრო მეტი უარყოფა და ახალი მოკავშირენი

19. რომელი ორმაგი დარტყმა ელოდა მუჰამედს და სად იპოვა მან ახალი მფარველები?

20. მუჰამედის ტაიფიდან დაბრუნებისას, ვინ გახდნენ მუსლიმანები მისი [მუჰამედის] ლოცვის მოსმენის შემდეგ?

21. რომელ ორ მიზეზს ასახელებს წიგნის ავტორი, რის გამოც ბევრი მუსლიმანი გახსნილია სულთა სამყაროს მიმართ?

22. რა შეჰფიცეს მედინელმა **ანსარებმა** მუჰამედს?

23. რას მიაღწია მუჰმაედმა მედინაში ყოფნის პირველი ორი წლის განმავლობაში, რის მიღწევაც მან მექაში ვერ შეძლო?

ნამდვილად მშვიდობიანად განწყობილი იყო მუჰამედი მექაში ყოფნისას?

24. რომელი თავზარდამცემ განცხადებებს ვკითხულობთ მექურ პერიოდში დაწერილ სურებში?

25. **იბნ ისჰაკის** თანახმად, რა დაემართებოდა მექაში მცხოვრე **ყურეიშელთა** ტომს მუჰამედის დაპირების მიხედვით?

დევნიდან მკვლელობამდე

26. მუსლიმანთა წინააღმდეგ, რის გამოყენებაში ადანაშაულებდა მუჰამედი **ყურეიშელებს**, რაც შემდეგ გახდა არამუსლიმანებთან ბრძოლის გამართლების საბაბი?

27. მუჰამედის თანახმად, რა არის უფრო მეტად სამწუხარო, ვიდრე ადამიანთა დახოცვა ან წმინდა თვის ძალადობრივად დარღვევა?

28. რა ამართლებს *ჯიჰადს* ყოველთვის?

29. რას იმსახურებთ „ურწმუნოებას ჩადენის“ შემდეგ, მუსლიმანი სწავლულებისა და სირიელ-სპარსელი სწავლულის, **იბნ კასირის** აზრით?

„ჩვენ მსხვერპლნი ვართ!“

30. რატომ მიიჩნევენ მუსლიმანები, რომ მათი მსხვერპლის როლში ყოფნა მტრების დახოცვაზე უარესია?

31. დრ. **ვაფა სულთანთან** კამათისას, რაზე ამყარებდა პროფესორი **აჰმად იბნ მუჰამედი** თავის არგუმენტს იმასთან დაკავშირებით, რომ მუსლიმანები მსხვერპლნი არიან**?**

სამაგიეროს მიგება

32. რაზე მიუთითებს მუჰამედის მოპყრობა **უკბასადმი** და მისი საქციელი?

33. რას ასახავს დასახოცად განწირულ, ტყვედ ჩაგდებულ მეძელთა სია, რომელიც მუჰამედმა შეადგინა?

შედეგები არამუსლიმანთათვის

34. რა ელოდა **წიგნის ხალხს** ისლამის უარყოფის შემდეგ?

35. დურის თანახმად, რა გაბატონდა მუჰამედის ცხოვრებაში?

36. რატომ ფიქრობდა მუჰამედი, რომ შეეძლო **ჰუდაიბიას შეთანხმების** დარღვევა?

37. რაზე მიუთითებს სურა 9:3-5 მუსლიმანებს იმის შესახებ, თუ როგორ უნდა მოექცნენ კერპთაყვანისმცემლებს?

მუჰამედის ადრეული შეხედულებანი ებრაელებთან დაკავშირებით

38. როგორ მოიხსენიებიან ებრაელები ყურანის მექურ პერიოდში დაწერილ სურებში და ასევე, 98-ე სურაში?

39. რა მიუთითებს იმაზე, რომ მუჰამედი იმედოვნებდა, რომ ებრაელები დადებითად გამოეხმაურებოდნენ მის უწყებას?

წინააღმდეგობა მედინაში

40. რატომ ეყრდნობოდა მუჰამედი უფრო და უფრო მეტად ყურანის შედარებითა ახალ გამოცხადებათ მედინაში მცხოვრებ ებრაელ რაბინებთან აზრთა გაცვლა-გამოცვლისას?

41. რომელი ორი საშუალებით უპასუხა მუჰამედმა ებრაელთა *ფიტნას*?

უარმყოფელთა მტრული თეოლოგია

42. დური აღწერს მუჰამედის ახალ, ანტიებრაულ უწყებას: რას ამბობს ყურანი იმის შესახებ, თუ ვინ „იყვნენ ებრაელები"?

    1) სურა 4:46 …

    2) სურა 7:166, და ა. შ…

    3) სურა 5:70 …

    4) სურა 5:13 …

    5) სურა 2:27 …

43. შემდეგ რის სჯეროდა მუჰამედს იმასთან დაკავშირებით, თუ რა **გააუქმა** მისმა უწყებამ?

უარყოფა ძალადობად იქცევა

44. როგორ მოექცა მუჰამედი მედინაში მცხოვრებ პირველ ებრაულ ტომს, **კაინუკას**?

45. რატომ უქადაგებდა მუჰამედი *aslim taslam*-ის მედინაში დარჩენილ ებრაელებს?

46. როგორ მოექცა მუჰამედი მედინაში მცხოვრებ მეორე ებრაულ ტომს, **ბანუ ნადირს**?

47. როგორ მოექცა მუჰამედი მედინაში მცხოვრებ მესამე ებრაელ ტომს, **კურაიზას**?

48. როგორ მოექცა მუჰამედი **ხაიბარის** ებრაულ ტომს?

49. ვის ეწოდება **წიგნის ხალხი** ისლამში?

⁂

მუჰამედის სამი საპასუხო რეაქცია უარყოფაზე

50. რომელი სამი ეტაპი გაიარა მუჰამედმა თავის ცხოვრებაში არსებული **უარყოფის** მრავალგვარი ფორმის საპასუხოდ?

51. სურა 9:14-15-ის თანახმად, რა „განკურნავდა“ მუჰამედისა და მის მიმდევართა გრძნობებს და რა დაუკმაყოფილებდა რისხვას?

52. რა მოიმოქმედა მუჰამედმა იმისათვის, რომ აღარ უარეყოთ ის და მისი თემი?

53. რა შეიცვალა მუჰამედის როლში მედინაში გადასვლის შემდგომ?

54. ყურანის გვიანდელი მუხლების თანახმად, რა მიიჩნევა ალაჰის მორჩილების გზად?

55. რას ეფუძნება არამუსლიმანთა სავალდებულო მდუმარება, დანაშაულის გრძნობა და მადლიერება?

„საუკეთესო მაგალითი“

56. როგორ იქცა მუჰამედის პრობლემები მთელი მსოფლიოს პრობლემებად?

57. რომელია პირველი სიტყვები, რომლებსაც უჩურჩულებენ ახალდაბადებულ მუსლიმან ჩვილს?

58. რომელ ორ რაღაცას ადასტურებენ მუსლიმანები *შაჰადას* წარმოთქმით?

59. დურის თანახმად, რის ნებართვას აძლევს *შაჰადას* წარმოთქმა სულიერ ძალებს?

60. პირადად თუ შეხვედრიხართ მუსლიმანებს, შეგიმჩნევიათ მათ ქცევაში მუჰამედის მაგალითისათვის დამახასიათებელი, ქვემოთ ჩამოთვლილი 18 ასპექტიდან რომელიმე? (შემოხაზეთ ერთი ან მეტი).

- ძალადობა/ომი
- მკვლელობა
- მონობა
- სამაგიეროს მიგება/შურისძიება
- სიძულვილი
- ქალების სიძულვილი
- ებრაელთა სიძულვილი
- ძალადობა (სხვადასხვა ფორმით)
- სირცხვილი და სხვების შერცხვენა
- დაშინება
- მოტყუება
- წყენის გულში ჩადება
- მსხვერპლის როლი
- თვითდამკვიდრება
- უპირატესობის გრძნობა
- ღმერთის არასწორად წარმოდგენა
- სხვებზე ბატონობა
- გაუპატიურება
- ზემოთ ჩამოთვლილთაგან არცერთი

61. როგორი დამოკიდებულება აქვს ყურანსა და *სუნას* ქრისტეს ღვთაებრივ ძეობასთან დაკავშირებით?

62. როგორი დამოკიდებულება აქვს ყურანსა და *სუნას* ბიბლიის მიმართ?

63. რას ვკითხულობთ ყურანსა და სუნაში იმასთან დაკავშირებით, თუ რას მოიმოქმედებს იესო (ისა) ქრისტიანთა მიმართ დედამიწაზე დაბრუნებისას?

64. კიდევ რას უარვყოფთ მუჰამედის მაგალითისა და მის თანმდევ წყევლათა უარყოფითა და უკუგდებით?

65. რომელი ოთხი სულიერი მახასიათებელი შეიძლება მოჰყვეს იმას, თუკი მუჰამედს მკაფიოდ არ უარვყოფთ?

183

5

თავისუფლება
შაჰადასგან

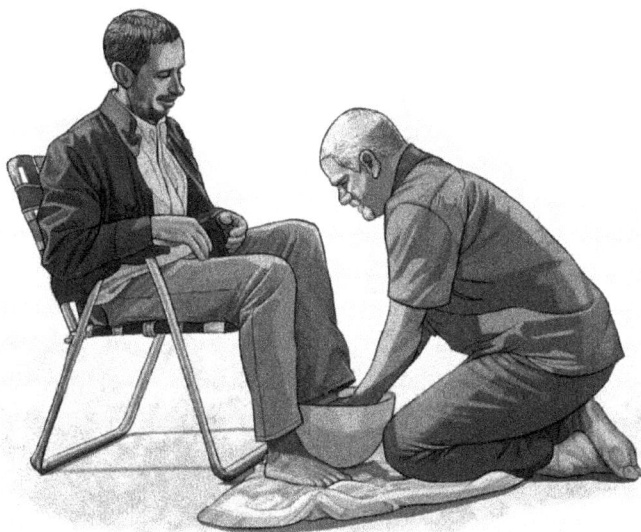

„ის, ვინც ქრისტეშია, ის ახალი ქმნილებაა".
მე-2 კორინთელთა 5:17

გაკვეთილის მიზნები

ა. ერთმანეთს შევუპირისპიროთ და გავიგოთ ის, თუ როგორ განსხვავდებოდა ერთმანეთისგან იესოსა და მუჰამედის საპასუხო რეაქციები უარყოფაზე.

ბ. გამოიკვლიეთ ის, თუ რამდენგვარად დაეჭვებულან იესოში, რამდენნაირად უარუყვიათ იგი და ზიზღი გამოუჩენიათ მისადმი.

გ. გავიგოთ, როგორ მიიღეს ებრაელებმა უარყოფა და როგორ უარყვეს ძალადობა.

დ. შევაფასოთ მტრების სიყვარულის შესახებ ქრისტეს სწავლების დიდი გავლენა.

ე. მივიღოთ ის ფაქტი, რომ იესომ თავისი მოწაფეები და ყველა ქრისტიანი შესამლო დევნისთვის მოამზადა.

ვ. ჩავწვდეთ იმას, თუ როგორი დამოკიდებულება აქვს ღმერთს ადამიანური და ღვთიური უარყოფისადმი ჯვარზე ქრისტეს სიკვდილში.

ზ. გავაცნობიეროთ ის, თუ როგორ ასახავს აღდგომა და ზეცად ამაღლება იესო ქრისტეს სიკვდილის გამართლებას.

თ. ვიცოდეთ იმ უსაზღვრო სიძულვილის შესახებ, რომელიც მუჰამედს ჰქონდა ქრისტეს ჯვრის მიმართ.

ი. წარმოვთქვათ ლოცვა ქრისტეს გზაზე სვლის შესახებ და ამით დავდოთ მისი ერთგულების პირობა.

კ. *შაჰადას* უარყოფისთვის მზადებისას, ვიფიქროთ წმინდა წერილის მუხლებზე, რომლებშიც გამოცხადებულია 15 კონკრეტული ჭეშმარიტების შესახებ.

ლ. წარმოვთქვათ უარყოფის ლოცვა და მოვითხოვოთ სულიერი თავისუფლება შაჰადასგან.

სასწავლო მაგალითი: რას გააკეთებდით?

თქვენ მიგიწვიეს ჯოსში, ნიგერიაში, კონფერენციაზე დასასწრებად, რომელსაც „რწმენა და სამართლიანობა“ ეწოდება. თქვენ სრული დაფინანსება გაქვთ და მიდიხართ დამხმარე მოხალისედ მედია განყოფილებისთვის. კონფერენციაზე მოსმენილი მსჯელობანი ცხარე და საინტერესოა თქვენთვის. ხელმძღვანელობა მოგიწოდებთ, რომ მცირე ჯგუფების სამუშაო სესიებსაც დაესწროთ. თქვენც სიხარულით რჩებით.

მეორე დღეს, თქვენს მცირე ჯგუფში განიხილავენ საკითხს: „უნდა მიუშვირონ თუ არა ქრისტიანებმა მესამე[10] ლოყა?“ ჯგუფში ორი ადამიანი დაჟინებით მოუწოდებს სხვებს მუდმივი არაძალადობრიობისკენ, მუდმივი პაციფიზმისა და ნებისმიერი ძალადობრივი გარემოსთვის თავის არიდებისკენ. ჯგუფის სხვა წევრები აპროტესტებენ ამას და ამბობენ: „შიშით გაქცევა და არაძალადობრიობა მხოლოდ წაახალისებს მუსლიმანებს იმისკენ, რომ რელიგიური წმენდა მთელ ნიგერიაში ჩაატარონ“. მათი თქმით, მუსლიმანები მხოლოდ შეუპოვარ წინააღმდეგობას, თავდაცვის მტკიცე ზომებსა და ფხიზლად მყოფ ეკლესიას მოეკიდებიან პატივისცემით. ჭეშმარიტი ქრისტიანები იცავენ საკუთარ სახლებსა და სოფლებს და არ გარბიან.

ორივე მხარე წმინდა წერილს იყენებს საკუთარ შეხედულებათა დასასაბუთებლად. ბოლოს თქვენ მოგმართავენ და გეკითხებიან: „თქვენ რას იტყვით? იესომ

[10] სხვა სიტყვებით: უნდა მიუშვირონ თუ არა ქრისტიანებმა ლოყა არა ერთხელ და ორჯერ, არამედ მეტჯერ?

თქვა: ‘მეორე ლოყა მიუშვირე’. მესამე ლოყაც უნდა მივუშვიროთ?“

რას უპასუხებდით?

მომდევნო ნაწილებში ვისაუბრებთ იმის შესახებ, თუ როგორ პასუხობდა იესო უარყოფას. იესოს ცხოვრება, არანაკლებ მუჰამედის ცხოვრებისა, უარყოფის ისტორიაა, რომელიც კულმინაციას ჯვარზე აღწევს. მუჰამედის საპასუხო რეაქცია უარყოფაზე სამაგიეროს მიგება იყო, ხოლო ქრისტეს პასუხი სრულიად განსხვავდებოდა. სწორედ ეს გვაძლევს გასაღებს ისლამისგან გასათავისუფლებლად.

რთული დასაწყისი

მუჰამედის მსგავსად, იესოს ოჯახური გარემოებებიც შორს იყო იდეალურისგან. დაბადებისას უკანონოდ შობილის სირცხვილი ერგო (მათე 1:18-25). ის უბრალო გარემოში დაიბადა, გომურში (ლუკა 2:7). დაბადების შემდეგ მეფე ჰეროდემ მისი მოკვლა სცადა. შემდეგ იესო დევნილად იქცა, რაკი მისი ოჯახი ეგვიპტეში გაიქცა (მათე 2:13-18).

იესოს დაკითხვა

იესო, დაახლოებით, 30 წლის იყო, როცა სწავლებითი მსახურება დაიწყო და ძალიან დიდ წინააღმდეგობას წააწყდა. ისევე, როგორც მუჰამედი შემთხვევაში, იესოსაც იუდეველთა რელიგიური წინამძღოლები იესოს სხვადასხვა შეკითხვას უსვამდნენ, რათა გამოეწვიათ იგი და ძირი გამოეთხარათ მისი ავტორიტეტისთვის:

> „...მწიგნობრებმა და ფარისევლებმა დაუწყეს დიდად შევიწროება და ბევრზე სალაპარაკოდ გამოწვევა. რათა მახე დაეგოთ, რაიმე დაეცდენინებინათ და ბრალი დაედოთ მისთვის“ (ლუკა 11:53-54).

ეს კითხვები შეეხებოდა:

- იმას, თუ რატომ ეხმარებოდა იესო ადამიანს შაბათ დღეს: ეს კითხვა იმის წარმოსაჩენად იყო განკუთვნილი, რომ იესო არღვევდა რჯულს (მარკოზი 3:2; მათე 12:10).

- იმას, თუ რომელი ძალაუფლებით აკეთებდა იმას, რასაც აკეთებდა (მარკოზი 11:28; მათე 21:23; ლუკა 20:2).

- იმას, იყო თუ არა რჯულით ნებადართული კაცისთვის ცოლთან განქორწინება (მარკოზი 10:2; მათე 19:3).

- იმას, იყო თუ არა რჯულით დაშვებული კეისრისთვის ხარკის მიცემა (მარკოზი 12:15; მათე 22:17; ლუკა 20:22).

- იმას, თუ რომელი იყო უდიდესი მცნება (მათე 22:36).

- იმას, თუ ვისი ძე იყო მესია (მათე 22:42).

- იმას, თუ ვინ იყო იესოს მამა (იოანე 8:19).

- აღდგომას (მათე 22:23-28; ლუკა 20:27-33).

- თხოვნას ნიშნის მოცემის შესახებ (მარკოზი 8:11; მათე 12:38; 16:1).

ამ შეკითხვების დასმასთან ერთად, იესოს ადანაშაულებდნენ:

- იმაში, რომ შეპყრობილი იყო, „ეშმაკი ჰყავდა" და ეშმაკის ძალით ახდენდა სასწაულებს (მარკოზი 3:22; მათე 12:24; იოანე 8:52; 10:20).

- იმაში, რომ ჰყავდა მოწაფეები, რომლებიც არ იცავდნენ შაბათს (მათე 12:2) და არ ასრულებდნენ განწმენდის რიტუალებს (მარკოზი 7:2; მათე 15:1-2; ლუკა 11:38).

189

- იმაში, რომ მისი მოწმობა არ იყო ნამდვილი (იოანე 8:13).

უარმყოფელნი

იესოს ცხოვრებისა და სწავლების შესახებ ფიქრისას ვხედავთ, რომ მას მრავალი სხვადასხვა პიროვნება თუ ჯგუფი უარყოფდა:

- მეფე ჰეროდეს მისი მოკვლა სურდა, როცა ის ჯერ კიდევ ჩვილი იყო (მათე 2:16).
- მისივე სოფელში, ნაზარეთში მცხოვრები ადამიანები დაბრკოლდნენ მის გამო, უარყვეს იგი (მარკოზი 6:3; მათე 13:53-58) და კლდიდან მისი გადაგდება სცადეს (ლუკა 4:28-30).
- საკუთარი ოჯახის წევრები აბრალებდნენ მას იმას, რომ შეშლილი იყო (მარკოზი 3:21).
- ბევრმა მიმდევარმა მიატოვა იგი (იოანე 6:66).
- ბრბომ მისი ჩაქოლვა სცადა (იოანე 10:31).
- რელიგიურმა წინამძღოლებმა შეთქმულება მოაწყვეს მის მოსაკლავად (იოანე 11:50).
- ის გასცა იუდამ, უახლოესი გარემოცვის ერთ-ერთმა წევრმა (მარკოზი 14:43-45; მათე 26:14-16; ლუკა 22:1-6; იოანე 18:2-3).
- ის სამჯერ უარყო პეტრემ, მისმა უფროსმა მოწაფემ (მარკოზი 14:66-72; მათე 26:69-75; ლუკა 22:54-62; იოანე 18).
- მისი ჯვარცმა მოითხოვა იერუსალიმში მყოფმა ბრბომ, თუმცაღა სულ რამდენიმე დღით ადრე, სწორედ იერუსალიმში შემავალს, სიხარულის შეძახილებით ეგებებოდნენ, როგორც შესაძლო მესიას (მარკოზი 15:12-15; ლუკა 23:18-23; იოანე 19:15).

- მას ხელს ჰკრავდნენ, აფურთხებდნენ და დასცინოდნენ რელიგიური წინამძღოლები (მარკოზი 14:65; მათე 26:67-68).
- მას დასცინოდნენ და მასზე ძალადობდნენ მცველები და რომაელი ჯარისკაცები (მარკოზი 15:16-20; მათე 27:27-31; ლუკა 22:63-65, 23:11).
- მას უსამართლოდ დასდეს ბრალი ებრაულ და რომაულ სასამართლოთა წინაშე და სიკვდილი მიუსაჯეს (მარკოზი 14:53-65; მათე 26:57-67; იოანე 18:28 და შემდგომ).
- ის ჯვარს აცვეს. ეს იყო იმ დროს, რომაელებისათვის ხელმისაწვდომი ყველაზე დამამცირებელი სასიკვდილო სასჯელი. ებრაელები მიიჩნევდნენ, რომ ღვთისაგან წყეული იყო, ვინც ასე ისჯებოდა (მეორე რჯული 21:23).
- ორ ავაზაკს შორის ჯვარცმულ, აგონიაში მყოფ იესოს ლანძღავდნენ (მარკოზი 15:21-32; მათე 27:32-44; ლუკა 23:32-36; იოანე 19:23-30).

იესოს საპასუხო რეაქციები უარყოფაზე

ყველა ამ უარყოფას თუ გადავხედავთ, ვერ დავინახავთ, რომ იესოს ოდესმე აგრესიული ამ ძალადობრივი საპასუხო რეაქცია ჰქონოდეს. ის არ ეძიებდა შურისგებას.

ხანდახან იესო უბრალოდ პასუხგაუცემლად ტოვებდა მის წინააღმდეგ გამოთქმულ ბრალდებას; ამის ყველაზე ცნობილი შემთხვევა ის გახლავთ, როდესაც მას ბრალს სდებდნენ ჯვარცმამდე (მათე 27:14). ადრეული ეკლესია ამას მესიანური წინასწარმეტყველების აღსრულებად მიიჩნევდა:

> „შევიწროვებული იყო და წამებული, მაგრამ არ გაუხსნია თავისი ბაგე, როგორც კრავი, დასაკლავად რომ

მიჰყავთ, და როგორც ცხვარი, თავის მპარსველთა წინაშე რომ დუმს" (ესაია 53:7).

მაშინ, როდესაც იესოს ძალაუფლების დემონსტრირებას სთხოვდნენ, ხანდახან ის უარს ამბობდა და ნაცვლად ამისა, კითხვის დასმას ამჯობინებდა (მაგალითად, მათე 21:24; 22:15-20).

იესო არ იყო მოჩხუბარი, თუმცა ადამიანებს ბევრჯერ უცდიათ მასთან ჩხუბი:

„არ იდავებს და არც იყვირებს, და ქუჩებშიც ვერავინ გაიგონებს მის ხმას. გადატეხილ ლერწამს არ დალეწავს და მბჟუტავ პატრუქს არ ჩააქრობს, ვიდრე განკითხვას გამარჯვებამდე არ მიიყვანს" (მათე 12:19-20, ციტატა მოყვანილია: ესაია 42:1-4)

მაშინ, როცა ადამიანებს იესოს ჩაქოლვა ან მოკვლა სურდათ, ის უბრალოდ სხვაგან მიდიოდა (ლუკა 4:30). ის მხოლოდ იმ მოვლენების დროს არ მოქცეულა ასე, როდესაც მისი ჯვარცმა ახლოვდებოდა და როცა იესო განზრახ შეეგება სიკვდილს პირისპირ.

ამ საპასუხო რეაქციების არსი ისაა, რომ როცა იესო უარყოფის გამოცდილების ცდუნების წინაშე იდგა, მან შეძლო ამ ცდუნების დაძლევა და არ დაჰყვა უარყოფას. ებრაელთა მიმართ წერილში შეჯამებულია მისი საპასუხო რეაქციები:

„...ისეთი მღვდელმთავარი როდი გვყავს, რომ ვერ შეძლოს თანაგვიგრძნოს ჩვენს უძლურებებში, არამედ ჩვენსავით გამოცდილი ყველაფერში, გარდა ცოდვისა" (ებრაელთა 4:15).

იესოს სურათი, რომელსაც ვხედავთ სახარებებში, არის იმ პიროვნების სურათი, ვინც თავდაჯერებული გახლდათ და თავისუფლად იყო საკუთარ თავთან. მას არ ამოძრავებდა შურისძიების წყურვილი: ვერ გრძნობდა საჭიროებას იმისას,
192

რომ თავს დასხმოდა და გაენადგურებინა ისინი, ვინც მის წინააღმდეგ გამოდიოდნენ. იესო არა მხოლოდ საღად რეაგირებდა უარყოფაზე, არამედ თავის მოწაფეებსაც ასწავლიდა საღვთისმეტყველო საფუძვლებს იმასთან დაკავშირებით, თუ როგორ ეპასუხათ უარყოფაზე, ანუ როგორ უარეყოთ უარყოფა. ამ ღვთისმეტყველების საკვანძო შემადგენლებს მოგვიანებით განვიხილავთ ამ გაკვეთილში.

უარყოფის ორი ამბავი

აღსანიშნავია, რომ იესომ და მუჰამედმა, მსოფლიოს ორი ყველაზე დიდი რელიგიის დამაარსებლებმა, გადაიტანეს უარყოფის მძიმე გამოცდილება. ეს დაიწყო მათ შობისა და ჩვილობის დროიდან და გაგრძელდა ოჯახის წევრებსა და რელიგიურ ავტორიტეტებთან ურთიერთობაში. ორივეს ადანაშაულებდნენ იმაში, რომ შეშლილები და ბოროტ ძალთა მიერ შეპყრობილნი იყვნენ. ორივეს დასცინოდნენ და ლანძღავდნენ. ორივემ გამოცადა ღალატი. ორივეს სიცოცხლეს ემუქრებოდა საფრთხე.

მიუხედავად ამისა, ამ მნიშვნელოვან მსგავსებათ ფარავს კიდევ უფრო მეტად მნიშვნელოვანი განსხვავება, რამაც ძალიან დიდი გავლენა მოახდინა იმაზე, თუ როგორ ჩამოყალიბდა ამ ორი რელიგიიდან თითოეული. მუჰამედის ცხოვრება ნათლად გვიჩვენებს კაცობრიობისთვის დამახასიათებელ უარყოფაზე საპასუხო რეაქციების სრულ სპექტრს, მათ შორის, საკუთარი თავის უარყოფას, თვითდამკვიდრების მცდელობებსა და აგრესიას. იესოს ცხოვრება კი სრულიად სხვა მიმართულებით წარიმართა. მან დასძლია უარყოფა და ეს მოახერხა არა ამ უარყოფის სხვებისთვის თავზე მოხვევით, არამედ მისი მიღებით და ქრისტიანული შეხედულების თანახმად, მისი ძალის დაძლევითა და მის მიერ გამოწვეული ტკივილის განკურნებით. მუჰამედის ცხოვრება თუ შეიცავს გასაღებებს იმის გასაგებად, თუ როგორ ატყვევებს ადამიანებს შარიათის

სულიერი მემკვიდრეობა, რაოდენ უფრო მეტად სთავაზობს ქრისტეს ცხოვრება თავისუფლების და პიროვნების სისრულის გასაღებებს როგორც ისლამის უარმყოფელ ადამიანებს, ასევე შარიათის პირობებში მცხოვრებ ქრისტიანებს.

მომდევნო ნაწილებში განვიხილავთ იმას, თუ როგორ ესმოდა იესოს უარყოფა თავისი (როგორც მხსნელისა და მესიის) მისიიდან გამომდინარე და როგორ შეუძლია მის ცხოვრებასა და ჯვარს ჩვენი გათავისუფლება უარყოფის მწარე შედეგებისაგან.

მიიღეთ უარყოფა

იესომ მკაფიოდ განაცხადა, რომ ის უნდა უარეყოთ, რადგან ეს იყო მისი, როგორც ღმერთის მიერ წარმოგზავნილი მესიის მოწოდების არსებითად მნიშვნელოვანი ნაწილი. ღმერთმა დაგეგმა, რომ უარყოფილი იესო გამოეყენებინა ქვაკუთხედად მთელი თავისი შენობისათვის:

> „ქვა, მშენებლებმა რომ დაიწუნეს, ქვაკუთხედად იქცა..."
> (მარკოზი 12:10, ციტირებულია: ფსალმუნი 117:22-23;
> იხ. აგრეთვე მათე 21:42)

იესო გაიგივებულია (მაგალითად, 1-ელი პეტრე 2:21 და შემდგომ; საქმეები 8:32-35) ესაია წინასწარმეტყველის მიერ აღწერილ უარყოფილ და ტანჯულ მსახურთან, რომლის ტანჯვათა მეშვეობითაც ადამიანები შეძლებდნენ მშვიდობა და საკუთარ ცოდვათაგან ხსნა ეპოვათ:

> „შესაზიზღი იყო ის და კაცთაგან მიტოვებული,
> გატანჯული და დასნეულებული.
> ...
> მაგრამ ის დაჭრილი იყო ჩვენს დანაშაულთა გამო,
> დალეწილი - ჩვენი ურჯულოების გამო;

ჩვენი სასჯელი მასზე იყო;
და მისი ჭრილობებით ჩვენ განვიკურნეთ.“

(ესაია 53:3; 5)

ჯვარი იყო ამ გეგმის ცენტრალური ნაწილი და იესო არაერთხელ ახსენებდა იმ ფაქტს, რომ მას მოკლავდნენ:

„და დაუწყო სწავლება, რომ კაცის ძეს მართებს მრავალი ტანჯვა აიტანოს, უარყოფილ იქნეს უხუცესების, მღვდელმთავრებისა და მწიგნობრების მიერ, მოიკლას და მესამე დღეს აღდგეს. და ცხადად ამბობდა სიტყვას...“ (მარკოზი 8:31-32; იხ. აგრეთვე მარკოზი 10:32-34; მათე 16:21; 20:17-19; 26:2; ლუკა 18:31; იოანე 12:23).

უკუაგდეთ ძალადობა

იესო მკაფიოდ და ხშირად გმობდა ძალის გამოყენებას მიზანთა მისაღწევად, მაშინაც კი, როცა მის სიცოცხლეს საფრთხე ემუქრებოდა:

„მაშინ იესომ უთხრა მას: ‘თავის ადგილას ჩააბრუნე მახვილი, ვინაიდან ყველა მახვილის ამღები, მახვილითვე დაიღუპება’“ (მათე 26:52).

ჯვრისკენ მიმავალი იესო უარს ამბობს თავისი მისიის გასამართლებლად ძალის გამოყენებაზე, თუნდაც ეს საკუთარი სიცოცხლის ფასად დაუჯდეს:

„მიუგო იესომ: ‘ჩემი მეფობა არ არის ამ სოფლისა. ჩემი მეფობა რომ ამ სოფლისა ყოფილიყო, მაშინ ჩემი მხლებელნი იბრძოლებდნენ, რომ იუდეველებს ხელში არ ჩავვარდნოდი. არა, ჩემი მეფობა სააქაო არ არის’“ (იოანე 18:36).

ეკლესიის მომავალ ტანჯვათა შესახებ საუბრისას იესომ ნამდვილად „მახვილის“ მოტანა იგულისხმა, როცა თქვა:

„ნუ გგონიათ, თითქოს მიწაზე მშვიდობის მოსატანად მოვედი. მშვიდობის კი არა, მახვილის მოსატანად მოვედი“ (მათე 10:34).

ხანდახან ამას განმარტავენ ისე, თითქოს იესო ძალადობის ნებართვას იძლეოდა, თუმცაღა, სინამდვილეში, ის ეხება იმ დაყოფებს, რომლებიც ოჯახებში შეიძლება გაჩნდეს მაშინ, როდესაც ქრისტიანებს უარყოფენ ქრისტეს რწმენის გამო: შესაბამისი მონაკვეთი ლუკას სახარებაში იხსენიებს სიტყვას „დაყოფა“ ნაცვლად სიტყვისა „მახვილი“ (ლუკა 12:51). მახვილს აქ სიმბოლური მნიშვნელობა აქვს და აღნიშნავს იმას, რაც დაყოფას იწვევს, რაც ოჯახის წევრებს ერთმანეთს აშორებს. კიდევ ერთი შესაძლო განმარტება გახლავთ ის, რომ ეს „მახვილი“ ქრისტიანთა დევნას შეეხება. ეს განმარტება გამომდინარეობს იმ რჩევის უფრო ფართო კონტექსტიდან, რომელსაც იესო იძლევა მომავალ დევნათა შესახებ. ამ შემთხვევაში, ეს არის მახვილი, რომელიც ამოწვდილია ქრისტიანთა წინააღმდეგ მათი მოწმობის გამო და არა მახვილი, რომელიც ქრისტიანთა მიერ სხვათა წინააღმდეგაა ამოღებული.

იესოს მიერ ძალადობის უარყოფა საპირისპირო იყო საყოველთაოდ მიღებული წარმოდგენებისგან იმასთან დაკავშირებით, თუ რას მოიმოქმედებდა მესია, როცა ღვთის ერის სახსნელად მოვიდოდა. ხალხს იმედი ჰქონდა, რომ ხსნა იქნებოდა როგორც სამხედრო და პოლიტიკური, ასევე სულიერი. იესომ კი უარი თქვა სამხედრო მოქმედებაზეც. მან განაცხადა, რომ მისი სამეფო „ამ სოფლის“ არ იყო და ამით ნათლად წარმოაჩინა ის, რომ მისი სამეფო არც პოლიტიკური იყო. ის ასწავლიდა, რომ ხალხს კეისრისათვის კეისრისა უნდა მიეცა და ღმერთისთვის – ღმერთისა (მათე 22:21). ის უარყოფდა ღვთის სამეფოს ფიზიკურად არსებობას, რადგან ის ადამიანებში უნდა ყოფილიყო (ლუკა 17:21).

ქრისტეს მოწაფეები კამათობდნენ იმის შესახებ, თუ ვინ მიიღებდა პრივილიგირებულ პოლიტიკურ თანამდებობას ღვთის სამეფოში, რაც სიმბოლურად ღვთის ტახტის აქეთ-იქით დაჯდომაში გამოიხატებოდა. ქრისტემ კი უთხრა მათ, რომ ღვთის სამეფო არ ჰგავდა მათთვის ნაცნობ პოლიტიკურ სამეფოებს, სადაც ადამიანები ერთმანეთზე ბატონობდნენ. მან თქვა, რომ პირველობა ვისაც სურს, უკანასკნელი უნდა იყოს (მათე 20:16, 27), მისი მიმდევრები კი უნდა ესწრაფვოდნენ იმას, რომ ემსახურებოდნენ ერთმანეთს ნაცვლად იმისა, რომ თავისთვის ეძებდნენ მსახურებს (მარკოზი 10:43; მათე 20:26-27).

ადრეულმა ეკლესიამ გულთან ახლოს მიიტანა იესოს სწავლება არაძალადობრიობის შესახებ. მაგალითად, ეკლესიის ისტორიის პირველ საუკუნეებში მორწმუნეებს აკრძალული ჰქონდათ ზოგიერთი პროფესია, მათ შორის ჯარისკაცობა და თუკი ქრისტიანი მაინც გახდებოდა ჯარისკაცი, მას ეკრძალებოდა კაცის კვლა.

გიყვარდეთ თქვენი მტრები

უარყოფაზე ერთ-ერთი დამანგრეველი საპასუხო რეაქცია შეიძლება იყოს აგრესია. აგრესიის მამოძრავებელი ძალა მტრობაა, რომელიც შეიძლება უარყოფამ გამოიწვიოს. მიუხედავად ამისა, იესო ასწავლიდა იმას, რომ:

- სამაგიეროს მიგება აღარ იყო მისაღები – ბოროტ ქმედებებს უნდა კეთილით ვუპასუხოთ და არა ბოროტით (მათე 5:38-42).
- მცდარია სხვების განკითხვა (მათე 7:1-5).
- მტრები კი არ უნდა გვძულდეს, არამედ უნდა გვიყვარდეს (მათე 5:44).
- თვინიერნი დაიმკვიდრებენ ქვეყანას (მათე 5:5).

- მშვიდობისმყოფელნი ღვთის შვილებად იწოდებიან (მათე 5:9).

ეს სწავლებანი უბრალოდ სიტყვები როდი იყო, რომლებიც მოწაფეებმა მოისმინეს და დაივიწყეს. იესოს მიმდევრებმა, ახალ აღთქმაში შემონახულ საკუთარ წერილებში მკაფიოდ დაგვიწერეს, რომ სწორედ ამ პრინციპებით ხელმძღვანელობდნენ დიდ განსაცდელთა და წინააღმდეგობათა დროსაც კი:

> „ჩვენ ამ ჟამამდე მშივრები და მწყურვლები ვართ, შიშვლები და ნაგვემნი, და მოხეტიალენი... გაგვლანძღავენ - ვლოცავთ, გვდევნიან - ვითმენთ. სახელს გვიტეხენ - ვეფერებით...“ (1-ელი კორინთელთა 4:11-13; იხ. აგრეთვე 1-ელი პეტრე 3:10; ტიტე 3:1-2; რომაელთა 12:14-21).

მოციქულები თავად იესოს მაგალითს უჩვენებდნენ მორწმუნეებს (1-ელი პეტრე 2:21-25). ეს იმდენად დიდ გავლენას ახდენდა, რომ ადრეული ეკლესიის ნაწერებში მუხლი – „გიყვარდეთ თქვენი მტრები“ (მათე 5:44) ბიბლიის ყველაზე ხშირად ციტირებულ მონაკვეთთა შორის იყოს.

მოამზადეთ საკუთარი თავი დევნისთვის

იესო თავის მიმდევრებს ასწავლიდა, რომ დევნა გარდაუვალი იყო: მათ გაამათრახებდნენ, შეიძულებდნენ, გასცემდნენ და დახოცავდნენ (მარკოზი 13:9-13; ლუკა 21:12-19; მათე 10:17-23).

იესო თავის მოწაფეებს ასწავლიდა, თუ როგორ უნდა ექადაგათ ადამიანთათვის მისი უწყება და ამავდროულად, აფრთხილებდა კიდეც მათ იმის შესახებ, რომ მათ უარყოფდნენ. მუჰამედის მაგალითისა და სწავლებისგან რადიკალურად განსხვავებული იყო იესოს სწავლება – თუ მუჰამედის მაგალითი და სწავლება გახდა ბიძგი

მუსლიმანთათვის, რათა მათ უარყოფაზე ძალადობით და მკვლელობითაც კი ეპასუხათ, ქრისტე თავის მოწაფეებს ეუბნებოდა, რომ წამოსვლისას, უბრალოდ „მტვერი ჩამოებერტყათ ფერხთაგან“. სხვა სიტყვებით, მათ გზა უნდა გაეგრძელებინათ და გულში არავითარი ბოროტი ან ცუდი არ ჩაედოთ ამა თუ იმ შეხვედრის შემდეგ (მარკოზი 6:11; მათე 10:14). ეს არ გახლდათ ბოლომით სავსე დაშორება ადამიანთან, ამიტომ საკუთარი მშვიდობა თავადვე „უბრუნდებოდათ“ მოწაფეებს (მათე 10:13-14).

იესომ თავად მისცა ამის მაგალითი თვაის მიმდევრებს, როდესაც სამარიელთა სოფელმა უარი თქვა მათ მიღებაზე. მოწაფეებმა ჰკითხეს მას, ხომ არ სურდა, რომ მათ ცეცხლი მოეხმოთ ზეციდან სამარიელებზე, თუმცა იესომ დატუქსა ისინი და უბრალოდ გზა განაგრძო (ლუკა 9:54-56).

იესო ასწავლიდა თავის მოწაფეებს, რომ სხვაგან გაქცეულიყვნენ დევნისაგან თავის დასაღწევად (მათე 10:23). მათ არ უნდა ეზრუნათ [ედარდათ], რადგან სულიწმიდისაგან მიეცემოდათ სათქმელი (მათე 10:19-20; ლუკა 12:11-12, 21:14-15) და არც უნდა შეშინებოდათ (მათე 10:26, 31).

იესოს სწავლება იმით გამოირჩეოდა, რომ მის მიმდევრებს უნდა ეხარათ დევნისას, რადგან ისინი წინასწარმეტყველებთან იქნებოდნენ ამით გაიგივებულნი:

> „ნეტარნი ხართ, როცა შეგიძულებენ ადამიანები, როცა გაგყრიან და გაგლანძღავენ, ხოლო თქვენს სახელს განდევნიან, როგორც ბოროტს, კაცის ძის გამო. გაიხარეთ იმ დღეს და გამხიარულდით, ვინაიდან, აჰა, დიდია თქვენი საზღაური ცაში, ვინაიდან ასევე ექცეოდნენ წინასწარმეტყველთ მათი მამები“ (ლუკა 6:22-23; იხ. აგრეთვე მათე 5:11-12).

უამრავი მოწმობა არსებობს იმისა, რომ ეს უწყება მთელი გულით მიიღო ადრეულმა ეკლესიამ, როგორც ქრისტეს მიმართ ერთგულების ნაწილი:

> „ნეტარნი ხართ თქვენ, რომ იტანჯოთ კიდეც სიმართლისათვის. მათი შიშით ნურც შეშინდებით და ნურც დაღონდებით" (1-ელი პეტრე 3:14; აგრეთვე, მე-2 კორინთელთა 1:5; ფილიპელთა 2:17-18; 1-ელი პეტრე 4:12-14).

იესო თავის მოწაფეებს ამხნევებდა იმედით, რომ დევნასთან ერთად, ისინი საუკუნო სიცოცხლის საჩუქარს მიიღებდნენ, თუმცა მომდევნო სიცოცხლეში ამ დაპირების მისაღებად ისინი ამ სიცოცხლეში უნდა ყოფილიყვნენ ერთგულნი (მარკოზი 10:29-30, 13:13).

შერიგება

ქრისტიანულ გაგებაში ადამიანის ძირითადი პრობლემა არის ცოდვა, რომელიც ადამიანებს ღმერთისა და ერთმანეთისაგან აშორებს. ცოდვის პრობლემა მხოლოდ ურჩობის პრობლემა როდია. ეს განხეთქილებაა ღმერთთან ურთიერთობაში. მაშინ, როდესაც ადამი და ევა ეურჩნენ ღმერთს, მათ ზურგი აქციეს მას. ნაცვლად ღმერთზე მინდობისა, მათ გველისთვის ყურის დაგდება ირჩიეს. ისინი შებრუნდნენ ღმერთისაგან და ამით უარყვეს ისიც და მასთან ურთიერთობაც. შედეგად, ღმერთმაც უარყო ისინი და გააძევა საკუთარი თანდასწრებისგან. ადამი და ევა ცოდვით დაცემით გამოწვეულ წყევლათა ქვეშ მოხვდნენ.

ისრაელის ისტორიაში ვკითხულობთ, რომ ღმერთმა მოსეს მეშვეობით აღთქმა დაუდო თავის ერს, რათა ხელახლა დამყარებულიყო სწორი ურთიერთობა ღმერთსა და კაცობრიობას შორის, მაგრამ ისრაელიანები არ

დაემორჩილნენ მის მცნებებს და საკუთარი გზით წავიდნენ. ამ ურჩობით მათ უარყვეს ღმერთთან ურთიერთობა და მისი მსჯავრი დაიტეხეს თავს, თუმცა ღმერთს ისინი სრულად არ უარუყვია: მას გეგმა ჰქონდა მათ ასაღორძინებლად. მას ჰქონდა გეგმა მათი და მთელი ქვეყნიერების ხსნისათვის.

მიუხედავად იმისა, რომ ადამიანებმა უარყვეს ღმერთი, ღმერთს საბოლოოდ არ უარუყვია ისინი. მისი გულით სიბრალულით იყო სავსე მისივე შექმნილ ადამიანთა მიმართ და ამიტომაც მას ჰქონდა გეგმა მათი შემორიგებისათვის. იესო ქრისტეს განკაცება და ჯვარი სწორედ ამ გეგმის აღსრულებაა, რომელიც მიმართული გახლდათ მთელი კაცობრიობის აღორძინებისაკენ ღმერთთან უკვე განკურნებულ ურთიერთობაში.

ჯვარია გასაღები ადამიანის მიერ ღმერთის უარყოფის ღრმა პრობლემისა და მის მიერ გამოწვეული მსჯავრის დასამლევად. ჯვრის მეშვეობით იესოს მორჩილება უარყოფის მიმართ უზრუნველგვყოფს გასაღებით, რათა თავად უარყოფის დამლევა შევძლოთ. უარყოფის ძალა იმ რეაქციებშია, რომლებსაც იწვევს იგი ადამიანთა გულებში ყველგან. თავდამსხმელთა სიძულვილის შთანთქმითა და ქვეყნიერების ცოდვების გამო საკუთარი სიცოცხლის მსხვერპლად გაღებით, იესომ თავად უარყოფის ძალა დაამარცხა სიყვარულის მეშვეობით. იესოს მიერ გამოჩენილი სიყვარული სხვა არაფერი იყო, თუ არა ღმერთის სიყვარული თავისივე შექმნილი ქვეყნიერების მიმართ:

> „რადგან იქამდე შეიყვარა ღმერთმა სოფელი, რომ მისცა თავისი ერთადერთი ძე, რათა არავინ, ვინც მას ირწმუნებს, არ დაიღუპოს, არამედ ჰქონდეს საუკუნო სიცოცხლე“ (იოანე 3:16).

ჯვარზე სიკვდილით იესომ საკუთარ თავზე აიღო ის სასჯელი, რასაც ადამიანთა მოდგმა იმსახურებდა ღმერთის

უარყოფისათვის. ეს სასჯელი იყო სიკვდილი და ქრისტემ აიტანა იგი, რათა ყველა, ვინც მას ირწმუნებდა, მიეღო პატიება და საუკუნო სიცოცხლე. უარყოფის სასჯელის აღებითაც სძლია იესომ უარყოფის ძალას.

თორაში მსხვერპლად შეწირული ცხოველის სისხლის დაღვრის მეშვეობით იყო შესაძლებელი ცოდვათა შენდობა. ეს სიმბოლიზმი გამოიყენება ქრისტიანთა მიერ ჯვარზე იესოს სიკვდილის მნიშვნელობის გასაგებად ეს გამოხატულია ტანჯული მსახურის შესახებ ესაიას სიმღერაში:

„...ჩვენი სასჯელი მასზე იყო; და მისი ჭრილობებით ჩვენ განვიკურნეთ... მაგრამ უფალს სურდა მისი დალეწვა, მისი დასნეულება; თუ დადებს ის თავის სულს დანაშაულის მსხვერპლად, იხილავს ის შთამომავლობას, გაიგრძელებს დღეებს... სასიკვდილოდ გაწირა თავისი სული და ბოროტმოქმედებთან შეირაცხა. და მრავალთა ცოდვა იტვირთა და დამნაშავეთათვის იშუამდგომლა“ (ესაია 53:5, 10, 12).

რომაელთა მიმართ წერილის ერთ შთამბეჭდავ მონაკვეთში პავლე მოციქული განმარტავს იმას, თუ როგორ უსვამს წერტილს უარყოფას ქრისტე მსხვერპლი და მოაქვს მისი საპირისპირო, ანუ შერიგება:

„ვინაიდან, თუ მისი ძის სიკვდილით შევურიგდით ღმერთს, როცა მტრები ვიყავით, მით უმეტეს, შერიგებულნი გადავრჩებით მისი სიცოცხლით. უფრო მეტიც, ვიქადით ღმერთით ჩვენი უფლის იესო ქრისტეს მეშვეობით, რომლის წყალობითაც მივიღეთ ახლა შერიგება“ (რომაელთა 5:10-11).

ეს შერიგება ასევე სძლევს მსჯავრის ყველა უფლებას, რაც კი შეიძლება განაცხადონ მესამე მხარეებმა, მათ შორის ადამიანებმა, ანგელოზებმა ან ბოროტმა სულებმა

(მთავრობანი - ქართულ თარგმანში. მთარგმნ. შენიშვნ.) (რომაელთა 8:38):

> „ვინ გაამტყუნებს ღვთის რჩეულთ? თვით ღმერთი ამართლებს მათ... [ვერაფერი] განგვაშორებს ღვთის სიყვარულს ჩვენს უფალ ქრისტე იესოში“ (რომაელთა 8:33, 39).

არა მხოლოდ ეს, არამედ ქრისტიანებს შერიგების მსახურებაც აქვთ მინდობილი, როგორც სხვებზე ამ შერიგების გავრცობით, ასევე უარყოფის გამანადგურებელი ჯვრისა და მისი ძალის შესახებ უწყების ქადაგების მეშვეობით:

> „ყოველივე ღვთისაგან არის, რომელმაც შეგვირიგა იესო ქრისტეს მეშვეობით და მოგვცა შერიგების მსახურება. იმიტომ, რომ ღმერთმა ქრისტეში შეირიგა სოფელი და არ ჩაუთვალა მათ მათი დანაშაულებანი და გვიბოძა შერიგების სიტყვა. ამგვარად, ჩვენ ელჩები ვართ ქრისტესთვის, და ვითომც თავად ღმერთი შეგაგონებდეთ ჩვენი მეშვეობით, ქრისტეს სახელით გთხოვთ: შეურიგდით ღმერთს“ (მე-2 კორინთელთა 5:18-20).

აღდგომა

მუჰამედის „გამოცხადებათა“ და მის მრავალრიცხოვან განცხადებათა ერთ-ერთი განმეორებადი თემა იყო სურვილი საკუთარი თავის გამართლებისა თუ თვითდამკვიდრებისა. მუჰამედმა მიაღწია ამას საკუთარი თავისთვის: მან აიძულა თავისი მტრები, რომ დამორჩილებოდნენ მის რწმენას, რათა საკუთარი თავი დაექვემდებარებინათ მისი წინამძღოლობისა და ავტორიტეტისათვის, ან აიძულა ისინი, რომ მიეღოთ დჰიმობა. მესამე არჩევანი სიკვდილი იყო.

ქრისტეს მისიის ქრისტიანულ გაგებაში არის გამართლება, მაგრამ ქრისტეს იგი საკუთარი თავისთვის არ მიუღწევია. ტანჯული მესიის როლი თავის დამდაბლება და უარყოფის მიღება იყო. გამართლება აღსრულდა ქრისტეს აღდგომითა და ამაღლებით, რომელთა მეშვეობითაც სიკვდილი და მისი ძალაუფლება დამარცხებული იქნა:

> „...მიტოვებული არ არის ჯოჯოხეთში და მის ხორცს არ უხილავს ხრწნილება. ეს იესო აღადგინა ღმერთმა, რისი მოწმენიც ჩვენ ყველანი ვართ. ამგვარად ღვთის მარჯვენით ამაღლებულმა, მამისაგან მიიღო სულიწმიდის აღთქმა და მოჰფინა ის, რასაც თქვენ ხედავთ და ისმენთ... ღმერთმა გახადა უფლად და ქრისტედ ეს იესო“ (საქმეები 2:31-36).

ცნობილი მონაკვეთი ფილიპელთა მიმართ პავლეს წერილიდან აღწერს იმას, თუ „დაიმდაბლა თავი“ იესომ და ნებაყოფლობით აიღო მონის როლი. მისი მორჩილება თვით სიკვდილამდე განივრცო, მაგრამ ღმერთმა აღამაღლა იგი იმ სულიერ მდგომარეობამდე, რომელიც უზენაესი ავტორიტეტის გამომხატველი გახლდათ. ეს გამარჯვება ქრისტეს საკუთარი ძალისხმევით როდი იქნა მიღწეული, არამედ ღმერთის მიერ, რომელმაც გაამართლა ქრისტეს მიერ ჯვარზე გაღებული უზენაესი მსხვერპლი:

> „თქვენშიაც იმ საფიქრალზე იფიქრეთ, რაც ქრისტე იესოშია. რომელიც ღვთის ხატება იყო და, მიტაცებად არ თვლიდა ღვთის თანასწორად ყოფნას, არამედ წარმოიცარიელა თავი და მიიღო მონის ხატება, გახდა კაცთა მსგავსი და შესახედაობით კაცს დაემსგავსა. დაიმდაბლა თავი და მორჩილი გახდა თვით სიკვდილამდე, ჯვარცმით სიკვდილამდე. ამიტომ ღმერთმაც აღამაღლა იგი და მიანიჭა მას ყველა სახელზე უზენაესი სახელი. რათა იესოს სახელის წინაშე მუხლი მოიდრიკოს ყოველმა...“ (ფილიპელთა 2:4-10).

ჯვრის მოწაფეობა

ქრისტიანთათვის ქრისტეს კვალდაკვალ სვლა ნიშნავს მის სიკვდილსა და აღდგომასთან გაიგივებას. იესოც და მისი მიმდევრებიც ხშირად საუბრობდნენ იმას, რომ საჭირო იყო ქრისტესთან ერთად „სიკვდილი“ (ანუ ცხოვრების ძველი წესის მოკვდინება) და ხელახლა შობა, აღდგომა ახალი სიცოცხლისათვის ქრისტესეული სიყვარულისა და შერიგების თანახმად, რათა ვიცოცხლოთ ღმერთისათვის და არა საკუთარი თავისთვის. ქრიტიანთათვის ტანჯვის გამოცდილება ქრისტეს ტანჯვაში მონაწილეობის გზაა. სწორედ ამის მეშვეობით განისაზღვრება მათ ცხოვრებაში არსებულ განსაცდელთა მნიშვნელობა: ეს განსაცდელნი არის საუკუნო სიცოცხლისკენ მიმავალი გზა და არა დამარცხების, არამედ მომავალი გამარჯვების ნიშანი. ღმერთია ის, ვინც გაამართლებს ერთგულ მორწმუნეებს და არა წუთისოფლის სასტიკი ძალები:

> „...თუ ვინმეს სურს მე მომყვეს, უარყოს თავი, აიღოს თავისი ჯვარი და მომდიოს მე. ვისაც სურს სული შეინარჩუნოს, იგი დაღუპავს მას. ხოლო ვინც ჩემი ანდა სახარების გულისთვის დაღუპავს სულს, იგი შეინარჩუნებს მას“ (მარკოზი 8:34-35; იხ. აგრეთვე 1-ელი იოანე 3:14, 16; მე-2 კორინთელთა 5:14-15; ებრაელთა 12:1-2).

მუჰამედი ჯვრის წინააღმდეგ

იმ ყოველივეს გათვალისწინებით, რაც აქამდე გავიგეთ და იმ ცოდნიდან გამომდინარე, რომ ჩვენ ვცხოვრობთ სულიერ სამყაროში, არ უნდა გაგვიკვირდეს იმის გაგება, რომ მუჰამედს სძულდა ჯვრები. ერთ-ერთ ჰადისში ვკითხულობთ, რომ თუკი მუჰამედი თავის სახლში რაიმე

ნივთს იპოვიდა ჯვრის გამოსახულებით, ანადგურებდა მას.11

როგორც მე-3 გაკვეთილიდან დავინახეთ, მუჰამედის სიძულვილი ჯვრის მიმართ გამოიხატა სწავლებაში იმის შესახებ, რომ თითქოს ისლამის იესო, ანუ ისა, დედამიწაზე დაბრუნდება, როგორც ჯვრის გამანადგურებელი ისლამის წინასწარმეტყველი, რათა ქრისტიანობა აღგავოს პირისაგან მიწისა.

დღეს, ჯვრის მიმართ მუჰამედის მტრობას ბევრი მუსლიმანი იზიარებს. მსოფლიოს მრავალ კუთხეში სძულთ მუსლიმანებს ქრისტეს ჯვარი, კრძალავენ და ანადგურებენ მას.

კენტერბერის ეპისკოპოსი, ჯორჯ კერიც კი იძულებული გახდა ყელზე ჩამოკიდებული ჯვარი მოეხსნა, როცა მისი თვითმფრინავი იძულებული იყო საუდის არაბეთში დამჯდარიყო 1995 წელს. ეს შემთხვევა აღწერილი აქვს დევიდ სკიმორს ეპისკოპალური ეკლესიის საინფორმაციო სამსახურში:

> „კერის თვითმფრინავი, რომელიც კაიროდან სუდანის მიმართულებით მიფრინავდა, იძულებული იყო, საუდის არაბეთში შეჩერებულიყო. წითელი ზღვის ნაპირზე მდებარე ქალაქ ჯიდასთან მიახლოებისას კერის უთხრეს, რომ ყველანაირი რელიგიური ნიშნები მოეხსნა, მათ შორის სასულიერო წოდების გამომხატველი საყელო და ჯვარი“.

და მაინც, თუ მუსლიმანები უარყოფენ ჯვარს, ჩვენთვის, ქრისტიანთათვის ის თავისუფლების ნიშანია.

---

11. W. Muir, *The Life of Muhammad*, vol. 3, p. 61, note 47.

მომდევნო ნაწილებში ჩვენ ვისაუბრებთ იესო ქრისტეს გზაზე სვლის ერთგულების განცხადების ლოცვის შესახებ, განვიხილავთ რამდენიმე დამოწმებას თავისუფლებაზე და ასევე ლოცვას ისლამისა და შაჰადას აღთქმის ძალისაგან გათავისუფლებაზე. ეს ლოცვები საგანგებოდ იმ ადამიანებისთვისაა განკუთვნილი, რომლებიც ისლამს ტოვებენ, რათა გაჰყვნენ იესო ნაზარეველს; ასევე იმ ადამიანებისთვისაც, რომლებმაც უკვე ირჩიეს იესოს კვალდაკვალ სიარული და სურთ, რომ მოითხოვონ თავისუფლება ისლამის ყველა პრინციპისა და ძალისაგან.

მიჰყევით იესოს

თქვენ გთავაზობენ, რომ ხმამაღლა წაიკითხოთ ქვემოთ მოცემული ლოცვა და ამით დაადასტუროთ ქრისტეს გზაზე სვლის თქვენი ერთგულება. საგულდაგულოდ განიხილეთ ლოცვა მანამ, სანამ ხმამაღლა წაიკითხავდეთ, რათა დარწმუნებული იყოთ იმაში, რასაც ამბობთ.

ამ ლოცვაზე ფიქრისას, ყურადღება მიაქციეთ იმას, რომ მასში ეს ორი შემადგენელი ელემენტია:

1. ორი აღიარება:
    - მე ცოდვილი ვარ და არ შემიძლია საკუთარი თავის ხსნა.
    - არსებობს მხოლოდ ერთი ღმერთი, ვინც თავისი მე, იესო ქრისტე წარმოგზავნა, რათა მომკვდარიყო ჩემი ცოდვების გამო.
2. *ზურგის შექცევა* (მონანიება) ჩემი ცოდვებისა და ყველაფრისათვის, რაც ბოროტია.
3. *თხოვნები* პატიების, თავისუფლების, საუკუნო სიცოცხლისა და სულიწმიდისათვის.

4. ერთგულების გადატანა ქრისტეს მიმართ, როგორც ჩემი ცხოვრების უფლის მიმართ.
5. დაპირება და განწმენდა ჩემი ცხოვრებისა, რათა დავემორჩილო ქრისტეს და ვემსახურო მას.
6. ქრისტეში ჩემი ვინაობის გამოცხადება.

იესო ქრისტეს გზაზე შედგომის და ამ გზის ერთგულების შესახებ განცხადება და ლოცვა

მწამს ერთი ერთი ღმერთის, შემოქმედის, ყოვლისშემძლე მამის.

უარვყოფ ყველა სხვა, ეგრეთ წოდებულ, „ღმერთებს“.

ვაღიარებ, რომ შევცოდე ღვთისა და ადამიანთა წინააღმდეგ. ამით ვეურჩე ღმერთს და ავუჯანყდი მას და მის კანონებს.

არ შემიძლია საკუთარი თავის ხსნა ჩემი ცოდვებისაგან.

მწამს, რომ იესო არის ქრისტე, ღმერთის აღმდგარი ძე. ის ჯვარზე მოკვდა ჩემ ნაცვლად და საკუთარ თავზე აიღო მსჯავრი ჩემი ცოდვებისათვის. ის მკვდრეთით აღდგა ჩემთვის.

ზურგს ვაქცევ ჩემს ცოდვებს.

ვითხოვ ქრისტეს პატიების საჩუქარს, რომელიც ჯვარზე მოიპოვა მან.

ახლა კი ვიღებ მისი პატიების საჩუქარს.

ვირჩევ, მივიღო ღმერთი ჩემს მამად და მსურს, მას ვეკუთვნოდე.

ვიღებ საუკუნო სიცოცხლის საჩუქარს.

ჩემი ცხოვრების განკარგვის უფლებებს გადავცემ ქრისტეს და ვიწვევ მას, რომ დღეიდან მან, უფალმა, მართოს ჩემი ცხოვრება.

უარვყოფ ყველა სხვა სულიერ ერთგულებას. კონკრეტულად უარვყოფ შაჰადასა და მის ყველა მოთხოვნას ჩემი ცხოვრების მიმართ.

უკუვაგდებ სატანას და მთელ ბოროტებას. ვწყვეტ ყველა უღვთო შეთანხმებას, რომელიც ბოროტ სულებსა თუ ბოროტების პრინციპებთან დავდე.

უარვყოფ ყველა უღვთო კავშირს მათთან, ვისაც უღვთო ძალაუფლება ჰქონდა ჩემზე.

უარვყოფ ჩემს წინაპართა მიერ ჩემი სახელით დადებულ ყველა უღვთო აღთქმას, რამაც ამა თუ იმ გზით გავლენა მოახდინა ჩემზე.

უარვყოფ ყველა ფსიქიკურ თუ სულიერ უნარს, რომელიც არ მომდინარეობს ღვთისაგან იესო ქრისტეს მეშვეობით.

ვითხოვ აღთქმული სულიწმიდის საჩუქარს.

მამა ღმერთო, გთხოვ გამათავისუფლე და გარდამქმენი, რათა მხოლოდ და მხოლოდ შენ განგადიდო.

გამოათავისუფლე ჩემში სულიწმიდის ნაყოფი, რათა პატივი მოგაგო და მიყვარდეს სხვები.

ვაცხადებ მოწმე ადამიანებისა და ყველა სულიერი ძალაუფლების წინაშე, რომ მე თავს ვუძღვნი და ვუკავშირებ ღმერთს იესო ქრისტეს მეშვეობით.

ვაცხადებ, რომ ზეცის მოქალაქე ვარ. ღმერთია ჩემი დამცველი. სულიწმიდის შემწეობით ვირჩევ, რომ მთელი ჩემი სიცოცხლის განმავლობაში ვემორჩილებოდე და მივყვებოდე მხოლოდ და მხოლოდ იესო ქრისტეს, ვითარცა ჩემს უფალს.

ამინ.

დამოწმებანი თავისუფლების შესახებ

ქვემოთ წაიკითხავთ იმ ადამიანთა დამოწმებებს, რომლებიც გათავისუფლდნენ ამ გაკვეთილში მოცემული ლოცვების მეშვეობით.

დამოწაფების კურსი

ჩრდილოეთ ამერიკაში არსებული მსახურება რეგულარულად ატარებდა ინტენსიურ მომზადებას მუსლიმანური წარსულის მქონე ადამიანებისათვის, რომლებმაც მიიღეს ქრისტე საკუთარ მხსნელად უფლად. კურსის კოორდინატორებმა აღმოაჩინეს, რომ მონაწილეები ხშირად აწყდებოდნენ სირთულეებს დამოწაფების პროცესში. მათ გაიგეს ამ წიგნში მოცემული ლოცვების შესახებ შაჰადას უარყოფასთან დაკავშირებით და გადაწყვიტეს, კურსის ყველა მონაწილეს შესთავაზეს ამ ლოცვების გამოყენება, რათა ერთობლივად უარეყოთ ისლამი. მონაწილეთა საპასუხო რეაქცია დიდი სიხარულისა და შვების მომტანი იყო. მათ იკითხეს: „რატომ არ აგვიხსნა ვინმემ, რომ ისლამის უარყოფა იყო საჭირო? ეს დიდი ხნის წინ უნდა გაგვეკეთებინა!“ ამის შემდეგ ისლამის უარყოფა მათი მოსამზადებელი კურსის განუყოფელი ნაწილი გახდა.

ახლო აღმოსავლეთში მცხოვრები ქრისტიანები, რომლებმაც უარყვეს შაჰადა

ქვემოთ წაიკითხავთ ახლო აღმოსავლეთში მცხოვრები, ქრისტიანობაზე მოქცეული ყოფილი მუსლიმანების ორ დამოწმებას მას შემდეგ, რაც მათ უარყვეს შაჰადა.

> ჭეშმარიტად თავისუფლად ვგრძნობ თავს, თითქოს უღელი, რომელიც ყელში მიჭერდა, შესუსტდა და გატყდა. საოცარია ეს ლოცვა. თავს ისე ვგრძნობ, როგორც გალიიდან გამოშვებული ცხოველი. თავისუფლებას ვგრძნობ.

მალიან მჭირდებოდა ეს და თითქოს იცოდით, რა ხდებოდა ჩემს გონებაში... ლოცვის წარმოთქმის შემდეგ კვლავ და კვლავ ვგრძნობდი უცნაურ ნუგეშს, რომელსაც სიტყვებით ვერ აღვწერ... თითქოს მძიმე ტვირთი მომშორდა და სრულად გავთავისუფლდი. რა საოცარი, თავისუფლების მომტანი შეგრძნებაა!

ჭეშმარიტებასთან შეხვედრა

პირველი ნაბიჯი შაჰადას (ან დჰიმას) უარყოფისთვის მზადების პროცესში გულისხმობს წმინდა წერილის კონკრეტულ მუხლებზე ფიქრს. ამით ვადასტურებთ მნიშვნელოვან ჭეშმარიტებას, რომელიც საფუძვლად უდევს ჩვენს ლოცვებს. ამას შეიძლება „ჭეშმარიტებასთან შეხვედრა" ვუწოდოთ.

რომელია ის ბიბლიური ჭეშმარიტება, რომელსაც უნდა მივენდოთ და რისთვისაც უნდა ვილოცოთ ქვემოთ მოცემული მუხლებიდან (იოანეს 1-ელი წერილი და იოანეს სახარება) გამომდინარე?

> „ჩვენ ვცანით და ვიწამეთ სიყვარული, რომელიც ჩვენდამი აქვს ღმერთს. ღმერთი სიყვარულია, ხოლო სიყვარულში დარჩენილი ღმერთში რჩება, ხოლო ღმერთი - მასში" (1-ელი იოანე 4:16).

> „[იესომ თქვა]: რადგან იქამდე შეიყვარა ღმერთმა სოფელი, რომ მისცა თავისი ერთადერთი ძე, რათა არავინ, ვინც მას ირწმუნებს, არ დაიღუპოს, არამედ ჰქონდეს საუკუნო სიცოცხლე" (იოანე 3:16).

ისინი გვასწავლის იმას, რომ ღვთის სიყვარული სძლევს უარყოფას.

რომელია ის ღვთიური ჭეშმარიტება, რომელიც უნდა მივიღოთ და რისთვისაც უნდა ვილოცოთ ამ ორი მუხლის თანახმად?

„ვინაიდან ღმერთმა ჩვენ მოგვცა არა სიმხდალის სული, არამედ ძალის, სიყვარულისა და თავშეკავების" (მე-2 ტიმოთე 1:7).

„ვინაიდან არ მიგიღიათ მონობის სული, რათა კვლავ შიშით იყოთ, არამედ მიღებული გაქვთ შვილობის სული, რომლითაც ვღაღადებთ: 'აბბა, მამაო!' სწორედ ეს სული ემოწმება ჩვენს სულს, რომ ღვთის შვილები ვართ. ხოლო თუ შვილები - მემკვიდრენიც, ღვთის მემკვიდრენი, და ქრისტეს თანამემკვიდრენი, თუ სინამდვილეში მასთან ერთად ვიტანჯებით, რათა მასთან ერთად ვიდიდოთ კიდეც" (რომაელთა 8:15-17).

ისინი გვასწავლის იმას, რომ ჩვენი მემკვიდრეობა შიში არ გახლავთ: ჩვენი მემკვიდრეობა ღმერთშია.

რომელია ჭეშმარიტება, რომელიც უნდა ვირწმუნოთ და რისთვის უნდა ვილოცოთ ამ ორი მუხლიდან გამომდინარე?

„[იესომ თქვა:] შეიცნობთ ჭეშმარიტებას და ჭეშმარიტება გაგათავისუფლებთ თქვენ" (იოანე 8:32).

„თავისუფლებისათვის გაგვათავისუფლა ქრისტემ. მაშ, იდექით და ნუღარ შეუდგებით მონობის უღელს" (გალატელთა 5:1).

ისინი გვასწავლის, რომ თავისუფლებაში ცხოვრებისკენ ვართ მოწოდებულნი.

რომელია ის ჭეშმარიტება, რომელსაც უნდა მივენდოთ და რისთვისაც უნდა ვილოცოთ ამ ორი მუხლიდან გამომდინარე?

„ანდა, ნუთუ არ იცით, რომ თქვენი სხეულები ტაძარია თქვენში სულიწმიდისა, რომელიც ღვთისაგან გაქვთ, და რომ თქვენს თავს არ ეკუთვნით? ვინაიდან ფასით ხართ ნაყიდნი. ამიტომ ადიდეთ ღმერთი თქვენი სხეულით" (1-ელი კორინთელთა 6:19-20).

212

„გაიმარჯვეს მასზე კრავის სისხლით...“ (გამოცხადება 12:11).

ისინი გვასწავლის იმას, რომ ჩვენი სხეულები ღმერთს ეკუთვნის და არა ჩაგვრას: ჩვენი ფასი უკვე გადახდილია ქრისტეს სისხლით.

რომელია ის ბიბლიური ჭეშმარიტება, რომელიც უნდა განვაცხადოთ ჩვენს ცხოვრებაში და რისთვისაც უნდა ვილოცოთ ამ მუხლის თანახმად?

„უკვე აღარ არსებობს არც იუდეველი და არც ბერძენი, არც მონა და არც თავისუფალი, არც მამრი და არც მდედრი, ვინაიდან თქვენ ყველანი ერთი ხართ ქრისტე იესოში“ (გალატელთა 3:28).

ის გვასწავლის იმას, რომ მამაკაცები და ქალები თანასწორნი არიან ღვთის წინაშე და ადამიანთა ერთი ჯგუფი არ არის მეორეზე აღმატებული.

რომელია ის ჭეშმარიტება, რომელიც უნდა ვირწმუნოთ და რისთვისაც უნდა ვილოცოთ ამ სამი მუხლიდან გამომდინარე?

„მაგრამ მადლობა ღმერთს, რომელიც ყოველთვის ძლევას გვანიჭებს ქრისტეში და ჩვენი ხელით ავრცელებს თავისი ცოდნის კეთილსურნელებას ყოველ ადგილას, ვინაიდან ქრისტეს კეთილსურნელება ვართ ღვთისათვის დახსნილთა შორისაც და დაღუპულთა შორისაც“ (მე-2 კორინთელთა 2:14-15).

„და დიდება, რომელიც შენ მომეცი, მათ მივეცი, რათა ერთი იყვნენ, როგორც ჩვენ ვართ ერთნი. მე მათში და შენ ჩემში, რათა სრულყოფილნი იყვნენ ერთში და რათა იცოდეს სოფელმა, რომ შენ მომავლინე და ისე შეიყვარე ისინი, როგორც მე შემიყვარე“ (იოანე 17:22-23).

„[იესომ თქვა:] ყველას გასაგონად კი ასე თქვა: 'თუ
ვინმეს სურს გამომყვეს, უარყოს თავისი თავი,
ყოველდღე იტვირთავდეს თავის ჯვარს და
მომყვებოდეს'" (ლუკა 9:23).

*ისინი გვასწავლის იმას, რომ ჩვენთვის დამახასიათებელი
განმასხვავებელი ნიშნები დამამცირებელი ან უფრო დაბალი
მდგომარეობის გამომხატველი როდია, არამედ ისინი
გამოხატავს ქრისტეს გამარჯვებას, ერთობას ქრისტეს
სიყვარულში და ჯვარს.*

რომელია ის ბიბლიური ჭეშმარიტება, რომელიც უნდა
მივიღოთ და რისთვისაც უნდა ვილოცოთ ამ ორი მუხლიდან
გამომდინარე?

„[იესომ თქვა:] ...თუ არ წავედი, ნუგეშისმცემელი ვერ
მოვა თქვენთან. თუ წავალ, მე მოგივლენთ. და როცა ის
მოვა, ამხილებს სოფელს ცოდვის, სიმართლისა და
განკითხვის გამო" (იოანე 16:7-8).

„[იესომ თქვა:] როცა მოვა იგი, სული ჭეშმარიტებისა,
შეგიძღვებათ სრულ ჭეშმარიტებაში" (იოანე 16:13).

*ისინი გვასწავლის იმას, რომ ჩვენ გვაქვს სულიწმიდის ძალა,
რომელიც გვიცხადებს ჭეშმარიტებას.*

რომელია ის ჭეშმარიტება, რომელიც უნდა ვირწმუნოთ და
რისთვისაც უნდა ვილოცოთ ამ მუხლიდან გამომდინარე?

„შევხედოთ რწმენის წინამძღვარსა და სრულმყოფელს –
იესოს, რომელმაც იმ სიხარულისათვის, რომელიც
მოელოდა, დაითმინა ჯვარი, უგულებელყო შერცხვენა
და ღმერთის ტახტის მარჯვნივ დაჯდა" (ებრაელთა
12:2).

*ის გვასწავლის იმას, რომ ჩვენ გვაქვს ძალაუფლება – ქრისტეს
მსგავსად უგულებელვყოთ სირცხვილი.*

214

რომელია ის ღვთიური ჭეშარიტება, რომელსაც უნდა მივენდოთ და რისთვისაც უნდა ვილოცოთ ამ მუხლიდან გამომდინარე?

> „მხოლოდ გაფრთხილდი და გულისყურით დაიცავი თავი, ნუ დაივიწყებ იმ საქმეებს, რომელნიც შენმა თვალებმა იხილეს; და გულიდან ნუ ამოგივარდება სიცოცხლის განმავლობაში. და აცოდინე შენს ძეთ და შენს ძეთა ძეებს" (მეორე რჯული 4:9).

ის გვასწავლის იმას, რომ ჩვენ გვაქვს უფლება და პასუხისმგებლობა იმისა, რომ ვასწავლოთ საკუთარ თავსაც და ჩვენც შვილებსაც სულიერი საკითხების შესახებ.

რომელია ის ბიბლიური ჭეშმარიტება, რომელიც უნდა მივიღოთ და რისთვისაც უნდა ვილოცოთ ამ მუხლებიდან გამომდინარე?

> „სიკვდილი და სიცოცხლე ენის ხელშია, და მისი მოყვარულნი იგემებენ მის ნაყოფს" (იგავნი 18:21).

> „ახლა კი, დაინახე, უფალო, მათი მუქარა და მიეცი შენს მონებს ძალა, მთელი გაბედულებით ილაპარაკონ შენი სიტყვა" (საქმეები 4:29).

> „[სიყვარული] არ ხარობს სიცრუით, არამედ ჭეშმარიტება ახარებს" (1-ელი კორინთელთა 13:6).

> „ვინც აღიარებს, რომ იესო არის ძე ღვთისა, ღმერთი მასში რჩება, ის კი - ღმერთში" (1-ლი იოანე 4:15)

> „მაშ, ნუ მიატოვებთ თქვენს გაბედულებას, რომელსაც დიდი საზღაური აქვს" (ებრაელთა 10:35).

ისინი გვასწავლის იმას, რომ ჩვენ გვაქვს ძალაუფლება ქრისტეში, რათა გაბედულად ვილაპარაკოთ ჭეშმარიტება სიყვარულით.

რომელია ის ბიბლიური ჭეშმარიტება, რომელიც უნდა ვირწმუნოთ და რისთვისაც უნდა ვილოცოთ ამ მუხლებიდან გამომდინარე?

> „...ღვთის მოწმობა უფრო დიდია, ვინაიდან ეს არის ღვთის მოწმობა, რომლითაც დაამოწმა თავის ძეზე“ (1-ელი იოანე 5:9).

> „გაიმარჯვეს მასზე... მათი მოწმობის სიტყვით“ (გამოცხადება 12:11).

ისინი გვასწავლის იმას, რომ ჩვენ შეგვიძლია სრულად ვენდობოდეთ ჭეშმარიტების სიტყვას.

რომელია ის ღვთიური ჭეშმარიტება, რომელიც უნდა განვაცხადოთ ჩვენ ცხოვრებაში და რისთვისაც უნდა ვილოცოთ ამ მუხლებიდან გამომდინარე?

> „და ბოლოს, ჩემო ძმებო, გამაგრდით უფლით და მისი ძალის სიმტკიცით. შეიმოსეთ ღვთის სრული საჭურველი, რათა შეძლოთ წინაღუდგეთ ეშმაკის მზაკვრობას“ (ეფესელთა 6:10-11).

> „ვინაიდან, თუმცა ხორცში დავდივართ, ხორციელად არ ვიბრძვით. ვინაიდან ჩვენი საბრძოლო იარაღი ხორციელი არ არის, არამედ არის ღვთიური ძლიერება სიმაგრეთა დასანგრევად. იმით ვამხობთ ზრახვებს და ყოველ სიმაღლეს, რომელიც აღმართულია ღვთის ცოდნის წინააღმდეგ, და ვატყვევებთ ყოველგვარ აზრს ქრისტესთვის დასამორჩილებლად“ (მე-2 კორინთელთა 10:3-5).

ისინი გვასწავლის იმას, რომ ჩვენ არ ვართ დაუცველნი ან უიარაღონი, არამედ ქრისტეში ვართ სულიერად შეიარაღებულნი.

რას უნდა მივენდოთ და რისთვის უნდა ვილოცოთ ამ მუხლიდან გამომდინარე?

> „ყოველივე სიხარულად ჩათვალეთ, ჩემო ძმებო, როდესაც მრავალნაირ განსაცდელში ცვივდებით“ (იაკობი 1:2; იხ. აგრეთვე ფილიპელთა 1:29).

ის გვასწავლის იმას, რომ სიხარულად უნდა მივიჩნიოთ ქრისტეს სახელისათვის ტანჯვა.

რომელია ის ბიბლიური ჭეშმარიტება, რომელიც უნდა მივიღოთ და რისთვისაც უნდა ვილოცოთ ამ მუხლების თანახმად?

> „[იესომ თქვა:] ...ამ სოფლის მთავარი ახლა გარეთ გაიდევნება. და როცა ავმაღლდები მიწიდან, ყველას ჩემთან მივიზიდავ“ (იოანე 12:31-32).

ისინი გვასწავლის იმას, რომ ჯვარი ანადგურებს სატანის ძალას და მივყავართ ქრისტეში თავისუფლებისკენ.

რომელია ის ღვთიური ჭეშმარიტება, რომელიც უნდა განვაცხადოთ ჩვენ ცხოვრებაში და რისთვისაც უნდა ვილოცოთ ამ მუხლებიდან გამომდინარე?

> „და თქვენც, მკვდრები შეცოდებებში და თქვენი ხორცის წინადაუცვეთლობაში, გაგაცოცხლათ მასთან ერთად. მან მოგვიტევა ყველა შეცოდება. წაშალა ჩვენი ვალების ხელწერილი, რომელიც თავისი დებულებებით ჩვენს წინააღმდეგ იყო, გაანადგურა იგი და ჯვარს მიამსჭვალა. განაიარაღა მთავრობანი და ხელმწიფებანი, საყოველთაოდ გამოააშკარავა ისინი და იზეიმა გამარჯვება მათზე, როგორც ტყვეებზე“ (კოლასელთა 2:13-15).

ისინი გვასწავლის იმას, რომ ჯვარი აუქმებს უღვთო აღთქმებს და ანადგურებს მთელ მათ ძალას.

მანამ, სანამ ვილოცებდეთ, უნდა გავაცნობიეროთ, რომ ჩვენი ლოცვები და ხმამაღალი განცხადებანი ძალმოსილი და ქმედითია. დაეთანხმეთ ღმერთს იმაში, რომ მას ნებავს

თქვენთვის სრული თავისუფლების მოტანა. დაეთანხმეთ თქვენს სულში, რათა მიიღოთ ჭეშმარიტება იმის შესახებ, რომ ქრისტემ მიგიღოთ და სურს, რომ გაგათავისუფლოთ ბოროტის ყოველგვარი მახისაგან. გადაწყვიტეთ, რომ დაუპირისპირდეთ ისლამის აღთქმათა ტყუილებს და უკუაგდოთ ისინი.

ეს არის ლოცვა შაჰადას უარყოფისათვის. უმჯობესია ფეხზე დგომისას წარმოთქვათ იგი.

განცხადება და ლოცვა *შაჰადას* უარყოფისა და მისი ძალის გასატეხად

უარვყოფ ცრუ მორჩილებას, როგორც ამას მუჰამედი ასწავლიდა და აჩვენებდა ადამიანებს.

უარვყოფ და უკუვაგდებ, როგორც ცრუ შეხედულებას იმის შესახებ, რომ მუჰამედი ღმერთის მაცნეა.

უარვყოფ მტკიცებას იმის შესახებ, რომ ყურანი ღვთის სიტყვაა.

უარვყოფ და უკუვაგდებ შაჰადას და მის ყოველ წარმოთქმას.

უარვყოფ ალ-ფატიჰას წარმოთქმას. უარვყოფ მის მტკიცებათ იმის შესახებ, რომ ებრაელებზე ღვთის რისხვაა, ხოლო ქრისტიანები გზაარეულნი არიან.

უარვყოფ ებრაელთა მიმართ სიძულვილს. უარვყოფ მტკიცებას იმასთან დაკავშირებით, რომ მათ დაამახინჯეს ბიბლია.

უარვყოფ მტკიცებას იმის შესახებ, რომ ღმერთმა უარყო ებრაელები და ვაცხადებ, რომ ეს ტყუილია.

უარვყოფ ყურანის ხმამაღლა წარმოთქმას და უკუვაგდებ მის ძალაუფლებას ჩემს ცხოვრებაზე.

უარვყოფ ყოველგვარ ცრუ თაყვანისცემას, რომელიც მუჰამედის მაგალითს ეყრდნობა.

უარვყოფ მუჰამედის მიერ მოტანილ ყოველგვარ ცრუ სწავლებას ღმერთის შესახებ და მტკიცებას იმასთან დაკავშირებით, რომ ყურანში წარმოდგენილი ალაჰი ღმერთია.

[შიიტური წარსულის მქონე ადამიანთათვის: უარვყოფ და უკუვაგდებ ყველა კავშირს ალისა და თორმეტი ხალიფასადმი. უარვყოფ ყოველგვარ მწუხარებას ჰუსეინისა და ისლამის ყველა წამებულის გულისათვის].

უარვყოფ ჩემს მიძღვნას ისლამისადმი ჩემი დაბადებისას და ასევე უარვყოფ ჩემს წინაპართა მიძღვნასაც.

განსაკუთრებით უარვყოფ და უკუვაგდებ მუჰამედის მაგალითს. უარვყოფ ძალადობას, დაშინებას, სიძულვილს, წყენის სულს, სიცრუეს, უპირატესობას, გაუპატიურებას, ქალებზე ძალადობას, ქურდობას და მუჰამედის მიერ ჩადენილ ყველა ცოდვას.

უარვყოფ და უკუვაგდებ სირცხვილს. ვაცხადებ, რომ არავითარი მსჯავრი არ არსებობს ქრისტეში და რომ ქრისტეს სისხლი მწმენდს ყოველგვარი სირცხვილისაგან.

უარვყოფ და უკუვაგდებ ისლამის მიერ აღძრულ ყოველგვარ შიშს. ვთხოვ ღმერთს პატიებას იმისათვის, რომ ვკვებავდი ამ ყველა შიშს ისლამის გამო; ვირჩევ, ყოველივეში მივენდო ჩემი უფლის იესო ქრისტეს ღმერთსა და მამას.

უარვყოფ და უკუვაგდებ სხვათა დაწყევლას. ვირჩევ, ვიყო მაკურთხებელი ადამიანი.

უარვყოფ და უკუვაგდებ ჯინებთან ყოველგვარ კავშირს. უარვყოფ ისლამის სწავლებას თანამგზავრ სულებთან დაკავშირებით და ვწყვეტ ყოველგვარ კავშირს დემონებთან.

ვირჩევ, ვიარო სულიწმიდით და ღვთის სიტყვა იყოს სინათლე ჩემი ბილიკისათვის.

ვეძიებ ღმერთის პატიებას ნებისმიერი და ყოველგვარი უღვთო საქმისათვის, რომელიც ჩავიდინე, რადგან მივყვებოდი მუჰამედს, როგორც ალაჰის მაცნეს.

უარვყოფ და უკუვაგდებ მკრეხელურ მტკიცებას იმის შესახებ, რომ თითქოს მეორედ მოსვლისას იესო, დედამიწაზე მცხოვრებ ყველა ადამიანს აიძულებს მოექცნენ მუჰამედის შარიათისკენ.

ვირჩევ, ვიარო მხოლოდ და მხოლოდ ქრისტეს კვალდაკვალ.

ვაღიარებ, რომ ქრისტე ღვთის ძეა, რომ ის მოკვდა ჯვარზე ჩემი ცოდვების გამო და აღდგა მკვდრეთით ჩემი ხსნისათვის. ვაქებ ღმერთს ქრისტეს ჯვრისათვის და ვირჩევ, ავიღო ჩემი ჯვარი და გავყვე მას.

ვაღიარებ, რომ ქრისტე ყოველთა უფალია. ის უფლობს ზეცაში და დედამიწაზე. ის არის ჩემი ცხოვრების უფალი. ვაღიარებ, რომ ის კვლავ მოვა ცოცხალთა და მკვდართა განსაკითხავად. ვეჭიდები ქრისტეს და ვაცხადებ, რომ არ არსებობს სხვა სახელი არც ზეცაში და არც დედამიწაზე, რომლითაც გადავრჩებით.

ვთხოვ ჩემს მამა ღმერთს, რომ მომცეს ახალი გული, ქრისტეს გული, რათა მიმიძღოდეს წინ და მაკურთხებდეს ყოველივეში, რასაც ვამბობ და ვაკეთებ.

უარვყოფ ყოველგვარ ცრუ თაყვანისცემას და ჩემს სხეულს ვუძღვნი ცოცხალი ღმერთის – მამის, ძისა და სულიწმიდის – თაყვანისცემას.

ამინ.

გზამკვლევი

გაკვეთილი მე-5

იმის გამო, რომ ეს გაკვეთილი ყურადღებას იესოსა და ბიბლიაზე ამახვილებს, აქ ვერ ნახავთ ყურანის აიების მითითებებს, ვერც ახალ ლექსიკონსა და ვერც ახალ სახელებს.

ბიბლიის მუხლებს იხილავთ ქვემოთ მოცემულ შეკითხვებში.

კითხვები – გაკვეთილი მე-5

- იმსჯელეთ სასწავლო მაგალითის შესახებ.

რთული დასაწყისი

1. რა საერთოა იესოსა და მუჰამედის ცხოვრებას შორის?

2. რომელ ოთხი ასპექტის გამო იყო იესოს ცხოვრების დასაწყისი მტკივნეული?

1)

2)

3)

4)

იესოს დაკითხვა

3. რომელი შეკითხვებით ესხმოდნენ თავს ფარისევლები ქრისტეს?

- მარკოზი 3:2 და შემდგომ. შეკითხვები ..... შესახებ.
- მარკოზი 11:28 და შემდგომ. შეკითხვები ..... შესახებ.
- მარკოზი 10:2 და შემდგომ. შეკითხვები ..... შესახებ.
- მარკოზი 12:15 და შემდგომ. შეკითხვები ..... შესახებ.
- მარკოზი 22:36 და შემდგომ. შეკითხვები ..... შესახებ.
- მარკოზი 22:42 და შემდგომ. შეკითხვები ..... შესახებ.
- იოანე 8:19 და შემდგომ. შეკითხვები ..... შესახებ.
- მათე 22:23-28 და შემდგომ... შეკითხვები ..... შესახებ.
- მარკოზი 8:11 და შემდგომ. შეკითხვები ..... შესახებ.
- მარკოზი 3:22 და შემდგომ. შეკითხვები ..... შესახებ.
- მათე 12:2 და შემდგომ. შეკითხვები ..... შესახებ.
- იოანე 8:13 და შემდგომ. შეკითხვები ..... შესახებ.

უარმყოფელნი

4. უარყოფის როგორ ფორმები გამოცადა იესომ?

- მათე 2:16 …
- მარკოზი 6:3 და შემდგომ.

- მარკოზი 3:21 ...

- იოანე 6:66 ...

- იოანე 10:31 ...

- იოანე 11:50 ...

- მარკოზი 14:43-45 და შემდგომ.

- მარკოზი 14:66-72 და შემდგომ.

- მარკოზი 15:12-15 და შემდგომ.

- მარკოზი 14:65 და
  შემდგომ.

- მარკოზი 15:16-20 და
  შემდგომ.

- მარკოზი 14:53-65 და
  შემდგომ.

- მეორე რჯული 21:23 ...

- მარკოზი 15:21-32 და შემდგომ.

იესოს საპასუხო რეაქციები უარყოფაზე

5. რომელ ექვს განსაცვიფრებელ ასპექტს გამოყოფს
   ავტორი იმასთან დაკავშირებით, თუ როგორი იყო იესოს
   საპასუხო რეაქციები უარყოფაზე? (ამ მუხლებიდან
   გამომდინარე: მათე 27:14; ესაია 53:7; მათე 21:24; მათე
   22:15-20; მათე 12:19-20; ესაია 42:1-4; ლუკა 4:30.)

1)

2)

3)

4)

5)

6)

6. როგორი იყო იესოს განსაკუთრებული საპასუხო რეაქცია უარყოფის ცდუნებაზე? (ებრაელთა 4:15-იდან გამომდინარე).

7. რატომ ვერ გრძნობდა იესო იმის საჭიროებას, რომ თავს დასხმოდა მოწინააღმდეგეებს ან გაენადგურებინა ისინი?

🔆

მიიღეთ უარყოფა

8. ღვთის განზრახვის თანახმად, რა იყო იესოს, როგორც ღმერთის მიერ წარმოგზავნილი მესიის მოწოდების არსებითად მნიშვნელოვანი ნაწილი? (ამ მუხლებზე დაყრდნობით: მარკოზი 12:10 და შემდგომი მუხლები და ესაია 52:3-5.)

9. რა იყო ღმერთის გეგმის მთავარი ნაწილი? (იხ. მარკოზი 8:31-32 და შემდგომ).

უკუაგდეთ ძალადობა

10. რას უარყოფს იესო მათეს 26:52-ისა და იოანეს 18:36-ის მიხედვით?

11. როგორ ესმის ავტორს მათეს 10:34, სადაც დაწერილია „მახვილის მოტანის" შესახებ?

12. რა შეხედულებანი უარყო იესომ მესიის შესახებ, რამაც მის მიმდევრებს იმედი გაუცრუა? (ამ მუხლებზე დაყრდნობით: მათე 22:21; ლუკა 17:21; მათე 20:16; მარკოზი 10:43; მათე 20:26-27).

13. როგორ იყენებდა ამ სწავლებას ადრეული ეკლესია ქრისტიანობაზე მოქცეულ ჯარისკაცთა მიმართ?

გიყვარდეთ თქვენი მტრები

14. რას ასწავლიდა იესო სხვა ადამიანების მიმართ მოპყრობის შესახებ?

   1) მათე 5:38-42 – სამაგიეროს მიგება ბოროტებაზე...

   2) მათე 7:1-5 – განკითხვის შესახებ...

   3) მათე 5:44 – მტრების შესახებ...

4) მათე 5:5 – თვინიერების შესახებ...

5) მათე 5:9 – მშვიდობისმყოფელთა შესახებ...

6) ელი კორინთელთა 4:11 და შემდგომ. – დევნის შესახებ...

7) ელი პეტრე2:21-25 – ჩვენი მაგალითის შესახებ...

მოამზადეთ საკუთარი თავი დევნისთვის

15. რა იქნებოდა გარდაუვალი იესოს მიმდევრების ცხოვრებაში მისივე სწავლების თანახმად? (მარკოზის 13:9-13-ისა და შემდგომ მუხლებზე დაყრდნობით).

16. როგორ არიგებდა იესო თავის მიმდევრებს განსხვავებით მუჰამედისგან, რომელიც თავის მიმდევრებს ასწავლიდა ტანჯვაზე სამაგიეროს მიგებას ძალადობის მეშვეობით? (ამ მუხლებიდან გამომდინარე: მარკოზი 6:11; მათე 10:13-14).

17. როდის მოგვცა იესომ ნიმუში იმისა, რომ წინ უნდა წავიდეთ გულში ბოღმის ჩადების გარეშე? (ლუკას 9:54-56-ზე დაყრდნობით).

18. იესოს სწავლებიდან გამომდინარე, ჩამოთვალეთ ის სამი რამ, რაც მოწაფეებს უნდა გაეკეთებინათ ძალადობრივი დევნისას? (მათეს 10:19-20-სა და შემდგომ მუხლებზე დაყრდნობით).

1)

2)

3)

19. რა იყო იესოს მეოთხე განმასხვავებელი სწავლება თავისი მოწაფეების მიმართ, რომლებიც იდევნებოდნენ? (ლუკას 6:22-23-ისა და შემდგომი მუხლებიდან გამომდინარე).

20. რომელი იყო მეხუთე ჭეშმარიტება, რომელიც დევნილ მოწაფეებს უნდა გაეთვალისწინებინათ? (1-ელი პეტრეს 3:14-და და შემდგომ მუხლებზე დაყრდნობით).

შერიგება

21. დური აღნიშნავს, რომ ადამისა და ევას ცოდვამ სამი შედეგი მოუტანა კაცობრიობას. ჩამოთვალეთ ისინი.

22. რაში გამოიხატება ღვთის გეგმის აღსრულება, რომელიც დაკავშირებულია კაცობრიობის აღორძინებასა და ღმერთსა და ადამიანთა შორის ურთიერთობათა განკურნებასთან?

23. რა გვაძლევს გასაღებს უარყოფის დაძლევისათვის?

24. როგორ დაამარცხა იესომ უარყოფის ძალა? (იოანეს 3:16-ზე დაყრდნობით).

25. რომელი ძველაღთქმისეული სიმბოლიზმი და რომელი წინასწარმეტყველება მიუთითებს ჯვარზე იესოს სიკვდილზე?

26. რა მოგვანიჭა ქრისტეს მსხვერპლმა უარყოფისთვის წერტილის დასმით?

27. რომაელთა მიმართ წერილის მე-8 თავის თანახმად, კიდევ რას სძლევს შერიგება?

28. კორინთელთა მიმართ მე-2 წერილის მე-5 თავის მიხედვით, რა მსახურება მოგვანდო ღმერთმა უარყოფის ძალის გასანადგურებლად?

228

აღდგომა

29. რის გაკეთება სურდა მუჰამედის თავისი მტრებისათვის?

30. საქმეების 2:31-36-ის თანახმად, როგორ მიაღწია ქრისტემ გამართლებას?

31. რა მიანიჭა ღმერთმა ქრისტეს თავის დამდაბლებისა და ჯვარზე ნებაყოფლობითი სიკვდილისთვის (ფილიპელთა 2:4-10-ის შესახებ ავტორის შეხედულების თანახმად)?

ჯვრის მოწაფეობა

32. როცა ქრისტეს მოწაფეები „ჯვარს იღებენ", როგორ განმარტავენ ისინი ტანჯვის გამოცდილებას საკუთარ ცხოვრებაში? (მარკოზის 8:34-35-ისა და შემდგომი მუხლებიდან გამომდინარე).

მუჰამედი ჯვრის წინააღმდეგ

33. რამდენად სძულდა მუჰამედს ჯვრები?

34. ისლამის თანახმად, რომელი არჩევანი აღარ ექნებათ ადამიანებს, როცა ისა (ისლამის იესო) დაბრუნდება დედამიწაზე?

35. რა დამამცირებელი მოთხოვნა წაუყენეს ინგლისელ არქიეპისკოპოსს, ჯორჯ კერის, საუდის არაბეთში დაფრენისას?

ლოცვების ნაწილისათვის მიჰყევით ამ ნაბიჯებს:

1) უპირველესად, ყველა მონაწილემ ერთობლივად წარმოთქვას „განცხადება და ლოცვა იესო ქრისტეს კვალდაკვალ სიარულის ერთგულების შესახებ“.

2) შემდეგ ყველა მონაწილეს წაუკითხეთ დამოწმებები და მუხლები „ჭეშმარიტებასთან შეხვედრის“ შესახებ.

3) ამის შემდგომ, ყველა მონაწილე დადგეს ერთად და წარმოთქვას „განცხადება და ლოცვა *შაჰადას* უარყოფისა და მისი ძალის გასატეხად“.

4) დეტალური ინფორმაციისათვის იხილეთ „გზამკვლევი ხელმძღვანელებისათვის“.

6

თავისუფლება დჰიმობისგან

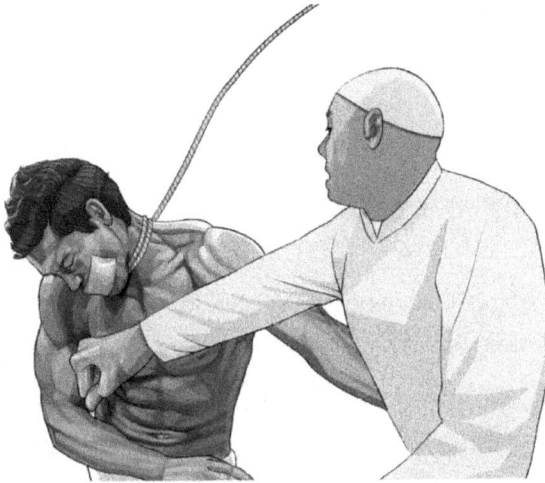

„[იესოს სისხლი] აბელის სისხლზე უკეთ მეტყველებს“.
ებრაელთა 12:24

გაკვეთილის მიზნები

ა. გავიგოთ დჰიმას აღთქმის თეოლოგიური საფუძველი, რომელი შეთანხმებაც მუსლიმანებმა მოახვიეს თავს დაპყრობილ ხალხებს.

ბ. ჩავწვდეთ იმ სამი არჩევანის არსს, რომელიც მუსლიმანებმა მისცეს დამორჩილებულ ხალხებს და ასევე, გავიგოთ „მესამე არჩევანის“ მიერ მოხდენილი გავლენის შესახებ.

გ. განვმარტოთ ის, თუ რა შედეგები მოაქვს დჰიმიას აღთქმას არამუსლიმანთათვის.

დ. განვიხილოთ დჰიმიას აღთქმის მეშვეობით ადამიანთა დამორჩილების მაგალითები ისლამური ლიტერატურიდან და თვითმხილველთა მონათხრობიდან გამომდინარე.

ე. ჩავწვდეთ თავის მოკვეთის ყოველწლიური რიტუალის ფსიქოლოგიურ და სულიერ ზეგავლენას.

ვ. განვიხილოთ მაგალითები იმასთან დაკავშირებით, თუ როგორ ბრუნდება *დჰიმობა* დღეს დასავლეთში.

ზ. გავიგოთ ის, თუ რატომ არის საჭირო კონკრეტული ადამიანებისათვის *დჰიმას* აღთქმის უარყოფა.

თ. მოკლედ მიმოვიხილოთ ის, თუ რაოდენ განსხვავებული იყო იესოსა და მუჰამედის საპასუხო რეაქციები უარყოფაზე.

ი. გავიგოთ ის, თუ რატომ სჭირდება ზოგიერთ ქრისტიანს დჰიმიას აღთქმის უარყოფის ლოცვები.

კ. მოკლედ ჩამოვთვალოთ დჰიმობის უარყოფითი სულიერი გავლენის ყველა გამოხატულება.

ლ. განვიხილოთ ბიბლიის მუხლები, რომლებშიც გამოცხადებულია თხუთმეტი კონკრეტული ჭეშმარიტების შესახებ და რომლებიც გჭირდებათ *შაჰადას* უარყოფისთვის მზადების პროცესში (თუ უკვე არ უარგიყვიათ იგი წინამორბედი გაკვეთილისას).

მ. მოითხოვეთ სულიერი თავისუფლება დჰიმობისგან უარყოფის ლოცვის წარმოთქმის მეშვეობით; ასევე წარმოთქვით აღიარების ლოცვა და 35 უნიკალური განცხადება და უარყოფა.

სასწავლო მაგალითი: რას გააკეთებდით?

თქვენ და თქვენი მეგობრები მიწვეულნი ხართ ლოცვით კონფერენციაზე დასასწრებად დასასვენებელ ცენტრში. თქვენ ძალიან გსურთ წასვლა და სხვა ადამიანებთან შეხვედრისას აღფრთოვანებული რჩებით იმით, რომ ხედავთ ქრისტიანობაზე მოქცეულ ბევრ ყოფილ მუსლიმანს.

საღამოს პირველი სესიის შემდეგ გთხოვენ, რომ გაერთიანდეთ 10-12 ადამიანისგან შემდგარ ჯგუფებად, რათა ერთმანეთს გაუზიაროთ საჭიროებანი და ილოცოთ 30 წუთის განმავლობაში. თქვენს ჯგუფში რამდენიმე მუსლიმანური წარსულის მქონე ქრისტიანია. რამდენიმე მათგანი გულახდილად იწყებს საუბრობს და უზიარებს დანარჩენებს, რა ბედნიერნი არიან, რომ სხვა ქრისტიანებთან ყოფნის შესაძლებლობა მიეცათ. ამასთან, არიან ისეთი ქრისტიანებიც, რომლებიც ამბობენ, რამდენი ტკივილი, შიში, სირცხვილი და სიმულვილი განიცადეს მუსლიმანებისგან, რომლებიც შეურაცხყოფდნენ მათ და ისე ეპყრობოდნენ, როგორც დაბლა მდგომ ადამიანებსა და ურჯულოებს და სოფელში გარიყული ჰყავდათ. ყოფილი მუსლიმანები პასუხობენ: „ძალიან ვწუხვართ ამის გამო,

მაგრამ უბრალოდ აპატიეთ მათ. ამ მუსლიმანებმა ალბათ არ იცოდნენ, რას აკეთებდნენ".

თქვენ ხედავთ, რომ ამ პასუხმა გული ატკინა მათ, ვინც საკუთარი ტკივილის შესახებ გულახდილად თქვეს. ისინი მოგმართავენ მთელ ჯგუფს და გეკითხებიან: „განა ამას იმაზე უფრო ღრმა ფესვები არ აქვს, ვიდრე უბრალოდ თქმა სიტყვებისა: 'გპატიობ'? ჩვენ უკვე ვაპატიეთ მათ, მაგრამ ჯერ კიდევ მოუსვენრად ვგრძნობთ თავს, შეიძლება ითქვას, გვეშინია კიდევ ნებისმიერი მუსლიმანის". თქვენთვის ნათელია, რომ ეს უკანასკნელი სიტყვები ყოფილ მუსლიმანებში დიდ შეწუხებას იწვევს.

რას უპასუხებდით და მოიმოქმედებდით?

წინამდებარე გაკვეთილში ჩვენ ვისაუბრებთ ისლამის პოლიტიკას და დამოკიდებულებას იმ არამუსლიმანთა მიმართ, რომელნიც ისლამის მმართველობის ქვეშ ცხოვრობენ. ეს ადამიანები, მათ შორის ებრაელები და ქრისტიანები, ისლამში ცნობილნი არიან „დჰიმების" სახელით.

დჰიმას აღთქმა

2006 წელს პაპმა ბენედიქტემ წარმოთქვა თავისი ცნობილი რეგენსბურგის ლექცია, სადაც მან მოიყვანა ბიზანტიის იმპერატორის, მანუელ II პალეოლოგოსის ციტატა, რომელიც შეეხებოდა მუჰამედის ბრძანებას თავის „მიერ ნაქადაგები რწმენის მახვილით გავრცელების" შესახებ. პაპის კომენტარებმა მუსლიმანთა ბრაზი გამოიწვია. ამ სიტყვის შემდეგ ასამდე ადამიანი მოკლეს მთელი მსოფლიოს მასშტაბით ატეხილ არეულობათა დროს. ერთ-ერთი საინტერესო იყო საუდის არაბეთის დიდი მუფთის, შეიხ აბდულ აზიზ ალ-შეიხის პასუხი. მან გამოაქვეყნა პრეს-რელიზი, სადაც აცხადებდა, რომ ისლამი ძალადობით არ

გავრცელებულა. ის ამტკიცებდა, რომ მცდარი იყო ისლამის დადანაშაულება ამაში, რადგან ურჯულოებს მესამე არჩევანიც ჰქონდათ. პირველი არჩევანი იყო ისლამი, მეორე – მახვილი, ხოლო მესამე იყო „დამორჩილება და გადასახადის გადახდა, რის შემდეგაც მათ ნება მიეცემოდათ მუსლიმანთა მიწაზე დარჩენისა და საკუთარი რელიგიის შენარჩუნების მუსლიმანთა დაცვის ქვეშ".

დიდმა მუფთიმ მკითხველებს მუჰამედის მაგალითზე მიუთითა. მან თქვა: „ისინი, ვინც ყურანსა და სუნას კითხულობენ, შეუძლიათ ფაქტების გაგება".

სამი არჩევანი, რომელზეც მუფთიმ მიუთითა:

1. ისლამზე მოქცევა;
2. მახვილი – მოკვლა ან სიკვდილის მიღება ან
3. ისლამის ძალების მიმართ დანებება.

პირველი ორი არჩევანი მუჰამედს უკავშირდება, რომელმაც თქვა:

> „მე ნაბრძანები მაქვს (ალაჰისგან), რომ ვიბრძოლო ადამიანთა წინააღმდეგ მანამ, სანამ ისინი არ დაამოწმებენ, რომ არავის აქვს თაყვანისცემის მიღების უფლება, გარდა ალაჰისა და რომ მუჰამედია ალაჰის მაცნე... ამრიგად, თუ ისინი ამ ყოველივეს აღასრულებენ, იხსნიან საკუთარ სიცოცხლეს და ქონებას ჩემგან..."

მიუხედავად ამისა, ეს განცხადება შერბილებული იქნა სხვა განცხადებათა მეშვეობით, რომლებშიც მუჰამედი მესამე არჩევანსაც იძლეოდა: ისლამისა და მახვილის გარდა იყო ასევე დამორჩილება და ხარკის გადახდა, რომელიც ჯიზიას სახელით გახლდათ ცნობილი.

> „იბრძოლეთ ალაჰის სახელით და ალაჰის გზაზე. იბრძოლეთ მათ წინააღმდეგ, ვისაც არ სწამს ალაჰისა.

> მოაწყვეთ წმინდა ომი...
> როცა შეხვდებით თქვენს მტრებს, რომლებიც მრავალღმერთიანები არიან, მოქმედების სამი არჩევანი შესთავაზეთ მათ.
> თუ ისინი რომელიმეზე გიპასუხებენ, თქვენც მიიღეთ ეს პასუხი და თავი შეიკავეთ, რომ არაფერი დაუშაოთ მათ.
> შესთავაზეთ მათ ისლამის მიღება; თუ ისინი გიპასუხებენ, მიიღეთ ეს მათგან და თავი შეიკავეთ მათთან შებრძოლებისგან...
> თუ ისინი უარს იტყვიან ისლამის მიღებაზე, მოითხოვეთ მათგან *ჯიზია*.
> თუ ისინი თანახმანი იქნებიან, რომ გადაიხადონ, მიიღეთ ეს მათგან და ხელები შეიკავეთ.
> თუ გადახდაზე უარს იტყვიან, ეძიეთ ალაჰის შემწეობა და შეებრძოლეთ მათ“.

ჯიზიას გადახდის შესახებ მოთხოვნა ყურანის ერთ-ერთ მუხლსაც ეფუძნება:

> „მათგან, რომელთაც ებოძათ წიგნი, ებრძოლეთ მათ...
> ვიდრე თავისი ხელით გაიღებდნენ ჯიზიას, იმ დროს, როცა იქნებიან დაკნინებულნი“ (სურა 9:29).

მიიჩნევა, რომ ის თემები, რომლებიც ისლამის მმართველობას დანებდნენ, ისლამური კანონის მიხედვით, მიღებული აქვთ დჰიმას პაქტი. ეს არის შეთანხმება დანებების შესახებ, რომლის თანახმადაც არამუსლიმანთა თემი ორ რამეზე თანხმდება: 1) გადაუხადოს ყოველწლიური ჯიზია მუსლიმანებს და 2) იყვნენ შერცხვენილნი ან „დაკნინებულნი“. ამით არამუსლიმანები ძლეული თავმდაბლობის პოზიციას იკავებენ.

მუსლიმანი ისტორიკოსი, იბნ კასირი ზემოხსენებული სურის (9:29) კომენტარში წერდა: „მუსლიმანებს არ აქვთ უფლება პატივი სცენ დჰიმის ხალხს ან მუსლიმანებზე მაღლა დააყენონ ისინი, რადგან ისინი საცოდავნი,

შერცხვენილნი და დამცირებულნი არიან“. ის აცხადებდა, რომ ეს დაკნინებული მდგომარეობა უნდა შენარჩუნებულიყო შარიათის კანონთა მეშვეობით, რომელთაც უნდა უზრუნველეყოთ „მათი უწყვეტი დამცირება, დაკნინება და შერცხვენა“.

დჰიმას აღთქმის მიღების სანაცვლოდ შარიათი ნებას აძლევს არამუსლიმანებს – შეინარჩუნონ საკუთარი რელიგია, რომელიც დაპყრობამდე ჰქონდათ. ამ პირობების ქვეშ მცხოვრებ არამუსლიმანებს დჰიმები ეწოდებათ.

დჰიმას სისტემა გახლავთ ყურანის ორი თეოლოგიური პრინციპის პოლიტიკური გამოვლინება:

1. ისლამმა უნდა გაიმარჯვოს სხვა რელიგიებზე:

   „იგია, ვინც წარმოაგზავნა თავისი მოციქული ხელმძღვანელობითა და ჭეშმარიტების სარწმუნოებთ, რათა აღემაღლებინა იგი ყოველ სარწმუნოებაზე“ (სურა 48:28).

2. მუსლიმანებს ხელთ უნდა ეპყრათ ძალაუფლება, რათა ყველას მიაღებინონ ისლამის სწავლება იმის შესახებ, თუ რა არის სწორი და რა – მცდარი:

   „თქვენ იყავით საუკეთესო (რელიგიური) თემი, რომელიც გამოყვანილ იქნა ხალხისათვის, უბრძანებდით (ღვთისათვის) სათნო, აკავებდით (ღვთისათვის) სამულველისაგან და გწამდათ ალაჰი“ (სურა 3:110).

ჯიზია

ისლამური შარიათის კანონში დჰიმას აღთქმა არამუსლიმანებს ეპყრობა, როგორც ადამიანებს, რომლებიც სიცოცხლეს ვერ შეინარჩუნებდნენ, მუსლიმანებს რომ არ დაენდოთ ისინი. ეს მომდინარეობს წინარეისლამური იდეიდან, რომლის მიხედვითაც, თუკი ვიღაც დაიპყარით და

სიცოცხლე შეუნარჩუნეთ, ის საკუთარი სიცოცხლითაა მოვალე თქვენ წინაშე. ამის გამო, ყოველწლიური ჯიზიას სულადობრივი გადასახადი, რომელსაც ზრდასრული დჰიმი მამაკაცები უხდიდნენ ისლამურ სახელმწიფოს, ავტორიტეტულ ისლამურ წყაროებში აღწერილია, როგორც დჰიმების მიერ გადახდილი გამოსასყიდი საკუთარი სისხლის სანაცვლოდ. სიტყვა ჯიზია ნიშნავს „ანაზღაურებას“, „კომპენსაციას“ ან „ხარკს“. მუსლიმანი ლექსიკოგრაფები ასე განსაზღვრავენ მის მნიშვნელობას:

> „... გადასახადი, რომელსაც თავისუფალი არამუსლიმანისგან იღებს მუსლიმანური მმართველობა, რომლის მეშვეობითაც ისინი ამტკიცებენ შეთანხმებას [დჰიმის პაქტს], რაც მათ დაცვას უზრუნველყოფს, თითქოს ეს ანაზღაურება იყოს იმის, რომ ისინი არ დახოცეს“.[12]

მუჰამედ იბნ იუსუფ ატფაიაში, მე-19 საუკუნის ალჟირელი სწავლული, ამ პრინციპს განმარტავს მე-9 სურის 29-ე მუხლის კომენტარში:

> „ნათქვამი იყო: ეს [*ჯიზია*] დაკმაყოფილებაა მათი სისხლისათვის. ნათქვამია, რომ ეს საკმარისია... რათა აანაზღაუროს ის, რომ ისინი არ დახოცეს. მისი მიზანია – ჩაანაცვლოს მოკვლისა და დამონების ვალდებულებანი (*ვაჯიბი*)... ის მუსლიმანთა სასარგებლოდ არის განკუთვნილი“.

ანდა, უილიამ ეტონი როგორც განმარტავდა ერთი საუკუნით ადრე 1798 წელს გამოქვეყნებულ წიგნში „თურქეთის იმპერიის მიმოხილვა“ (Survey of the Turkish Empire):

> „მათ წესებში მოცემული სიტყვები, რომელსაც ისინი ქრისტიან ქვეშევრდომებს აძლევენ სულადობრივი გადასახადის [ჯიზიას] გადახდისას, გულისხმობს იმას,

---

12. Edward W. Lane, *Arabic-English Lexicon.*

რომ მიღებული თანხა აღებულია, როგორც ანაზღაურება იმ ნებართვისა, რომ თავი შერჩეთ იმ წელიწადის განმავლობაში“.

ჯარიმა შეუსრულებლობისათვის

ისლამურ კანონში ძალიან მკაცრი ჯარიმაა დჰიმას აღთქმის შეუსრულებლობისთვის დაწესებული: თუ დჰიმის გამორჩებოდა ჯიზიას გადასახადის გადახდა ან არ დაემორჩილებოდა დჰიმებისთვის დაწესებულ წესებს, ჯარიმა იქნებოდა ჯიჰადის ხელახლა დაწყება. ეს ნიშნავდა ომის პირობებს: დჰიმების ქონება ნადავლად უნდა დაეტაცებინათ მუსლიმანებს, ქალები დაემონებინათ და გაეუპატიურებინათ, ხოლო მამაკაცები დაეხოცათ (ან ისლამზე მოექციათ მახვილის მუქარით).

კონკრეტული დჰიმას აღთქმის სახელგანთქმული მაგალითი, რომელიც ცნობილია „უმარის პაქტის“ სახელწოდებით, მოიცავდა პუნქტს, სადაც სირიელი ქრისტიანები ამ ჯიჰადის ჯარიმას მოუხმობდნენ საკუთარ თავზე:

> „ესენია პირობები, რომლებსაც საკუთარი თავისა და ჩვენი რელიგიის მიმდევართა წინააღმდეგ ვაწესებთ უსაფრთხოებისა და დაცვის სანაცვლოდ. თუ რომელიმე დაპირებას დავარღვევთ, რომელიც თქვენდა სასარგებლოდ და ჩვენდა საწინააღმდეგოდ დავაწესეთ, მაშინ ჩვენი დჰიმა დარღვეულია და თქვენ უფლება გაქვთ მოგვექცეთ ისე, როგორც მეამბოხე და ურჩ ხალხს ექცევით“.

იმავეზე მიუთითებს იბნ კუდამა: თუ არამუსლიმანი დჰიმი არ შეასრულებს დჰიმას აღთქმის პირობებს, ის კარგავს სიცოცხლეს და ქონებას:

> „დაცვის ქვეშ მყოფი პიროვნება, რომელიც არღვევს შეთანხმებას სულადობრივი გადასახადის [ჯიზია] გადახდაზე ან თემის კანონების მორჩილებაზე უარის თქმით... ამ პიროვნებას და მის ქონებას ‘ჰალალად’ აქცევს [‘ნებადართული’ – თავისუფლად ხელმისაწვდომი მუსლიმანთათვის დასახოცად ან დასატყვევებლად)“.

დჰიმების თემთაგან ბევრის ისტორია გამოირჩევა მძიმე და ტრაგიკული მოვლენებით, რომლებიც მოიცავს ხოცვა-ჟლეტას, გაუპატიურებას და ქონების დატაცებას. ეს ყოველივე მიზნად ისახავდა იმას, რომ არამუსლიმანები მუდმივი შიშის ქვეშ ყოფილიყვნენ, ხოლო დჰიმის ფსიქოლოგიური და სულიერი მონობა მთელ თემში კიდევ უფრო გაძლიერებულიყო. ამის ორი მაგალითია:

- 1066 წელს გრანადაში მცხოვრები ებრაელები (რომელთა რიცხვიც, დაახლოებით, სამი ათასს შეადგენდა) მუსლიმანებმა ამოხოცეს. ამის წინაპირობა გახლდათ ის, რომ ებრაელი შემუელ ჰანაგიდი გრანადის დიდი ვეზირი გახლდათ და ემსახურებოდა მუსლიმან სულთანს. ამ თანამდებობაზე იგი მისმა ვაჟმა, იოსებ ჰანაგიდმა ჩაანაცვლა. ამ ებრაელთა წარმატება დჰიმას პირობების დარღვევად იქნა მიჩნეული, რომელი პირობების თანახმადაც არამუსლიმანს ეკრძალება მუსლიმანებზე ძალაუფლების გამოყენება. ებრაელთა წინააღმდეგ დაიწყო კამპანია რელიგიურ საფუძველზე დჰიმას წესების მოშველიებით და ამას მასობრივი ხოცვა-ჟლეტა მოჰყვა საბოლოოდ. ჩრდილოეთ აფრიკელი სამართალმცოდნე ალ-მაგილი მოგვიანებით წერდა, რომ ყოველთვის, როდესაც ებრაელები მაღალ თანამდებობას იკავებენ სულთნის სამსახურში, ისინი „გამუდმებული ამბოხების

მდგომარეობაში არიან საკუთარი [დჰიმის] სტატუსის წინააღმდეგ, რომელიც ამ წუთიდან მათ მეტად აღარ იცავს“. სხვა სიტყვებით, მათი სისხლი „ჰალალი“ იყო.

- 1860 წელს ხუთი ათასზე მეტი ქრისტიანი დახოცეს დამასკოში. ამის წინაპირობა გახლდათ ის, რომ ოტომანებმა ოფიციალურად გააუქმეს დჰიმას კანონები. ეს ნაბიჯი ევროპულ ძალთა პოლიტიკური ზეწოლის გამო იქნა გადადგმული.
  დამასკოს მუსლიმანმა მქადაგებლებმა აღშფოთება გამოთქვეს ამ გაუმჯობესებული სტატუსის გამო და გამოაცხადეს, რომ რაკიღა ქრისტიანები მორჩილებას აღარ გამოხატავდნენ, როგორც *დჰიმები*, მათი დაცული სტატუსი გაუქმებული იყო. ამას შედეგად მოჰყვა ხოცვა-ჟლეტა, რომელიც კლასიკური ჯიჰადის საომარი წესებით წარიმართა: მამაკაცები დახოცეს, ქალები და ბავები დაიმონეს, ტყვედ ჩავარდნილი ქალები გააუპატიურეს, ხოლო ქრისტიანთა ქონება დაიტაცეს. მათგან მხოლოდ ზოგიერთმა მოახერხა სიცოცხლის შენარჩუნება ისლამზე მოქცევის გზით.

შემაშფოთებელი რიტუალი

ჯიზიას გადასახადი ყოველ წელს უნდა გადაეხადა თითოეულ ზრდასრულ მამაკაცს. ამასთან, ჯიზიას გადახდისას სრულდებოდა კონკრეტული რიტუალი. მთელ მუსლიმანურ მსოფლიოში მცხოვრები დჰიმი მამაკაცები ვალდებულნი იყვნენ შეესრულებინათ ეს რიტუალი მე-20 საუკუნემდე.

ჯიზიას გადასახადთან დაკავშირებული რიტუალი მოიცავდა სიმბოლიზმს: მუსლიმანი მამაკაცი ვითომ მახვილს დაჰკრავდა დჰიმის კისერზე, ანდა, ზოგიერთი ვერსიის მიხედვით, დჰიმები მიწაზე უნდა ეთრიათ კისერზე თოკშებმულნი. ეს რიტუალი აღნიშნავდა იმას, რომ დჰიმი

საკუთარი სიცოცხლის სანაცვლოდ იხდიდა ამ გადასახადს, რათა მონობის ან სიკვდილისგან ეხსნა თავი. ეს რიტუალი გახლდათ თავის მოკვეთით სიკვდილის ინსცენირება, რისგანაც ჯიზიას გადასახადი იხსნიდა ადამიანს და ერთი წლით ათავისუფლებდა მას.

როგორც მუსლიმანური, ისე არამუსლიმანური წყაროები უამრავ ჩანაწერს გვაწვდის ამ რიტუალის შესახებ მაროკოდან მოყოლებული ბუხარას ჩათვლით, მეცხრე საუკუნიდან მეოცე საუკუნემდე. ზოგიერთ მუსლიმანურ ქვეყანაში, მაგალითად, იემენსა და ავღანეთში, ეს რიტუალი ისრაელში ებრაელთა ასვლამდე (გვიანი 1940-იანი და ადრეული 1950-იანი წლები) გაგრძელდა. ბოლო წლებში რადიკალურ მუსლიმანთა მხრიდან არაერთხელ გაისმა მოწოდება ამ რიტუალის დაბრუნებასთან დაკავშირებით.

ჯიზიას გადასახადის რიტუალი, როგორც სიმბოლური თავის მოკვეთა, შეიძლება მიჩნეული იქნას „სისხლიან შეთანხმებად“ ან „სისხლიან ფიცად“ (განხილულია მე-2 გაკვეთილში), რომლის მონაწილეც საკუთარი თავის წინააღმდეგ მოიხმობს სიკვდილს და ამისათვის ახდენს თავისივე სიკვდილით დასჯის ინსცენირებას. სიკვდილით კი იმ შემთხვევაში დაისჯება, თუ ამ შეთანხმებს პირობებს დაარღვევს. მსგავსი ფიცი საუკუნეების განმავლობაში გამოიყენებოდა საიდუმლო საზოგადოებათა და ოკულტურ ჯგუფთა მიერ. ისინი ფლობენ ფსიქო-სულიერ ძალას იმისათვის, რომ ამ ცერემონიათა მონაწილე ადამიანებს აიძულონ მორჩილება.

ჯიზიას რიტუალი სიმბოლურად მოითხოვს მასში მონაწილე დჰიმის თანხმობას თავის მოკვეთაზე, თუკი ის დჰიმას აღთქმის რომელიმე პირობას დაარღვევს, რომელი შეთანხმებაც მას სიცოცხლეს უნარჩუნებს. ეს არის საკუთარი თავის დაწყევლის აქტი, რომელიც, ფაქტობრივად, ამბობს: „უფლება გაქვთ თავი მომკვეთოთ, თუკი ჩემი შეთანხმების

რომელიმე პირობას დავარღვევ“. მოგვიანებით, თუ დჰიმი დაარღვევს თავის შეთანხმებას, მას უკვე გამოცხადებული აქვს სასიკვდილო სასჯელი საკუთარი თავის წინააღმდეგ ამ საჯარო რიტუალის შესრულების მეშვეობით და თუ მას მოკლავენ, ეს მისი წინასწარ მიცემული ნებართვის საფუძველზე მოხდება.

ამ ნაწილებში ჩვენ ვისაუბრებთ არამუსლიმანებზე დჰიმას სისტემის ფსიქოლოგიური ზეგავლენის შესახებ.

თავმდაბალი მადლიერება

არსებითად, კლასიკური ისლამური კანონის მიხედვით არამუსლიმანები მიიჩნევიან ადამიანებად, რომლებიც მუსლიმან დამპყრობლებს უმადლიან საკუთარ სიცოცხლეს. მათგან მადლიერებასა და მდაბალი მეორეხარისხოვნების დამოკიდებულებას მოელიან. მუსლიმანი სწავლულები თუ ისტორიკოსები დაუფარავად საუბრობენ ამ საკითხთან დაკავშირებით.

შარიათის მრავალი წესი შემუშავებული იქნა იმისათვის, რომ არამუსლიმანთათვის თავს მოეხვია მეორეხარისხოვნებისა და დაუცველობის სტატუსი. მაგალითად:

- *დჰიმების* დამოწმება არ მიიღებოდა შარიათის სასამართლოებში: ამის გამო ისინი დაუცველნი ხდებოდნენ ყოველგვარი ჩაგვრისა და შევიწროების წინაშე.
- *დჰიმების* სახლები მუსლიმანთა სახლებზე დაბალი უნდა ყოფილიყო.
- *დჰიმებს* ცხენზე ჯდომისა და მუსლიმანის თავის მაღლა საკუთარი თავის აწევის უფლება არ ჰქონდათ.

- *დჰიმებს* გზა უნდა დაეთმოთ მუსლიმანებისთვის საჯარო გზებზე, გვერდით უნდა გადასულიყვნენ და გაეტარებინათ ისინი.

- *დჰიმებს* არ ჰქონდათ თავდაცვის საშუალებათა გამოყენების უფლება, რაც მათ მუსლიმანთა მხრიდან ძალადობის წინაშე დაუცველად აქცევდა.

- არამუსლიმანური რელიგიური სიმბოლოებისა და რიტუალების საჯაროდ დემონსტრირება აკრძალული იყო.

- არ შეიძლებოდა ახალი ეკლესიების აშენება და დაზიანებული ეკლესიების შეკეთება.

- არ შეიძლებოდა ისლამის კრიტიკა.

- *დჰიმებს* განსხვავებულად უნდა ჩაეცვათ; განსხვავებული სამოსი უნდა სცმოდათ ან ფერადი საკერებლები ჰქონოდათ ტანსაცმელზე.

- მუსლიმან მამაკაცებს შეეძლოთ *დჰიმ* ქალებზე ქორწინება; შვილები მუსლიმანებად უნდა აღზრდილიყვნენ; თუმცაღა მუსლიმან ქალს ეკრძალებოდა *დჰიმ* მამაკაცზე გათხოვება.

- ბევრი სხვა კანონიც არსებობდა, რომელიც კიდევ უფრო მეტად უწყობდა ხელს არამუსლიმან თემთა დამცირებას და მათ გამოყოფას დანარჩენი საზოგადოებისაგან.

მსგავსი კანონები გაიგებოდა, როგორც სოციალური და სამართლებრივი გამოხატულება „დაკნინებისა“, როგორც ეს ნაბრძანები იყო ყურანში (სურა 9:29).

დჰიმას სისტემა განკუთვნილი იყო არამუსლიმან თემთა შემცირებისა და დამცირებისათვის. მე-18 საუკუნის მაროკოელი სწავლული იბნ აჯიბა დჰიმის სისტემის დანიშნულება აღწერა, როგორც სულის მკვლელობა:

„[დჰიმის] ნაბრძანები აქვს, რომ თავისი სული, ქონება და სურვილების სიკვდილს გადასცეს. უპირველეს ყოვლისა, მან უნდა ჩაკლას სიცოცხლის, ხელმძღვანელობისა და ღირსების სიყვარული. [დჰიმიმ] საკუთარი სულის მისწრაფებანი საპირისპირო მიმართულებით უნდა მიაქციოს, იმაზე უფრო მეტად უნდა დაიმძიმოს სული, ვიდრე სულს შეუძლია ზიდვა მანამ, სანამ სრულიად მორჩილი არ გახდება იგი. ამის შემდეგ მისთვის აღარაფერი იქნება აუტანელი. ის გულგრილი იქნება დამონებისა თუ ძალის მიმართ. სიღარიბე და სიმდიდრე ერთი და იგივე იქნება მისთვის; ქება და შეურაცხყოფა ერთნაირად მოეჩვენება; წინააღმდეგობის გაწევა და დათმობა ერთი და იგივე იქნება; დაკარგული და ნაპოვნი იგივე იქნება. მაშინ, როცა ყველაფერი ერთნაირი გახდება, ის [სული] მორჩილი იქნება და საკუთარი ნებით დათმობს იმას, რაც უნდა გაიღოს“.

მეორეხარისხოვნების ფსიქოლოგია

ტერმინი „დჰიმობა“ გამოყენება იმ პირობების ერთობლიობის აღსაწერად, რომლებსაც დჰიმას აღთქმა ქმნის. სექსიზმისა და რასიზმის მსგავსად, დჰიმობა მხოლოდ სამართლებრივ და სოციალურ სტრუქტურებში კი არ გამოიხატება მხოლოდ, არამედ დაბლა მდგომი, მეორეხარისხოვანი ადამიანის მადლიერებისა და საკუთარი ნებით სხვების მომსახურების ფსიქოლოგიაში. სწორედ ასეთი ფსიქოლოგია უყალიბდება დაპყრობილ თემს თვითგადარჩენისკენ სწრაფვის პროცესში.

როგორც შუა საუკუნეებში მცხოვრები დიდი იბერიელი ებრაელი სწავლული მაიმონიდი წერდა: „ჩვენ, მოხუცებიც და ახალგაზრდებიც, დავთანხმდით იმაზე, რომ დამცირებისთვის მივეჩვიეთ...“ მე-20 საუკუნის დასაწყისში კი სერბმა გეოგრაფმა, იოვან ცვიიჩმა აღწერა, თუ როგორ

შეცვალა ფსიქოლოგიურად მმართველი თურქებისა და მუსლიმანი ალბანელების მხრიდან ძალადობის თაობათაშორისმა შიშმა ბალკანეთის ქრისტიანი მოსახლეობა:

> „[ისინი] მიეჩვივნენ – ეკუთვნოდნენ დაბლა მდგომ, მონურად მორჩილ კლასს, რომელთა მოვალეობაც ისაა, რომ ბატონისთვის მისაღებნი იყვნენ, თავი დაიმდაბლონ მის წინაშე და აამონ მას. ეს ადამიანები ხდებიან სიტყვაძუნწნი, ჩაკეტილნი, ცბიერნი; მთლიანად კარგავენ ნდობას სხვების მიმართ; ეჩვევიან თვალთმაქცობას და სულმდაბლობას, რადგან ესენი აუცილებელია მათთვის, რათა იცოცხლონ და თავი აარიდონ ძალადობრივ სასჯელებს.
>
> ჩაგვრისა და ძალადობის პირდაპირი გავლენა თითქმის ყველა ქრისტიანში ვლინდება შიშისა და ცუდი წინათგრძნობის გრძნობებად... მაკედონიაში მესმოდა, როგორ ამბობდნენ ადამიანები: „ჩვენს სიზმრებშიც კი თურქებისა და ალბანელებისგან გავრბივართ“.

დჰიმის მეორეხარისხოვანი ადამიანი, დაბლა მდგომი, ხოლო მუსლიმანი – მასზე აღმატებულია, რომელმაც, საკუთარი სულგრძელობიდან გამომდინარე, დჰიმებს სიცოცხლის უფლება მისცა და თავი შეიკავა მისთვის ქონების წართმევისაგან. როგორც ქრისტიანობაზე მოქცეულმა ერთმა ირანელმა მითხრა: „ქრისტიანობა დღესაც დაბლა მდგომ ადამიანთა კლასის რელიგიად მიიჩნევა. ისლამი ბატონებისა და მმართველების რელიგიაა, ქრისტიანობა კი – მონებისა“.

დჰიმობის ეს მსოფლმხედველობა იმდენად საზიანოა მუსლიმანებისთვის, რამდენადაც დამამცირებელია არამუსლიმანებისთვის. მუსლიმანებს საკუთარი თავისთვის მოაქვთ ზიანი, როცა ისეთ გარემოებებს ქმნიან, სადაც

არავითარი შესაძლებლობა არ აქვთ, რომ ისწავლონ შეჯიბრება თანაბარ პირობებში.

ეკონომიკური პროტექციონიზმის პოლიტიკამ შეიძლება ერის ეკონომიკის უკუსვლა გამოიწვიოს; მსგავსადვე, დჰიმას აღთქმას რელიგიური პროტექციონიზმი ნიშნავდა იმას, რომ მუსლიმანები ეყრდნობოდნენ უპირატესობის ცრუ შეგრძნებას, რამაც, საბოლოოდ, დაასუსტა ისინი და დაუზიანა უნარი იმისა, რომ ჭეშმარიტად შეემეცნებინათ საკუთარი და გარემომცველი სამყარო.

დჰიმობის სისტემა წარმოქმნის ღრმად ფესვგადგმულ შეხედულებათა ნაკრებს როგორც მუსლიმანებში, ასევე არამუსლიმანებში და ეს თაობიდან თაობაზე გადადის. ისევე, როგორც რასობრივი მონობის გაუქმების შემდეგაც კი წლების განმავლობაში შეიძლება გაგრძელდეს რასიზმი ხალხებში, ასევე დჰიმობის ინსტიტუტიც განაგრძობს გავლენის მოხდენას და გაბატონებას მუსლიმანთა და სხვა ადამიანთა შორის ურთიერთობებზე, მაშინაც კი, როდესაც ჯიზიას გადასახადი შორეული მოგონებაა მხოლოდ.

დჰიმობის ფსიქოლოგიას შეუძლია იმ სხვადასხვა საზოგადოებაზეც კი მოახდინოს გავლენა, რომლებიც არასოდეს ყოფილან შარიათის მმართველობის ქვეშ. ამან შეიძლება ხელი შეუშალოს აკადემიურ კვლევას და დააზიანოს პოლიტიკური დისკურსი. მაგალითად, დასავლელ პოლიტიკოსთაგან ბევრი აქებდა ისლამს და მას მშვიდობის რელიგიად აცხადებდა და იმავდროულად, მადლიერებასაც გამოხატავდა. ქებისა და მადლიერების ამგვარი გამოხატულებანი დამახასიათებელია ისლამური მმართველობის მიმართ დჰიმების საპასუხო რეაქციისა.

რელიგიური დევნა და *დჰიმის* დაბრუნება

მე-19 და მე-20 საუკუნეების განმავლობაში ევროპული ძალები აიძულებდნენ მუსლიმანურ სამყაროს –

შეესუსტებინათ ან მოეშალათ დჰიმას სისტემა. მიუხედავად ამისა, გასულ საუკუნეში შარიათის გლობალური აღორძინება ვიხილეთ.

ამ აღორძინების ჩარჩოებში დჰიმას აღთქმის კანონები და მსოფლმხედველობა თანდათან ბრუნდებოდა მთელ მუსლიმანურ სამყაროში, რასაც თან მოჰყვებოდა ქრისტიანთა და სხვა არამუსლიმანთა წინააღმდეგ ცრუ შეხედულებათა, დაშინების და დისკრიმინაციის მზარდი კლიმატი. ამის მაგალითია პაკისტანი, რომელიც საერო კონსტიტუციის მქონე სახელმწიფოდ შეიქმნა, მაგრამ, მოგვიანებით, თავი ისლამურ სახელმწიფოდ გამოაცხადა, ხელახლა შემოიღო შარიათის სასამართლოები და ასევე, მიიღო კანონი ღვთის გმობის შესახებ, რომელიც არამუსლიმანთა დისკრიმინაციის საშუალებაა. შარიათის აღორძინების ამ ტენდენციამ პაკისტანელი ქრისტიანების მზარდი დევნა გამოწვია შედეგად.

დღესდღეობით, მსოფლიოს იმ ადგილებში, სადაც შარიათი კვლავ აღორძინების გზაზეა, ცხოვრება რთულდება ქრისტიანთა და სხვა არამუსლიმანთათვის. დღესდღეობით, ხუთიდან ოთხი ერი, სადაც ქრისტიანები იდევნებიან, ისლამურია. ამ ქვეყნებში ქრისტიანთა დევნის კონკრეტულ გამოხატულებებს (მაგალითად, თაყვანისცემის შენობათა აშენების აკრძალვა) მხარს უჭერს დჰიმას აღთქმის კანონების აღორძინება, რომელიც უფრო დიდი, შარიათის აღორძინების ნაწილია.

მომდევნო ნაწილებში განვიხილავთ მიზეზებს დჰიმას აღთქმისა და მისი საზიანო სულიერი ზეგავლენის უარყოფისათვის.

პრობლემის სულიერი გადაწყვეტა

მუჰამედის ცხოვრება ჩამოყალიბდა უარყოფის მწარე გამოცდილებათა ზეგავლენის შედეგად, რის შედეგიც გახლდათ დაჭრილი სული, ნაწყენი სული, მსხვერპლის მენტალიტეტი, ძალადობის სული და სხვებზე ბატონობის ნება. მუჰამედის მოწოდებანი ჯიჰადისკენ „სწრაფვის" შესახებ განპირობებული იყო ჩაგრული სულიერი მდგომარეობით, რომელიც გათავისუფლებას სხვათა გადაგვარების მეშვეობით ცდილობდა. ამის შედეგი დჰიმას სისტემაა, რომელიც ადამიანთა გადაგვარებას ემსახურება.

ამის საპირისპიროდ, ქრისტეს უარყოფდნენ, მაგრამ ის უარს ამბობდა წყენის გულში ჩადებაზე, უარს ამბობდა ძალადობაზე, უარს ამბობდა სხვებზე გაბატონებაზე, უარს ამბობდა დაჭრილი სულის დამოკიდებულების მიღებაზე. მისმა ჯვარმა და აღდგომამ სძლია უარყოფას და სიბნელის ძალებს. ქრისტიანებს შეუძლიათ მიბრუნდნენ ჯვრისკენ, რათა პოვონ თავისუფლება დჰიმას მემკვიდრეობისაგან.

დამოწმებანი *დჰიმასგან* გათავისუფლების შესახებ

ქვემოთ წაიკითხავთ იმ ადამიანების რამდენიმე დამოწმებას, რომლებმაც ილოცეს დჰიმას აღთქმის უარყოფის ლოცვით და მოიპოვეს თავისუფლება.

თაობათშორისი შიში

ერთი ქალი, ვისთან ერთადაც ვილოცე, იტანჯებოდა შიშით თავისი ცხოვრების სხვადასხვა სფეროში. მისი წინაპრები, ასი წლით ადრე, დამასკოში (სირია) ცხოვრობდნენ, როგორც დჰიმები. სწორედ აქ მოხდა ქრისტიანთა ცნობილი გენოციდი 1860 წელს. დჰიმას უარყოფის ლოცვის წარმოთქმა რომ შევთავაზე, შიშის ძალა დაიმსხვრა და ქალი

გათავისუფლდა შიშისაგან, რომელსაც ის ყოველდღე გრძნობდა.

თავისუფლება გენოციდის მემკვიდრეობისგან

სომხური წარმოშობის მამაკაცის წინაპრები გენოციდს გადაურჩნენ იმით, რომ ბერძნული სახელები დაირქვეს და სმირნიდან ეგვიპტეში გაიქცნენ. თითქმის ერთი საუკუნის შემდეგ, ამ დევნილთა ვაჟი დამთრგუნველი შიშისაგან იტანჯებოდა ყოველდღიურად. სახლიდან გასვლისას დიდ მშფოთვარებას გრძნობდა და ფიქრობდა, ყველა კარი და ფანჯარა დაკეტილი იყო თუ არა. მიუხედავად ამისა, როცა მან უარყო თაობათშორისი შიში, რომელიც წარსულში მომხდარი გენოციდის ტრავმასთან იყო დაკავშირებული და ილოცა გათავისუფლებისათვის, მან მიიღო კიდევ სულიერი კურნება და თავისუფლება.

უფრო დიდი შედეგიანობა მუსლიმანთათვის მსახურებაში

ერთმა ახალზელანდიელმა ქალმა მიამბო, თუ როგორ გარდაიქმნა მისი მსახურება მუსლიმანთა მიმართ დჰიმობისა და დჰიმას უარყოფის შემდეგ:

> „შთამბეჭდავი იყო ჩემი გათავისუფლება შიშისა და დაშინებისაგან პირად ურთიერთობებში და ასევე, გაცილებით უფრო დიდ შედეგიანობას მივაღწიე მუსლიმანთათვის სახარების ქადაგებაში მას შემდეგ, რაც თქვენს სემინარზე დჰიმობის უარყოფის ლოცვა წარმოვთქვი. მუსლიმანებს 1989 წლის შემდეგ ვუქადაგებ.... თქვენს სემინარებზე დამსწრე ჯგუფის სხვა წევრმაც, დჰიმობის უარყოფის ლოცვის წაკითხვის შემდეგ ასევე უფრო დიდ შედეგიანობას მიაღწია ახლო აღმოსავლეთში მცხოვრებ ქალთათვის სახარების ქადაგებაში“.

შიშიდან გაბედულებამდე: მომზადება მახარებლობაში

არაბულენოვან ქრისტიანთა ჯგუფი ამ წიგნში მოცემულ ლოცვებს იყენებდა მომზადების ნაწილად მანამ, სანამ იმ მუსლიმანებს უქადაგებდნენ სახარებას, რომლებიც ევროპის ქვეყნებში ტურისტებად იყვნენ ჩასულნი. მიუხედავად იმისა, რომ ეს ქრისტიანები თავისუფალ ქვეყანაში ცხოვრობდნენ, მათ აღიარეს, რომ ეშინოდათ საკუთარი რწმენის შესახებ სხვებისათვის გაზიარების. დჰიმობის შესახებ მსჯელობამ დაანახვა მათ, რომ შიშისგან განკურნება სჭირდებოდათ. ერთმა ხელმძღვანელმა განმარტა: „შიში თქვენში მკვიდრობს იმ აღთქმის გამო, რომელიც თქვენი სახელით იქნა დადებული“. დჰიმას აღთქმის განმარტებათა შესახებ მსჯელობის შემდეგ მათ ილოცეს თავისუფლებისთვის და ერთად უარყვეს დჰიმას აღთქმის. პროგრამის ბოლო დღეს ერთ-ერთმა მათგანმა ასეთი შეფასება დაგვიწერა:

> „შედეგები გასაოცარი იყო. უკლებლივ ყველა, ვინც ესწრებოდა სემინარებს, დარწმუნებით თქვა, რომ ეს იყო მსახურებისთვის მზადების არსებითად მნიშვნელოვანი საკითხი და უხვ კურთხევათა და ჭეშმარიტი თავისუფლების მიზეზი, განსაკუთრებით აღსანიშნავია ის, რომ ყველას ჰქონდა შესაძლებლობა იმისა, რომ უარეყო დჰიმას აღთქმის და განეცხადებინა იესოსთან, მისი სისხლის მეშვეობით დადებული აღთქმის შესახებ. დიდება ღმერთს, რომ გვათავისუფლებს ამ შეთანხმებისგან იესოს სისხლის წყალობით, ლოცვის მეშვეობით“.

კოპტმა ქრისტიანმა მოიპოვა თავისუფლება და ძალა მუსლიმანთათვის სახარების ქადაგებისათვის

კოპტი ქრისტიანი იურისტის დამოწმება:

„ისლამურ ქვეყანაში, ოთხი წლის განმავლობაში ვსწავლობდი შარიათს, როგორც მთავარ საგანს იურიდიული ხარისხის მოსაპოვებლად. დაწვრილებით ვსწავლობდი შარიათის კანონის ქვეშ მყოფ ქრისტიანთა გადაგვარების შესახებ, მათ შორის, დჰიმას წესებს, მაგრამ რაღაც ხელს უშლიდა ჩემს გაგებას იმასთან დაკავშირებით, თუ როგორ ახდენდა გავლენას ამგვარი სწავლებანი ჩემს ხასიათზე. ერთგული ქრისტიანი ვიყავი და მიყვარდა უფალი იესო ქრისტე, თუმცა დროდადრო არ გამომდიოდა ჩემი მუსლიმანი მეგობრების წინაშე ქრისტე ჩემს უფლად გამეცხადებინა, რათა მათი გრძნობებისთვის შეურაცხყოფა არ მიმეყენებინა.

დჰიმობის შესახებ პრეზენტაციას რომ დავესწარი, ვიგრძენი, რომ ჩემს სულიერ მდგომარეობას ნათელი მოეფინა და ჩემს სულში არსებული ღრმა იმედგაცრუებანი სრულიად გაშიშვლდა. ბევრი შემთხვევა მახსენდებოდა, როდესაც სიხარულით ვიღებდი და ვიცავდი კიდეც მუსლიმანთა უპირატესობას მათ მიერ დაპყრობილ ტერიტორიებზე, ჩემს წინაპართა მიწაზე. მსჯავრდადება ვიგრძენი იმის გამო, რომ წლების განმავლობაში ჩემთვის მისაღები იყო დჰიმობა და ვცხოვრობდი კიდეც *დჰიმის* დამაკნინებელი ცხოვრებით. ვილოცე და მყისვე დიდი თავისუფლება ვიგრძენი ქრისტეში.

იმავე ღამით შინ დავბრუნდი და ახლო მეგობარს დავურეკე, რომელიც მუსლიმანი იყო. ვუთხარი მას, რომ იესო ქრისტეს უყვარს იგი და რომ ის ჯვარზე მოკვდა მისთვის. მას შემდეგ მუსლიმანთა მიმართ ჩემი მსახურება დიდად შედეგიანი გახდა და საკუთარი თვალით ვიხილე, თუ როგორ აღიარა ბევრმა მათგანმა ქრისტე საკუთარ მხსნელად და უფლად“.

მიზეზები *დჰიმას* აღთქმის უარყოფისათვის

რამდენიმე მიზეზის გამო, შეიძლება თქვენც გქონდეთ სურვილი იმისა, რომ ილოცოთ ამ გაკვეთილში მოცემულ აღიარებათა და ლოცვათა წარმოთქმის მეშვეობით:

- თქვენ ან თქვენი წინაპრები შეიძლება ისლამური მმართველობის ქვეშ ცხოვრობდით, როგორ არამუსლიმანები და მიღებული გქონდათ *დჰიმას* აღთქმა, ან ცხოვრობდით ისეთ პირობებში, რომლებზეც გავლენას ახდენდა *ჯიჰადის* და დჰიმობის პრინციპები.

- თქვენს პირად ან თქვენი ოჯახის ისტორიაზე შეიძლება ძალიან დიდი გავლენა იქონია უსიამოვნო მოვლენებმა, მაგალითად, ჯიჰადთან დაკავშირებულმა ძალადობამ ან სხვადასხვა სასტიკმა მოპყრობამ, რომელიც შეიძლება მოხდეს დჰიმის პირობებში ცხოვრებისას. შეიძლება თქვენ არც კი გსმენიათ მსგავს მოვლენათა შესახებ, მაგრამ შესაძლებელია ეჭვობდეთ, რომ ისინი თქვენი ოჯახის ისტორიის ნაწილია.

- თქვენ ან თქვენს წინაპრებს შეიძლება ისლამური ჯიჰადი გემუქრებოდათ და მიუხედავად იმისა, რომ არ არსებობს ოჯახის ისტორია იმის შესახებ, ნამდვილად ისლამის პირობებში ცხოვრებდნენ თუ არა თქვენი წინაპრები, თქვენ გინდათ, რომ გათავისუფლდეთ შიშისა და დაშინებისაგან.

- თქვენ ან თქვენი წინაპრები შეიძლება მუსლიმანები იყავით და გსურთ უარყოთ *დჰიმას* აღთქმასა და მის ყველა შედეგში მონაწილეობა.

ეს ლოცვები განკუთვნილია დჰიმას აღთქმისა და მისი ყველა სულიერი შედეგის გაუქმებისათვის, რათა მას აღარავითარი ძალაუფლება აღარ ჰქონდეს თქვენს ცხოვრებაში. ეს

ლოცვები ასევე განკუთვნილია იმისათვის, რომ შეეწინაღმდეგოს და გატეხოს თქვენდამი ან თქვენი წინაპრებისადმი წარმოთქმული ყველა წყევლა ისლამურ სახელმწიფოში დჰიმებად ცხოვრებისას. შეგიძლიათ ეს ლოცვები წარმოთქვათ სინანულის გრძნობიდან გამომდინარეც, რომ წარსულში ცოდნა არ გქონდათ და ახლა კი გსურთ იდგეთ ღვთის სიტყვის ჭეშმარიტებაში. ეს ლოცვები განკუთვნილია იმისათვის, რომ მოითხოვოთ თავისუფლება დჰიმობის ყველა უარყოფითი გავლენისაგან. ესენია:

- გულისტკენა
- შიში
- დაშინება
- სირცხვილი
- დანაშაულის გრძნობა
- მეორეხარისხოვნების გრძნობები
- თვითსიძულვილი და თვითუარყოფა
- სხვების სიძულვილი
- დეპრესია
- ტყუილი
- დამცირება
- გარიყვა და განცალკევება
- დუმილი

ახლა განვიხილავთ ლოცვას დჰიმას აღთქმის უარყოფისათვის. ეს ლოცვა განკუთვნილია იმ ქრისტიანთა გათავისუფლებისათვის, რომელნიც ისლამის ბატონობის

ქვეშ ცხოვრობენ დღეს, ან რომელთა წინაპრებიც ცხოვრობდნენ ისლამის მმართველობის ქვეშ.

ჭეშმარიტებასთან შეხვედრა

დჰიმას უარყოფის ლოცვის წარმოთქმამდე (წინამორბედი გაკვეთილისას თუ არ წარმოგითქვამთ), ხმამაღლა წაიკითხეთ მე-5 გაკვეთილში მოცემული „ჭეშმარიტებასთან შეხვედრის“ მუხლები.

დჰიმას უარყოფის ეს ლოცვა ხმამაღლა უნდა წარმოთქვან მონაწილეებმა. ამავდროულად, ყველა ფეხზე უნდა იდგეს.

განცხადება და ლოცვა დჰიმას უარყოფისა და მისი ძალის გასატეხად

აღიარების ლოცვა

მოსიყვარულე ღმერთო, ვაღიარებ, რომ შევცოდე და ზურგი შეგაქციე. ვინანიებ და ვბრუნდები ქრისტესკენ, ჩემი მხსნელისა და უფლისკენ. გთხოვ, მაპატიო განსაკუთრებით ის შემთხვევები, როდესაც სხვები დამიშინებია, დამიმცირებია და საკუთარი უპირატესობის თავს მოხვევა მიცდია სხვებისთვის. მომიტევე ჩემი სიამაყე. მომიტევე ყველა შემთხვევა, როდესაც სხვების მიმართ ძალადობა გამომიმჟღავნებია ან სხვებზე გავბატონებულვარ. უფალი იესოს სახელით უარვყოფ ამ ყოველივეს.

ჩვენი უფლის, იესო ქრისტეს ღმერთო და მამა, გაქებ შენი პატიების საჩუქრისათვის, რომელიც ჯვარზე ქრისტემ მოიპოვა. ვაღიარებ, რომ შენ მიმიღე მე. გმადლობ იმისათვის, რომ ჯვრის მეშვეობით შერიგებულნი ვართ შენთან და ერთმანეთთან. დღეს ვაცხადებ, რომ მე შენი შვილი და ღვთის სასუფევლის მემკვიდრე ვარ.

განცხადებანი და უარყოფანი

მამაო, გეთანხმები, რომ მე არ ვარ შიშს დამორჩილებული, არამედ მე შენი სიყვარულის შვილი ვარ. მე უარვყოფ და უკუვაგდებ ისლამის მოთხოვნებს, როგორც მუჰამედი ასწავლიდა. უარვყოფ „ყურანის ალაჰის" მიმართ მორჩილების ყველა ფორმას და ვაცხადებ, რომ მხოლოდ ჩვენი უფლის, იესო ქრისტეს მამას ვცემ თაყვანს.

ვინანიებ ჩემს წინაპართა ცოდვებს, რომლებიც დჰიმას აღთქმასა და მის პრინციპებს ემორჩილებოდნენ და გთხოვ პატიებას მათი ცოდვებისათვის.

უარვყოფ და ვაბათილებ ჩემ მიერ თუ ჩემს წინაპართა მიერ დადებულ ყველა შეთანხმებას, რომელიც ისლამურის საზოგადოებისა და მისი პრინციპების მიმართ დანებებას შეეხება.

სრულად უარვყოფ დჰიმას და მის ყველა პირობას. უარვყოფ კისერზე დარტყმას ჯიზიას გადახდისას შესრულებული რიტუალის დროს; უარვყოფ ყველაფერს, რასაც ეს რიტუალი გულისხმობს. განსაკუთრებით უარვყოფ თავის მოკვეთისა და სიკვდილის წყევლას, რომლის სიმბოლოც არის ეს რიტუალი.

ვაცხადებ, რომ დჰიმას აღთქმა ჯვარზე ქრისტეს მიერ არის მილურსმული. დჰიმა საჯაროდ შერცხვენილია და არ აქვს ძალა თუ რაიმე უფლება ჩემზე. ვაცხადებ, რომ დჰიმას აღთქმის პრინციპები გამოაშკარავებულია, განიარაღებულია, დამარცხებულია და შერცხვენილია ქრისტეს ჯვრის მეშვეობით.

უარვყოფ ისლამის მიმართ მადლიერების ყველა ცრუ შეგრძნებას.

უარვყოფ ბრალეულობის ცრუ შეგრძნებებს.

უარვყოფ სიცრუესა და ტყუილებს.

უარვყოფ ყველა შეთანხმებას იმის შესახებ, რომ ჩუმად ვიყო და არაფერი ვთქვა ქრისტეში ჩემი რწმენასთან დაკავშირებით.

უარვყოფ ყველა შეთანხმებას იმის შესახებ, რომ ჩუმად ვიყო და არაფერი ვთქვა ისლამსა თუ დჰიმასთან დაკავშირებით.

მე ვილაპარაკებ და ჩუმად არ ვიქნები.

ვაცხადებ, რომ „ჭეშმარიტება გამათავისუფლებს"[13] *და ვირჩევ ვიცხოვრო, როგორც თავისუფალმა პიროვნებამ ქრისტე იესოში.*

უარვყოფ და ვაუქმებ ჩემი და ჩემი ოჯახის მიმართ ისლამის სახელით წარმოთქმულ ყველა წყევლას. უარვყოფ და ვაუქმებ ჩემს წინაპართა მიმართ წარმოთქმულ ყველა წყევლას.

განსაკუთრებით უარვყოფ და ვანადგურებ სიკვდილის წყევლას. სიკვდილო, შენ ჩემზე ძალაუფლება არ გაქვს!

ვაცხადებ, რომ ყველა ამ წყევლას არ აქვს ძალაუფლება ჩემზე.

ვაღიარებ, რომ ქრისტეს კურთხევანი ჩემი სულიერი მემკვიდრეობაა.

უარვყოფ დაშინებას. ვირჩევ, ვიყო გაბედული ქრისტე იესოში.

უარვყოფ მანიპულაციას და კონტროლს.

უარვყოფ ძალადობას და ჩაგვრას.

უარვყოფ შიშს. უარვყოფ შიშს იმასთან დაკავშირებით, რომ არ ვიქნე უარყოფილი. უარვყოფ ჩემი ქონების დაკარგვის შიშს. უარვყოფ სიღარიბის შიშს. უარვყოფ შიშს იმასთან დაკავშირებით, რომ არ ვიქნე დამონებული. უარვყოფ

---

[13]. იოანე 8:32.

გაუპატიურების შიში. უარვყოფ შიშს იმასთან დაკავშირებით, რომ არ ვიქნე განცალკევებული. უარვყოფ ჩემი ოჯახის დაკარგვის შიშს. უარვყოფ შიშს იმასთან დაკავშირებით, რომ არ მომკლან და უარვყოფ სიკვდილის შიშს.

უარვყოფ ისლამის მიმართ შიშს. უარვყოფ მუსლიმანთა მიმართ შიშს.

უარვყოფ საჯარო თუ პოლიტიკურ მოქმედებებში მონაწილეობის შიშს.

ვაცხადებ, რომ იესო ქრისტეა უფალი ყველაზე.

ვემორჩილები იესოს, როგორც უფალს, ჩემი ცხოვრების ყველა სფეროში. იესო ქრისტეა ჩემი ოჯახის უფალი. იესო ქრისტეა ჩემი ქალაქის უფალი. იესო ქრისტეა ჩემი ერის უფალი. იესო ქრისტეა ამ მიწაზე მცხოვრები ყველა ხალხის უფალი. ვემორჩილები იესო ქრისტეს, ვითარცა ჩემს უფალს.

უარვყოფ დამცირებას. ვაცხადებ, რომ ქრისტემ მიმიღო. მე მხოლოდ და მხოლოდ მას ვემსახურები.

უარვყოფ სირცხვილს. ვაცხადებ, რომ ჯვრის მეშვეობით ვარ განწმენდილი ყველა ცოდვისაგან. სირცხვილს არ აქვს არავითარი უფლება ჩემზე და მე ქრისტესთან ერთად ვიმეფებ დიდებით.

უფალო, მოგვიტევე მე და ჩემს წინაპრებს მუსლიმანთა მიმართ სიძულვილი. უარვყოფ სიძულვილს მუსლიმანთა და ყველა სხვა ადამიანის მიმართ და ვაცხადებ სიყვარულს მუსლიმანებისა და დედამიწაზე მცხოვრები ყველა სხვა ხალხის მიმართ.

ვინანიებ ეკლესიის ცოდვებს და ეკლესიის წინამძღოლთა მცდარ მორჩილებას.

უარვყოფ გაუცხოებას. ვაცხადებ, რომ ღმერთმა მაპატია ცოდვები და მიმიღო ქრისტეს მეშვეობით. მე შერიგებული

ვარ ღმერთთან. არავითარ ძალას, ზეცაში თუ დედამიწაზე, არ ძალუძს ბრალი დამდოს ღვთის ტახტის წინაშე.

ვაცხადებ ქებას და მადლიერებას ჩვენი მამა ღმერთის, ჩემი ერთადერთი მხსნელი ქრისტესა და ჩემთვის სიცოცხლის მომცემი სულიწმიდის მიმართ.

თავს ვუძღვნი იმას, რომ ვიყო ცოცხალი მოწმე უფალ იესო ქრისტესი. მე არ მრცხვენია მისი ჯვრის. მე არ მრცხვენია მისი აღდგომის.

ვაცხადებ, რომ მე ცოცხალი ღმერთის შვილი ვარ – აბრაამის, ისააკისა და იაკობის ღმერთისა.

ვაცხადებ ღმერთისა და მისი მესიის გამარჯვებას. ვაცხადებ, რომ ყოველი მუხლი მოიდრიკება და ყოველი ენა აღიარებს რომ იესო ქრისტე არის უფალი მამა ღმერთის სადიდებლად.

ვაცხადებ პატიებას მუსლიმანთა მიმართ დჰიმობის სისტემაში მონაწილეობის გამო.

მამა ღმერთო, გთხოვ, გამათავისუფლე დჰიმასგან, დჰიმობის სულისა და ამ აღთქმასთან დაკავშირებული ყველა პრინციპისაგან.

გთხოვ ახლა, რომ ამავსო შენი სულიწმიდით და გადმოღვარო ჩემზე იესო ქრისტეს სასუფევლის ყველა კურთხევა. მომანიჭე მადლი, რათა მკაფიოდ გავიგო შენი სიტყვის ჭეშმარიტება და გამოვიყენო იგი ჩემი ცხოვრების ყველა სფეროში. მომანიჭე იმედისა და სიცოცხლის სიტყვები, როგორც დამპირდი კიდეც და აკურთხე ჩემი ბაგენი, რათა ეს სიტყვები სხვებსაც გავუზიარო ძალაუფლებითა და ძალით, იესოს სახელით. მომეცი გაბედულება, რათა ვიყო ქრისტეს ერთგული მოწმე. მომანიჭე ღრმა სიყვარული მუსლიმან ადამიანთა მიმართ, რათა გავუზიარო მათ ქრისტეს სიყვარული.

ვაცხადებ და გთხოვ ამ ყველაფერს იესო ქრისტეს, ჩემი მხსნელისა და უფლის სახელით.

ამინ.

გზამკვლევი

გაკვეთილი მე-6

ლექსიკონი

დჰიმა	*ჯიზია*	დჰიმობა
დჰიმი	*ვაჯიბი*	თავის მოკვეთის
რეგენსბურგი	*ჯიჰადი*	რიტუალი
ლექცია	უმარის	ჭეშმარიტებასთან
„სამი არჩევანი“	პაქტი	შეხვედრა
დიდი მუფთი	*ჰალალი*	

ახალი სახელები

- პაპი ბენედიქტე XVI (1927-2022 წწ.): გერმანული წარმოშობის იოზეფ რატცინგერი, პაპობის პერიოდი – 2005-2013.
- ბიზანტიის იმპერატორი მანუელ II პალეოლოგოსი (1350-1425; მართავდა 1395-1425 წლებში).
- შეიხ აბდულ აზიზ ალ-შეიხი: საუდის არაბეთის დიდი მუფთი 1999 წლიდან (დაიბადა 1943 წელს).
- იბნ კასირი: სირიელი ისტორიკოსი და სწავლული (1301-1373 წწ.).
- მუჰამედ იბნ იუსუფ ატფაიაში: ალჟირელი მუსლიმანი სწავლული (1818-1914 წწ.).

- უილიამ ეტონი: ბრიტანელი მკვლევარი თურქეთსა და რუსეთში, 1798 წელს გამოაქვეყნა „თურქეთის იმპერიის მიმოხილვა“ (*Survey of the Turkish Empire).*
- იბნ კუდამა: პალესტინელი სუნიტი სწავლული და სუფი მისტიკოსი (1147-1223 წწ.).
- შემუელ ჰანაგიდი (993-1055/56 წწ.) და იოსებ ჰანაგიდი (1035-1066 წწ.): ებრაელი დიდი ვეზირები გრანადაში.
- მუჰამედ ალ-მაგილი: ალჟირელი სწავლული (დაახლ. 1400 - დაახლ. 1505 წწ.).
- იბნ აჯიბა: მაროკოელი სუნიტი სუფი სწავლული (1747-1809 წწ.).
- მაიმონიდი: იბერიელი სეფარდი ებრაელი სწავლული (1138-1204 წწ.).
- იოვან ცვიიჩი: სერბი გეოგრაფი და ეთნოლოგი (1865-1927 წწ.).

ყურანი ამ გაკვეთილში

სურა 9:29 სურა 48:28 სურა 3:110

კითხვები – გაკვეთილი მე-6

- იმსჯელეთ სასწავლო მაგალითის შესახებ.

დჰიმას აღთქმა

1. რომელი ცნობილი სიტყვა წარმოთქვა ბიზანტიის იმპერატორმა, **მანუელ II პალეოლოგოსმა**, საიდანაც **პაპმა ბენდიქტე** XVI-მ ციტატა მოიყვანა თავის ცნობილ **რეგენსბურგის ლექციაში**, რამაც მთელი მსოფლიოს მასშტაბით მუსლიმანთა მღელვარება გამოიწვია და რასაც ასამდე ადამიანის სიკვდილი მოჰყვა შედეგად?

2. რა შეუსწორა დიდმა მუფთიმ, შეიხ აბდულ აზიზ ალ-შეიხმა პაპ ბენედიქტეს?

3. რომელია ის **სამი არჩევანი,** რომელსაც ისლამი სთავაზობს დაპყრობილ არამუსლიმანებს?

4. დურის მოჰყავს ციტატა ჰადისების კრებულიდან, რომელსაც „საჰიჰ ალ-ბუჰარი" ეწოდება („ნაბრძანები მაქვს..."). რა აქვს ალაჰს ნაბრძანები ამ ციტატის მიხედვით?

5. დურის ასევე მოჰყავს ციტატა ჰადისიდან *„საჰიჰ მუსლიმანიდან"*: „იბრძოლეთ ალაჰის სახელით და ალაჰის გზაზე. იბრძოლეთ მათ წინააღმდეგ, ვისაც არ სწამს..." რომელ სამ არჩევანს შორის უნდა აირჩიონ

დაპყრობილმა ადამიანებმა, რომლებსაც არ სწამთ ისლამის?

6. რომელ ორ რაღაცას მოითხოვს სურა 9:29 დაპყრობილი არამუსლიმანებისგან?

7. რა ეწოდება პაქტს, რომელიც შეთანხმებაა დანებების შესახებ?

8. რა ეწოდებათ არამუსლიმანებს, ვინც ამ პაქტის თანახმად ცხოვრებას თანხმდება?

9. ყურანის რომელი ორი პრინციპი უჭერს მხარს ***დჰიმას*** სისტემას?

ჯიზია

10. რატომ უწოდებენ მუსლიმანი სწავლულები ***დჰიმებისათვის*** დაწესებულ ***ჯიზიას*** ყოველწლიურ გადასახადს გამოსასყიდს მათი სისხლისათვის?

11. იმამ ატფაიაშის სიტყვების თანახმად, ვის სასარგებლოდ არის ***ჯიზიას*** გადასახადი დამონებსა და მოკვლის სანაცვლოდ?

12. ***უილიამ ეტონის*** თანახმად, რის ანაზღაურებაა ***ჯიზია***?

ჯარიმა შეუსრულებლობისათვის

13. რა ელოდათ ***დჰიმებს***, თუ ***დჰიმას*** აღთქმას არ შეასრულებდნენ?

14. **უმარის პაქტის** თანახმად, რა უნდა მოეხმოთ ***დჰიმებს*** საკუთარ თავზე?

15. რას გულისხმობდა იმამი **იბნ კუდამა**, როცა დაუმორჩილებელ ***დჰიმისა*** და მის ქონებას **ჰალალად** (**ნებადართულად**) აცხადებდა?

16. რა ტრაგიკული მოვლენები მომხდარა ***დჰიმების*** თემთა ისტორიაში?

17. რატომ დახოცეს გრანადაში მცხოვრები ებრაელები 1066 წელს?

18. რატომ დახოცეს ქრისტიანები დამასკოში 1860 წელს? რა მოიმოქმედა ზოგიერთმა მათგანმა სიკვდილის თავიდან ასაცილებლად?

შემაშფოთებელი რიტუალი

19. დურის სიტყვებით, რომელი რიტუალი იყო გავრცელებული მაროკოდან ბუხარამდე ათას წელიწადზე მეტი ხნის განმავლობაში?

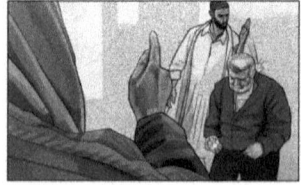

20. რა მნიშვნელობის გამომხატველია ეს რიტუალია?

21. რომელ წყევლას მოუხმობდნენ ***დჰიმის*** წინააღმდეგ, როცა ეს უკანასკნელი ამ რიტუალს ასრულებდა?

22. რას მოუხმობდნენ მონაწილეები საკუთარ თავზე ***ჯიზიას*** გადახდისას?

23. რას აცხადებს ***დჰიმი*** საკუთარი თავის მიმართ ***ჯიზიას*** გადახდით?

თავმდაბალი მადლიერება

24. დურის თანახმად, რომელია ის ორი დამოკიდებულება, რომელიც არამუსლიმანებმა უნდა გამოიჩინონ მუსლიმანთა მიმართ?

25. ყურადღება მიაქციეთ *შარიათის* რეგულაციების მიერ არამუსლიმანთათვის თავს მოხვეული მეორეხარისხოვნების მაგალითებს:

- *დჰიმების მოწმობა*
- *დჰიმების სახლები*
- *დჰიმების ცხენები*
- *დჰიმების სიარული საჯარო გზაზე*
- *დჰიმების თავდაცვა*
- *დჰიმების რელიგიური სიმბოლოები*
- *დჰიმების ეკლესიები*
- *დჰიმების მიერ ისლამის კრიტიკა*
- *დჰიმების სამოსი*
- *დჰიმების ქორწინებანი*

26. რას უბრძანებს სურა 9:29 მუსლიმანთა მმართველობის ქვეშ მცხოვრებ არამუსლიმანებს?

27. როგორ აღწერს ***იბნ აჯიბა*** „მესამე არჩევანს“?

მეორეხარისხოვნების ფსიქოლოგია

28. რას აღწერს ტერმინი **„დჰიმობა“**?

29. რის გაკეთებისკენ უბიძგებს **დჰიმობა** დჰიმებს, შუა საუკუნეების იბერიელი ებრაელი სწავლულის, მაიმონიდის თანახმად?

30. სერბი გეოგრაფის, **იოვან ცვიიჩის** თანახმად, რა ფსიქოლოგიური შედეგი გამოიღო თურქების მიერ ბალკანეთის მოსახლეობისათვის თავსმოხვეულმა ძალადობრივმა **დჰიმობამ**?

31. ქრისტიანობაზე მოქცეული ერთი ირანელი ადამიანის მიხედვით, რომელიც მარკ დურის ესაუბრა, როგორ აღიქვამენ მუსლიმანები საკუთარ რელიგიას ქრისტიანობასთან მიმართებით?

32. რატომ აზიანებს **დჰიმობა** მუსლიმანებსაც?

33. ამერიკის შეერთებულ შტატებში არსებულ რომელ ისტორიულ სიტუაციას ადარებს დური **დჰიმობას**?

34. დურის თანახმად, რა უშლის ხელს აკადემიურ კვლევას და პოლიტიკურ დისკურსს?

რელიგიური დევნა და *დჰიმას* დაბრუნებას

35. რამ აიძულა მუსლიმანური სამყარო, გაუქმებინა *დჰიმას* სისტემა მე-19 და მე-20 საუკუნეებში?

36. დურის თანახმად, რამ გამოიწვია ქრისტიანთა მზარდი დევნა პაკისტანში და საერთოდ, რა იწვევს ქრისტიანთა მზარდ დევნას მსოფლიოს სხვა ერებშიც?

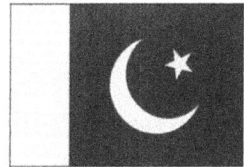

პრობლემის სულიერი გადაწყვეტა

37. მუჰამედის მიერ გამოცდილი მწარე უარყოფის რომელ ხუთ სულიერ შედეგს ჩამოთვლის დური?

38. რამ განაპირობა მუჰამედის მოწოდება *ჯიჰადისკენ?*

39. რა იყო ის ოთხი რამ, რის გაკეთებაზეც უარი თქვა ქრისტემ, როცა ადამიანებმა უარყვეს იგი?

დამოწმებანი *დჰიმასგან* გათავისუფლების შესახებ

40. რა საერთო აქვს ამ ხუთ დამოწმებას, რომელსაც ავტორი გვიზიარებს?

მიზეზები *დჰიმას* აღთქმის უარყოფისათვის

41. რა არის სამი რამ, რამაც შეიძლება ზეგავლენა მოახდინოს ადამიანზე, ვინც ეძებს ლოცვას იმის გამო, რომ ცხოვრობდა (ან მისი წინაპრები ცხოვრობდნენ) **დჰიმობის** პირობებში?

42. რომელი ორი რამისკენაა მიმართული **დჰიმობასთან** დაკავშირებული ლოცვები?

43. შეხედეთ ჩამონათვალს, სადაც **დჰიმობის** მიერ გამოწვეული 13 უარყოფითი სულიერი გავლენაა დასახელებული. როგორ მოქმედებს ამ გავლენათა მიმართ ღვთის სიტყვის ჭეშმარიტებაზე დაფუძნებული ლოცვები?

ლოცვების განყოფილებისათვის მიჰყევით ქვემოთ ჩამოთვლილ ნაბიჯებს:

1) მე-5 გაკვეთილში **მოცემული ჭეშმარიტებასთან შეხვედრის** მუხლები ხმამაღლა უნდა წაიკითხოს ყველა მონაწილემ, თუ უკვე არ წაიკითხეს მე-5 გაკვეთილისას.

2) ამის შემდგომ, ყველა მონაწილე ერთად დგას და წარმოთქვამს „განცხადება და ლოცვა *დჰიმას* უარყოფისა და მისი ძალის გასატეხად“.

3) დეტალური მითითებებისათვის იხილეთ „გზამკვლევი ხელმძღვანელებისათვის“.

7

ტყუილი, ცრუ უპირატესობა და წყევლა

„სიკვდილი და სიცოცხლე ენის ხელშია,
და მისი მოყვარულნი იგემებენ მის ნაყოფს.“
იგავნი 18:21

გაკვეთილის მიზნები

ა. დავფიქრდეთ ისლამის ნებართვის შესახებ ტყუილის თქმისა და სხვების მოტყუების შესახებ და უარვყოთ იგი.

ბ. ისლამში ნებადართული ტყუილის უარყოფისთვის მზადებისას დავფიქრდეთ წმინდა წერილის იმ მუხლების შესახებ, რომლებშიც გაცხადებულია 20 კონკრეტული ჭეშმარიტება.

გ. მოვითხოვოთ სულიერი თავისუფლება ტყუილისაგან უარყოფის ლოცვის წარმოთქმის მეშვეობით, მათ შორისაა რვა უნიკალური განცხადება და უარყოფა.

დ. დავფიქრდეთ ისლამის მისწრაფებაზე, რომელიც ერთი ადამიანის მეორეზე უპირატესობას შეეხება.

ე. ისლამში დამკვიდრებული უპირატესობის უარყოფისთვის მზადებისას დავფიქრდეთ წმინდა წერილის იმ მუხლებზე, რომლებშიც გაცხადებულია კონკრეტული ჭეშმარიტებანი.

ვ. მოვითხოვოთ სულიერი თავისუფლება ცრუ უპირატესობისაგან უარყოფის ლოცვის წარმოთქმის მეშვეობით, მათ შორისაა, 11 უნიკალური განცხადება და უარყოფა.

თ. დავფიქრდეთ ისლამის რიტუალურ პრაქტიკაზე, როცა მეჩეთში შეკრებილი უამრავი თაყვანისმცემელთა ერთობლივად სწყევლის ურწმუნოებს.

ი. ყურადღება მივაქციოთ ისლამში წყევლის მიმართ განსხვავებულ დამოკიდებულებებს.

კ. ყურადღება მივაქციოთ ემოციურ კავშირსა და „დამუხტვას“, რომელიც შეიძლება წყევლის რიტუალის მონაწილეებმა იგრძნონ.

ლ. რიტუალური წყევლის უარყოფისათვის მზადებისას დავფიქრდეთ წმინდა წერილის იმ მუხლებზე, რომლებშიც გაცხადებულია ექვსი კონკრეტული ჭეშმარიტება.

მ. მოვითხოვოთ სულიერი თავისუფლება წყევლის რიტუალებისგან უარყოფის ლოცვის წარმოთქმის მეშვეობით, მათ შორისაა, 19 უნიკალური განცხადება და უარყოფა.

სასწავლო მაგალითი: რას გააკეთებდით?

სამ ქრისტიან კოლეგასთან ერთად – ალექსანდრესთან, სამუელსა და პიერთან – მიდიხართ ეკლესიის მიკროავტობუსით. თქვენ მიემგზავრებით კონფერენციაზე, რომელიც შეეხება მუსლიმანთა შორის დამოწაფების საკითხს. ეკლესიის, ოჯახისა და პოლიტიკის შესახებ საუბრის შემდეგ პიერი სვამს კითხვას იმასთან დაკავშირებით, თუ რას ფიქრობენ სხვები იმ უამრავი სიზმრის შესახებ, რომელიც მუსლიმანებს ესიზმრებათ და რომელშიც ისინი ქრისტესა და მეომრული ისლამის აღორძინებაზე. ეს იმას ნიშნავს, რომ ჩვენ უკანასკნელ დროებში ვართ? ქრისტიანობაზე მოქცეული მუსლიმანები უნდა იმსახურებდნენ დამოწაფების განსაკუთრებულ გზას, იმ ებრაელთა მსგავსად, რომელნიც იესოს მიჰყვებიან, როგორც საკუთარ მესიას?

ალექსანდრე ცინიკურად პასუხობს: „სერიოზულად ამბობ? რატომ სჭირდებათ ქრისტიანობაზე მოქცეულ მუსლიმანებს განსხვავებული დამოწაფება, მაგალითად, ებრაელებისა თუ ბუდისტებისგან განსხვავებით? როდის შემოუთავაზებია

ისტორიულ ეკლესიას განსხვავებული დამოწაფება განსხვავებული რელიგიური წარსულის ადამიანთათვის? განა ერთსა და იმავე ბიბლიას არ ვიყენებთ ყველა და ერთსა და იმავე მრწამსს არ წარმოვთქვამთ? რა მტკიცებულება არსებობს იმისათვის, რომ მუსლიმანთა „ხელახლა შობა“ სხვანაირია და განსაკუთრებული სწავლება სჭირდებათ ნათლობისა თუ დამოწაფების შესახებ?“

სამუელი პასუხობს: „იესო დაგვპირდა, რომ ყოველი მუხლი მოიდრიკებოდა და მწამს, რომ ამაში ქრისტესთან მოსული მილიონობით მუსლიმანიც იგულისხმება. სწორედ ამიტომ, ჩვენ მათ განსაკუთრებული ყურადღებით უნდა შევხვდეთ განსაკუთრებულ საოჯახო ეკლესიებში, როგორც ებრაელებთან მიმართებით ვიქცევით. პავლესაც და პეტრესაც სხვადასხვა დამოკიდებულება ჰქონდათ ებრაელებისა და წარმართებისათვის სახარების ქადაგების მიმართ. მუსლიმანებს ისე უნდა ვეპყრობოდეთ, როგორც „ებრაელ ბიძაშვილებს“ და მათთვის გამზადებული უნდა გვქონდეს განსაკუთრებული დამოწაფება, რომელიც მათ სულიერ საჭიროებებს ეხმაურება.“

პიერი მიუგებს: „კი, მაგრამ, სამუელ, ყველა მოციქული ერთსა და იმავე დოქტრინებს იყენებდა ახალაღთქმისეული ეკლესიის დასამოწაფებლად. განა ყველა სამოციქულო წერილი ებრაელებისა და წარმართებისადმი ერთნაირად არ არის მიმართული? ქრისტესკენ მოქცეულ მუსლიმანებს უბრალოდ ის სჭირდებათ, რაც ყველა დანარჩენს: ნათლობისთვის მოსამზადებელი კურსი, ქადაგებები, საკვირაო სკოლის სწავლება და ბიბლიის შესწავლა. ფაქტობრივად, მათდამი განსაკუთრებული დამოკიდებულების გამოჩენამ შეიძლება ხელი შეუშალოს იმაში, რომ გაერთიანდნენ ჩვენს არსებულ ეკლესიებში.“

შემდეგ სამუელი თქვენ გეკითხებათ: „შენ როგორ ხედავ დამოწაფებას ყოფილ მუსლიმანთათვის?“

თავისუფლება ტყუილის თქმისაგან

ამ ნაწილებში ვისაუბრებთ ტყუილის შესახებ ისლამის სწავლებასთან დაკავშირებით და ავირჩევთ ტყუილების უარყოფას.

ჭეშმარიტება ძვირფასია

ხუცესი დამანიკი, რომელიც ინდონეზიაში ისლამური ჯიჰადის წინააღმდეგ გამოსვლისთვის უსამართლოდ დააპატიმრეს, ჭეშმარუტების შესახებ ამბობს:

> „... მიუხედავად იმისა, რომ ჭეშმარიტება რთულია და ძალიან ძვირადღირებული, ჩვენ არ გვაქვს არჩევანი. მზად უნდა ვიყოთ დიდი ფასის გადასახდელად. ამის ალტერნატივა ჭეშმარიტებასთან დამშვიდობებაა. ჭეშმარიტების მოყვარულმა ძალიან დიდი გულმოდგინებით უნდა იბრძოლოს, რათა ჰქონდეს რკინის ნებისყოფა დ ამავდროულად, იყოს სუფთა და გამჭვირვალე (მინის მსგავსად) გულის მქონე პიროვნება. რკინის ნებისყოფა მტკიცეა: მას ვერ მოდრეკ. ჭეშმარიტებისადმი მისი ერთგულება არ მცირდება... მინის გული კი სუფთაა ფარულ ინტერესთა და პირად გეგმათაგან. მინის მსგავსად, ჭეშმარიტების მოყვარული მგრძნობიარეა და ადვილად იმსხვრევა ქვეყნიერებაზე არსებულ უსამართლობასა და სიცრუესთან შეჯახებისას. ეს გულგატეხილობა სისუსტის ნიშანი როდია, არამედ ძალისა და ძალაუფლებისა. მას ძლიერი ნებისყოფა აქვს და მის მახვილ ენას ძალუძს ილაპარაკოს უმართლობისა და მისი გარემომცველი სიცრუის წინააღმდეგ. მის გულს არ შეუძლია დადუმება

> ან ჩუმად ყოფნა. მისი გული ყოველთვის იბრძვის უსამართლობის წინააღმდეგ“.

ის ფაქტი, რომ ღმერთი მართალია, არის უმთავრესი მასთან ურთიერთობის დაწყებისათვის. ღმერთი ხასიათდება ურთიერთობებით: ის საკუთარ თავს ურთიერთობებით აკავშირებს კაცობრიობასთან.

შარიათის კულტურა

ყურანისა და ისლამის სწავლებათა თანახმად, ტყუილის თქმა ზოგიერთ ვითარებაში დაშვებულია. სწორედ ეს დავინახეთ მე-3 გაკვეთილში: ტყუილი დაშვებულია და ზოგჯერ სავალდებულოც კი არის ისლამში.

ყურანში ალაჰსაც კი მატყუარა ეწოდება, რომელიც ადამიანებს გზას უბნევს:

> „ალაჰი კი გზასააცდენს მათ, ვისაც ინებებს, და უწინამძღვრებს, ვისაც ინებებს. სწორედ იგია ძლევამოსილი, ბრძენთა ბრძენი“ (სურა 14:4).

ტყუილების ტიპები, რომლებსაც შარიათის კანონი იწონებს, მოიცავს:

- ტყუილს ომში
- ქმრების მიერ ცოლების მოტყუებას
- თავდასაცავად ნათქვამ ტყუილს
- *უმას* დასაცავად ნათქვამ ტყუილს
- თავდაცვითი ტყუილი (*taqiyya*), როცა მუსლიმანები ფიქრობენ, რომ საფრთხეში არიან: ამ შემთხვევაში მუსლიმანს საკუთარი რწმენის უარყოფის ნებაც კი ეძლევა (სურა 16:106).

ამ რელიგიურმა ფასეულობებმა სიღრმისეული გავლენა იქონია ისლამურ კულტურებზე.

ჭეშმარიტებასთან შეხვედრა

განსხვავებით ისლამისაგან, ქრისტიანისათვის არ არის ნებადართული საკუთარი რწმენის უარყოფა:

> „ყველას, ვინც მე მაღიარებს ადამიანთა წინაშე, იმას მეც ვაღიარებ ჩემი ზეციერი მამის წინაშე. ვინც უარმყოფს მე ადამიანთა წინაშე, მას მეც უარვყოფ ჩემი ზეციერი მამის წინაშე“ (მათე 10:32-33).

იესო ამბობს: „არამედ იყოს თქვენი სიტყვა: 'ჰო' ჰო! 'არა' არა!...“ (მათე 5:37).

რა დადო ღმერთმა აბრაამთან დაბადების წიგნის 37-ე თავის თანახმად?

> „და დავამყარებ ჩემს აღთქმას ჩემსა და შენს, და შენ შემდგომ, შენს შთამომავლობას შორის, მათ მოდგმაში, საუკუნო აღთქმად, რათა ვიყო შენი და, შენ შემდგომ, შენი შთამომავლობის ღმერთი. და მოგცემთ შენ და, შენ შემდგომ, შენს შთამომავლობას, შენი ხიზნობის ქვეყანას - მთელი ქანაანის ქვეყანას - საუკუნო საკუთრებად, და მე ვიქნები მათი ღმერთი“ (დაბადების 17:7-8).

რა დადო ღმერთმა დავითთან 88-ე ფსალმუნის თანახმად?

> „შენ თქვი: 'დავდე პირობა ჩემს რჩეულთან, შევფიცე დავითს, ჩემს მორჩილს: 'უკუნისამდე გავამაგრებ შენს შთამომავლობას და თაობიდან თაობამდე დავაფუძნებ შენს ტახტს'“ (ფსალმუნი 88:3-4).

ეს ორი ბიბლიური მონაკვეთი, რომელიც ახლა წაიკითხეთ, გვიჩვენებს იმას, რომ ღმერთმა ერთგული აღთქმანი დადო თავის ერთან.

რომელი ორი ატრიბუტი ახასიათებს ჩვენდამი ღმერთის ურთიერთობას ქვემოთ მოცემული ბიბლიური მონაკვეთების მიხედვით?

„ღმერთი კაცი როდია, რომ იცრუოს, და არც ადამიანის ძეა, რომ გადათქვას. თქვას და არ გააკეთოს? ილაპარაკოს და არ აღასრულოს?" (რიცხვნი 23:19).

„ადიდეთ უფალი, რადგან კეთილია, რადგან უკუნისამდეა წყალობა მისი!" (ფსალმუნი 135:1).

„[საუბარი ებრაელთა შესახებ] ... ხოლო ამორჩევის მიხედვით - საყვარელნი, მამების გულისათვის. ვინაიდან უცვალებელია ღვთის ნიჭი და მოწოდება" (რომაელთა 11:28-29).

„...ღვთის რჩეულებს რწმენით და ჭეშმარიტების შეცნობით, ღვთისმოსაობის შესაბამისად, საუკუნო სიცოცხლის სასოებით, რომელიც აღუთქვა უტყუარმა ღმერთმა უწინარეს საუკუნეთა" (ტიტე 1:1-2).

„ამიტომ, როცა ღმერთს სურდა უპირატესად ეჩვენებინა აღთქმის მემკვიდრეთათვის თავისი ნების შეურყევლობა, ფიცს მიმართა, რათა ორ შეურყეველ საქმეში, რაშიც შეუძლებელია ღმერთმა იცრუოს, დიდი ნუგეშისცემა გვქონდეს ჩვენ, რომელნიც გავეშურეთ, რათა ჩავჭიდებოდით ჩვენს წინ მდებარე იმედს, რომელიც ჩვენი სულისათვის ღუზასავით სანდოა და მტკიცე..." და შედის ფარდის მიღმა..." (ებრაელთა 6:17-19).

„მაგრამ მოწმეა ღმერთი, რომ ჩვენი სიტყვა თქვენს მიმართ არ ყოფილა ჰოც და არაც, ვინაიდან ძე ღვთისა იესო ქრისტე... არ იყო 'ჰოც' და 'არაც', არამედ 'ჰო' იყო მასში, რადგან ღვთის ყველა აღთქმანი მასში 'ჰო' არის" (მე-2 კორინთელთა 1:18-20).

ღმერთი უცვლელი და ერთგულია თავის ურთიერთობებში. ის ყოველთვის ასრულებს თავის სიტყვას.

რა სურს ღმერთს ადამიანებისგან, ლევიანთა წიგნის თანახმად?

280

„და უთხრა უფალმა მოსეს: ‘ელაპარაკე ისრაელის ძეთა მთელ თემს და უთხარი მათ: ‘წმიდა იყავით, რადგან წმიდა ვარ მე, უფალი, ღმერთი თქვენი’“ (ლევიანნი 19:1-2).

ჭეშმარიტ ბიბლიურ ღმერთს სურს, რომ წმინდები ვიყოთ მის მსგავსად.

როგორ ვამჟღავნებთ ღვთის სიწმინდეს, ქვემოთ მოცემული სამი მუხლის მიხედვით?

„რადგან თვალწინ მიდგას შენი წყალობა და მივყვებოდი შენს ჭეშმარიტებას“[14] (ფსალმუნი 25:3).

„შენს ხელს შევავედრებ ჩემს სულს. შენ დამიხსნი, უფალო, ღმერთო ჭეშმარიტო“ (ფსალმუნი 30:5).

„შენ, უფალო, არ დამილიო შენი თანაგრძნობა; შენი წყალობა და შენი ჭეშმარიტება მუდამ მიცავენ მე“ (ფსალმუნი 39:11).

ჩვენ შეგვიძლია ღვთის სიწმინდეს გამოვხატავდეთ ჩვენი სიმართლითა და ჭეშმარიტებაში ცხოვრებით, რადგან ღმერთი ჭეშმარიტია და ერთგული თავისი სიტყვის მიმართ. მიუხედავად იმისა, რომ სატანას უყვარს ჩვენს გულებში ტყუილების შემოპარება, ღვთის ჭეშმარიტება გვიცავს ჩვენ.

როგორ მოქმედებს ჩვენ მიმართ ჭეშმარიტება, დავითის ამ ფსალმუნის თანახმად?

„აჰა, უკანონოდ ჩავისახე და ცოდვით დაორსულდა ჩემზე დედაჩემი. აჰა, შენ შეიყვარე ჭეშმარიტება გულით და გამაგებინე სიბრძნე ფარული. მასხურე უსუპით და განვიწმიდები; განმბანე და თოვლზე მეტად განვსპეტაკდები“ (ფსალმუნი 50:5-7).

---

14. სიტყვა, რომელიც აქ თარგმნილია, როგორც „ჭეშმარიტება“, შეიძლება ითარგმნოს ასევე „ერთგულებადაც“.

ეს ფსალმუნი აცხადებს იმას, რომ ჭეშმარიტება გვწმენდს.

რით იყო აღსავსე იესოს ცხოვრება, ამ მუხლის თანახმად?

„სიტყვა ხორცი იქმნა და დაემკვიდრა ჩვენს შორის, მადლითა და ჭეშმარიტებით აღსავსე. და ჩვენ ვიხილეთ მისი დიდება, როგორც დიდება მამისაგან მხოლოდშობილისა. და ჩვენ ვიხილეთ მისი დიდება, როგორც დიდება მამისაგან მხოლოდშობილისა" (იოანე 1:14).

იესო აღსავსე იყო ჭეშმარიტებით

რაში უნდა ცხოვრობდეთ, ჩვენი მოწოდების თანახმად?

„სიმართლის მოქმედი კი მიელტვის ნათელს, რათა გაცხადდნენ მისი საქმენი, ვინაიდან ღმერთში არიან ქმნილნი" (იოანე 3:21).

ჩვენ მოწოდებულნი ვართ იმისკენ, რომ ვიცხოვროთ ჭეშმარიტებაში.

მხოლოდ რის მეშვეობით შევიცნობთ ღმერთს, ქვემოთ მოცემული მუხლების თანახმად?

„ღმერთი არის სული და მისი თაყვანისმცემელნი თაყვანს უნდა სცემდნენ სულითა და ჭეშმარიტებით" (იოანე 4:24).

„ეუბნება მას იესო: 'მე ვარ გზა, ჭეშმარიტება და სიცოცხლე. მამასთან ვერავინ მივა, თუ არა ჩემით'" (იოანე 14:6).

იესო გვეუბნება, რომ ღმერთთან მხოლოდ ჭეშმარიტების მეშვეობით შეგვიძლია მისვლა (სახარებებში იესო 78-ჯერ ამბობს: „ჭეშმარიტად გეუბნებით თქვენ").

რა არის შეუთავსებელი ქრისტეს გზაზე სიარულისათვის, პავლეს სიტყვების თანახმად?

282

„ცნობილია, რომ რჯული დადგენილია არა მართალთათვის, არამედ ურჯულოთა და ურჩთა, უღვთოთა და ცოდვილთა, გარყვნილთა და უწმიდურთა, დედ-მამის მკვლელთა და კაცისმკვლელთათვის, მეძავთა და მამათმავალთა, კაცის-მპარავთა და ცრუთა, ფიცის გამტეხთა და ყველა სხვათათვის, ვინც საღ მოძღვრებას ეწინააღმდეგება, კურთხეული ღვთის დიდებული სახარების თანახმად, რომელიც მე მაქვს მონდობილი“ (1-ელი ტიმოთე 1:9-11).

პავლე მოციქული განმარტავს იმას, რომ ტყუილი შეუთავსებელია ქრისტეს გზაზე სიარულთან.

ტყუილის უარყოფის ლოცვა ყველა მონაწილემ ერთობლივად უნდა წარმოთქვას. ამასთან, ისინი ფეხზე უნდა იდგნენ.

განცხადება და ლოცვა ტყუილის უარყოფისათვის

გმადლობ, მამაო, იმისათვის, რომ შენ ჭეშმარიტების ღმერთი ხარ, რომ შენი სინათლით უკუნეთ ღამეშიც კი ანათებ. დღეს მე ვირჩევ, რომ აღარ ვიცხოვრო სიბნელეში, არამედ დავემკვიდრო შენს სინათლეში.

გთხოვ, მაპატიე ჩემ მიერ ნათქვამი ყველა ტყუილი. ძალიან ხშირად ვირჩევდი მოხერხებულ გზას, ვირჩევდი იმას, რაც ადვილია და არა იმას, რაც სწორია. გთხოვ, უფალო, განწმინდე ჩემი ბაგეები ყოველგვარი უღვთოებისაგან. მომეცი ისეთი გული, რომელსაც ახარებს ჭეშმარიტების მოსმენა და ბაგე, რომელიც მზად არის შენი ჭეშმარიტება სხვებსაც გაუცხადოს.

მომეცი გაბედულება, რათა ნუგეში ჭეშმარიტებაში ვპოვო და უარვყო ტყუილები.

დღეს მე უარვყოფ და უკუვაგდებ ტყუილების გამოყენებას ჩემს ყოველდღიურ ცხოვრებაში.

უარვყოფ ისლამის ყველა სწავლებას, რომელიც ამართლებს ტყუილების თქმას, მათ შორის, უარვყოფ taqiyya-ს. ვირჩევ, ზურგი ვაქციო ყოველგვარ ტყუილს და სიცრუეს. ვირჩევ ჭეშმარიტებაში ცხოვრებას.

ვაცხადებ, რომ იესო ქრისტე არის გზა, ჭეშმარიტება და სიცოცხლე. ვირჩევ, ვიცხოვრო მისი ჭეშმარიტების დაცვის ქვეშ.

ვაცხადებ, რომ ჩემი უსაფრთხოება შენშია და რომ ჭეშმარიტება გამათავისუფლებს.

გთხოვ, ზეციერო მამაო, მიჩვენე, როგორ ვიარო შენი ჭეშმარიტების სინათლეში. მომეცი სიტყვები სალაპარაკოდ და მიჩვენე სავალი გზა, რომელიც შენს ჭეშმარიტებაზეა დაფუძნებული.

ამინ.

⚜

თავისუფლება ცრუ უპირატესობისგან

ამ ნაწილში ვისაუბრებთ ისლამის სწავლების შესახებ, რომლის თანახმადაც, ზოგიერთი ადამიანი სხვებზე აღმატებულია. შემდეგ ამ სწავლებას შევუპირისპირებთ ბიბლიის სწავლებას. ბოლოს კი უარვყოფთ ცრუ უპირატესობის გრძნობებს.

ისლამის მიერ უპირატესობის მოთხოვნა

ისლამში დიდად არის ხაზგასმული უპირატესობა: ის, თუ ვინ არის „საუკეთესო“. ყურანში დაწერილია, რომ მუსლიმანები ქრისტიანებსა და ებრაელებზე უკეთესნი არიან:

> „თქვენ [მუსლიმანები] იყავით საუკეთესო რელიგიური თემი, რომელიც გამოყვანილ იქნა ხალხისათვის, უბრძანებდით (ღვთისთვის) სათნოს, აკავებდით (ღვთისთვის) საძულველისაგან და გწამდათ ალაჰი. და რომ ერწმუნათ წიგნის მქონეთ, ხეირი იქნებოდა მათთვის. მათ შორის არიან მორწმუნენი, მაგრამ უმეტესი მათგანი ბილწია“ (სურა 3:110).

ამის თანახმად, ისლამი უნდა ბატონობდეს სხვა რელიგიებზე:

> „იგია, ვინც წარმოაგზავნა თავისი მოციქული ხელმძღვანელობითა და ჭეშმარიტი სარწმუნოებით, რათა აღემაღლებინა იგი ყოველ სარწმუნოებაზე“ (სურა 48:28).

ისლამში სირცხვილია, მიიჩნეოდე მეორეხარისხოვნად, დაბლა მდგომად. არსებობს მუჰამედის მრავალი ჰადისი, სადაც დიდად არის გამახვილებული ყურადღება უპირატესობაზე. მაგალითად, ათ-თირმიზის მიერ ჩაწერილ ჰადისში, მუჰამედი აცხადებს, რომ ის ყველა სხვა ადამიანზე უპირატესია, ვისაც კი ოდესმე უცხოვრია:

> „მე ვიქნები ადამის შვილთა ბატონი სამსჯავროს დღეს და მე არ ვტრაბახობ. ქების დროშა მექნება ხელში და მე არ ვტრაბახობ. იმ დღეს ყველა წინასწარმეტყველი, მათ შორის, ადამიც, ჩემი დროშის ქვეშ იქნება. და მე ვარ პირველი, ვისთვისაც გაიხსნება მიწა [ანუ პირველი, ვინც აღდგება მკვდრეთით] და მე არ ვტარაბახობ“.

ისლამის რელიგიამ დიდი გავლენა მოახდინა არაბულ კულტურაზე, რომელსაც ის ათას წელზე მეტი ხნის განმავლობაში აყალიბებდა. არაბულ კულტურებში ღირსებისა და სირცხვილის ცნებები დიდად მნიშვნელოვანია და ამიტომაც ადამიანებს სძულთ, როცა მეორეხარისხოვნებად, დაბლა მდგომებად წარმოაჩენენ. უთანხმოების მქონე ადამიანები შეიძლება შეეცადონ, დაამცირონ ერთმანეთი და ამას ისინი შეურაცხყოფის გრძნობის კარნახით გააკეთებენ.

ადამიანმა, რომელიც ტოვებს ისლამს, რათა გაჰყვეს ქრისტეს, უნდა უარყოს ის ემოციური მსოფლმხედველობა, რომლის თანახმადაც პიროვნება გარშემო მყოფებზე აღმატებულად გრძნობს თავს, კმაყოფილებას იღებს ამისგან და ეშინია შერცხვენის.

ჭეშმარიტებასთან შეხვედრა

ედემის ბაღში გველმა ევა აცდუნა იმით, რომ უთხრა – შეეძლო „ღვთის მსგავსი“ გამხდარიყო. ამის საფუძველზე ევა დაჰყვა გველის ნებას, რასაც შედეგად ადამის და ევას ცოდვით დაცემა მოჰყვა. რა შეიძლება ვისწავლოთ ამ ბიბლიური მონაკვეთიდან იმის შესახებ, თუ რა საფრთხე ახლავს თან უპირატესობისკენ სწრაფვას?

> „და დედაკაცმა უპასუხა: ‘ბაღის ხის ნაყოფები გვეჭმევა. ხოლო იმ ხის ნაყოფზე, რომელიც შუა ბაღშია, გვითხრა ღმერთმა: ‘არ ჭამოთ მისგან და არც შეეხოთ, რომ არ მოკვდეთ.’ და უთხრა გველმა დედაკაცს:
>
> ‘არ მოკვდებით, რადგან უწყის ღმერთმა, რომელ დღესაც შეჭამთ მაგ ნაყოფს, აგეხილებათ თქვენ თვალები და იქნებით ღმერთივით კეთილისა და ბოროტის შემცნობელნი“ (დაბადების 3:2-5).

უპირატესობის სურვილი მახეა ადამიანთათვის: დიდი უბედურებისა და ტკივილის გამოწვევა შეუძლიათ იმ ადამიანებს, რომლებსაც სხვებზე უპირატესობის მოპოვება სურთ.

დროდადრო იესოს მიმდევრებს შორის დაისმოდა კითხვა იმასთან დაკავშირებით, თუ ვინ იყო ან ვინ იქნებოდა საუკეთესო მათ შორის. იაკობსა და იოანეს სურდათ სცოდნოდათ, ვინ დაიკავებდა საპატიო ადგილს იესოს სამეფოში. იაკობისა და იოანეს მსგავსად, ადამიანები, მთელი მსოფლიოს მასშტაბით, ეძიებენ საუკეთესო თანამდებობებსა თუ ყველაზე საპატიო ადგილებს. რას ამბობს იესო ამასთან დაკავშირებით?

> „და მივიდნენ მასთან ზებედეს ძენი, იაკობი და იოანე და უთხრეს: 'მოძღვარო, გვინდა შეგვისრულო, რასაც გთხოვთ.'
>
> მან უთხრა მათ: 'რა გინდათ, რომ შეგისრულოთ?'
>
> მათ უთხრეს მას: 'ნება მოგვეცი, ერთი ჩვენგანი შენს მარჯვნივ დაჯდეს და მეორე - მარცხნივ, შენს დიდებაში...'
>
> და მოისმინა იმ ათმა და დაიწყეს დრტვინვა იაკობზე და იოანეზე. იესომ უხმო მათ და უთხრა: 'თქვენ იცით, რომ ისინი, ვინც ხალხების მთავრებად არიან მიჩნეულნი, ბატონობენ მათზე და მათი დიდებულნი ხელმწიფებენ მათზე. მაგრამ თქვენს შორის ასე ნუ იქნება, არამედ, ვისაც თქვენს შორის დიდობა სურს, ის თქვენი მსახური იყოს; ვისაც თქვენს შორის პირველობა სურს, ის იყოს ყველას მონა. რადგან ძე კაცისა არ მოსულა იმისათვის, რომ მას ემსახურონ, არამედ იმისათვის, რომ თავად ემსახუროს და მისცეს თავისი სული მრავალთა გამოსასყიდად'".
> (მარკოზი 10:35-45)

იესო პასუხობს მათ მიერ გამოთქმულ სურვილს და განმარტავს, რომ თუ მის მოწაფეს ჭეშმარიტად მის კვალდაკვალ სვლა სურს, მაშინ, მან სხვების მსახურება უნდა ისწავლოს.

უპირატესობის გრძნობის საფრთხე იკვეთება უძღები ძის იგავშიც (ლუკა 15:11-32). „კარგი“ ძე თავს აღმატებულად გრძნობდა და არ შეეძლო მონაწილეობა მიეღო წვეულებაში, რომელიც მამამ გამართა დაკარგული ძის დაბრუნების აღსანიშნავად. ამის გამო მან მამისაგან საყვედური მიიღო. ნამდვილი წარმატებისკენ მიმავალი გზა ღვთის თვალში, არის სხვათა მსახურების და არა სხვების მიმართ ქედმაღლური დამოკიდებულების ან მათზე ბატონობის გზა.

ფილიპელთა მიმართ წერილის მე-2 თავის ამ შესანიშნავი მონაკვეთის მიხედვით, რა არის გასაღები იმისათვის, რომ ადამიანი გათავისუფლდეს იმ მსოფლმხედველობის ბორკილებისაგან, რომლის თანახმადაც ზოგი ადამიანი სხვებზე აღმატებულია?

> „ამრიგად, თუ არის რაიმე ნუგეშისცემა ქრისტეში, თუ არის რაიმე სალბუნი სიყვარულისა, თუ არის რაიმე თანამოზიარეობა სულისა, თუ არის რაიმე თანაგრძნობა და შეწყალება, შეავსეთ ჩემი სიხარული, რათა ერთსა და იმავეს ფიქრობდეთ, გქონდეთ ერთი და იგივე სიყვარული, იყოთ ერთსულოვანნი, და ერთაზროვანნი. არაფერი გააკეთოთ ჯიბრით ან პატივმოყვარეობით, არამედ თავმდაბლობით. საკუთარ თავზე მეტად შერაცხეთ ერთმანეთი.
>
> თითოეული მარტო თავის თავზე კი ნუ იზრუნებს, არამედ სხვებზეც. თქვენშიც იმ საფიქრალზე იფიქრეთ, რაც ქრისტე იესოშია. რომელიც ღვთის ხატება იყო და, მიტაცებად არ თვლიდა ღვთის თანასწორად ყოფნას, არამედ წარმოიცარიელა თავი და მიიღო მონის ხატება,

გახდა კაცთა მსგავსი და შესახედაობით კაცს დაემსგავსა.

დაიმდაბლა თავი და მორჩილი გახდა თვით სიკვდილამდე, ჯვარცმით სიკვდილამდე.

ამიტომ ღმერთმაც აღამაღლა იგი და მიანიჭა მას ყველა სახელზე უზენაესი სახელი. რათა იესოს სახელის წინაშე მუხლი მოიდრიკოს ყოველმა ზეციერმა, მიწიერმა და ქვესკნელელმა, ყველა ენამ აღიაროს, რომ იესო ქრისტე არის უფალი, მამა ღმერთის სადიდებლად".
(ფილიპელთა 2:1-11)

გასაღები იმისათვის, რომ ადამიანი გათავისუფლდეს უპირატესობის მსოფლმხედველობის ბორკილებისაგან, თავად იესო ქრისტეს მაგალითია.

იესოს გული სრულიად სხვანაირია. მან ირჩია, მომსახურებოდა სხვებს და არ ებატონა მათზე. მას არავინ მოუკლავს, არამედ საკუთარი სიცოცხლე გაიღო სხვებისთვის. იესომ პრაქტიკულად აჩვენა ადამიანებს ის, თუ რას ნიშნავს თავის დამდაბლება: „წარმოიცარიელა თავი" (ფილიპელთა 2:7) და ადამიანებს იმის უფლებაც კი მისცა, რომ ჯვარს ეცვათ იგი, რაც ყველაზე სამარცხვინო სიკვდილი იყო იმ დროს.

ქრისტეს ჭეშმარიტი მიმდევარიც იმავეს იქმს. ის სიამოვნებას ვერ პოვებს სხვებზე უპირატესად ყოფნის გრძნობაში. ქრისტეს ჭეშმარიტ მიმდევრებს არ ეშინიათ სირცხვილის ან იმის, თუ რას ფიქრობენ სხვები, რადგან სჯერათ, რომ ღმერთი გაამართლებს და დაიცავს მათ.

უპირატესობის ცრუ შეგრძნების უარყოფის ეს ლოცვა ყველა მონაწილემ ერთობლივად უნდა წარმოთქვას. ამასთან, ისინი ფეხზე უნდა იდგნენ.

განცხადება და ლოცვა უპირატესობის ცრუ შეგრძნების უარყოფისათვის

გმადლობ, მამაო, რომ საოცრად შემქმენი, რადგან შენ ხარ ჩემი შემოქმედი. გმადლობ, რადგან გიყვარვარ და შენს შვილად ვიწოდები. გმადლობ, რომ წილად მხვდა იესო ქრისტეს გზაზე სვლის პატივი.

გთხოვ, მაპატიე, რომ მქონდა სურვილი, თავი აღმატებულად მეგრძნო. უარვყოფ და სრულად უკუვაგდებ ამგვარ სურვილებს. უარს ვამბობ იმაზე, რომ თავი ვინუგეშო იმ გრძნობით, თითქოს სხვაზე უკეთესი ვიყო. ვაცნობიერებ, რომ ცოდვილი ვარ, ყველა სხვა ადამიანის მსგავსად და რომ არაფერი შემიძლია უშენოდ.

ასევე უარს ვამბობ იმ გრძნობებზე, რომლებიც გამოწვეული იყო იმით, თითქოს მე სხვაზე აღმატებულ ჯგუფს ან წარმომავლობას მივეკუთვნებოდი. ვინანიებ ამას. ვაღიარებ, რომ შენს თვალში ყველა თანასწორია.

ვინანიებ სხვების მიმართ წარმოთქმულ ზიზღით სავსე სიტყვებს, ვინანიებ ცემ მიერ სხვათა უარყოფას და გთხოვ პატიებას ამ სიტყვებისათვის.

უარს ვამბობ, ცუდი წარმოდგენა მქონდეს სხვა ადამიანებზე მათი რასის, სქესის, სიმდიდრისა თუ განათლების გამო.

ვაცნობიერებ, რომ მხოლოდ ღმერთის მადლით შემიძლია ვიდგე შენს თანდასწრებაში. ვშორდები ყოველგვარ ადამიანურ განკითხვას და მხოლოდ შენკენ აღვაპყრობ თვალებს ხსნის მისაღებად.

განსაკუთრებით უარვყოფ ისლამის სწავლებას იმასთან დაკავშირებით, რომ მართალნი აღმატებულნი არიან, რომ ისლამს მოაქვს წარმატება ადამიანთათვის და რომ მუსლიმანები აღმატებულნი არიან არამუსლიმანებზე.

უარვყოფ და უკუვაგდებ მტკიცებას იმის შესახებ, რომ მამაკაცები ქალებზე აღმატებულნი არიან.

ზეციერო მამაო, ზურგს ვაქცევ უპირატესობის ყოველგვარ ცრუ შეგრძნებას და ნაცვლად ამისა, ვირჩევ, გემსახურო შენ.

უფალო, ასევე ვირჩევ, გავიხარო სხვა ადამიანთა წარმატებით. უარვყოფ და უკუვაგდებ ყოველგვარ შურს და ეჭვიანობას სხვების მიმართ.

უფალო, გთხოვ, მომეცი ჯანსაღი და ზუსტი წარმოდგენა იმის შესახებ, თუ ვინ ვარ მე შენში. მასწავლე ჭეშმარიტება იმასთან დაკავშირებით, თუ როგორ მხედავ. დამეხმარე, რომ კმაყოფილი ვიყო იმით, როგორ პიროვნებადაც შემქმენი.

ამინ.

თავისუფლება წყევლისაგან

ამ ნაწილებში ჩვენ ვისაუბრებთ ისლამში მიღებული სხვების დაწყევლის პრაქტიკის შესახებ, უარს ვიტყვით ამ პრაქტიკაზე და დავამსხვრებთ ნებისმიერ წყევლას, რომელიც ჩვენ წინააღმდეგ წარმოითქვა.

წყევლა ისლამში

მე-2 გაკვეთილში მოცემული რესურსების გამოყენებით მორწმუნეებს შეუძლიათ ლოცვით სტრატეგიათა შემუშავება, რათა ადამიანებს დაეხმარონ სხვადასხვა ტყვეობისგან გათავისუფლებაში, იქნება ეს ისლამისა თუ სხვა რაღაცების ტყვეობა. ამგვარი ლოცვების მაგალითი შეგიძლიათ იხილოთ ნაწილში „გზამკვლევი ხელმძღვანელთათვის“.

ამ ნაწილში ჩვენ ვისაუბრებთ კონკრეტული ისლამური რიტუალის შესახებ და მოგაწვდით ლოცვას მისი უარყოფისათვის. ეს ლოცვა დაიწერა იმის გამო, რომ მუსლიმანური წარსულის მქონე ქრისტიანმა ჩემთან ახსენა იმის შესახებ, რომ ეს რიტუალი მისი მუსლიმანური გამოცდილების მნიშვნელოვანი შემადგენელი ნაწილი იყო და გრძნობდა, რომ ამ რიტუალს სულიერი ძალაუფლება ჰქონდა.

ყურანი მუსლიმანებს მოუწოდებს ქრისტიანთა დაწყევლისკენ, რომლებიც ქრისტეს ღვთაებრიობას აღიარებენ: „...ვილოცოთ და ალაჰის წყევლა დავაწყვიტოთ მატყუარებს" (სურა 3:61).

მიუხედავად ამისა, ჰადისები შეიცავს ურთიერთსაპირისპირო განცხადებებს წყევლის შესახებ. ერთი მხრივ, რამდენიმე ჰადისი გვაუწყებს იმას, თუ როგორ სწყევლიდა მუჰამედი სხვადასხვა კატეგორიის ადამიანებს, მათ შორის, ებრაელებსა თუ ქრისტიანებს, იმ მამაკაცებსა თუ ქალებს, რომლებიც საპირისპირო სქესის ადამიანებს ჰბაძავდნენ. მეორე მხრივ, არის ჰადისები, რომლებიც გვაფრთხილებს წყევლის საშიშროებათა შესახებ და გვამცნობს, რომ მუსლიმანმა არასოდეს უნდა დასწყევლოს სხვა მუსლიმანი.

ამ ურთიერთსაპირისპირო ჩანაწერთა გამო, მუსლიმან სწავლულებს განსხვავებული შეხედულებები აქვთ იმის შესახებ, კანონიერია თუ არა მუსლიმანთათვის სხვების დაწყევლა და როგორია ისლამში მიღებული წესი ამასთან დაკავშირებით. და მაინც არამუსლიმანთა დაწყევლა ფართოდ გავრცელებულია ისლამურ კულტურებში. 1836 წელს ედუარდ ლეინი წერდა იმის შესახებ, რომ ეგვიპტეში მუსლიმან მოსწავლეებს ასწავლიდნენ სხვადასხვა წყევლის

წარმოთქმას ქრისტიანების, ებრაელებისა და სხვა არამუსლიმანთა მიმართ.15

რიტუალური წყევლა

სხვადასხვა ქვეყნის წარმომადგენელ ბევრ ყოფილ მუსლიმანთან მისაუბრია და ისინი ამბობდნენ, რომ მათი ტრადიცია იყო მეჩეთში წყევლის მასობრივ ღონისძიებებზე დასწრება.

ერთმა მეგობარმა აღწერა კიდევ ეს ღონისძიებანი, რომლებსაც უძღვებოდა მეჩეთის იმამი (რომელიც პარასკევის ლოცვებს უძღვება). მამაკაცები რიგებად, „მხარდამხარ" მწკრივდებოდნენ და იმამის სიტყვების ერთდროულად გამეორებით სწყევლიდნენ მათ, ვისაც ისლამის მტრებად მიიჩნევდნენ. ეს წყევლანი რიტუალური და განმეორებითი გახლდათ. ამ მეგობარმა მითხრა, რომ მაწყევრები განიცდიდნენ ემოციურ აღმაფრენას, სიძულვილისა და აღტყინების ძალიან ძლიერ გრძნობას, რასაც თან ახლდა ძლიერი სულიერი „მუხტი" (გრძნობა იმისა, რომ ძალა დიოდა მათ სხეულებში). მისი გამოცდილებით, ეს პრაქტიკა მამიდან შვილზე გადადიოდა და მჭიდროდ აკავშირებდა მათ. ამის გამო ეს ადამიანიც მამასთან დაკავშირებულად გრძნობდა თავს, მისი მეშვეობით კი – პაპასთან, პაპის მეშვეობით – ყველა წინაპართან: ყველანი „მხარდამხარ" იდგნენ და სწყევლიდნენ სხვებს ისლამის სახელით.

სხვა მეგობარი კი, რომელიც საუდის არაბეთიდან არის და ახლა ქრისტიანია, მოუთმენლად ელოდა ერთ კონკრეტულ დღეს მარხვის თვის, რამადანის განმავლობაში, როცა ათასობით მამაკაცი იკრიბებოდა მექას დიდ მეჩეთში ერთობლივი ლოცვისათვის. ის ყოველთვის დიდი

15. Edward W. Lane, *An Account of the Manners and Customs of the Modern Egyptians*, p. 276.

აღტაცებით ელოდა წუთს, როცა არამუსლიმანები უნდა დაეწყევლა ერთად თავშეყრილ უამრავ ადამიანს. ისიც უერთდებოდა ამ წყევლას და თავადაც განიცდიდა ამ სულიერ „მუხტს“. იმამი ქვითინებდა, როცა ურჯულოებზე წყევლას მოუხმობდა, ხოლო იქ მყოფთაგან, ყველანი ამ მომენტისკენ მიმართავდნენ საკუთარ სიმულვილსა და ენერგიას და როცა იმამი წყევლას წარმოთქვამდა, ისინიც უერთდებოდნენ მას.

ამგვარი მოვლენა ეწინააღმდეგება იესოს სწავლებას იმის შესახებ, რომ წყევლა აკრძალულია (ლუკა 6:28): წმინდა წერილი ასწავლის ქრისტიანებს, რომ არ დასწყევლონ სხვები, არამედ წყევლის სანაცვლოდ აკურთხონ ისინი. ამგვარი რიტუალი ასევე უღვთო „სულიერ კავშირს“ ამყარებს თაყვანისმცემელსა და იმამს შორის, ასევე მამასა და შვილს შორის, როცა ისინი ერთად წარმოთქვამენ წყევლას. წყევლის ეს გამოცდილება დიდ ზეგავლენას ახდენდა ჩემს მეგობარზე, როცა ის უფრო ახალგაზრდა იყო, მანამ, სანამ ქრისტეს მორწმუნე გახდებოდა.

რას ნიშნავს გამოთქმა „სულიერი კავშირი“? ეს ნიშნავს იმას, რომ ერთი პიროვნების სული მეორე პიროვნების სულთან არის დაკავშირებული: ისინი არ არიან ერთმანეთისგან თავისუფალნი. სულიერი კავშირი ერთგვარი ღია კარი თუ ფეხის მოსაკიდებელი ადგილია, რომელთა შესახებაც მე-2 გაკვეთილში ვისაუბრეთ. თავისი არსით, სულიერი კავშირი შეთანხმებაა, რომელიც ორ ადამიანს ერთმანეთთან აკავშირებს, რათა სულიერი გავლენა ერთიდან მეორეზე გადავიდეს. ზოგიერთი სულის კავშირი შეიძლება კარგი იყოს და მართლაც, კურთხევის წყაროდ იქცეს, მაგალითად, ღვთიური სულიერი კავშირი მშობელსა და შვილს შორის, მაგრამ ზოგი სულის კავშირი შეიძლება ზიანის მომტანი გახდეს.

უღვთო სულიერი კავშირის გაწყვეტისათვის აუცილებელია პატიება. მანამ, სანამ ადამიანს უპატიებლობა აქვს სხვის მიმართ, უღვთო კავშირია მათ შორის.

სულიერი კავშირები შეიძლება უღვთოც იყოს. საბედნიეროდ, ქრისტიანებს შეუძლიათ უღვთო სულიერი კავშირების გაწყვეტა თუ დამსხვრევა მე-2 გაკვეთილში აღწერილი, ხუთი ნაბიჯისაგან შემდგარი პროცესის მეშვეობით: აღიარება, უარყოფა, დამსხვრევა, განდევნა (როდესაც აუცილებელია) და ბოლოს, კურთხევა.

როგორ დავამსხვრიოთ წყევლა

ერთ-ერთ კონფერენციაზე ვასწავლიდი, როდესაც ახალგაზრდა მამაკაცი მოვიდა ჩემთან და დახმარება მთხოვა. ის და მისი ოჯახი ახლო აღმოსავლეთის ერთ-ერთ ქვეყანაში იყვნენ გადასულნი საცხოვრებლად, სადაც მას მისიონერობისთვის ამზადებდნენ. მიუხედავად ამისა, მის ოჯახს ბევრ სიძნელე ხვდებოდა, მათ შორის, უბედურ შემთხვევებსა და სხვადასხვა ავადმყოფობას. გარემოებები იმდენად გაუარესდა, რომ ისინი დანებებასა და შინ დაბრუნებაზე ფიქრობდნენ. ახალგაზრდა კაცს აინტერესებდა, შეიძლებოდა თუ არა, რომ მათი საცხოვრებელი ბინა დაწყევლილი ყოფილიყო, თუმცა მან არ იცოდა, რა უნდა გაეკეთებინა ამ შემთხვევაში. მე მას გავუზიარე იმის შესახებ, თუ როგორ უნდა დაემსხვრია წყევლა. მან გაითვალისწინა ჩემი რჩევა, დაბრუნდა შინ და ძალაუფლებით ილოცა თავის ბინაში და დაამსხვრია ყველა წყევლა. ამის შემდეგ მისი ოჯახის ყველა სიძნელე გაქრა და მათ გაიხარეს საკუთარ სახლში დასადგურებული მშვიდობით.

მუსლიმანთათვის მსახურებაში ჩართული ბევრი ადამიანი, მათ შორის მუსლიმანური წარსულის მქონე ქრისტიანები, მუსლიმანთა წყევლის ქვეშ იყვნენ. ეს შეიძლება იყოს ალაჰის

სახელით წარმოთქმული წყევლა ან ჯადოქრობის გამოყენება.

თუ ფიქრობთ, რომ შეიძლება დაწყევლილი იყოთ თქვენ ან თქვენთვის საყვარელი ადამიანები, ქვემოთ ჩამოთვლილია ცხრა ნაბიჯი ამ წყევლის დასამსხვრევად:

- პირველი, აღიარეთ და მოინანიეთ ყველა ცოდვა და განაცხადეთ, რომ ქრისტეს სისხლი ფარავს თქვენს ცხოვრებას.
- შემდეგ სახლიდან მოიშორეთ ყოველგვარი უღვთო ან რაღაცისადმი მიძღვნილი ნივთები.
- აპატიეთ ყველას, საკუთარი თავის ჩათვლით, ვინც ეს წყევლა გამოიწვია, ცოდვის მეშვეობით თუ ვიღაცის განზრახული წყევლით.
- სცანით ის ძალაუფლება, რომელიც გაქვთ ქრისტეში და განაცხადეთ მის შესახებ.
- უარყავით და დაამსხვრიეთ წყევლა; თქვით: *„უარვყოფ და ვამსხვრევ ამ წყევლას იესოს სახელით“;* განაცხადეთ, რომ იესო ქრისტეს უზენაესი ძალა და ძალაუფლება, მისი ჯვრის მეშვეობით, აღემატება სიბნელის ყველა საქმეს.
- განაცხადეთ, რომ თავისუფალნი ხართ ქრისტეში ყოველგვარი ბოროტებისაგან, რადგან ქრისტემ უკვე აღასრულა ჯვარზე თავისი საქმე.
- უბრძანეთ წყევლასთან დაკავშირებულ ნებისმიერ (და ყველა) ბოროტ სულს, დაგტოვოთ თქვენ, თქვენი ოჯახი და სახლი.
- შემდეგ განაცხადეთ კურთხევანი თქვენზე, თქვენს ოჯახსა და სახლზე; მათ შორის, წყევლის საპირისპირო კურთხევანი და ამისათვის ბიბლიური მუხლები გამოიყენეთ; მაგალითად: „არ მოვკვდები,

არამედ ვიცოცხლებ და ვილაპარაკებ უფლის საქმეებზე“ (ფსალმუნი 117:17)

განადიდეთ ღმერთი მისი სიყვარულის, ძალისა და მადლისათვის.

ჭეშმარიტებასთან შეხვედრა

რას გვეუბნება ეს მუხლი იმასთან დაკავშირებით, თუ როგორ ვთავისუფლდებით წყევლათაგან?

„რომლის მიერ გვაქვს გამოსყიდვა მისი სისხლით, ცოდვების მოტევება მისივე მადლის სიმდიდრით“ (ეფესელთა 1:7).

ჩვენ ვთავისუფლდებით წყევლათაგან, რადგან ქრისტეს სისხლით ვართ გამოსყიდულნი.

რა ძალაუფლება აქვს ქრისტიანს ბოროტის ძალასთან მიმართებით?

„აჰა, გაძლევთ თქვენ ხელმწიფებას გველთა და მორიელთა დასათრგუნავად, და მტრის ყოველი ძალისა. თქვენ კი არაფერი გევნებათ“ (ლუკა 10:19).

ჩვენ უნდა ვაღიაროთ, რომ ქრისტეში შეგვიძლია ძალაუფლება გამოვიყენოთ მტრის ყოველი ძალის მიმართ, მათ შორის, ყველა წყევლის მიმართ.

რატომ მოვიდა იესო დედამიწაზე ქვემოთ მოცემული მუხლის თანახმად?

„... ამისათვის გამოჩნდა ძე ღვთისა, რათა დაერღვია ეშმაკის საქმენი“ (1-ელი იოანე 3:8).

იესო მოვიდა, რათა დაერღვია სატანის ძალაუფლება, მათ შორის, ყველა წყევლა.

როგორ აღასრულა იესოს ჯვარცმამ მეორე რჯულის 21-23-ში ჩაწერილი რჯულის მოთხოვნა?

> „ქრისტემ გამოგვისყიდა რჯულის წყევლისაგან და გახდა წყეული ჩვენ ნაცვლად, ვინაიდან დაწერილია: 'წყეულია ყოველი დაკიდებული ძელზე,' რათა აბრაამის კურთხევა ქრისტე იესოს მიერ იყოს წარმართებზე, რომ სულის აღთქმა მივიღოთ რწმენით" (გალატელთა 3:13-14).

მეორე რჯულის 21:23-ში ვკითხულობთ იმის შესახებ, რომ წყეულია ნებისმიერი, დაკიდებული ძელზე. იესო ქრისტე წყეული იყო ამგვარად, ის ჯვარცმული იყო, რათა ჩვენ გათავისუფლებულიყავით წყევლათაგან. მან აიტანა წყევლა ჩვენ გამო, რათა ჩვენ კურთხევა მიგვეღო.

რას გვეუბნება ეს მუხლი დაუმსახურებელი წყევლის შესახებ?

> „როგორც ჩიტის ქროლვა, როგორც ბეღურის ფრენა, ისე არ მოეწევა დაუმსახურებელი წყევლა" (იგავნი 26:2).

ეს მუხლი შეგვახსენებს იმის შესახებ, რომ დაცულნი ვართ წყევლათაგან და თავისუფალნი ვართ მათგან, როცა ვაცხადებთ ქრისტეს სისხლის დაცვას ჩვენზე და ჯვრის მიერ მოტანილ თავისუფლებას და ვიყენებთ მათ ჩვენს ცხოვრებისეულ გარემოებაში.

ეს გვეუბნება მომდევნო მუხლი იმის შესახებ, თუ რა ძალაუფლება აქვს ქრისტე სისხლს წყევლათა მიმართ?

> „...თქვენ მიეახლეთ სიონის მთას... და ახალი აღთქმის შუამდგომელ იესოს და საპკურებელ სისხლს, რომელიც აბელის სისხლზე უკეთ მეტყველებს" (ებრაელთა 12:22; 24).

იესოს სისხლი კაენის წყევლაზე უკეთ მეტყველებს, რომელმაც თავისი ძმის, აბელის სისხლი დაღვარა. ქრისტეს სისხლი ასევე იმ ყველა წყევლაზე უკეთ მეტყველებს, რომელსაც ვიყავით დაქვემდებარებული.

რა დადებითი ბრძანება და მაგალითი ეძლევათ ქრისტიანებს ლუკას სახარების მე-6 თავსა და პავლე მოციქულის წერილებში?

> „... გეტყვით: გიყვარდეთ თქვენი მტრები და სიკეთე უყავით თქვენს მოძულეებს. აკურთხებდეთ თქვენს მაწყევრებს და ლოცულობდეთ თქვენსავე შეურაცხმყოფელთათვის“ (ლუკა 6:27-28).
>
> „ლოცეთ თქვენი მდევნელები, ლოცეთ და ნუ წყევლით“ (რომაელთა 12:14).
>
> „ვშრომობთ, ჩვენი ხელებით ვმუშაობთ. გაგვლანძღავენ - ვლოცავთ, გვდევნიან - ვითმენთ“ (1-ელი კორინთელთა 4:12).

ქრისტიანები მოწოდებულნი არიან იმისკენ, რომ იყვნენ მაკურთხებელნი როგორც მეგობრებისთვის, ისე მტრებისთვის.

ეს არის ლოცვა წყევლის რიტუალებში მონაწილეობის შედეგებისგან გათავისუფლებისათვის; ასევე, სხვათა მიერ თქვენდამი წარმოთქმულ წყევლათაგან გათავისუფლებისათვის. ამ ლოცვაში გამოყენებულია მე-2 გაკვეთილში მოცემული პრინციპები.

განცხადებები და ლოცვა წყევლის უარყოფისათვის

ვაღიარებ ჩემი წინაპრების, ჩემი მშობლების და ჩემს საკუთარ ცოდვებს, რომლებიც დაკავშირებულია ისლამის სახელით სხვა ადამიანთა დაწყევლასთან.

ვირჩევ, ვაპატიო ჩემს წინაპრებს, მამაჩემს და იმამებს, რომლებიც ამ წყევლაში ხელმძღვანელობდნენ მათ და მეც; ვპატიობ და ხელს ვუშვებ. ვპატიობ ყველას, ვინც ამ ცოდვის

ჩადენისკენ მიბიძგა; ვპატიობ მათ ჩემს ცხოვრებაში გამოწვეულ შედეგებს.

ვირჩევ, ვაპატიო ყველას, ვისაც დავუწყევლივართ მე და ჩემი ოჯახი.

გთხოვ პატიებას, უფალო, იმისათვის, რომ დავთანხმდი სხვათა დაწყევლას და მონაწილეობა მივიღე ამაში.

ახლა ვიღებ შენს პატიებას.

შენი პატიების საფუძველზე, უფალო, ვირჩევ, ვაპატიო საკუთარ სხვათა დაწყევლა.

უარვყოფ წყევლის ცოდვას და ნებისმიერ სხვა წყევლას, რომელიც ამ ცოდვას მოჰყვა შედეგად.

უარვყოფ სხვათა მიმართ სიძულვილს.

უარვყოფ სხვათა დაწყევლაში მონაწილეობით გამოწვეულ ძლიერ ემოციას.

ვამსხვრევ ყველა ამ ძალაუფლებას ჩემს ცხოვრებაში (და ჩემს შთამომავალთა ცხოვრებაში) ქრისტეს მიერ ჯვარზე აღსრულებული გამომსყიდველი საქმის მეშვეობით.

გთხოვ, უფალო, დაამსხვრიო ყველა წყევლა, რაშიც მიმიღია მონაწილეობა და ღვთის სასუფევლის ყველა კურთხევით აკურთხო ისინი, ვინც დამიწყევლია.

იესოს სახელით, ასევე უარვყოფ და ვამსხვრევ ჩემ წინააღმდეგ წარმოთქმულ ყველა წყევლას.

უარვყოფ და უკუვაგდებ სიძულვილისა და წყევლის ყველა ბოროტ სულს და ვუბრძანებ მათ, დამტოვონ ახლავე, იესოს სახელით.

ვიღებ ღმერთის თავისუფლებას ჩემი ოჯახისა და ჩემ წინააღმდეგ მომართული ყველა წყევლისაგან. ვიღებ მშვიდობას, თავმდაბლობას და ძალაუფლებას სხვათა საკურთხებლად.

განწმენდე ჩემს ბაგეებს, რათა ვილაპარაკო ქებისა და კურთხევის სიტყვები მთელი ჩემი სიცოცხლის განმავლობაში.

იესოს სახელით, ვაცხადებ ღვთის სასუფევლის ყველა კურთხევას ჩემს ოჯახსა და ჩემზე, მათ შორის, სიცოცხლის, კარგი ჯანმრთელობისა და სიხარულის ყველა კურთხევას.

ვაღიარებ და უარვყოფ ყველა უღვთო კავშირს, სულიერ კავშირებსა და მიჯაჭვულობას იმამებისა და სხვა მუსლიმანი წინამძღოლების მიმართ, რომლებიც მხელმძღვანელობდნენ ისლამური რიტუალების შესრულებისას, მათ შორის, სხვათა დაწყევლისას.

ვპატიობ ამ წინამძღოლებს მათ მონაწილეობას ჩემს ცხოვრებაში უღვთო კავშირების დამყარებასა და შენარჩუნებაში.

ვპატიობ ჩემს თავს იმას, რომ ვინარჩუნებდი ამ უღვთო კავშირებს ყველა მუსლიმანთან, ვის წინამძღოლობასაც ვემორჩილებოდი.

უფალო, გთხოვ, მაპატიე ყველა ცოდვა, რომელიც დაკავშირებულია ამ სულიერი კავშირების დამყარებასა და შენარჩუნებასთან, განსაკუთრებით, სხვათა დაწყევლისა და სიძულვილის ცოდვები.

ახლა ვამსხვრევ ყველა უღვთო სულიერ კავშირს და მიჯაჭვულობას მუსლიმან წინამძღოლთა მიმართ [კონკრეტულად ვასახელებ მათ, ვინც მახსენდება] და ვათავისუფლებ ჩემს თავს მათგან [ან სახელს ვასახელებ] და მათ [ან სახელს ვასახელებ] ჩემგან.

უფალო, გთხოვ, განწმინდე ჩემი გონება უღვთო კავშირთა შესახებ ყველა მოგონებისაგან, რათა თავისუფალი ვიყო და ჩემი თავი შენ მოგიძღვნა.

უარვყოფ და ვაუქმებ ბოროტ სულთა დავალებებს, რომლებიც ცდილობენ ამ უღვთო სულიერ კავშირთა შენარჩუნებას; ვუბრძანებ მათ, დამტოვონ ახლავე, იესოს სახელით.

ჩემს თავს ვუკავშირებ ქრისტე იესოს და ვირჩევ, რომ გავყვე მხოლოდ და მხოლოდ მას.

ამინ.

გზამკვლევი

გაკვეთილი მე-7

ლექსიკონი

taqiyya *იმამი* სულის კავშირები

ახალი სახელები

- რინალდი დამანიკი: ინდონეზიელი ხუცესი (დაბადებული 1957 წელს)

ბიბლია ამ გაკვეთილში

მათე 10:32-33
მათე 5:37
დაბადება 17:7-8
ფსალმუნი 88:3-4
რიცხვნი 23:19
ფსალმუნი 135:1
რომაელთა 11:28-29
ტიტე 1:1-2
ებრაელთა 6:17-19
მე-2 კორინთელთა 1:18-20
ლევიანნი 19:1-2
იოანე 4:24
იოანე 14:6
1-ელი ტიმოთე 1:9-11
დაბადება 3:2-5
მარკოზი 10:35-45
ლუკა 15:11-32
ფილიპელთა 2:1-11
ლუკა 6:28
ფსალმუნი 117:17
ეფესელთა 1:7
1-ელი იოანე 3:8

ფსალმუნი 25:3

ფსალმუნი 30:5

ფსალმუნი 39:11

ფსალმუნი 50:5-7

იოანე 1:14

იოანე 3:21

მეორე რჯული 21:23

გალატელთა 3:13-14

იგავნი 26:2

ლუკა 6:27-28

რომაელთა 12:14

1-ელი კორინთელთა 4:12

ყურანი ამ გაკვეთილში

სურა	სურა	სურა	სურა	სურა
14:4	16:106	3:110	48:28	3:61

კითხვები – გაკვეთილი მე-7

• იმსჯელეთ სასწავლო მაგალითის შესახებ.

თავისუფლება ტყუილის თქმისგან

ჭეშმარიტება ძვირფასია

1. რომელი ბიბლიური შეხედულების გამო იყო მზად **ხუცესი დამანიკი** ციხეში ჩასაჯდომად?

2. რატომ უკავშირებს კაცობრიობას ღმერთი საკუთარ თავს ურთიერთობათა მეშვეობით?

304

შარიათის კულტურა

3. ავტორის მითითებით, რა არის ნებადართული ყურანში?

4. როგორ მიუძღვის ალაჰი ადამიანებს სურა 14:4-ის მიხედვით?

5. ტყუილის რომელი ფორმებია დაშვებული *შარიათის* კანონით?

6. რა არის ნებადართული მუსლიმანთათვის (სურა 16:106), მაგრამ არა (მათეს 10:28-33) ქრისტიანთათვის?

ჭეშმარიტებასთან შეხვედრა

„ჭეშმარიტებასთან შეხვედრის" მუხლები ყველა მონაწილეს უნდა წაუკითხოთ.

ლოცვა

მას შემდეგ, რაც „ჭეშმარიტებასთან შეხვედრის" მუხლებს მთელ ჯგუფს წაუკითხავთ, ყველა მონაწილე დგება და ერთად წარმოთქვამს „განცხადებას და ლოცვას ტყუილის უარყოფისათვის".

⁙

თავისუფლება ცრუ უპირატესობისაგან

ისლამის მიერ უპირატესობის მოთხოვნა

7. რას ჰპირდება ყურანი მუსლიმანებს ამ სურების თანახმად: სურა 3:110 და სურა 48:28?

8. ვინ ამტკიცებდა, რომ ყველა სხვა ადამიანზე აღმატებული პიროვნება იყო, ვისაც კი ოდესმე უცხოვრია დედამიწაზე?

9. რომელია დიდად მნიშვნელოვანი ცნებები არაბულ კულტურაში?

10. რა უნდა უარყოს კიდევ პიროვნებამ, როცა ისლამს ტოვებს?

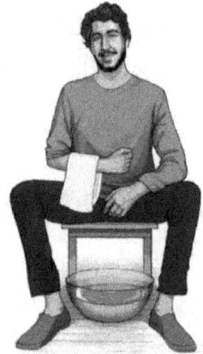

ჭეშმარიტებასთან შეხვედრა

„ჭეშმარიტებასთან შეხვედრის" მუხლები ყველა მონაწილეს უნდა წაუკითხოთ.

ლოცვა

მას შემდეგ, რაც „ჭეშმარიტებასთან შეხვედრის" მუხლებს მთელ ჯგუფს წაუკითხავთ, ყველა მონაწილე დგება და ერთად წარმოთქვამს „განცხადებას და ლოცვას უპირატესობის უარყოფისათვის".

თავისუფლება წყევლისაგან

წყევლა ისლამში

11. რატომ აქვთ მუსლიმან სწავლულებს განსხვავებული შეხედულებები ისლამში წყევლასთან დაკავშირებით?

12. ედუარდ ლეინის თანახმად, რას ასწავლიდნენ ეგვიპტეში მოსწავლეებს 1836 წელს?

რიტუალური წყევლა

13. დური გვამცნობს რიტუალის შესახებ, რომელშიც მუსლიმანური წარსულის ქრისტიანი მონაწილეობდა. რას აგრძნობინებდა ამ ყოფილ მუსლიმანს ხსენებულ რიტუალში მონაწილეობა?

14. როგორ განსაზღვრავს დური „სულიერ კავშირს“?

15. რატომ არის პატიება მნიშვნელოვანი **სულიერი კავშირების** გაწყვეტისათვის?

16. განიხილეთ „განცხადება და ლოცვა წყევლის უარყოფისათვის“. შეგიძლიათ განსაზღვროთ ის პუნქტები, სადაც ეს ხუთი ნაბიჯი გამოიყენება: აღიარება, უარყოფა, დამსხვრევა, განდევნა და კურთხევა (იხ. გაკვეთილი მე-2)?

17. რას უარვყოფთ და რას ვამსხრევთ ამ ლოცვაში?

18. რომელ კურთხევებს ვაცხადებთ წყევლათა ნაცვლად? რატომ ვაცხადებთ ამ კონკრეტულ კურთხევებს?

19. ვის ვპატიობთ ამ ლოცვით?

როგორ დავამსხვრიოთ წყევლა

20. რას ფიქრობდა ის ახალგაზრდა, რომელიც მარკ დურის ესაუბრა, იმასთან დაკავშირებით, თუ რის გამოწვეული შეიძებოდა ყოფილიყო მისი ოჯახის პრობლემები?

21. რატომ ვერ აგვარებდა ამ პრობლემებს თავად?

22. რა უნდა გაეკეთებინა ამ ახალგაზრდა კაცს მანამ, სანამ მშვიდად ცხოვრებას შეძლებდა?

23. რა იწვევს სირთულეებს ბევრი იმ ადამიანის ცხოვრებაში, ვინც მუსლიმანთა მიმართ მსახურებაშია ჩარული?

24. რომელ ცხრა ნაბიჯს გვთავაზობს დური წყევლის დასამსხვრევად?

ჭეშმარიტებასთან შეხვედრა

„ჭეშმარიტებასთან შეხვედრის" მუხლები ყველა მონაწილეს უნდა წაუკითხოთ.

ლოცვა

მას შემდეგ, რაც „ჭეშმარიტებასთან შეხვედრის" მუხლებს მთელ ჯგუფს წაუკითხავთ, ყველა მონაწილე დგება და ერთად წარმოთქვამს „განცხადებას და ლოცვას წყევლის უარყოფისათვის".

8

თავისუფალი ეკლესია

„ვინც ჩემში რჩება და მე მასში, იგი ბევრ ნაყოფს ისხამს".
იოანე 15:5

გაკვეთილის მიზნები

ა. დავინახოთ სხვადასხვა სირთულე, რომელიც ხვდებათ მუსლიმანური წარსულის ქრისტიანებს მოწიფული რწმენის მქონე მოწიფულ მოწაფეებად ჩამოყალიბების გზაზე.

ბ. გავიგოთ ის, რომ საკმარისი არ არის ადამიანის მიყვანა ქრისტესთან: მათ ქრისტიანულ მოწიფულობამდე მისვლაც სჭირდებათ.

გ. განვიხილოთ საკითხი იმის შესახებ, თუ რაოდენ დიდმნიშვნელოვანია ჯანსაღი ეკლესია ჯანსაღი მოწაფეების ჩამოყალიბებისათვის.

დ. ჩავწვდეთ საკითხს იმის შესახებ, რომ თუ გვსურს, დავრჩეთ თავისუფალნი, მორწმუნეებმა ყველა კარი უნდა მივუხუროთ მტერს და აღვივსოთ იესო ქრისტეს ყველა სიკეთის მიერ.

ე. გავიგოთ ის, თუ რა როლს ასრულებს ეკლესია, როცა მორწმუნეებს ეხმარება ამაში.

ვ. გავიგოთ თავისუფლების მსახურების მნიშვნელობა და არა მხოლოდ ისლამთან დაკავშირებულ სფეროებში.

ზ. ვისწავლოთ მიზანდასახულად მოქმედება, რათა ვასწავლოთ „ღრიჭოების ამოსავსებად“ მოწაფეთა განმტკიცების მიზნით, განსაკუთრებით იმ სფეროებში, რომლებშიც ისლამმა ბევრი სისუსტე გამოიწვია.

თ. დავაფასოთ ქრისტიანული ცხოვრების ძლიერი დასაწყისი, მათ შორის, ისლამთან დადებულ აღთქმათა უარყოფა და ერთგულების სრულად გადატანა ქრისტესკენ, როგორც უფლისკენ.

ი. განვიხილოთ მორწმუნის საფუძვლიანი ლოცვის ფასი.

კ. გავიგოთ ის, თუ რაოდენ მნიშვნელოვანია იმ ხელმძღვანელთა მენტორობა, რომლებიც ისლამიდან მოექცნენ.

ლ. განვიხილოთ ხელმძღვანელთა ჩამოყალიბების ზოგიერთი საკვანძო ასპექტი.

სასწავლო მაგალითი: რას გააკეთებდით?

თქვენ ხართ გამოცდილი ხუცესი და წინამძღოლობდით რამდენიმე წარმატებულ ეკლესიას; ცნობილი ხართ იმით, რომ სხვა ხუცესებს ბრძნულ რჩევებს აძლევთ. თქვენ სტუმრად ხართ ნათესავთან, სხვა ქალაქში და იქ ყოფნისას ვიღაცამ გთხოვათ, თავის მეგობართან, რეზასთან დაკავშირება. რეზა ირანული ეკლესიის წინამძღოლია. რეზა წინამძღოლობს, ისლამიდან მოქცეული, დაახლოებით, ასი ირანელი ქრისტიანისგან შემდგარ მრევლს, მაგრამ თქვენ გამცნობენ, რომ ეკლესია გასაჭირშია: არის უამრავი უთანხმოება, ეკლესიის ზოგიერთმა საკვანძო წევრმა ეკლესია დატოვა კიდეც მას შემდეგ, რაც რეზა დიქტატორის მსგავს მოქმედებაში დაადანაშაულა, შესაწირიც იკლებს და ეკლესიას არარ შეუძლია ხუცესისთვის ხელფასის გადახდა. თქვენ უკავშირდებით ხუცეს რეზას, გადასცემთ თქვენი მეგობრის მოკითხვას და ფინჯანი ყავის სმისას მცირეხნიანი საუბრის შემდეგ ეკითხებით, როგორ არის საქმე მის ეკლესიაში. ის გპასუხობთ: „შესანიშნავად! ყველაფერი შესანიშნავად არის! დიდება ღმერთს!“

რას უპასუხებდით?

ეს გაკვეთილი გთავაზობთ სხვადასხვა წინადადებას იმასთან დაკავშირებით, თუ როგორ შევუწყოთ ხელი მოწაფეობის ჯანსაღ გზის გაყვანას და შევქმნათ ჯანსაღი ეკლესიური გარემო მუსლიმანური წარსულის მქონე მორწმუნეთათვის (მწმ): ესენი არიან ადამიანები, რომლებმაც ირჩიეს ისლამის დატოვება, რათა გაჰყოლოდნენ ქრისტეს. კარგია, ყოველ მოწაფეს ჰქონდეს სურვილი იმისა, რომ იყოს მზადმყოფი და შესაფერისი ღმერთის მსახურებისათვის (მე-2 ტიმოთე 2:20-21), მაგრამ ამის მისაღწევად ყველა მორწმუნეს სჭირდება ჯანსაღი ეკლესიური გარემო, რომელიც ხელს შეუწყობს მათ ზრდას. მანამ, სანამ იმაზე ვისაუბრებთ, თუ როგორ მივაღწიოთ ამას, ჯერ განვიხილოთ სამი გამოწვევა, რომელიც ხვდებათ ქრისტიანობაზე მოქცეულებს: განდგომა ისლამში დასაბრუნებლად, უნაყოფო მოწაფეობა და არაჯანსაღი ეკლესიები.

განდგომა

ზოგი ადამიანი, ვინც ისლამს ტოვებს, რათა ქრისტეს გაჰყვეს საბოლოოდ, ისევ ისლმს უბრუნდება. ამას ბევრი მიზეზი აქვს. ერთი მიზეზი შეიძლება იყოს ახლობლების წრის დაკარგვით გამოწვეული ტკივილი, როცა მუსლიმანი ოჯახის წევრები და მეგობრები უარყოფენ ქრისტიანობაზე მოქცეულს. კიდევ ერთი მიზეზია უამრავი დაბრკოლება და წინაღობა, რასაც ისლამი უდებს გზად ყველას, ვინც ტოვებს მას. სხვა მიზეზია პირდაპირი დევნა.

კიდევ ერთი მიზეზი შეიძლება იყოს იმედგაცრუება ქრისტიანებითა და ეკლესიით. მაშინ, როცა მუსლიმანები ცდილობენ ისლამის დატოვებას და ახლოს მყოფ ქრისტიანებთან მიდიან დახმარებისა და წინამძღოლობის ძიებაში, ისინი შეიძლება უარყოფას და მოულოდნელ დაბრკოლებებს წააწყდნენ ქრისტიანულ თემში სრულად მიღების გზაზე. ბევრს მათგანს ეკლესია ზურგსაც კი აქცევს. ეს გამოწვეულია შიშით, რომელიც განპირობებულია

ისლამის მოთხოვნით, რომ დჰიმები არ უნდა დაეხმარონ არავის ისლამის დატოვებაში. ისლამის დატოვებაში ადამიანის დახმარება ქრისტიანულ თემს საფრთხის ქვეშ აყენებს, რადგან ამით ის კარგავს „დაცვას", რომელიც არამუსლიმანებისათვის არის განკუთვნილი.

იმისათვის, რომ ეკლესიამ შეცვალოს ქრისტიანთა მიერ ისლამიდან მოქცეულთა უარყოფის მოდელი, მან უნდა გააცნობიეროს და უარყოს დჰიმის შეთანხმება და მის მიერ დადებული ტვირთი. მანამ, სანამ ეკლესიები და ცალკეული ქრისტიანები სულიერად შებორკილნი არიან დჰიმას გავლენით, მათზე ძლიერი სულიერი ზეწოლა იქნება, რათა არ დაეხმარონ იმ ადამიანებს, ვინც ისლამს ტოვებს. ამ პრობლემის გადასაჭრელად ეკლესია უნდა შეეწინაღმდეგოს დჰიმას სისტემას, უარყოს და უკუაგდოს იგი.

ქრისტიანობისაგან ადამიანთა განდგომის კიდევ ერთი მიზეზი ისაა, რომ მათ სულებზე გრძელდება ისლამის ზეგავლენა, რომელიც კვლავ განსაზღვრავს მათ აზროვნებას და დამოკიდებულებას სხვების მიმართ. ამის გამო შეიძლება ადამიანს ისლამში დაბრუნება უფრო გაუადვილდეს, ვიდრე ქრისტიანული გზის გაგრძელება. ეს ახალი ფეხსაცმელების ყიდვის მსგავსია: ხანდახან ძველი ფეხსაცმელები თითქოს უფრო ადვილად გვერგება და მათში უფრო მოხერხებულად ვგრძნობთ თავს.

უნაყოფო მოწაფეობა

მეორე პრობლემა შეიძლება უნაყოფო მოწაფეობა იყოს. მუსლიმანური წარსულის მქონე ადამიანებს შეიძლება ძლიერი ემოციური და სულიერი დაბრკოლებები და კონტროლი დახვდეთ, რომლებიც ხელს უშლის მათ სულიერ ზრდას. გავრცელებული პრობლემებია შიში, დაუცველობის გრძნობა, ფულის სიყვარული, უარყოფის შეგრძნება, მსხვერპლობის შეგრძნება, წყენის გულში ჩადება,

სხვებისადმი უნდობლობა, ემოციური ტკივილი, სექსუალური ცოდვა, ჭორაობა და ტყუილები. ამ ყოველივეს შეუძლია შეაჩეროს პიროვნების სულიერი ზრდა.

ამგვარ პრობლემათა გამომწვევი მიზეზი ისლამის განგრძობადი მაკონტროლებელი გავლენაა. მაგალითად, ისლამში ხაზგასმულია უპირატესობა სხვებთან შედარებით და მუსლიმანები არამუსლიმანებზე აღმატებულად მიიჩნევიან. უპირატესობის კულტურაში ადამიანები ნუგეშს პოვებენ იმაში, რომ თავს სხვებზე უკეთეს პიროვნებებად გრძნობენ. ეკლესიაში ამან შეიძლება მეტოქეობა წარმოშვას. მაგალითად, თუ ერთი ადამიანი ინიშნება ხელმძღვანელად, სხვებს სწყინთ, რადგან ისინი არ დანიშნეს. სხვასთან შედარებით უპირატესობის შეგრძნება ქმნის ასევე ჭორაობის კულტურას, რომელიც გზას უხსნის სხვა ადამიანთა დამცირებას. ადამიანებმა შეიძლება იჭორაონ, რადგან ფიქრობენ, რომ თავად მათზე უკეთესნი არიან, ვისზეც ჭორაობენ. კიდევ ერთი პრობლემა წყენის სულია, რომელსაც კიდევ უფრო ამლიერებს ის, თუ როგორ პასუხობდა მუჰამედი უარყოფას.

ერთი ახალგაზრდა, ერაყელი მამაკაცი ქრისტიანი გახდა და თავშესაფარი მოიპოვა კანადაში. ის ცდილობდა ეკლესიაში სიარულს, მაგრამ ყოველთვის, როცა ახალ ეკლესიაში მიდიოდა, რაღაც სწყინდა, ეკლესიაში მოსიარულე სხვა ადამიანებს აკრიტიკებდა და თვალთმაქცებს უწოდებდა. საბოლოოდ, ამ კაცმა დაიწყო სრულიად განცალკევებულად, ეულად ცხოვრება. ის ქრისტიანი იყო, თუმცა მოწყვეტილი გახლდათ ნებისმიერ ქრისტიანულ თემს. ეს იმას ნიშნავდა, რომ მისი ზრდა მოწაფეობაში სრულად შეჩერდა: მას არ ჰქონდა უნარი იმისა, რომ გაზრდილიყო და მოწიფული გამხდარიყო. მას არ შეეძლო ყოფილიყო ნაყოფიერი.

არაჯანსაღი ეკლესიები

ახალ მორწმუნეთათვის ერთ-ერთი დიდი პრობლემა ჯანსაღი ეკლესიის პოვნაა. ეკლესია მართალთათვის განკუთვნილი კურორტი როდია, არამედ საავადმყოფოა ცოდვილთათვის, ან ყოველ შემთხვევაში, უნდა იყოს. ცოდვილები ეკლესიას ეკუთვნიან, მაგრამ, ისევე როგორც საავადმყოფოში შეიძლება ავად გახდეს ადამიანი, როცა ეკლესიის წევრები არ იზრდებიან ქრისტიანულ მოწიფულობაში, მათი ცოდვები და პრობლემები შეიძლება გაღრმავდეს და მთელ ეკლესიას ავნოს. ამან შეიძლება ნაწილებად დაშალოს ეკლესია და მისი მარცხი გამოიწვიოს. ისევე, როგორც არაჯანსაღ ქრისტიანებს შეუძლიათ არაჯანსაღი ეკლესიების აშენება, არაჯანსაღ ეკლესიებსაც, თავის მხრივ, შეუძლიათ გაუძნელონ საკუთარ წევრებს ჯანსაღი მოწიფულობის მიღწევა.

ეკლესიის წევრები საკუთარ ხუცესზე თუ ჭორაობენ, საბოლოოდ, მათ ეყოლებათ დაზარალებული ხუცესი, ან საერთოდ აღარ ეყოლებათ იგი. ყველა დაზარალდება. ეს ასევე გამოიწვევს ეკლესიის დაყოფას და ჩამოშლას და მხოლოდ რამდენიმე ადამიანს თუ ენდომება ამგვარ ეკლესიაში ხელმძღვანელად მსახურება. კიდევ ერთ მაგალითად შეიძლება დავასახელოთ ასეთი სიტუაცია: თუ ეკლესიის წევრები მეტოქეობენ და ერთმანეთზე უპირატესობის მოპოვება სურთ, ამან შეიძლება შედეგად გამოიწვიოს ის, რომ ერთ ქალაქში არსებულმა ეკლესიებმა ერთმანეთის გაკრიტიკება დაიწყონ და თითოეული მოჰყვეს მტკიცებას იმის შესახებ, რომ თავად არის უკეთესი. ნაცვლად იმისა, რომ ეს ეკლესიები ერთობლივი შრომისაგან დიდ კურთხევას იღებდნენ, ისინი ერთმანეთს საფრთხედ აღიქვამენ და არა თანამშრომლებად სახარების საქმეში.

თავისუფალ პიროვნებად დარჩენის აუცილებლობა

გავიხსენოთ მე-2 გაკვეთილიდან ის, რომ სატანა ბრალმდებელია და მისი მთავარი სტრატეგია ქრისტიან მორწმუნეთა დადანაშაულებაა. მათ დასადანაშაულებლად ის ნებისმიერ „კანონიერ უფლებას" გამოიყენებს, რომელიც მათ წინააღმდეგ აქვს, მაგალითად, უღიარებელ ცოდვას, მიუტევებლობას, სიტყვებს, რომლებიც გვბორკავს (მათ შორის, ფიცს, პირობას), სულიერ ჭრილობებს და შთამომავლობით წყევლას. თავისუფლების მოსაპოვებლად ქრისტეს მოწაფეებმა უნდა გააუქმონ ეს „კანონიერი უფლებები", თავიდან მოიშორონ ფეხის მოსაკიდებელი ადგილები და დახურონ ყველა ღია კარი.

მათეს 12:43-45-ში იესო წარმოთქვამს იგავს იმის შესახებ, რომ ადამიანისგან განდევნილი ბოროტი სული შეიძლება უკან დაბრუნდეს, თან თავისზე უარესი, შვიდი სხვა ბოროტი სულიც მოიყვანოს და იმ ადამიანში დასახლდეს კვლავ, ისე, რომ ამ პიროვნების მდგომარეობა ბოლოს გაცილებით უარესი იქნება, ვიდრე ბოროტი სულის განდევნამდე იყო. ამ იგავში იესო იყენებს კარგად დაგვილი, ცარიელი სახლის სურათს, რომელიც მზად არის მცხოვრებთა მისაღებად. როგორ სახლდებიან ეს სულები ხელახლა ამ სახლში? პირველი, კარი დარჩა ღია და მეორე, სახლი „ცარიელია" (მათე 12:44).

აქ ორი პრობლემა იჩენს თავს:

1. კარი ღია დარჩა.

2. სახლი ცარიელი დარჩა.

ჯანსაღი ეკლესიის ასაშენებლად ჯანსაღი ქრისტიანები არიან საჭირო, ხოლო იმისათვის, რომ ქრისტიანი ჯანსაღი იყოს, ის თავისუფალი უნდა იყოს. ეს იმას ნიშნავს, რომ

პიროვნებამ ყველა კარი უნდა დახუროს, რომლის გამოყენებაც სატანას შეუძლია და სული აივსოს სიკეთით, რათა ამ სიკეთემ განდევნილი ბოროტი სულის ადგილი დაიკავოს.

ყველა კარი უნდა დაიხუროს. ყველა! სულიერ თავისუფლებასთან დაკავშირებული მნიშვნელოვანი რამ ისაა, რომ მხოლოდ ერთი ღა კარის დახურვა საკმარისი არ არის. ყველა კარი უნდა დაიხუროს. უსარგებლო იქნება, თუ უკანა კარს მსოფლიოში საუკეთესო ბოქლომით დაკეტავთ, ხოლო წინა კარი ფართოდ გაღებული დაგრჩებათ. თუკი ერთ კანონიერ უფლებას უარვყოფთ, რომელსაც სატანა ადამიანის წინააღმდეგ იყენებს, ხოლო სხვა უფლებებს არ ვუმკლავდებით, ეს პიროვნება ჯერ არ არის თავისუფალი.

გათავისუფლება ერთია, თავისუფლად დარჩენა კი მეორე. თანაბრად მნიშვნელოვანია ყველა ღია კარის დახურვა და სახლის ავსება, რათა ცარიელი არ დარჩეს იგი. ამაში მოიაზრება პიროვნებაზე ლოცვაც, რათა ის სულიწმიდით აღივსოს. ეს ღვთისმოსავი ცხოვრების წესის შეთვისებასაც ნიშნავს, რათა ადამიანის სული სიკეთით აღივსოს.

დავუშვათ, პიროვნების ტყვეობა გამოწვეულია ტყუილებით, რომლებიც სჯეროდა და რომლებსაც ამბობდა. საჭიროა ამ ტყუილებზე უარის თქმა. გარდა ამისა, ადამიანმა უნდა მიიღოს ჭეშმარიტება, იფიქროს მასზე და იხაროს მისით. საჭიროა, რომ მან თავი დააღწიოს ტყუილებს და შევიდეს ჭეშმარიტებაში!

განვიხილოთ სხვა სიტუაცია: ადამიანს ავნო სიძულვილის ბოროტმა სულმა, რამაც მას ბევრი ცუდი ქმედებისკენ უბიძგა, მათ შორის, სხვათა წინააღმდეგ ზიზღით სავსე წყევლათა წარმოთქმისკენ. სიძულვილის სულის განდევნის შემდეგ ამ ადამიანმა არა მხოლოდ უნდა უარყოს და უკუაგდოს სიძულვილი, არამედ უნდა ისწავლოს სხვათა სიყვარული და კურთხევა და ეს ცხოვრებას წესად აქციოს და

ამით თავისი სული აღაშენოს, ნაცვლად მისი განადგურებისა. მან უნდა შეიცვალოს ჩვევები და მთელი თავისი აზროვნება. ეკლესიის თემი არსებითად მნიშვნელოვან როლს ასრულებს იმაში, რომ ადამიანს დაეხმაროს თავისუფლების შენარჩუნებაში. ქრისტიანებს შეუძლიათ ხელი შეუწყონ პიროვნებას განახლებასა და საკუთარი სულის ხელახლა აშენებას, რათა ის სრულად გარდაიქმნას.

პავლე მოციქული ხშირად წერს თავის წერილებში ამ პროცესის შესახებ. ის გამუდმებით ლოცულობს და შრომობს მორწმუნეთათვის, რათა ისინი ჭეშმარიტებასა და სიყვარულში აღშენდნენ. მას ყოველთვის ახსოვს, როგორნი იყვნენ ერთ დროს მორწმუნეები და გასამხნევებლად დროდადრო შეახსენებს ამის შესახებ, რათა მათ ზრდა განაგრძონ:

> „ვინაიდან ოდესღაც ჩვენც ვიყავით უმეცარნი, ურჩნი, გზააბნეულნი, სხვადასხვა გულისთქმათა და განცხრომათა მონები, ვცხოვრობდით ღვარძლით და შურით, ვიყავით საძულველნი და ერთიმეორის მოძულენი“ (ტიტე 3:3).

ქრისტეს მოწაფეები კი ასე აღარ უნდა ცხოვრობდნენ. ჩვენ შევიცვალეთ და როგორც უკვე შეცვლილი ადამიანები, უფრო და უფრო უნდა ვემსგავსებოდეთ იესოს, რომელიც იყო უმანკო და რომელსაც არავითარი კანონიერი უფლება არ მიუცია სატანისთვის. ამრიგად, პავლე სწერს ფილიპელებს:

> „ამაზე ვლოცულობ, რომ უფრო და უფრო გაიზარდოს თქვენი სიყვარული ცოდნასა და ყოველ გრძნობაში, რათა გამოსცადოთ უმჯობესი და იყოთ წრფელნი და დაუბრკოლებელნი ქრისტეს დღეს, სიმართლის ნაყოფით აღვსილნი იესო ქრისტეს მიერ ღვთის სადიდებლად და საქებრად“ (ფილიპელთა 1:9-11).

რა საოცარი სურათია ჯანსაღი მოწაფისა, რომელიც იზრდება სიყვარულში, შემეცნებასა და სიბრძნეში; სუფთა და უმწიკვლოა და გამოაქვს კარგი ნაყოფი, რომელიც განადიდებს ღმერთს! ეს პიროვნება არა მხოლოდ გათავისუფლდა, არამედ მისი სულის სახლი, ნაცვლად იმისა, რომ სახიფათო „სიცარიელე" დარჩეს მასში, ივსება იესო ქრისტეს სიკეთეთა მიერ.

ეკლესიისა და მისი ხუცესის უმთავრესი როლი გახლავთ მოწაფეთა დახმარება, რათა მათ შეძლონ ასე ცხოვრება: დახურონ ყველა ღია კარი სატანის წინ და დაეხმარონ მორწმუნეებს ქრისტეს სიკეთეთა მიერ ავსებაში. მოწაფეთა ჩამოყალიბება დიადი მოწოდებაა და ბევრია სასწავლი ამასთან დაკავშირებით. ქვემოთ განვიხილავთ იმას, თუ როგორ შევუწყოთ ხელი ჯანსაღ ზრდას მოწაფეებში, რომლებიც ისლამის ტყვეობისგან გათავისუფლდნენ.

განკურნება და ხსნა

ჩვენ ყურადღება გავამახვილეთ იმაზე, რომ აუცილებელია ყველა კარის დახურვა და ყველა ფეხის მოსაკიდებელი ადგილის მოშორება. ნებისმიერი მოწაფის ცხოვრებაში ზოგიერთი პუნქტი, ქვემოთ ხსენებულთაგან, შეიძლება პირდაპირ ისლამის გავლენასთან იყოს დაკავშირებული და ამიტომაც აქ მოცემული ლოცვები შეიძლება გამოვიყენოთ ისლამისთვის კარის მისახურად.

მიუხედავად ამისა, ქრისტეს მოწაფეთა ცხოვრებაში შეიძლება სხვა ბორკილები არსებობდეს, რომლებიც პირდაპირ ისლამს არ უკავშირდება. შესაძლოა, ეს ბორკილები უკავშირდებოდეს მე-2 გაკვეთილში ჩამოთვლილი სფეროებიდან რომელიმეს: უღიარებელ ცოდვას, მიუტევებლობას, სულიერ ჭრილობებს, სიტყვებს და მათთან დაკავშირებულ რიტუალურ აქტებს, ტყუილებს

და სხვადასხვა შთამომავლობით წყევლას. ყოფილ მუსლიმანთა ცხოვრებაში შეიძლება შევამჩნიოთ ქვემოთ ჩამოთვლილი ასპექტების საზიანო შედეგები:

- მიუტევებლობა
- მოძალადე მამები
- ოჯახის დანგრევა (განქორწინება, პოლიგამია)
- ნარკოტიკებზე დამოკიდებულება
- ოკულტიზმი და ჯადოქრობა
- სექსუალური ტრავმა (გამოწვეული თავდასხმით, გაუპატიურებით, ინცესტით)
- ძალადობა
- შთამომავლობითი წყევლანი
- რისხვა
- უარყოფა და საკუთარი თავის უარყოფა
- მამაკაცებისადმი ქალების უნდობლობა და სიძულვილი
- ქალებისადმი მამაკაცების ზიზღი

ამ სფეროთაგან ბევრზე შეიძლება გავლენა მოახდინოს ისლამის ზემოქმედებამ კულტურასა და ოჯახურ ცხოვრებაზე, მაგრამ ადამიანებს საკუთარი სულიერი ბარგიც აქვთ, რომელიც მთელი ცხოვრების განმავლობაში აგროვებდნენ. ქრისტიანული მოწიფულობისკენ მიმავალ გზაზე სვლის გასაგრძელებლად უარი უნდა ვთქვათ არა მხოლოდ ისლამზე, არამედ ამ ყოველივეზეც.

ერთი ახალგაზრდა კაცი იტანჯებოდა მემკვიდრეობითი დაავადებით, რომელიც კუჭის მწვავე პრობლემებს იწვევდა: მის ნათესავთა უმრავლესობა სწორედ კუჭის სიმსივნით იყო გარდაცვლილი. ირანსა და ავსტრალიაში ექიმებმა უთხრეს

მას, რომ კუჭში წინასიმსივნური მდგომარეობა ჰქონდა და ამიტომაც გამუდმებით უნდა ესვა წამლები. გარკვეულ მომენტში მან გააცნობიერა, რომ ეს შეიძლება მისი ოჯახის წინააღმდეგ წარმოთქმული წყევლის შედეგი ყოფილიყო. სწორედ ამიტომ, მან უარყო და დაამსხვრია შთამომავლობითი წყევლა და თავი ხელახლა მიუძღვნა ღმერთს. ის სრულიად განიკურნა და უარი თქვა წამლების დალევაზე. ისიც აღსანიშნავია, რომ ის განიკურნა იმისაგან, რომ ადვილად ნერვიულდებოდა და მშფოთვარებისგან იტანჯებოდა. ის გაცილებით უფრო მშვიდი გახდა და უფრო მეტად მიენდო ღმერთს თავის ცხოვრებისეულ გარემოებებში. ეს განკურნება და ხსნა აუცილებელი ნაბიჯი იყო იმისათვის, რომ ხუცესად მსახურების თანმხლები დაძაბულობისათვის მომზადებულიყო.

იმისათვის, რომ ჯანსაღი ეკლესია ჩამოვაყალიბოთ, მორწმუნეების მიმართ ხუცესის ზრუნვის შემადგენელი ნაწილი უნდა იყოს მსახურება, რომელიც გაუმკლავდება ყველა ტიპის ღია კარსა და ფეხის მოსაკიდებელ ადგილს. გახსოვდეთ, სახლის დაცვის უზრუნველყოფისას, მხოლოდ ერთი კარის ან ისლამთან დადებულ შეთანხმებათა კარის დახურვა არ არის საკმარისი: სახლის ყველა შესასვლელი უნდა დაიხუროს.

სწავლება ღრიჭოების ამოსავსებად

წარმოიდგინეთ ძველი, დანგრეული სახლი. სახურავი გახვრეტილია და ამ ნახვრეტში ცაც კი მოჩანს. მინები ახლა ჩამტვრეულია და ქარი თავისუფლად უბერავს მათში. ყველა კარი მოგლეჯილია ანჯამებიდან და გარეთ არის დაყრილი, მიწაზე. შიგნით კი კედლები ჩამოქცეული და ალაგ-ალაგ შენგრეულია. იატაკი დამპალია. საძირკველი დაბზარული და დატეხილია. ვიღაცები შესახლებულან ამ სახლში, მიუხედავად იმისა, რომ მათ არ ეკუთვნით იგი. ისინი არ

უნდა იმყოფებოდნენ იქ. სინამდვილეში, ისინი ანგრევენ სახლს.

ძალიან ბევრი შრომაა საჭირო სახლის აღსადგენად. პირველი ნაბიჯი სახლის უსაფრთხოების უზრუნველყოფაა: სახურავის შეკეთება, ახალი მინების ჩასმა და ბოქლომების მქონე მყარი კარების დაყენება, რათა თვითნებურად აღარავინ შესახლდეს. ეს არის პირველი ნაბიჯი თავისუფლების მსახურებაში: ყველა ღია კარი დახურვა. უპირველესად სწორედ უნდა გააკეთოთ, რადგან თუ ყველა კარი არ იქნება დახურული, თავნება მოსახლეები (ბოროტი სულები) შეიძლება უკან დაბრუნდნენ და და ღია კარის მეშვეობით შემოვიდნენ სახლში.

როგორც კი სახლის უსაფრთხოებას უზრუნველყოფთ, შეგიძლიათ სხვა საქმეს მოჰკიდოთ ხელი: საძირკვლის აღდგენა, კედლების შეკეთება და სახლის მოწყობა-გალამაზება, რათა თავს მყუდროდ გრძნობდეთ იქ ცხოვრებისას.

ყოფილ მუსლიმანებს, ქრისტიანობაზე მოქცევისას, შეიძლება თან მოჰყვეთ მათ სულებზე აღბეჭდილი ზიანი, რომელი ისლამისა და ისლამური კულტურის მიერ არის გამოწვეული. ამ სულს განახლება სჭირდება.

მორწმუნის სული სათლის მსგავსია. ჩვენში სუფთა, ტკბილი წყალი უნდა ესხას: იესო ქრისტესგან მომდინარე სიცოცხლის წყალი. სწორედ ასეთი უნდა იყოს ჩვენი ცხოვრება, მაგრამ თუ სათლის გვერდი გახვრეტილია ან ღრიჭო აქვს (როგორც სისუსტე ჩვენს ხასიათში), ის ვერ დაიკავებს იმდენ წყალს, რამდენსაც უნდა იკავებდეს. სათლში წყალი მხოლოდ ნახვრეტამდე თუ ღრიჭომდე ჩერდება. იმისათვის, რომ სათლში უფრო მეტი წყალი ჩაეტიოს, ეს ღრიჭო უნდა ამოვავსოთ.

სულის ეს დაზიანებანი ერთნაირია მთელ მსოფლიოში, ყველგან, სადაც ისლამმა ფესვი გაიდგა. როგორც დონ ლიტლი აღიშნავს: „ისლამის გავლენა სხვადასხვა გარემოებაში ქმნის ერთნაირ დაბრკოლებებს მუსლიმანური წარსულის მქონე მორწმუნეებისთვის, რომლებსაც ქრისტესთვის ცხოვრება სურთ“.16

ამის მაგალითად ასევე შეგვიძლია დავასახელოთ სიტუაცია, როცა ადამიანი ზარალდება უბედური შემთხვევისას და ხანგრძლივი პერიოდი სჭირდება გამოჯანმრთელებისათვის. ასეთ დროს ზოგიერთი კუნთი სუსტდება და განილევა კიდეც, რადგან ადამიანი მათ ვერ ამოქმედებს. სრული გამოჯანმრთელებისათვის ამ ადამიანს საგანგებო ვარჯიშები სჭირდება დასუსტებული კუნთების გასამაგრებლად (ფიზიოთერაპია). ამ სავარჯიშოების შესრულებას შეიძლება დიდი ხანი დასჭირდეს და საკმაოდ მტკივნეულიც იყოს, მაგრამ ისინი აუცილებელია, რათა სხეულმა კვლავ სათანადოდ დაიწყოს ფუნქციონირება. თქვენ მხოლოდ იმდენის გაკეთება შეგიძლიათ, რამდენის საშუალებასაც გაძლევთ თქვენი ყველაზე სუსტი კუნთი.

ეს იმას ნიშნავს, რომ მუსლიმანური წარსულის მქონე მორწმუნეთათვის განკუთვნილი ეკლესიის სასწავლო პროგრამა ფაქიზად და განუწყვეტლივ უნდა მოქმედებდეს ამ ზიანის გამოსასწორებლად. ამ სწავლებას ვუწოდებთ „სწავლებას ღრიჭოების ამოსავსებად“: ბიბლიურ ჭეშმარიტებას ვქადაგებთ ადამიანის ცხოვრების იმ სფეროებში, სადაც ადრე ტყუილები ბატონობდა. ბევრი სხვადასხვა სფერო არსებობს, რომელიც მოწესრიგებას საჭიროებს.

ერთ-ერთი რამ, რასაც მუჰამედი ხაზს უსვამდა, გახლდათ ერთი ადამიანის მეორეზე უპირატესობა; მაგალითად,

---

16. Don Little, *Effective Discipling in Muslim Communities*, p. 170.

მუსლიმანთა უპირატესობა არამუსლიმანებთან მიმართებით. ის სირცხვილად მიიჩნევდა ადამიანისთვის, ყოფილიყო მეორეხარისხოვანი ან სხვაზე დაბლა მდგომი. ყველა ისლამურ საზოგადოებაში კულტურულ-ემოციური მსოფლმხედველობის ნაწილია სურვილი იმისა, რომ გსურდეს – იყო სხვებზე უკეთესი. ერთმა ქრისტიანმა განაცხადა, რომ ირანულ კულტურაში ადამიანებს ბედნიერებას ანიჭებთ, როცა ხედავენ, როგორ ეცემა ქუჩაში სხვა ვიღაც, ან როცა ვიღაც გამოცდას ვერ აბარებს. ისინი ამით ბედნიერნი არიან, რადგან თავად ხომ არ წაქცეულან ან თავად ხომ არ ჩაჭრილან გამოცდაზე. სწორედ ამიტომ ისინი თავს აღმატებულად გრძნობენ.

პიროვნების ფასეულობის შესახებ ამგვარ შეხედულებას ბევრი პრობლემის გამოწვევა შეუძლია ეკლესიებში. მაგალითად, ერთი ეკლესიის წევრებმა შეიძლება განაცხადონ, რომ მათი ეკლესია სხვა ეკლესიებზე აღმატებულია. ასეთი დამოკიდებულება იწვევს წყენას და ერთ რაიონში არსებული ეკლესიები უარს ამბობენ თანამშრომლობაზე. ამგვარი დამოკიდებულების არსებობისას, თუ ერთ ადამიანს დანიშნავენ ხელმძღვანელად, მეორემ შეიძლება თავი უარყოფილად იგრძნოს, შეშურდეს და დასვას კითხვა: „მე რატომ არ ამირჩიეს? ფიქრობენ, რომ არ გამოვდგები?“ ეს პრობლემა შეიძლება იმდენად გამწვავდეს, რომ ადამიანებმა უარი თქვან ხელმძღვანელობაზე იმის შიშით, რომ ეკლესიის სხვა წევრები თავს დაესხმებიან და გააკრიტიკებენ.

ამგვარი დამოკიდებულების მქონე ადამიანებმა არ იციან, როგორ გამოთქვან თავმდაბლურად საკუთარი სასარგებლო შეხედულებანი, რათა ეკლესიის ცხოვრება გაუმჯობესდეს. ნაცვლად ამისა, ისინი ლაპარაკობენ ისე, თითქოს სპეციალისტები იყვნენ: ამაყად საუბრობენ და უტაქტოდ მიუთითებენ სხვებს შეცდომებზე.

ამგვარი დამოკიდებულება ხელს უწყობს ჭორაობას, რადგან ადამიანებს სიამოვნებას იღებენ სხვების განკითხვით.

ამ ღრმა პრობლემის მოსაგვარებლად აუცილებელია მორწმუნეთათვის იმის სწავლება, რომ ჩამოიყალიბონ მსახურის გული: ადამიანებმა უნდა გაიგონ, რატომ დაბანა იესომ ფეხები თავის მოწაფეებს და ისმინონ მისი ბრძანება იმის შესახებ, რომ თავადაც ასე უნდა მოიქცნენ. მათ ისიც უნდა ვასწავლოთ, რომ იპოვონ საკუთარი ვინაობა ქრისტეში და არა იმაში, რასაც აკეთებენ, ან იმაში რასაც ამბობენ თუ ფიქრობენ სხვები მათ შესახებ. მათ უნდა ვასწავლოთ ის, რომ „დაიკვეხნონ" საკუთარი სისუსტეებით და „კმაყოფილნი" იყვნენ მათით (მე-2 კორინთელთა 12:9-10). მათ უნდა გაიგონ ის, რომ სხვების სიყვარული ნიშნავს სხვების წარმატებით გახარებას და მწუხარებას, როცა ისინი იტანჯებიან ან მწუხარედ არიან (რომაელთა 12:15; 1-ელი კორინთელთა 12:26). ისიც უნდა ასწავლოთ ადამიანებს, თუ როგორ ილაპარაკონ ჭეშმარიტება სიყვარულით. უნდა ასწავლოთ მორწმუნებს იმის შესახებ, თუ რა დამანგრეველი შედეგები მოჰყვება ჭორაობას და როგორი უნდა იყოს სათანადო საპასუხო რეაქცია, როცა დაზე ან ძმაზე ჩივის ვინმე.

ისლამიდან ქრისტესკენ მოქცეული ადამიანებისათვის კიდევ ერთი პრობლემა შეიძლება იყოს სიმართლის თქმა. ისლამურ კულტურებში ადამიანებს შეიძლება ასწავლონ ის, რომ არ იყვნენ გამჭვირვალენი და გახსნილნი (იხ. მე-7 გაკვეთილი ტყუილის შესახებ), ხშირად სირცხვილის თავიდან ასარიდებლად. მაგალითად, თანამორწმუნეს ხედავთ ეკლესიაში და გრძნობთ, რომ რაღაც ჭიდილი აქვს შინაგანად, ამიტომაც ეკითხებით: „როგორ ხარ? კარგად გრძნობ თავს?" სინამდვილეში, პრობლემა არსებობს და ეს ადამიანი კარგად სულაც არ არის, მაგრამ გეუბნებათ: „კარგად ვარ, გმადლობ. ყველაფერი კარგად არის". ისინი ნიღაბს არ იხსნიან. საკუთარი პრობლემების დამალვის

ამგვარი ტენდენცია გავრცელებულია იმ ადამიანებში, რომლებმაც დატოვეს ისლამი. სატანა იყენებს ამას ქრისტეს მოწაფეთა ზრდის შესაჩერებლად და ამით ხელს უშლის მათ სხვებისათვის დახმარების თხოვნაში.

ამ პრობლემის მოსაგვარებლად ქრისტეს მოწაფეებს განმეორებადი სწავლება სჭირდებათ იმის შესახებ, რომ ჭეშმარიტებას უნდა ელაპარაკებოდნენ ერთმანეთს და იმის შესახებაც, თუ რატომ არის ეს მნიშვნელოვანი პიროვნული ზრდისა და თავისუფლებისათვის.

ისლამურ კულტურებში კიდევ ბევრი სხვა სფეროა, რომელთან მიმართებითაც საჭიროა „სწავლება ღრიჭოების ამოსავსებად“. ეს სფეროებია:

- პატიების აუცილებლობა და ცოდნა იმისა, თუ როგორ გამოვიყენოთ იგი.
- იმ მიდრეკილების დაძლევა, როცა ადამიანი იოლად გრძნობს თავს უარყოფილად და როცა რაღაცები სწყინს სხვებისგან.
- სწავლა ისეთნაირად მსახურებისა, რაც ნდობას აღაშენებს ადამიანებს შორის.
- ჯადოქრული პრაქტიკათა უარყოფა.
- ქალებმა და მამაკაცებმა ისწავლონ ერთმანეთის პატივისცემა; ისწავლონ ერთმანეთთან ურთიერთობაში ჭეშმარიტების ლაპარაკი სიყვარულით, თავმდაბლურად, სიამაყის გარეშე.
- მშობლებმა ისწავლონ შვილების დალოცვა, ნაცვლად მათი დაწყევლისა.

(ისლამისა და მუჰამედის მაგალითის მიბაძვით გამოწვეული პრობლემების ჩამონათვალი იხილეთ მე-4 გაკვეთილის ბოლოს).

დიდად მნიშვნელოვანია ყურადღების გამახვილება იმაზე, რომ „სწავლება ღრიჭოების ამოსავსებად“ უწყვეტი და საფუძვლიანი უნდა იყოს, უღრმავდებოდეს პრობლემებს, რათა ადამიანებმა ხელახლა ააშენონ საკუთარი მთლიანი ემოციური და თეოლოგიური მსოფლმხედველობა.

ამ ნაწილებში განვიხილავთ იმას, თუ როგორ ჩამოვაყალიბოთ მორწმუნეები და ხელმძღვანელები.

დაიწყეთ კარგად

დონ ლიტლი ერთმანეთს უპირისპირებს ჩრდილოეთ აფრიკაში, მუსლიმანთა შორის მშრომელ ორ მისიონერს. ორივე მათგანი მრავალი წლის განმავლობაში შრომობდა იქ.17

სტივს იოლად შეეძლო მუსლიმანთა მოქცევა ქრისტესკენ, ხანდახან, პირველი საუბრის დროსაც კი. მიუხედავად ამისა, თითქმის ყველა ახალმოქცეული ისევ ისლამს უბრუნდებოდა და ხშირად ეს ხდებოდა სულ რამდენიმე კვირაში იმ დღიდან, როცა ადამიანი იესოს გზაზე სვლას გადაწყვეტდა. სულ რამდენიმე ადამიანი თუ რჩებოდა ქრისტიანად ერთ წელზე ცოტა მეტი ხნის განმავლობაში. სტივის ხერხი იყო ის, რომ ადამიანების სწრაფად მოექცია ქრისტესკენ და სულიწმიდას დანდობოდა იმაში, რომ ის ასწავლიდა ამ ახალმოქცეულებს უფრო მეტს ქრისტიანული რწმენის შესახებ და დაეხმარებოდა ზრდაში.

შერის, მისიონერი ქალის მიდგომა და წარმატების რეიტინგი კი სრულიად საპირისპირო გახლდათ. მას დიდი ხანი სჭირდებოდა ადამიანების ქრისტიანობაზე მოსაქცევად, ხანდახან წლებიც კი. ქრისტეს მოწაფეობისკენ მხოლოდ მაშინ მოუწოდებდა იმ ქალებს, რომლებთანაც შრომობდა, როცა

17. Don Little, *Effective Discipling in Muslim Communities*, pp. 26-27.

დარწმუნებული იყო, რომ მათ სრულად ჰქონდათ გაცნობიერებული, თუ რას ნიშნავდა ქრისტესკენ მოქცევა: მათ შორის დევნის ან ქმრების მხრიდან განქორწინების შესაძლებლობას. თითოეული ქალი, რომელიც მან მოაქცია ქრისტესკენ, მტკიცე ქრისტიანი გახდა. მათი რწმენა არ შერყეულა მას მერეც კი, როცა შერი ჩრდილოეთ აფრიკიდან გააძევეს.

მუსლიმანების ქრისტესკენ მოქცევისა და დამოწაფებისას მათი ქრისტიანებად ჩამოყალიბების პროცესი საფუძვლიანი უნდა იყოს. ეს არსებითად მნიშვნელოვანია. გავიხსენოთ ქრისტეს გზაზე სვლის ექვსი ნაბიჯი მე-5 გაკვეთილიდან:

1. ორი აღიარება:
   - მე ცოდვილი ვარ და არ შემიძლია საკუთარი თავის ხსნა.
   - არსებობს მხოლოდ ერთი ღმერთი, ვინც თავისი ძე, იესო ქრისტე წარმოგზავნა, რათა მომკვდარიყო ჩემი ცოდვების გამო.
2. *ზურგის შექცევა* (მონანიება) ჩემი ცოდვებისა და ყველაფრისათვის, რაც ბოროტია.
3. *თხოვნები* პატიების, თავისუფლების, საუკუნო სიცოცხლისა და სულიწმიდისათვის.
4. *ერთგულების გადატანა* ქრისტეს მიმართ, როგორც ჩემი ცხოვრების უფლის მიმართ.
5. *დაპირება და განწმენდა* ჩემი ცხოვრებისა, რათა დავემორჩილო ქრისტეს და ვემსახურო მას.
6. ქრისტეში ჩემი ვინაობის *გამოცხადება.*

როგორც ჩანს, რომ სტივი ახალმოქცეულებს პირველი და მეორე ნაბიჯის გადადგმაში ეხმარებოდა (შესაძლოა, მესამისაც), თუმცა დანარჩენ ნაბიჯებთან დაკავშირებით

უკვე თვალს აღარ ადევნებდა, რათა უზრუნველეყო მათ მიერ ყველა ნაბიჯის გადადგმა. ერთგულების სრული გადატანა (მე-4 ნაბიჯი) მოითხოვს ისლამთან კავშირების გაწყვეტას და მათ ჩანაცვლებას იესოს მიმართ სრული ერთგულების მეშვეობით. დაპირება და განწმენდა (მე-5 ნაბიჯი) უნდა მოიცავდეს დევნასთან შეგუებას; ეს ნაბიჯი ასევე მოითხოვს ბიბლიური ეთიკის გაგებას: საკუთარი თავის განსაწმენდად უნდა გესმოდეთ, როგორი ცხოვრებისთვის იწმინდებით. ახალი ვინაობის გამოცხადება (ნაბიჯი მე-6) მოითხოვს ქრისტიანული ვინაობის გაგებას და იმას, თუ რას ნიშნავს ღვთის შვილობა იესო ქრისტეს მეშვეობით, ნაცვლად ალაჰის უბრალო „მორჩილად" ყოფნისა. ეს ასევე გულისხმობს იმის გაგებას, თუ რას ნიშნავს ძველი ვინაობის დაკარგვა უმასგან გარიცხვის მეშვეობით, რაც მოიაზრებს სავარაუდო განცალკევებას ოჯახისა და მეგობრებისაგან.

გარდა ამისა, მე-3 ნაბიჯი მოითხოვს მოწიფულ გაგებას იმასთან დაკავშირებით, თუ რას ნიშნავს თავისუფლება ქრისტეში, რას ნიშნავს სხვების მიტევება და სულიწმიდაში ცხოვრების ბუნება.

დამოწაფების პროცესია საჭირო იმისათვის, რომ ადამიანმა ნამდვილად და გაცნობიერებულად მიუძღვნას თავი ამ ნაბიჯების გადადგმას. ამ პროცესის მეშვეობით მას შეუძლია ისწავლოს, თუ როგორ გასწიოს გვერდზე, ფრთხილად და დაკვირვებით, ისლამური მსოფლმხედველობა და ბიბლიურით ჩაანაცვლოს იგი.

ისინი, ვინც ქრისტესკენ მოექცევიან და მის გზაზე სიარულს უძღვნიან თავს, ფაქტობრივად, ომს უცხადებენ სატანას. ისინი იღებენ ვალდებულებას, წაართვან სატანას უფლებები და ყველა უფლება საკუთარ ცხოვრებაზე იესო ქრისტეს გადასცენ. ეს არ არის იოლი ან ზედაპირული გადაწყვეტილება. ამას ზურგს უნდა უმაგრებდეს

პიროვნების ნება და მის მიერ ამ გადაწყვეტილების სრული გაცნობიერება.

ამ მიზეზების გამო, სახარების მსახურებს ვურჩევთ, რომ არ იჩქარონ ახალმოქცეულთა მონათვლა; არ იჩქარონ იმაში, რომ ადამიანებს წარმოათქმევინონ იესო ქრისტეს გზაზე სვლის ერთულების ლოცვა. ეს ნაბიჯი მხოლოდ მაშინ უნდა გადადგან, როდესაც პიროვნება სრულად გააცნობიერებს იმას, თუ რას ნიშნავს ეს მისთვის და მისი საყვარელი ადამიანებისათვის.

ასევე რეკომენდებულია, არ მონათლოთ ესა თუ ის ადამიანი, სანამ ის, სრული შეგნებითა და ერთგულებით არ წარმოთქვამს „განცხადებას და ლოცვას შაჰადასა უარყოფისა და მისი ძალის დასამსხვრევად" (იხ. გაკვეთილი მე-5). ამას წინ უნდა უძღოდეს სწავლება ამ ლოცვის მნიშვნელობის შესახებ და ეს უნდა მოხდეს ნათლობამდე. უარყოფის ლოცვა შეიძლება ნათლობის რიტუალის ნაწილიც იყოს. ეს უარყოფა ადამიანს შესაძლებლობას აძლევს, რომ სრულად მიუძღვნას თავი მე-4 ნაბიჯს, რომელიც მოიაზრებს იესო ქრისტეს, როგორც უფლის მიმართ ერთგულების გადატანას მთლიანად. ეს კი ნიშნავს იმას, რომ ადამიანის უარყოფს ისლამის ყველა მოთხოვნას თავის ცხოვრებაში.

ახალგამოჩენილი ხელმძღვანელების აღზრდა

დღეისათვის, მსოფლიოში მუსლიმანური წარსულის მქონე მორწმუნეების ერთ-ერთი ყველაზე დიდი საჭიროებაა მოწიფული ხუცები, რომლებიც თავად მუსლიმანური წარსულის მქონე მორწმუნეები არიან. არაჯანსაღი ხელმძღვანელები არაჯანსაღ ეკლესიებს ზრდიან. ჯანსაღი ეკლესიის ჩამოყალიბებისათვის, სადაც ადამიანები მოწიფულობასა და თავისუფლებაში იზრდებიან, ეკლესიას სჭირდება ჯანსაღი ხელმძღვანელები. ასევე, დიდად მნიშვნელოვანია მუსლიმანური წარსულის მქონე

ხელმძღვანელებისათვის დროისა და ენერგიის დახარჯვა, რომლებიც შეძლებენ ჯანსაღი ეკლესიების წინამძღოლობას. ამისათვის კი ხანგრძლივი ზრუნვა და მხარდაჭერაა საჭირო.

მანამ, სანამ პოტენციური ხელმძღვანელებისათვის საკუთარ დროსა და ენერგიას დახარჯავთ, ჯერ უნდა იპოვოთ ისინი! საკვანძო პრინციპი ასეთია: არ იჩქაროთ ადამიანთა ხელმძღვანელებად დანიშვნა. მეტისმეტად მალე თუ დანიშნავთ ვინმეს ხელმძღვანელად, შეიძლება ინანოთ, თუ მოგვიანებით მასზე უკეთესი გამოჩნდება. ისლამური წარსულის მქონე ადამიანებს შეიძლება ჰქონდეთ ჭიდილი უარყოფისა და მეტოქეობის გრძნობებთან, ამიტომაც, მანამ, სანამ ვინმეს ხელმძღვანელად აღზრდიდეთ, დარწმუნდით, რომ:

- მზად არიან მოწოდებისთვის
- აქვთ თავმდაბლობა ხელმძღვანელის როლის მორგებისთვის
- აქვთ უნარი იმისა, რომ ისწავლონ
- აქვთ თუ არა გამძლეობა იმისათვის, რომ აიტანონ გარდაუვალი კრიტიკა სხვებისაგან.

თუ მუსლიმანური წარსულის მქონე ადამიანი ხართ და გრძნობთ, რომ ეკლესიის წინამძღოლად ხართ მოწოდებული, ნუ შეეცდებით ყველაზე სწრაფი და ყველაზე ადვილი გზების მოძებნას, რათა ამ მოწოდებისთვის მოემზადოთ. თავმდაბლურად გააცნობიერეთ, რომ დროა საჭირო თქვენი მომზადებისათვის. გამოიჩინეთ მზადყოფნა იმისათვის, რომ ისწავლოთ. იყავით მომთმენი. იყავით გახსნილი სწავლების მიმართ.

მუსლიმანური წარსულის მქონე ხელმძღვანელების შეიძლება გავაფუჭოთ, თუკი მეტისმეტად მალე დავნიშნავთ წინამძღოლის პოზიციაზე. ამ შემთხვევაში, მათ შეიძლება ვერ ისწავლონ თავმდაბლობა: შეიძლება იფიქრონ, რომ

ყველაფერი იციან, რის ცოდნაც სჭირდებათ და მეტ სწავლებასა და განვითარებას არ საჭიროებენ. პოტენციურ ხელმძღვანელებთან მიმართებით ბრძნული იქნება, თუკი თავდაპირველად ხანმოკლე შეხვედრებს დაუნიშნავთ (გამოსაცდელად თუ პრაქტიკის გასავლელად) და მხოლოდ თანდათანობით დაამტკიცებთ მათ უფრო ხანგრძლივი ხელმძღვანელობისათვის, როცა ისინი დაამტკიცებენ საკუთარ მოწოდებასა და გამოსადეგობას მრევლის თვალში. თუკი ძალიან იჩქარებთ ადამიანების დანიშვნას ხელმძღვანელებად, მანამ, სანამ ისინი თავის გამოჩენას შეძლებენ მრევლის თვალში, შესაძლოა, ნაადრევი უარყოფა მიიღონ სხვებისაგან, რისთვისაც მზად არ იქნებიან და ეს დიდად ავნებს მათ ჩამოყალიბებას.

ჯანსაღ ხელმძღვანელთა აღზრდას დიდი დრო სჭირდება, მოწიფულ ქრისტიან წინამძღოლთა ჩამოყალიბებისათვის კი ხანგრძლივი პერსპექტივა აუცილებელია. ნებისმიერ ახალმოქცეულ მორწმუნეს, რომელიც პოტენციური ხელმძღვანელია, წლები სჭირდება მოწიფულ ქრისტიანად ჩამოყალიბებისათვის. ძალიან ბევრის სწავლაა საჭირო, რადგან ისლამური წარსულის მქონე ადამიანებმა ცხოვრებისა და ურთიერთობათა შესახებ გარკვეული შეხედულებები და გრძნობები მთლიანად უნდა შეიცვალონ და ხელახლა ჩამოიყალიბონ.

ქვემოთ ჩამოთვლილია 12 საკვანძო ელემენტი, რომელიც აუცილებელია ხელმძღვანელთა მოწიფულ ქრისტიანებად ჩამოყალიბებისათვის:

1. ის, ვინც ემზადება (მოწაფე) რეგულარულად, სულ მცირე, კვირაში ერთხელ მაინც, უნდა ხვდებოდეს ვინმეს, ვინც მას ამზადებს (მენტორი).

2. ასწავლეთ და უჩვენეთ პოტენციურ ხელმძღვანელებს, თუ როგორ უნდა წარმართონ თეოლოგიური ჭვრეტის პროცესი საკუთარი

ცხოვრებისეული გამოცდილებისა და რწმენის გასაერთიანებლად. თეოლოგიური ჭვრეტა გულისხმობს იმის სწავლას, თუ როგორ გამოვიყენოთ ბიბლიური და რწმენის რესურსები ყოველდღიური ცხოვრებისა და მსახურების პრაქტიკულ გამოწვევათა პირისპირ. მიზანდასახული თეოლოგიური ჭვრეტის მეშვეობით ადამიანის ხასიათი იხსნება ჭეშმარიტების წინაშე და თანდათანობით ხელახლა ყალიბდება, რათა უფრო და უფრო მეტად შეესაბამებოდეს იესო ქრისტეს მიერ მოცემულ მაგალითს.

3. ასწავლეთ გამჭვირვალობა და პატიოსნება: დიდი მოლოდინი იქონიეთ ამასთან დაკავშირებით. თუ იმ ადამიანს, ვისაც ზრდით, ნიღაბი უკეთია, მხოლოდ ეს ნიღაბი გახდება მოწიფული! ერთ დღესაც მისი ნამდვილი პიროვნება შეიძლება შემოვიდეს ოთახში უნიღბოდ. მაშინ აღმოაჩენთ, რომ ეს ის პიროვნება არ ყოფილა, თქვენ რომ ფიქრობდით.

   ასევე ძალიან მნიშვნელოვანია ის, რომ მენტორმა მოწაფეს მისცეს მაგალითი იმისა, თუ რას ნიშნავს გამჭვირვალობა, თუკი აქვს იმის მოლოდინი, რომ პოტენციური ხელმძღვანელი გულახდილად ილაპარაკებს საკუთარ ბრძოლათა შესახებ.

   იმ დროს, როცა პირველად დავიწყე მეუღლეების დამოწაფება, რომლებიც პოტენციური ხუცესები იყვნენ ყოფილ მუსლიმანთა ეკლესიისათვის, პირველი შეხვედრისას ვკითხე: „რაიმე პრობლემა ხომ არ გაქვთ?“

   მათ მიპასუხეს: „არა“.

   შემდეგ კვირას ისევ შევხვდით და ისევ ვკითხე: „რაიმე პრობლემა ხომ არ გაქვთ?“

მიპასუხეს: „არა“.

მესამე კვირას კიდევ შევხვდით და კიდევ ერთხელ ვკითხე: „რაიმე პრობლემა ხომ არ გაქვთ?“

პასუხი ისევ იგივე იყო: „არა“.

შემდეგ ვუთხარი მათ: „ვწუხვარ ამის მოსმენის გამო. ან პრობლემები გაქვთ და არ იცით ამის შესახებ, რაც არ არის კარგი, ანდა პრობლემები გაქვთ და არ მეუბნებით, რაც ასევე არ არის კარგი. რომელია ამ ორიდან?“

შემდეგ მათ თანდათან დაიწყეს გულახდილად ლაპარაკი: მათ ჰქონდათ პრობლემები, მაგრამ ისლამური კულტურული წარსულიდან ნასწავლი ჰქონდათ ის, რომ სამარცხვინო იყო საკუთარ სისუსტეთა თუ სირთულეთა გამჟღავნება სხვებისათვის. მიუხედავად ამისა, იმ დღიდან მოყოლებული ჩვენი ურთიერთობა შეიცვალა, რაკი ისინი უკვე ღიად მიყვებოდნენ საკუთარ სირთულეთა და გამოწვევათა შესახებ. იმ დღიდან მეც უკვე მომეცა შესაძლებლობა იმისა, რომ დავხმარებოდი მათ. ამ პროცესის მეშვეობით ჩამოყალიბდა ნდობა და მათ სწრაფად იწყეს ზრდა ქრისტიანული მოწიფულობისკენ.

4. მენტორიცა და პოტენციური ხელმძღვანელიც მიზანმიმართულად და აქტიურად უნდა წამოსწევდნენ პრობლემებს მათი მოგვარების მიზნით. მოუწოდეთ მოწაფეს, რომ მიზანმიმართულად გამოავლენდეს პრობლემებს და განსახილველად მოჰქონდეს თქვენს შეხვედრებზე.

5. მოწაფე და მისი მენტორი ერთად უნდა ეჭიდებოდნენ მთავარ პრობლემებსა და გადაწყვეტილებებს, რომლებიც მრევლის

ცხოვრებაზე ახდენს საზიანო გავლენას. ამგვარად მოწაფე-ხელმძღვანელი ისწავლის, როგორ გაუმკლავდეს რთულ საკითხებს სახუცესო მსახურებაში ღვთისმოსავ, ბიბლიური მიდგომათა მეშვეობით.

6. ხელმძღვანელის აღზრდისას დაეხმარეთ მას, იაროს თავისუფლებაში. თითქმის ყველას სჭირდება რაღაცისგან გათავისუფლება. ეს მსახურებისათვის მათი მომზადების შემადგენელი ნაწილია. ბორკილები თუ არ დაიმსხვრევა და ჭრილობები თუ არ განიკურნება, თავისუფლებისა და კურნების არარსებობა შეამცირებს პიროვნების ნაყოფიერებას მომავალში. მაშინ, როცა ისეთი პრობლემები იჩენს თავს, რომლებიც პიროვნული თავისუფლების არარსებობაზე მიუთითებს, ეს პრობლემები მოაგვარეთ იმ რესურსების გამოყენებთ, რომლებიც გვაქვს ქრისტეში. ამასთან დაკავშირებით იხილეთ გაკვეთილი მე-2. ასევე, ის, ვინც გათავისუფლების პროცესი გაიარა, უკეთ მიხვდება, თუ როგორ დაეხმაროს სხვებს გათავისუფლებაში.

7. ასწავლეთ მუსლიმანური წარსულის მქონე მოწაფეს საკუთარ თავზე ზრუნვა. მათთვის აუცილებელია, ისწავლონ ზრუნვა, უპირველესად, საკუთარ თავსა და საკუთარ ოჯახებზე. ამ რთულ მსახურებაში ბევრი გამოწვევა არსებობს და თუ ხუცესი უპირველესად საკუთარ თავსა და საკუთარ ოჯახზე არ ზრუნავს, ის დიდხანს ვერ გაძლებს. არ შეიძლება ნდობის დამყარება იმ ხუცესის მსახურებაზე, რომელიც თავის ოჯახზე არ ზრუნავს. ადამიანები დასვამენ კითხვას: „როგორ შეუძლიათ ეკლესიაზე ზრუნვა, თუ საკუთარ ოჯახზე ვერ ზრუნავენ?“

8. თუ თქვენი პოტენციური ხელმძღვანელები მეუღლეები არიან, მათ დასჭირდებათ მხარდაჭერა, რათა უფრო და უფრო კარგად გააცნობიერონ ის, თუ რას ნიშნავს ქრისტიანული ქორწინება, რომელიც დაფუძნებულია მსახურის გულის მქონე ორმხრივ სიყვარულსა და პატივისცემაზე და არა ერთის მიერ მეორის მიმართ ბატონობასა და კონტროლზე.

9. ხაზი გაუსვით თვითშემეცნების მნიშვნელობას მსახურებაში. თვითშემეცნებას მოკლებულნი იქნებიან ის ადამიანები, რომლებიც მეტოქეობენ, რომლებსაც აკლიათ გამჭვირვალობა და სურთ სხვებზე აღმატებულად იგრძნონ თავი. ეს შეიძლება ისლამის მიერ მათთვის მიყენებული ზიანის ნაწილი იყოს. იმისათვის, რომ გაიზარდოს, მოწაფემ უნდა ისწავლოს კრიტიკულ შეხედულებათა დაფასება, რადგან ეს ძვირფასი საჩუქარი და რესურსია. ეს ნიშნავს, ისწავლოს ის, რომ არ დაიცვას თავი და არ იგრძნოს საფრთხე, წყენა ან უარყოფა, როცა კრიტიკულ უკუკავშირს მოისმენს სხვებისაგან. ამავდროულად, მენტორმა მიმღები და გახსნილი მიდგომის მაგალითი უნდა მისცეს მოწაფეს და ამით თვალნათლივ აჩვენოს თვითშემეცნება იმასთან დაკავშირებით, თუ როგორ უნდა ეძებონ უკუკავშირი და როგორი რეაქცია უნდა ჰქონდეთ მასზე. თუკი მოწაფეები ხედავენ, რომ მენტორს შეუძლია კრიტიკული უკუკავშირის მოსმენა, თავადაც უკეთ შეძლებენ ასე მოქცევას.

10. დაეხმარეთ მოწაფეს იმაში, რომ ყველა იმედგაცრუებას ღვთისათვის მოსაწონად გაუმკლავდეს, რათა გამძლეობა შეიძინოს. ასწავლეთ მუსლიმანური წარსულის მქონე ხელმძღვანელს, როგორ გამოიყენოს ბიბლიური რწმენის რესურსები

მაშინ, როცა სხვები იმედს გაუცრუებენ ან ცხოვრებისეული გარემოებები მეტისმეტად რთულად მოეჩვენებათ.

11. აღჭურვეთ ისინი სულიერი ომისათვის. ქრისტესთან მოსულ ადამიანთა მსახურება ყოველთვის მოიაზრებს ბოროტის წინააღმდეგობას: ისინი თავიდან ვერ აიცილებენ ამას. მუსლიმანური წარსულის მქონე ადამიანებს სჭირდებათ მომზადება იმისათვის, რომ მტკიცედ დადგნენ სატანის თავდასხმათა დროს.

12. მიეცით სხვა ქრისტიანთა მიმართ ნდობისა და მათთან თანამშრომლობის მაგალითი; ასწავლეთ მათ ღვთიური თანამსახურება სხვა მსახურებებთან ერთად. ეს აუცილებელია მუსლიმანური წარსულის მქონე მორწმუნე ხელმძღვანელებისათვის, რათა იზარდონ ქრისტეს სხეულის გარჩევაში: ეს პატივს მიაგებს ღმერთს და ამით წინამძღოლი იღებს ღვთის კურთხევას თავისი ეკლესიისათვის. ეს ასევე კარგი საშუალებაა იმისათვის, რომ ადამიანს ასწავლოთ თავმდაბლობა.

გზამკვლევი

გაკვეთილი მე-8

ბიბლია ამ გაკვეთილში

მე-2 ტიმოთე 2:20-21

მათე 12:43-45

ტიტე 3:3

ფილიპელთა 1:9-11

მე-2 კორინთელთა 12:9-10

რომაელთა 12:15

1-ელი კორინთელთა 12:26

ამ გაკვეთილში არ არის აიები მოყვანილი ყურანიდან , არ არის ახალი ლექსიკონი და არც ახალი სახელებია დასახელებული.

კითხვები – გაკვეთილი მე-8

- იმსჯელეთ სასწავლო მაგალითის შესახებ.

განდგომა

1. 1.რომელ ოთხ მიზეზს ასახელებს დური, რომელი მიზეზების გამოც ზოგიერთი ადამიანი უბრუნდება ისლამს მას შემდეგ, რაც იესოს გზაზე შედგომა გადაწყვიტა?

2. რატომ აბრუნებს უკან ზოგი ეკლესია მუსლიმანებს, როცა ისინი უფრო მეტის გაგებას ითხოვენ იესოსა და ქრისტიანობის შესახებ?

3. რა უნდა მოიმოქმედონ ეკლესიებმა, რათა დაეხმარონ ქრისტესკენ მოქცეულ მუსლიმანებს?

უნაყოფო მოწაფეობა

4. დურის სიტყვებით, რომლებია ის გავრცელებული პრობლემები, რომლებსაც აწყდებიან ქრისტიანობაზე მოქცეული ყოფილი მუსლიმანები?

5. რა არის ამ პრობლემთა გამომწვევი მიზეზი?

6. როგორ შეიძლება ხელმძღვანელის დანიშვნამ პრობლემები გამოიწვიოს ეკლესიაში?

7. რატომ მოსწყვიტა საკუთარი თავი სხვა ქრისტიანებს კაცმა, რომელიც თავშესაფარს ეძებდა კანადაში?

არაჯანსაღი ეკლესიები

8. როგორ უშლის ხელს ეკლესიებს ერთობლივად შრომაში სხვაზე აღმატებულად გრძნობის სურვილი?

თავისუფალ პიროვნებად დარჩენის აუცილებლობა

9. რომელი ორი პრობლემაა ნაჩვენები იესოს მიერ წარმოთქმულ იგავში ცარიელი სახლის შესახებ?

10. რა გჭირდებათ ჯანსაღი ეკლესიის ასაშენებლად?

11. რის შეცვლაა საჭირო პიროვნების გათავისუფლების შემდგომ?

12. რატომ შეახსენებს პავლე მოციქული ტიტეს იმის შესახებ, თუ როგორნი იყვნენ ორივენი ერთ დროს?

13. როგორ შეესაბამება პავლეს უწინდელი ცხოვრება მის აღწერილობას იმის შესახებ, თუ როგორია ადამიანის ცხოვრება ქრისტეს გზაზე შედგომამდე?

14. როგორ შეუძლია მორწმუნეს, აავსოს თავისი სულის „სახლი“ და არ დატოვოს იგი ცარიელი, პავლე მოციქულის სიტყვების თანახმად (ფილიპელთა 1:9-11)?

განკურნება და ხსნა

15. დური ჩამოთვლის მოქცეულთა ცხოვრებაში არსებულ 12 უარყოფით შედეგს. რამდენი მათგანი შეგიმჩნევიათ?

16. რა გააკეთა ახალგაზრდა კაცმა, რათა კუჭის წინასიმსივნური მდგომარეობისგან განკურნებულიყო? კიდევ რა ცვლილება მოხდა ამ განკურნების შემდეგ?

17. რა მნიშვნელოვანი რამ უნდა მოვიმოქმედოთ, რათა სახლი სათანადოდ დაცული იყოს?

სწავლება ღრიჭოების ამოსავსებად

18. რა არის პირველი ნაბიჯი თავისუფლების მსახურებაში და რატომ არის ის პირველი ნაბიჯი?

19. რით ჰგავს ადამიანის სული წყლით სავსე სათლს?

20. რა მსგავსებანი შემაჩნია დონ ლიტლმა მუსლიმანური წარსულის მქონე მორწმუნეთა ცხოვრებაში მთელი მსოფლიოს მასშტაბით?

21. რატომ გრძნობს ზოგი ადამიანი თავს ბედნიერად, როცა სხვების გასაჭირის შესახებ ესმის?

22. რა პრობლემები ჩნდება ეკლესიაში, როცა მორწმუნეებს სურთ სხვა ეკლესიებზე აღმატებული იყოს მათი ეკლესია?

23. ავტორის აზრით, რომელ ექვს სწავლებას შეუძლია იმ ადამიანების პრობლემის მოგვარება, რომლებსაც სურთ, სხვებზე აღმატებულნი იყვნენ?

24. დურის აზრით, რა შეიძლება იყოს პრობლემა, რომელიც გამოწვეულია იმით, რომ პიროვნება არ ლაპარაკობს სიმართლეს?

25. ისლამური კულტურის რომელ ექვს სფეროს ასახელებს დური, რომელი სფეროებისთვისაც საჭიროა „სწავლება ღრიჭოების ამოსავსებად"?

26. რატომ უნდა იყოს „სწავლება ღრიჭოების ამოსავსებად" უწყვეტი და საფუძვლიანი?

დაიწყეთ კარგად

27. რა განსხვავებები იყო სტივისა და შერის მიდგომათა შორის და რატომ იყო შერის მიდგომა უფრო წარმატებული?

28. შეგიძლიათ ჩამოთვალოთ ექვსი ნაბიჯი ზეპირად ლოცვიდან, რომელსაც ეწოდება „იესო ქრისტეს გზაზე შედგომის და ამ გზის ერთგულების შესახებ განცხადება და ლოცვა“? თუ არა, ერთად დაიზეპირეთ და მანამ იმეორეთ, სანამ ყველას არ შეეძლება მათი ჩამოთვლა თანმიმდევრობით.

29. ამ ექვსი ნაბიჯის გათვალისწინებით, რომელ ნაბიჯებს ტოვებდა სტივი, როცა ადამიანები ქრისტესთან მოჰყავდა?

30. ვის უცხადებთ ომს ქრისტესკენ მოქცევისას?

31. რის გაკეთებაა საჭირო მანამ, სანამ ქრისტიანობაზე მოქცეული მუსლიმანი მოინათლება?

ახალგამოჩენილი ხელმძღვანელების აღზრდა

32. დურის ღრმა რწმენით, რა არის დღეისათვის მსოფლიოში მუსლიმანური წარსულის მქონე მორწმუნეების დიდი საჭიროება? ეთანხმებით?

33. რატომ ამბობს დური, რომ სჯობს, ხელმძღვანელები ნელ-ნელა წავწიოთ წინ?

34. რა შეიძლება მოხდეს, თუკი ხელმძღვანელებს მეტისმეტად მალე დავნიშნავთ წინამძღოლის პოზიციაზე?

35. ავტორის აზრით, მოწაფე-ხელმძღვანელის აღზრდისას, რამდენად ხშირად უნდა ხვდებოდეს მენტორი მას?

36. რა არის თეოლოგიური ჭვრეტა და როგორ ეხმარება ის ადამიანებს მოწიფულობისკენ ზრდაში?

37. რატომ არის მნიშვნელოვანი მენტორისთვის, რომ იყოს ღია და გამჭვირვალე თავის მოწაფესთან?

38. დურის მიერ მოთხრობილ ამბავში, რატომ არ სურდა მოწაფეს დახმარების თხოვნა თავის პრობლემათა მოსაგვარებლად?

39. რატომ უნდა ჩართოს მენტორმა თავისი მოწაფე მრევლის ცხოვრებაში არსებულ მნიშვნელოვან პრობლემათა მოგვარებაში?

40. რატომ არის მნიშვნელოვანი, რომ მენტორი დაეხმაროს მოწაფეს – იაროს თავისუფლებაში?

41. რატომ არის მნიშვნელოვანი მსახურებაში საკუთარ თავზე ზრუნვა?

42. რას უნდა ეფუძნებოდეს ქრისტიანული ქორწინება?

43. რატომ არის თვითშემეცნება ესოდენ მნიშვნელოვანი და როგორ შეიძლება ხელი შეუშალოს ამას ისლამის გავლენამ?

44. რატომ არის მნიშვნელოვანი ის, რომ მენტორი ღია იყოს კრიტიკის მისაღებად?

45. რატომ უნდა იყოს მუსლიმანური წარსულის მქონე მორწმუნეთა ხუცესი მომზადებული სულიერი ომისათვის?

46. რატომ არის მნიშვნელოვანი ის, რომ მუსლიმანური წარსულის მქონე მორწმუნეთა ეკლესიების

წინამძღოლებმა ისწავლონ სხვა ეკლესიების პატივისცემა და მათთან კარგი თანამშრომლობა?

დამატებითი რესურსები

ისლამის შესახებ აქ გადმოცემული მრავალი საკითხის შესახებ მეტი ინფორმაციისათვის, გთხოვთ, იხილეთ მარკ დურის „მესამე არჩევანი: ისლამი, დჰიმობა და თავისუფლება“.

სახელმძღვანელოს – „თავისუფლება ტყვეებს“ – რესურსები მრავალ სხვადასხვა ენაზე, მათ შორის, ლოცვები, შეგიძლიათ იხილოთ ვებგვერდზე luke4-18.com.

ბოროტ სულთაგან ადამიანების გათავისუფლებისათვის საჭირო ნაბიჯების შესახებ მეტი ინფორმაციისათვის იხილეთ მარკ დურის მიერ რეკომენდებული პაბლო ბოტარის წიგნი „თავისუფალი ქრისტეში“. წიგნი ხელმისაწვდომია ინგლისურ და ესპანურ ენებზე. ის ასევე გვირჩევს, მივმართოთ სასწავლო რესურსებს ვებგვერდზე freemin.org (ინგლისურ და ასევე, რამდენიმე სხვა ენაზე).

ქვემოთ შეგიძლიათ იხილოთ რამდენიმე დამატებითი ლოცვა ადამიანთა გასათავისუფლებლად.

პატიების ლოცვა[18]

მამაო, შენ მკაფიოდ თქვი, რომ პატიებას მოითხოვ ჩემგან. შენ ჩემთვის გსურს კურნება და თავისუფლება, რომლებიც პატიებას მოაქვს.

დღეს მე ვირჩევ, ვაპატიო ყველას, ვინც ცოდვისკენ მიბიძგა [დაასახელეთ ისინი] და ყველას, ვინც ტკივილი მომაყენა [დაასახელეთ ისინი]. ვირჩევ, გავუშვა ისინი, გავუშვა

---

18. ეს და მომდევნო ორი ლოცვა ეფუძნება ლოცვებს, რომლებიც მოცემულია ჩესტერ და ბეტსი კილსტრების წიგნში „საფუძვლების აღდგენა“ (*Restoring the Foundations* by Chester and Betsy Kylstra).

თითოეული მათგანი იმისათვის... [დაასახელეთ ის, რაც დაგიშავეს].

ვუშვებ ყველა განკითხვას მათ წინააღმდეგ და ასევე ვუშვებ მათთვის განკუთვნილ ყველა სასჯელს, რომელსაც გულში ვინახავდი. შენ გადმოგცემ [დაასახელეთ ისინი], რადგან შენ ხარ ერთადერთი მართალი მსაჯული.

უფალო, გთხოვ, მაპატიე, რომ ჩემი რეაქციებით სხვებსაც და საკუთარ თავსაც ტკივილს ვაყენებ.

შენი პატიების საფუძველზე ვირჩევ – ვაპატიო საკუთარ თავს ის, რომ ამ ტკივილს ჩემს დამოკიდებულებასა და ქცევაზე გავლენის მოხდენის უფლება მივეცი.

სულიწმიდავ, გმადლობ, რომ პატიება მოიტანე ჩემს ცხოვრებაში, რომ მაძლევ მადლს, რომელიც პატიებისათვის მჭირდება და რომ კვლავ და კვლავ მაძლევ უნარს, ვაპატიო სხვებს.

იესოს სახელით ვლოცულობ,

ამინ.

ლოცვა ტყუილების (უღვთო შეხედულებების) უარყოფისათვის

მამაო, ვაღიარებ ჩემს ცოდვას (და ჩემის წინაპრების ცოდვას) იმ ტყუილის დაჯერებისათვის, რომელიც შეეხება [დაასახელეთ ტყუილი].

ვპატიობ მათ, ვინც მონაწილეობა მიიღო ამ უღვთო შეხედულების ჩამოყალიბებაში, განსაკუთრებით [დაასახელეთ ისინი].

ვინანიებ ამ ცოდვას და გთხოვ, უფალო, მაპატიე, რომ მივიღე ეს უღვთო შეხედულება, რომ ვცხოვრობდი მის თანახმად და რომ ამის გამო სხვებს განვიკითხავდი ამა თუ იმ გზით. ვიღებ

შენს პატიებას ახლა [დაელოდეთ და მიიღეთ იგი ღვთისაგან].

შენი პატიების საფუძველზე, უფალო, ვირჩევ, ვაპატიო საკუთარ თავს ის, რომ მჯეროდა ეს ტყუილი.

უარვყოფ და ვანადგურებ ყველა შეთანხმებას, რომელიც ამ უღვთო შეხედულებასთან დავდე. ვაუქმებ სიბნელის სამეფოსთან დადებულ ჩემს შეთანხმებებს. ვანადგურებ მასთან დაკავშირებულ ყველა შეთანხმებას, რომელიც ბოროტ სულებთან დავდე.

უფალო, რა ჭეშმარიტების გაცხადება გსურს ჩემთვის ამ უღვთო შეხედულებასთან დაკავშირებით? [დაელოდეთ და მოუსმინეთ უფალს, რათა შემდეგ განაცხადოთ ის ჭეშმარიტება, რომელიც ამხილებს ტყუილს].

ვაცხადებ ჭეშმარიტებას იმის შესახებ, რომ [დაასახელეთ ჭეშმარიტება].

იესოს სახელით ვლოცულობ,

ამინ.

ლოცვა შთამომავლობითი ცოდვის შესახებ

ვაღიარებ ჩემს წინაპართა ცოდვებს, ჩემი მშობლების ცოდვებს და ჩემს საკუთარ ცოდვებს [დაასახელეთ ცოდვა/ცოდვები].

ვირჩევ, ვაპატიო ჩემს წინაპრებს (და ყველას, ვინც გავლენა მოახდინა ჩემზე) ამ ცოდვებისა და მათ თანმდევ წყევლათა გამო და ასევე, მათ მიერ ჩემს ცხოვრებაში გამოწვეული შედეგების გამო [კონკრეტულად დაასახელეთ ისინი].

უფალო, გთხოვ, მაპატიო ეს ცოდვები: რომ დავნებდი ამ ცოდვებსა და წყევლას. ვიღებ შენს პატიებას.

შენი პატიების საფუძველზე, უფალო, ვირჩევ, – ვაპატიო საკუთარ თავს ამ ცოდვების ჩადენა.

უარვყოფ ამ ცოდვას და ყველა წყევლას [დაასახელეთ ისინი].

ვამსხვრევ ამ ცოდვათა და წყევლათა ძალაუფლებას ჩემსა და ჩემს შთამომავალთა ცხოვრებაში ქრისტეს მიერ ჯვარზე აღსრულებული გამომსყიდველი საქმის მეშვეობით.

ვიღებ შენს თავისუფლებას, რომლითაც მათავისუფლებ ამ ცოდვათა და მათ მიერ გამოწვეულ წყევლათაგან. ვიღებ [კონკრეტულად დაასახელეთ ღვთის კურთხევანი, რომელსაც იღებთ რწმენით].

იესოს სახელით ვლოცულობ,

ამინ.

პასუხები

გაკვეთილი 1-ელი – პასუხები

1. სულიწმიდამ უთხრა მას, რომ უარეყო ისლამი.

2. ერთ-ერთი ყველაზე გადაუდებელი საჭიროებაა ისლამის უარყოფა.

3. შაჰადა და დჰიმა.

4. მუსლიმანს, რომელმაც ირჩია ქრისტეს გზაზე შედგომა.

5. არამუსლიმანს.

6. ისლამის რელიგიაზე მოქცეული ადამიანის დამორჩილებას და არამუსლიმანთა დამორჩილებას ისლამის ბატონობისადმი.

7. ალაჰის ერთადერთობასა და მუჰამედის წინასწარმეტყველად აღიარებას.

8. ისლამის კანონი, რომელიც განსაზღვრავს ქრისტიანთა, როგორც დამორჩილებულთა, სტატუსს.

9. იმან, რომ ქრისტიანებისათვის, რომლებიც არასოდეს ყოფილან მუსლიმანები, აუცილებელია *დჰიმას* მოთხოვნების უარყოფა.

10. იმას, რომ *შარიათის* კანონი უნდა იყოს უზენაესი და მისი მეშვეობით იმართებოდეს სამართლიანობისა თუ ძალაუფლების ყველა სხვა პრინციპი.

11. ადამიანის სულის მიმართ არსებული ყველა სულიერი მოთხოვნა ქრისტეს მოთხოვნათა გარდა.

12. სულიერი სიბნელიდან; ქრისტეს ძალაუფლებაში.

13. პოლიტიკური და საზოგადოებრივი მოღვაწეობა, ადამიანთა უფლებების დაცვა, აკადემიური კვლევა და მედიის გამოყენება ჭეშმარიტების გასავრცელებლად და დროდადრო, სამხედრო პასუხის გაცემა ეროვნულ მთავრობათა მხრიდან.

14. ისლამზე მოქცევა, პოლიტიკური დანებება ან მახვილი.

15. ათას წელზე მეტხანს; თითქმის 800 წელი.

16. ის მათ სამოთხეს შეჰპირდა, თუკი ისინი ქრისტიანული სამყაროს დაცვისათვის გაიღებდნენ საკუთარ სიცოცხლეს.

17. ისლამის ძალაუფლების საფუძველი სულიერია.

18. შეინიშნება დანიელის წინასწარმეტყველებაში აღწერილი ურცხვინო და ორპირობაში გაწაფული მეფის მიმართ მსგავსება.

19. ისლამის...

- ისლამის უზენაესობის შეგრძნება.
- ისლამის წყურვილი წარმატებისადმი.
- ისლამის მიერ ტყუილის გამოყენება.
- ისლამის მიერ სხვათა ძალაუფლებისა და ქონების მითვისება და გამოყენება.
- ისლამის მიერ ერების დამარცხება, რომლებსაც უსაფრთხოების ცრუ შეგრძნება აქვთ.
- ისლამის წინააღმდეგობა ღვთის ძის მიმართ.
- ისლამის მიერ ქრისტიანთა და ებრაელთა განადგურების ნუსხა.

20. არა კაცთა ხელით.

21. ქრისტესა და მისი ჯვრის ძალაუფლებით.

გაკვეთილი მე-2 – პასუხები

1. მიხვდა, რომ არ შეეძლო სიტყვა „მუჰამედის“ წარმოთქმა.
2. ის გათავისუფლდა რისხვისაგან და შედეგიან მსახურად იქცა მახარებლობასა და ადამიანთა დამოწაფებაში.
3. თითოეული ქრისტიანის თანდაყოლილი უფლება გახლავთ „ღვთის შვილთა დიდების თავისუფლება“.
4. ნაზარეთში.
5. თავისუფლების დაპირების.
6. უიმედობისგან, შიმშილისგან, სნეულებისგან, ბოროტი სულებისგან.
7. პატიმარი უნდა გავიდეს დაუკეტავი კარიდან. სულიერი თავისუფლება ჩვენ უნდა ავირჩიოთ.
8. ქურდი. წუთისოფლის მთავარი. ამ საუკუნის ღმერთი. ჰაერის ძალთა მთავარი. ეს სახელწოდებანი მიგვითითებს იმაზე, რომ სატანას ძალაუფლება აქვს ამ წუთისოფელში.
9. სატანას აქვს ნამდვილი, თუმცა შეზღუდული ძალაუფლება და ბატონობა.
10. ისლამის მსოფლმხედველობა და მისი სულიერი ძალაუფლება.
11. დემონურ ძალთა ტყვეობაში.
12. სატანისა და სიბნელის ძალაუფლებიდან.
13. ღმერთს გადავყავართ იესო ქრისტეს სასუფეველში, ის გვპატიობს და გვათავისუფლებს.
14. იმისთვის, რომ იესო ქრისტეს სასუფეველში იქნენ გადაყვანილნი.

15. ხუთი ასპექტი: 1. სატანისა და ყოველგვარი ბოროტების უარყოფა. 2. სხვა ადამიანებთან ყველა უღვთო კავშირის უარყოფა. 3. ყველა უღვთო აღთქმის უარყოფა. 4. უღვთო უნარების უარყოფა. 5. საკუთარი ცხოვრების გადაცემა იესო ქრისტესთვის, ვითარცა უფლისთვის.

16. ღმერთსა და სატანას შორის – ორ სამეფოს შორის –კონფლიქტში.

17. ეკლესია შეიძლება ბრძოლის ველად იქცეს და ბოროტი მიზნებისთვის იქნას გამოყენებული.

18. ქრისტიანებს შეუძლიათ დარწმუნებულნი იყვნენ ჯვრის მეშვეობით გამარჯვებაში.

19. რომაელთა ტრიუმფთან შედარება გვიჩვენებს იმას, რომ დემონებმა დაკარგეს ძალაუფლება და დამცირებულ იქნენ.

20. ცილისმწამებელს/ბრალმდებელს ან მტერს.

21. ქრისტიანებს ეძლევათ გაფრთხილება იმის შესახებ, რომ ფხიზლად იყვნენ.

22. ჩვენს ცოდვებსა და ჩვენი ცხოვრების იმ სფეროებში, რომლებიც მისთვის გვქონდა დამორჩილებული.

23. ცოდვა, მიუტევებლობა, სიტყვები (და სიმბოლური ქმედებანი), სულის ჭრილობები, უღვთო შეხედულებანი (ტყუილები) და შთამომავლობითი ცოდვა და მის მიერ გამოწვეული წყევლანი.

24. უნარი იმისა, რომ დავასახელოთ და უარვყოთ ყველა მოთხოვნა, რომელიც სატანას შეიძლება ჰქონდეს ჩვენ მიმართ.

25. ღია კარი არის სატანისათვის მიცემული შესასვლელი. ფეხის მოსაკიდებელი ადგილი კი არის სულში

არსებული ადგილი, რომელიც, სატანის მტკიცებით, მას გადასცეს.

26. იურიდიული უფლებები; სულიერი ნიადაგი, რომელიც შეიძლება სატანის მიერ იყოს დაკავებული.

27. ეს ნიშნავს იმას, რომ სატანას არ აქვს შესაძლებლობა იმისა, რომ კანონიერი უფლება განაცხადოს ჩვენ წინააღმდეგ, რაიმე მოითხოვოს ჩვენგან.

28. სატანას არ შეეძლო ცოდვა ეპოვა იესოში, რომელსაც გამოიყენებდა მის წინააღმდეგ უფლების გამოსაცხადებლად.

29. იესოს უდანაშაულობა მნიშვნელოვანია, რადგან ეს ნიშნავს იმას, რომ სატანას არ შეეძლო იმის მტკიცება, თითქოს ჯვარცმა მხოლოდ სასჯელი იყო.

30. უნდა დავხუროთ ყველა ღია კარი და მოვიშოროთ ფეხის მოსაკიდებელი ადგილები.

31. ჩვენი ცოდვების მონანიებით.

32. პირველად ჩვენ უნდა ვაპატიოთ სხვებს.

33. მას შეუძლია გამოიყენოს ჩვენი უპატიებლობა, რომ ფეხის მოსაკიდებელი ადგილი მოითხოვოს ჩვენში.

34. სხვების პატიება, ღმერთის პატიების მიღება, საკუთარი თავის პატიება.

35. არა: პატიება განსხვავდება დავიწყებისგან.

36. სატანა იყენებს ტკივილს იმისათვის, რომ ტყუილები დაგვაჯეროს.

37. ქალი განიკურნა საკუთარი „სტუმრებისაგან“ მიყენებული ძალადობით გამოწვეული ტრავმისაგან. მისთვის აუცილებელი გახდა დაშინების უარყოფა.

38. გადმოღვარეთ თქვენი სული უფლის წინაშე; ილოცეთ განკურნებისათვის; აპატიეთ პიროვნებას, ვინც ჭრილობა მოგაყენათ; უარყავით შიში (ან სხვა საზიანო შედეგები); აღიარეთ და უარყავით ნებისმიერი ტყუილი.

39. ჩვენ მიერ ნათქვამი თითოეული სიტყვისთვის.

40. იმიტომ, რომ ეს მას შესაძლებლობას მისცემს, ჩვენი სიტყვები ჩვენსავე წინააღმდეგ გამოიყენოს.

41. იესოს სისხლს.

42. დაე, ამ ცხოველივით გავხდე: დაე, იგივე დამემართოს, თუ ამ აღთქმას დავარღვევ.

43. ისინი სასიკვდილო წყევლა მოუხმობს ადამიანზე, ვინც ეთანხმება აღთქმას.

44. თავის მოკვეთის.

45. სატანა გვაჯერებს ტყუილებს.

46. ამოვიცნოთ და უკუვაგდოთ ტყუილები, რომლებიც ადრე სიმართლედ მიგვაჩნდა.

47. „ნამდვილი მამაკაცები არ ტირიან“.

48. ტყუილი, რომელიც ჭეშმარიტებად გვეჩვენება.

49. ჭეშმარიტებასთან შეხვედრას შეუძლია მოგვცეს უნარი იმისა, რომ ვაღიაროთ, უარვყოთ და უკუვაგდოთ ყველა ტყუილი, რომლისაც გვჯეროდა.

50. ცუდი სულიერი მემკვიდრეობა.

51. მშობლების გავლენითა და ცუდი მაგალითებით.

52. კურთხევათა და წყევლათა სისტემით.

53. ადამისა და ევას ცოდვამ გამოათავისუფლა თაობათშორისი წყევლანი: ტკივილი, ბატონობა, სიკვდილი და ხრწნილება.

54. ეს არის მესიანური ეპოქისთვის განკუთვნილი დაპირება: იესო ქრისტეს სასუფეველი.

55. ვაღიაროთ ჩვენი წინაპრებისა და ჩვენი საკუთარი ცოდვები; უარვყოთ და უკუვაგდოთ ეს ცოდვები; დავამსხვრიოთ მათთან დაკავშირებული ყველა წყევლა.

56. ძალაუფლებას სატანაზე.

57. იმიტომ, რომ ნათქვამია – ყველაფერი უნდა განადგურდეს კერპებთან ერთად.

58. ჯვარს აქვს ძალაუფლება ჩვენ მიერ დადებული ბოროტი შეთანხმებების გაუქმებისა.

59. კონკრეტული ქმედებანი.

60. „აღარასოდეს არავის შევიყვარებ“. სუზანი გულქვა და მტრულად განწყობილ ადამიანად იქცა. მან უარყო ეს ფიცი.

61. ხუთი ნაბიჯი: 1. აღიარება და მონანიება. 2. უარყოფა. 3. დამსხვრევა. 4. განდევნა. 5. კურთხევა და აღვსება.

62. ცოდვის აღიარება და ჭეშმარიტების გამოცხადება.

63. აკურთხეთ ისინი იმის საპირისპიროთი, რამაც ავნო მათ.

გაკვეთილი მე-3 – პასუხები

1. ალაჰის – უზენაესი ბატონის მორჩილება.

2. მუსლიმანი.

3. მუჰამედს, ალაჰის უკანასკნელ მაცნეს.

4. ყურანში ვკითხულობთ მუჰამედის გამოცხადებათა შესახებ, სუნაში კი მის სწავლებათა და ქმედებათა შესახებ.

5. მუჰამედის მაგალითი ჩაწერილია *ჰადისებსა* (ტრადიციულ გადმოცემებში) და სხვადასხვა *სირაში* (მუჰამედის ბიოგრაფიებში).

6. მუჰამედს.

7. მუჰამედის ყველა მოქმედება სტანდარტად იქცევა.

8. მათ მიმართ, ვინც ალაჰსა და მის მაცნეს ემორჩილება.

9. ჯოჯოხეთის ცეცხლი.

10. ნებისმიერის წინააღმდეგ, ვინც უარყოფს მუჰამედის უწყებას.

11. მკვლელობა, წამება, გაუპატიურება, ქალებზე სხვა ფორმით ძალადობა, დამონება, ქურდობა, ტყუილი და არამუსლიმანთა მიმართ დანაშაულის წახალისება.

12. ყურანს უნდა ერწმუნოთ და მას დაემორჩილოთ.

13. სუნა ჰგავს სხეულს, ხოლო ყურანი – ხერხემალია.

14. მუსლიმანები ეყრდნობიან მცირერიცხოვან სწავლულებს.

15. არ არსებობს ისლამი შარიათის კანონების გარეშე.

16. შარიათი მიიჩნევა ღვთს მიერ დადგენილად.

17. მოწოდება წარმატებისკენ.

18. ადამიანები იყოფიან გამარჯვებულებად დანარჩენებად, ანუ წაგებულებად.

19. ისლამი მუსლიმანებს ასწავლის, რომ ისინი არამუსლიმანებზე აღმატებულნი არიან; ღვთისმოსავი მუსლიმანები აღმატებულნი არიან ნაკლებად ღვთისმოსავ მუსლიმანებზე.

20. ჭეშმარიტი მუსლიმანები, თვალთმაქცები, კერპთაყვანისმცემლები და წიგნის ხალხი.

21. მრავალღმერთიანს *(mushrik).*

22. ოთხი რამ, რასაც გმობენ მუსლიმანები: 1. მათი წმინდა წერილი შერყვნილია. 2. ისინი მიჰყვებიან ისლამის დამახინჯებულ ფორმას. 3. მათ გზიდან გადაუხვიეს. 4. 4) ისინი უმეცარნი არიან და სჭირდებათ გათავისუფლება მუჰამედის მიერ.

23. დადებითი მხრით, ყურანი ამბობს, რომ ზოგიერთი ქრისტიანი და ებრაელი ერთგულია და ჭეშმარიტად სწამთ.

24. ოთხი მტკიცება: 1. ქრისტიანები უნდა ცხოვრობდნენ მუსლიმანთა უპირატესობის ქვეშ. 2. მუსლიმანებმა უნდა იბატონონ ჩვენზე. 3. ჩვენ წინააღმდეგ უნდა იბრძოლონ. 4. ჩვენზე აცხადებენ, რომ ჯოჯოხეთში მივდივართ.

25. ებრაელებს უფრო დიდი მტრობა ექნებათ მუსლიმანების მიმართ, ვიდრე ქრისტიანების მიმართ.

26. ეს არის ყურანის ყველაზე ცნობილი თავი და სავალდებულოა მისი ყოველდღიური გამეორება. ამ სურას დღეში, სულ მცირე, 17-ჯერ იმეორებენ, წელიწადში კი, დაახლოებით, ხუთი ათასჯერ.

27. ქრისტიანები (გზაარეულნი) და ებრაელები (ალაჰის მიერ შერისხულნი).

28. მუჰამედის ცხოვრება და სწავლება.

29. ისლამიზაცია.

30. ექვსი პრობლემა: 1. ქალებს მეორეხარისხოვანი სტატუსი აქვსთ. 2. ჯიჰადის სწავლება. 3. სასტიკი და ზღვარგადასული სასჯელები. 4. შარიათს არ შეუძლია შეცვალოს ადამიანები და კარგ პიროვნებებად აქციოს ისინი. 5. ტყუილის წახალისება. 6. არამუსლიმანების დევნა, მათ შორის, ქრისტიანების.

31. ნიგერიაში შარიათის სასამართლოების შემოღებამ.

32. მოსამართლემ მუჰამედის მაგალითის მიხედვით იმოქმედა.

33. 1) ის ზღვარგადასულია. 2) ის სასტიკია. 3) ის იმ მამაკაცებსაც ვნებს, რომლებიც ქვებით ქოლავენ ადამიანს. 4) ის სამიზნესი იღებს ქალებს. 5) ახალშობილს აობლებს. 6) ის უგულებელყოფს გაუპატურების შესაძლებლობას.

34. მათ შეუძლიათ იცრუონ, როცა არამუსლიმანებისგან საფრთხე ემუქრებათ. ქმრებს აქვთ უფლება, მოატყუონ ცოლები. მათ შეუძლიათ, თქვან ტყუილი, როცა საიდუმლოს ანდობენ, შეუძლიათ მოიტყუონ ომში და ასე შემდეგ.

35. მუსლიმანთა უსაფრთხოებისთვის გამიზნულ ტყუილის თქმის პრაქტიკას.

36. ანგრევს ნდობას და ქმნის დაბნეულობას.

37. რელიგიაში განსწავლულთა წინამძღოლობას.

38. თავად შეისწავლეთ ისლამი, მიუხედავად იმისა, რომ ისლამის წინამძღოლები ცდილობენ, საჯაროდ არ ახსენონ ან განიხილონ მრავალი სხვადასხვა საკითხი. საჯაროდ.

39. იესოს გაჰყვნენ თუ მუჰამედს.

40. ისა (იესო).

41. წინამორბედ წინასწარმეტყველთა ცხოვრების წესი (შარიათი).

42. ისასთვის (იესოსთვის) ალაჰის მიერ მიცემული წიგნი.

43. ისა გაანადგურებს ქრისტიანობას და აიძულებს ყველას, გახდნენ მუსლიმანები.

44. მუსლიმანებს ასწავლიან, რომ თუ ისინი მიჰყვებიან მუჰამედს, ამით ისინი მიჰყვებიან იესოს.

45. ეს სწავლება ფარავს ღმერთის მხსნელ გეგმას და აბრკოლებს მუსლიმანებს ჭეშმარიტი იესოს გზაზე სიარულისაგან.

46. ნამდვილი იესოს შესახებ შეგვიძლია გავიგოთ ოთხი სახარებიდან.

47. მხოლოდ სახარებათა იესოს მეშვეობით შეგვიძლია ვპოვოთ თავისუფლება სულიერ ტყვეობათაგან.

გაკვეთილი მე-4 – პასუხები

1. სამი მტკივნეული მოვლენა: 1) მამის სიკვდილი. 2) დედის სიკვდილი. 3) ბიძის მწყემსი ბიჭის დამამცირებელი საქმე (ასევე პაპის სიკვდილი).

2. მუჰამედისადმი თავისი სიძულვილით.

3. ექვსი ასპექტი: 1) ხადიჯა მისი დამსაქმებელი იყო. 2) იქ მუჰამედზე უფროსი იყო. 3) ხადიჯამ შესთავაზა დაქორწინება მას. 4) მანამდე ქალი ორჯერ იყო გათხოვილი. 5) ხადიჯა მდიდარი და გავლენიანი იყო. 6) ქალმა დაათრო თავისი მამა, რათა მისი დასტური მიეღო მუჰამედზე ქორწინებისათვის.

4. მათ შვილთაგან უმეტესობა გარდაიცვალა. მუჰამედს მამრობითი სქესის მემკვიდრე არ დარჩენია.

5. მუჰამედის ბიძა, აბუ ტალიბი და ცოლი, ხადიჯა.

6. ის 40 წლის იყო და იმდენად იყო შეშფოთებული, რომ ლამის თვითმკვლელობა ჩაიდინა.

7. მუჰამედი წინასწარმეტყველი იყო და არა გიჟი.

8. მუჰამედს ეშინოდა იმის, რომ არ უარეყოთ, როგორც თაღლითი.

9. ხადიჯა და ალი, მუჰამედის უმცროსი ბიძაშვილი.

10. მუჰამედი დასცინოდა მექელთა ღმერთებს.

11. ის იცავდა მუჰამედს განრისხებულ მექელთაგან.

12. სრული ბოიკოტი, დაუცველ მუსლიმანთა დევნა და მუჰამედზე ძალადობა.

13. 83 მუსლიმანი მამაკაცი გაიქცა აბისინიაში (თანამედროვე ეთიოპია) ოჯახებთან ერთად.

14. ერთდროულად ალაჰისა და მექელთა ღმერთების თაყვანისცემა.

15. მუჰამედმა მოიწონა ალაჰის სამი ქალიშვილისადმი (ალ-ლათის, ალ-უზას და მანათის) მიმართული ლოცვები.

16. ყველა ჭეშმარიტი წინასწარმეტყველმი ზოგჯერ შეიძლება გზას ასცდეს.

17. 1) მისი არცერთი წინაპარი არ იყო უკანონოდ შობილი. 2) ის საუკეთესო კაცი იყო. 3) ის იყო საუკეთესო საგვარეულოდან (ჰაშიმიდები). 4) ის ის იყო საუკეთესო ტომიდან (ყურეიშელთა ტომი). 5) ის იყო საუკეთესო ერიდან (არაბები).

18. წარმატება ომში.

19. ხადიჯაც და მუჰამედის მფარველიც, აბუ ტალიბი, გარდაიცვალნენ. ტაიფელთა უარყოფის შემდეგ მედინელმა არაბებმა დაიფიცეს, რომ დაიცავდნენ მას.

20. ჯინების (დემონების) ჯგუფი გახდა მუსლიმანი.

21. ისლამისკენ მოქცეული ჯინების იდეა და ყურანსა და ჰადისებში არსებული სწავლება იმასთან დაკავშირებით,

რომ ყველა ადამიანს ჰყავს თანამგზავრი სული, რომელსაც ქარინი ეწოდება.

22. დაჰპირდნენ, რომ იომებდნენ მოციქულის სრულ მორჩილებაში.

23. ის დაუბრკოლებლად ქადაგებდა და მედინელ არაბთა უმეტესობა მოექცა ისლამისკენ.

24. განცხადებებს საიქიო სიცოცხლეში ისლამის უარმყოფელთათვის ტანჯვა-წამების შესახებ.

25. ხოცვა-ჟლეტის მსხვერპლნი გახდებოდა.

26. ფიტნას.

27. ისლამის წინააღმდეგ მიმართული ფიტნა.

28. ნებისმიერი დაბრკოლების არსებობა, რომელიც ხელს უშლის ადამიანს ისლმისკენ მოქცევაში.

29. იმსახურებთ იმას, რომ შეგებრძოლონ და მოგკლან.

30. იმიტომ, რომ ისლამის უარყოფის დანაშაული სიკვდილზე უარესია.

31. მუსლიმანთა შორის მილიონობით ადამიანი კვდება, ხოლო არამუსლიმანთა შორის – მხოლოდ ათეულობით ადამიანი.

32. მუჰამედს შურისძიება სურდა მათზეც კი, ვინც უკვე მოკვდა. მათ წინაშეც კი სურდა თავისი სიმართლის დამტკიცება.

33. ხალხის მხრიდან უარყოფით გამოწვეულ მუჰამედის ზიზღს.

34. ისინი სამუდამოდ დამნაშავეებად იქნებოდნენ მიჩნეულნი და ღირსნი იქნებოდნენ, რომ მათზე ებატონათ, როგორც მეორეხარისხოვან ადამიანებზე.

35. აგრესიული საპასუხო რეაქციები ფიტნაზე.

36. ალაჰმა აუკრძალა მას შეთანხმების მორჩილება.

37. დახოცეთ ისინი, სადაც წააწყდებით.

38. ზოგიერთი ებრაელი მორწმუნე იყო, ხოლო ზოგიერთი – არა, მაგრამ ისლამი აკურთხებდა მათ.

39. მუჰამედი, ებრაელთა მსგავსად, ასწავლიდა ლოცვად დადგომას და ზაქათის გადახდას; ის თავის მიმდევრებს მიუთითებდა, რომ ელოცათ სახით al-Sham-ისკენ (სირიისკენ, ესე იგი, იერუსალიმისკენ) და ამბობდა, რომ მისი სწავლება იგივე იყო, რაც ებრაელთა სწავლება.

40. რათა თავი დაემკვიდრებინა მზარდი კრიტიკის პირობებში.

41. ებრაელებს მატყუარები უწოდა და თქვა, რომ მათ გააყალბეს საკუთარი წმინდა წერილი.

42. ანტიებრაული უწყებანი:

    - სურა 4:46 – ებრაელები წყეულნი იყვნენ.
    - სურა 7:166 და სხვ. – ებრაელები იყვნენ მაიმუნები და ღორები.
    - სურა 5:70 – ებრაელები იყვნენ წინასწარმეტყველთა მკვლელები.
    - სურა 5:13 – ებრაელებს ალაჰმა გაუსასტიკა გულები.
    - სურა 2:27 – ებრაელები წაგებულნი იყვნენ.

43. იუდაიზმი.

44. ჯერ დაემუქრა და შემდეგ გააძევა ისინი.

45. იმიტომ, რომ ის ხოცავდა მათ და მხოლოდ ისლამზე მოქცევას შეეძლო მათი დაცვა.

46. ბრალი დასდო მათ, თავს დაესხა, გააძევა ისინი და მათი ქონება მიიტაცა.

47. მუჰამედმა ალყა შემოარტყა მათ და შემდეგ ამოხოცა მამაკაცები, ქალები და ბავშვები კი დაიმონა.

48. შეესია მათ და დაიპყრო, თუმცა შესთავაზა „მესამე არჩევანი": დჰიმებად ცხოვრება.

49. ებრაელებს და ქრისტიანებს.

50. საკუთარი თავის უარყოფა, თვითდამკვიდრების მცდელობა და აგრესია.

51. ურწმუნოთა დამარცხება და გადაგვარება.

52. შეიმუშავა იდეოლოგია და სამხედრო პროგრამა.

53. ნაცვლად იმისა, რომ მხოლოდ „შემგონებელი" ყოფილიყო, მუჰამედი იქცა მორწმუნეთა მეთაურად, რომელიც აკონტროლებდა მათ ცხოვრებას.

54. ალაჰის მორჩილება მუჰამედის მორჩილებაა.

55. ისინი ეფუძნება უარყოფაზე მუჰამედის საპასუხო რეაქციათა ევოლუციას.

56. მისი პირადი პრობლემები მსოფლიო პრობლემებად იქცა *შარიათის* მეშვეობით.

57. შაჰადას სიტყვებს.

58. იმას, რომ ყურანი ალაჰის სიტყვაა და იმას, რასაც ყურანი ამობს მუჰამედის შესახებ.

59. შაჰადას წარმოთქმა სულიერ მთავრობათ და ხელმწიფებათ აძლევს იმის ნებართვას, რომ მუჰამედის სულიერი პრობლემები მუსლიმანებს მოახვიონ თავს.

60. [მონაწილეები შემოხაზავენ უარყოფით ასპექტებს, რომლებსაც ისინი შეხვედრიან ცხოვრებაში].

61. ისინი უარყოფენ ამას.

62. მათ მიხედვით, ის დამახინჯებულია.

63. გაანადგურებს მათ.

64. შეხედულებას იმასთან დაკავშირებით, რომ ყურანი ღვთის სიტყვაა.

65. მერყეობა, დაშინება, დაუცველობა და თავდაუჯერებულობა.

გაკვეთილი მე-5 – პასუხები

1. უარყოფა.

2. 1) უკანონოდ შობილის სირცხვილი. 2) ძალიან უბრალო დაბადება. 3) ჰეროდეს მიერ მისი მოკვლის მცდელობა. 4) მშობლები დევნილებად გაიქცნენ ეგვიპტეში.

3. ფარისევლები ქრისტეს ამ საკითხებთან დაკავშირებით ესხმოდნენ თავს:

   - მარკოზი 3:2 და შემდგომ – შაბათის დარღვევის.
   - მარკოზი 11:28 და შემდგომ – მისი ძალაუფლების.
   - მარკოზი 10:2 და შემდგომ – განქორწინების.
   - მარკოზი 12:15 და შემდგომ – კეისრისათვის ხარკის გადახდის.
   - მათე 22:36 – უდიდესი მცნების.
   - მათე 22:42 – მესიის.
   - იოანე 8:19 – იესოს მამის ვინაობის.
   - მათე 22:23-28 და შემდგომ – აღდგომის.
   - მარკოზი 8:11 და შემდგომ – სასწაულების.
   - მარკოზი 3:22 და შემდგომ – ეშმაკით „შეპყრობილობის“; სატანის ძალით სასწაულების მოხდენის.

- მათე 12:2 და შემდგომ –მის მოწაფეთა ქცევის.
- იოანე 8:13 – მისი მოწმობის „არანამდვილობის“.

4. უარყოფა, რომელიც იესომ გამოცადა:

- მათე 2:16 –ჰეროდემ მიის მოკვლა სცადა.
- მარკოზი 6:3 და შემდგომ – ნაზარაველები შეეცადნენ მის მოკვლას.
- მარკოზი 3:21 – ოჯახმა შეურაცხყო იგი.
- იოანე 6:66 – ბევრმა მიმდევარმა მიატოვა იგი.
- იოანე 10:31 – ბრბომ მისი ჩაქოლვა სცადა.
- იოანე 11:50 – რელიგიურმა წინამძღოლებმა შეთქმულება მოაწყვეს მის მოსაკლავად.
- მარკოზი 14:43-45 და შემდგომ – ის გასცა იუდამ.
- მარკოზი 14:66-72 და შემდგომ – უარყო პეტრემ.
- მარკოზი 15:12-15 და შემდგომ – ბრბომ მისი სიკვდილი მოითხოვა.
- მარკოზი 14:65 და შემდგომ – ებრაელთა რელიგიურმა წინამძღოლებმა დასცინეს.
- მარკოზი 15:16-20 და შემდგომ – ჯარისკაცებმა აწამეს.
- მარკოზი 14:53-65 და შემდგომ – უსამართლოდ დასდეს ბრალი და სიკვდილი მიუსაჯეს.
- მეორე რჯული 21:23 – ჯვარცმით წყეული გახდა.
- მარკოზი 15:21-32 და შემდგომ – მტანჯველი სიკვდილით მოკვდა ავაზაკებთან ერთად.

5. ექვსი საპასუხო რეაქცია: იესო არ იყო 1) აგრესიული; 2) ან მომალადე; 3) შურისმაძიებელი; 4) მოჩხუბარი. 5) ის დუმდა ბრალდების წინაშე და 6) მიდიოდა იმ ადგილებიდან, სადაც მისი მოკვლა სურდათ.

6. მან სძლია ცდუნებას და არ დაჰყვა უარყოფას.

7. იმიტომ, რომ ის თავდაჯერებული იყო და თავისუფლად იყო საკუთარ თავთან.

8. ყოფილიყო უარყოფილი, როგორც ესაია წინასწარმეტყველის მიერ აღწერილი ტანჯული მსახური.

9. ჯვარცმით მისი სიკვდილი.

10. ძალის გამოყენებას საკუთარი მიზნების მისაღწევად.

11. სიმბოლურად: განხეთქილებათა გამოწვევა ოჯახებში და ასევე, დევნა, სავარაუდოდ.

12. მან უარყო შეხედულებანი იმასთან დაკავშირებით, რომ მესია იყენებდა ძალადობას, სამხედრო ძალას, ან პოლიტიკურ მოქმედებას – უარყო შეხედულება იმის შესახებ, რომ მისი სამეფო ფიზიკური იყო.

13. უკრძალავდა ადამიანის მოკვლას.

14. სხვათა მიმართ მოპყრობასთან დაკავშირებით ქრისტე ამას ასწავლიდა ადამიანებს:

- მათე 5:38-42 – ბოროტებასთან დაკავშირებით: გამოიჩინეთ სიკეთე ამის საპასუხოდ.
- მათე 7:1-5 – სხვების განკითხვასთან დაკავშირებით: ნუ განიკითხავთ სხვებს.
- მათე 5:43 – მტრებთან დაკავშირებით: გიყვარდეთ ისინი. .
- მათე 5:5 – თვინიერებასთან დაკავშირებით: თვინიერება გაიმარჯვებს.
- მათე 5:9 – მშვიდობისმყოფელებთან დაკავშირებით: ღვთის შვილებად იწოდებიან ისინი.

- 1-ელი კორინთელთა 4:11-13 და შემდგომ – დევნასთან დაკავშირებით: ქრისტიანებმა დიდი განსაცდელები უნდა აიტანონ და შური არ უნდა იძიონ.
- 1-ელი პეტრე 2:21-25 – ჩვენს მაგალითთან დაკავშირებით: იესოა ჩვენი მაგალითი იმისა, თუ როგორ უნდა გვიყვარდეს სხვები.

15. მათაც გაამათრახებდნენ, შეიძულებდნენ, გასცემდნენ და დახოცავდნენ.
16. გზა გაეგრძელებინათ და გულში ბოროტი არ ჩაედოთ.
17. მაშინ, როცა სამარიტელთა სოფელმა უარი თქვა მის მიღებაზე.
18. ძალადობრივი დევნისას: 1) სხვაგან გაქცეულიყვნენ. 2) არ ეზრუნათ [ედარდათ], არამედ მინდობოდნენ სულიწმიდას და 3) არ შინებოდათ.
19. სიხარული დევნისას.
20. საუკუნო სიცოცხლის იმედი.
21. სამი შედეგი: 1) ადამიანები გაუცხოებულნი არიან ღმერთისა და ერთმანეთისაგან. 2) ადამიანები გაძევებულნი არიან ღვთის თანდასწრებისაგან. 3) ადამიანები ცოდვით დაცემით გამოწვეული წყევლის ქვეშ არიან.
22. იესო ქრისტეს განკაცებასა და ჯვარში.
23. იესოს მორჩილება ჯვრის მეშვეობით.
24. მან საკუთარ თავზე აიღო მოწინააღმდეგეთა სიძულვილი და სიცოცხლე გაიღო მსხვერპლად კაცობრიობის ცოდვებისათვის.

25. ცოდვის შენდობისათვის სიმბოლურად დაღვრილი სისხლი და ესაიას წიგნის 53-ე თავში ჩაწერილი წინასწარმეტყველება ტანჯული მსახურის შესახებ.

26. ღმერთთან შერიგება.

27. მსჯავრდებას კაცთა, ანგელოზთა ან ბოროტ სულთა მხრიდან.

28. შერიგების მსახურება.

29. ძალის გამოყენებით თავის გამართლება.

30. თავისი აღდგომითა და ამაღლებით.

31. გამართლება.

32. ტანჯვას მიიჩნევენ ქრისტეს ტანჯვაში მოზიარეობად.

33. მუჰამედმა პირადად გაანადგურა ისინი და იწინასწარმეტყველა, რომ ისაც იმავეს მოიმოქმედებდა დედამიწაზე დაბრუნებისას.

34. დჰიმობის „მესამე არჩევანი“, რომელიც არამუსლიმანებს საკუთარი რწმენის შენარჩუნების უფლებას აძლევს.

35. ის აიძულეს, მოეხსნა ყველა რელიგიური სიმბოლო თავისი სამოსიდან.

გაკვეთილი მე-6 – პასუხები

1. მუჰამედის ბრძანება თავის მიერ „ნაქადაგები რწმენის მახვილით გავრცელების“ შესახებ.

2. ისლამზე მოქცევის ან ომის შემდეგ იყო მესამე არჩევანიც: დამორჩილება და ცხოვრება მუსლიმანთა დაცვის ქვეშ.

3. ისლამზე მოქცევა; მახვილის მიღება (სიკვდილი) ან დანებება (და დამცირებაში ცხოვრება).

4. ვიბრძოლოთ ადამიანთა წინააღმდეგ მანამ, სანამ ისინი არ დაამოწმებენ, რომ არავის აქვს თაყვანისცემის მიღების უფლება, გარდა ალაჰისა და რომ მუჰამედია ალაჰის მაცნე (ანუ შაჰადა).

5. ისლამის მიღება, ჯიზიას მოთხოვნა ან ურწმუნოთა წინააღმდეგ ბრძოლა.

6. ხარკის გადახდას (ჯიზია) და შერცხვენას – „დაკნინებას“.

7. დჰიმას აღთქმა.

8. დჰიმები.

9. ორი პრინციპი: 1) ისლამმა უნდა გაიმარჯვოს სხვა რელიგიებზე. 2) მუსლიმანებს ხელთ უნდა ეპყრათ ძალაუფლება, რათა ყველას მიაღებინონ ისლამის სწავლება.

10. ეს არის სულადობრივი გადასახადი, რომლითაც ისინი აღიარებენ, რომ დამპყრობელ მუსლიმანთა წინაშე მოვალენი არიან საკუთარი სიცოცხლით: გადასახადი არის კომპენსაცია იმისა, რომ ისინი არ დახოცეს.

11. მუსლიმანთა სასარგებლოდ.

12. ეს არის კომპენსაცია იმ ნებართვისა, რომ თავი შერჩეთ იმ წელიწადის განმავლობაში.

13. კვლავ დაიწყებოდა ჯიჰადი: ქონების დატაცება, გაუპატიურება და სიკვდილი.

14. სასჯელი ურჩთა და მეამბოხეთათვის, ანუ ჯიჰადი.

15. თავისუფლად ხელმისაწვდომია დასახოცად ან დასატყვევებლად.

16. მასობრივი მკვლელობანი დჰიმას აღთქმის დარღვევის ბრალდებით.

17. სულთანმა ებრაელები დიდი ვეზირის თანამდებობაზე დანიშნა.

18. ქრისტიანებს ბრალი დასდეს მორჩილის სტატუსის უარყოფაში. ზოგიერთი ისლამზე მოექცა თავისი სიცოცხლის გადასარჩენად.

19. რიტუალი სრულდებოდა ჯიზიას გადასახადის გადახდისას. ის მოიცავდა ერთ ან ორ დარტყმას კისერზე და ხანდახან რიტუალურ დახრჩობას.

20. ის გამოხატავს იმას, რომ დჰიმები მორჩილად იღებენ ძალადობრივ ჯიჰადს, თუკი ისინი დჰიმას აღთქმის რომელიმე პირობას დაარღვევენ; რიტუალი გამოხატავს ასევე მამაკაცებისათვის თავის მოკვეთას.

21. თავის მოკვეთის წყევლას.

22. სისხლიან შეთანხმებას ან სისხლიან ფიცს, როგორც ოკულტურ საზოგადოებაში.

23. საკუთარი თავის დაწყევლას და ნებართვას საკუთარივე სიკვდილით დასჯაზე.

24. მადლიერება და მდაბალი მეორეხარისხოვნება.

25. მაგალითები:

- დჰიმების დამოწმება: არ მიიღებოდა შარიათია სასამართლოებში.
- დჰიმების სახლები: არ უდნა ყოფილიყო მუსლიმანთა სახლებზე მაღალი.
- დჰიმების ცხენები: დჰიმებს ცხენზე შეჯდომის უფლება არ ჰქონდათ.
- დჰიმებს გზა უნდა დაეთმოთ მუსლიმანებისათვის.
- დჰიმების თავდაცვა: არ ჰქონდათ ამის უფლება.

- დჰიმების რელიგიური სიმბოლოები: აკრძალული იყო საჯაროდ გამოჩენა.
- დჰიმების ეკლესიები: არავითარი შეკეთება და არავითარი ახალი ეკლესიები.
- დჰიმების მიერ ისლამის კრიტიკა: არ იყო ნებადართული.
- დჰიმების სამოსი: აკრძალული იყო მუსლიმანთა სამოსის მსგავსი სამოსის ჩაცმა.
- დჰიმების ქორწინებანი: დჰიმ მამაკაცს არ შეეძლო მუსლიმან ქალზე დაქორწინება, ხოლო თუ მუსლიმანი მამაკაცი დაქორწინებოდა დჰიმ ქალზე, ბავშვები მუსლიმანები იქნებოდნენ.

26. გადაიხადონ ჯიზია და თავი „დაიკნინონ".
27. როგორც სულის მკვლელობას.
28. იმ პირობათა ერთობლიობის აღსაწერად, რომელსაც ქმნის დჰიმობის აღთქმა.
29. დამცირებისთვის მორჩილად შეჩვევისკენ.
30. მეორეხარისხოვნების, ჩაკეტილობის, ცბიერების, სულმდაბლობისა და შიშის გრძნობები.
31. როგორც ბატონებისა და მმართველების რელიგიას.
32. აღმატებულების მათეული ცრუ შეგრძნება და რელიგიური პროტექციონიზმი ასუსტებს მუსლიმანებს და უძნელებს სინამდვილის მიღებას.
33. მონობას: მონობა გაუქმდა ამერიკის სამოქალაქო ომის დროს, თუმცა ძალადობრივი რასიზმი კვლავაც გრძელდება საუკუნეზე მეტია.
34. მტკიცება იმის შესახებ, რომ დასავლეთი მოვალეა ისლამისა თავისი ცივილიზაციისათვის.

35. ევროპულმა ძალებმა.

36. შარიათის აღორძინებამ.

37. ხუთი შედეგი: 1) დაჭრილი სული, 2) ნაწყენი სული. 3) მსხვერპლის მენტალიტეტი. 4) ძალადობის სული და 5) სხვებზე ბატონობის ნება.

38. მუჰამედის ჩაგრულმა სულიერმა მდგომარეობამ, რომელიც ეძიებდა სხვათა გადაგვარებას.

39. მან უარი თქვა წყენის გულში ჩადებაზე, უარი თქვა ძალადობაზე, უარი თქვა სხვებზე გაბატონებაზე, უარი თქვა დაჭრილი სულის დამოკიდებულების მიღებაზე.

40. ქრისტიანთაგან არცერთს არ ესმოდა უწინ საკუთარი სულიერი ტყვეობის შესახებ; ყველა მათგანმა ილოცა გათავისუფლების შესახებ; ყველა მათგანმა დიდად გაიხარა ამის შემდეგ.

41. ჯიჰადის შიში, ჯიჰადისტების მიერ გამოწვეული წარსულის ტრავმა, წარსული მუქარა თქვენი ოჯახის მიმართ.

42. ისინი მიმართულია იმისკენ, რომ, პირველი: გააუქმოს დჰიმას აღთქმა და დაამსხვრიოს მისი მოთხოვნები ჩვენს ცხოვრებაში და მეორე, უარყოს და დაამსხვრიოს ყველა წყევლა, რომელიც დჰიმობისაგან მომდინარეობს.

43. ისინი დაეხმარება ადამიანებს ამ გავლენათაგან გათავისუფლებაში.

გაკვეთილი მე-7 – პასუხები

1. იმ შეხედულების გამო, რომლის მიხედვითაც უნდა გვიყვარდეს ჭეშმარიტება და ვლაპარაკობდეთ ჭეშმარიტებას.

2. იმიტომ, რომ ღმერთი ხასიათდება ურთიერთობებით.

3. ტყუილის თქმა.
4. ის ადამიანებს გზას უბნევს.
5. ტყუილი ნებადართულია: ომში, ცოლის მიმართ, თავდაცვის მიზნით, უმას დასაცავად, საფრთხეში ყოფნისას თავდასაცავად (*taqiyya*).
6. თავის მოჩვენება, თითქოს საკუთარ რწმენას უარყოფს.
7. უპირატესობას და არამუსლიმანებზე უკეთესობას.
8. მუჰამედი.
9. ღირსებისა და სირცხვილის ცნებები.
10. ემოციური მსოფლმხედველობა, რომლის თანახმადაც პიროვნება გარშემო მყოფებზე აღმატებულად გრძნობს თავს.
11. იმიტომ, რომ ჰადისები ურთიერთსაპირისპირო განცხადებებს შეიცავს წყევლასთან დაკავშირებით.
12. არამუსლიმანთა დაწყევლას.
13. სიძულვილს, აღტყინებას და სულიერ „მუხტს“.
14. აღთქმას, რომელიც ორ ადამიანს ერთმანეთთან აკავშირებს.
15. უპატიებლობის გამო შეუძლებელია სულიერი კავშირის გაწყვეტა ორ ადამიანს შორის.
16. [მონაწილეები განიხილავენ ლოცვას და გამოყოფენ იმ პუნქტებს საკუთარ ცხოვრებაში, რომლებთან მიმართებითაც უნდა გამოიყენონ ლოცვაში ჩამოთვლილი ნაბიჯები].
17. უარვყოფთ: სხვების დაწყევლის ცოდვას, ცოდვის მიერ გამოწვეულ ყველა წყევლას, სხვების მიმართ სიძულვილს, განცდილ ემოციას, სიძულვილისა და წყევლის დემონებს, ყველა უღვთო კავშირს იმამებსა და

სხვებთან, დემონების დავალებებს, რომლებიც ინარჩუნებენ ამ სულიერი კავშირებს. ვამსხვრევთ: უღვთო სულიერ ძალებს, წყევლათ, უღვთო სულიერ კავშირებს.

18. თავისუფლებას წყევლისაგან, მშვიდობას, თვინიერებას, ძალაუფლებას კურთხევისათვის. ეს კურთხევანი საპირისპიროა ამ წყევლათა და იმ სიძულვილისა, რომლითაც იყო ნაკარნახევი ეს წყევლანი.

19. წინაპრებს, მამას, იმამებს, მუსლიმან წინამძღოლებს და ნებისმიერს, ვინც გავლენა მოახდინა ჩემზე, რათა თავი დამეწყევლა.

20. ის ფიქრობდა, რომ მისი ბინა შესაძლოა წყევლის ქვეშ ყოფილიყო.

21. არ იცოდა, როგორ დაემსხვრია წყევლა.

22. მას ძალაუფლებით უნდა ელოცა იესოს სახელით, რათა დაემსხვრია ყველა წყევლა თავისი ოჯახის წინააღმდეგ.

23. ისინი წყევლის გავლენას განიცდიან.

24. ცხრა ნაბიჯი: 1) აღიარეთ და მოინანიეთ. 2) მოიშორეთ უღვთო ნივთები. 3) აპატიეთ სხვებს და საკუთარ თავს. 4) სცანით თქვენი ძალაუფლება ქრისტეში. 5) უარყავით და დაამსხვრიეთ წყევლა. 6) განაცხადეთ ქრისტეში თქვენი თავისუფლების შესახებ. 7) უბრძანეთ დემონებს, დაგტოვონ (განდევნეთ ისინი). 8) განაცხადეთ კურთხევანი. 9) განადიდეთ ღმერთი.

გაკვეთილი მე-8 – პასუხები

1. ოთხი მიზეზი: 1) თემის დაკარგვით გამოწვეული ტკივილი. 2) ისლამის მიერ შექმნილი უამრავი

დაბრკოლება და წინაღობა. 3) პირდაპირი დევნა. 4) იმედგაცრუება ქრისტიანებითა და ეკლესიით.

2. ეკლესიები ისლამიდან მოქცეულებს უკან აბრუნებენ შიშისა და დჰიმას წესების გამო.

3. გააცნობიერონ და უარყონ დჰიმას აღთქმა.

4. შიში, დაუცველობის შეგრძნება და ფულის სიყვარული, უარყოფის გრძნობა, მსხვერპლობის შეგრძნება, წყენის გულში ჩადება, სხვებისადმი უნდობლობა, ემოციური ტკივილი, სექსუალური ცოდვა, ჭორაობა და ტყუილები.

5. ისლამის მაკონტროლებელი გავლენა.

6. სხვებს შეშურდებათ.

7. სხვა ქრისტიანთა მიმართ წყენას იდებდა გულში.

8. ეკლესიები მეტოქეობენ ერთმანეთთან და თითოეული ფიქრობს, რომ სხვაზე უკეთესია.

9. ღიად დატოვებული კარი და ცარიელი სახლი.

10. ჯანსაღი ქრისტიანები.

11. ჩვევების და აზროვნების.

12. პავლეს სურს, ტიტეს მოუწოდოს იმისკენ, რომ განაგრძოს ზრდა.

13. პავლეს სძულდა ქრისტიანები.

14. სიყვარულში, ცოდნასა და გამჭრიახობაში ზრდით და კეთილი ნაყოფის გამოღებით.

15. [მონაწილეები ამბობენ იმ უარყოფითი შედეგების შესახებ, რომლებიც შეამჩნიეს].

16. მან უარყო და დაამსხვრია შთამომავლობითი წყევლა. ის ასევე განიკურნა მშფოთვარებით ტანჯვისგან.

17. დავხუროთ ყველა კარი.

379

18. დახურეთ ყველა ღია კარი, რომლის გამოყენებაც შეუძლია სატანას მორწმუნის წინააღმდეგ.

19. სულში სიცოცხლის წყალი უნდა ესხას, მაგრამ თუ მასში ღრიჭოებია, ის ვერ დაიკავებს იმდენ წყალს, რამდენიც საჭიროა.

20. მსგავსი დაბრკოლებანი და სულის დაზიანებანი შეიმჩნევა მუსლიმანური წარსულის მქონე ყველა მორწმუნის ცხოვრებაში, ვისაც ქრისტესთვის ცხოვრება სურს.

21. ეს მათ აღმატებულად აგრძნობინებს თავს.

22. ეკლესიებს ერთად შრომა უჭირთ. ადამიანებს შეიძლება შეშურდეთ იმის, როცა სხვებს აწინაურებენ მსახურებაში. ადამიანებს არ სურთ ხელმძღვანელებად მსახურება, რადგან ფიქრობენ, რომ მათ თავს დაესხმებიან სხვები.

23. ექვსი სწავლება: 1) დააფასონ მსახურის გული. 2) იპოვონ საკუთარი ვინაობა ქრისტეში და არა იმაში, რასაც აკეთებენ და ამბობენ და არც იმაში, რასაც სხვები ამბობენ ან ფიქრობენ მათზე. 3) ისწავლონ კვეხნა საკუთარი სისუსტეებით. 4) ისწავლონ სხვების წარმატებით გახარება და სხვების ტანჯვით დამწუხრება. 5) ისწავლონ ჭეშმარიტების სიყვარულით ლაპარაკი. 6) გაიგონ ჭორაობის დამანგრეველი შედეგების შესახებ.

24. ადამიანები არ იზრდებიან, რადგან მალავენ საკუთარ პრობლემებს და არ სურთ დახმარების მიღება მათ გადასაჭრელად.

25. ექვსი სფერო: 1) პატიება. 2) უარყოფა და წყენა. 3) ნდობის აღშენება. 4) ჯადოქრობის უარყოფა. 5) ქალებმა და მამაკაცებმა ისწავლონ ერთმანეთის პატივისცემა; ისწავლონ ერთმანეთთან ურთიერთობაში ჭეშმარიტების ლაპარაკი სიყვარულით. 6) მშობლებმა ისწავლონ შვილების დალოცვა, ნაცვლად მათი დაწყევლისა.

26. ადამიანებმა რომ შეძლონ საკუთარი მსოფლმხედველობის თავიდან აშენება.

27. სტივი სწრაფად ახერხებდა ადამიანების მოქცევას ქრისტიანობაზე, თუმცა ვერ ინარჩუნებდა მათ. შერის დიდი ხანი სჭირდებოდა ამისათვის, მაგრამ მის მიერ ქრისტიანობაზე მოქცეულები რჩებოდნენ ქრისტეს გზაზე. შერის მიდგომა უკეთესად მოქმედებდა, რადგან როცა ადამიანები იღებდნენ გადაწყვეტილებას ქრისტეს გზაზე შედგომის შესახებ, მათ კარგად ესმოდათ, რას უძღვნიდნენ თავს.

28. ექვსი ნაბიჯი: 1) ორი აღიარება. 2) ზურგის შექცევა. 3) თხოვნები. 4) ერთგულების გადატანა. 5) დაპირება და განწმენდა. 6) გამოცხადება.

29. 4-6 ნაბიჯებს.

30. სატანას.

31. უნდა უარყოს ისლამი და ამისათვის წარმოთქვას „განცხადება და ლოცვა შაჰადასა უარყოფისა და მისი ძალის დასამსხვრევად“.

32. მოწიფული ხუცესები, რომლებიც თავადაც მუსლიმანური წარსულის მქონე მორწმუნეები არიან.

33. რათა დარწმუნდეთ, რომ საუკეთესო პიროვნება გყავთ არჩეული და დაეხმაროთ ხელმძღვანელობისთვის მომზადებაში.

34. შეიძლება ვერ ისწავლონ თავმდაბლობა და სხვებისგან უარყოფა გამოცადონ.

35. რეგულარულად: სულ მცირე, კვირაში ერთხელ.

36. თეოლოგიური ჭვრეტა გულისხმობს იმის სწავლას, თუ როგორ გამოვიყენოთ ბიბლია ყოველდღიური

გამოწვევების წინაშე. ეს ეხმარება მათ იმაში, რომ უფრო და უფრო მეტად დაემსგავსონ ქრისტეს.

37. იმიტომ, რომ თავად მისცეს გამჭვირვალობის მაგალითი თავის მოწაფეს.

38. სირცხვილის თავიდან ასარიდებლად.

39. რათა თავადაც ისწავლონ რთულ საკითხებთან გამკლავება.

40. ბორკილები თუ არ დაიმსხვრევა და ჭრილობები თუ არ განიკურნება, თავისუფლებისა და კურნების არარსებობა შეამცირებს პიროვნების ნაყოფიერებას მსახურებაში. ასევე, ის, ვინც გათავისუფლების პროცესი გაიარა, უკეთ მიხვდება, თუ როგორ დაეხმაროს სხვებს გათავისუფლებაში.

41. იმიტომ, რომ მათ გაძლონ მსახურებაში და სანდონი იყვნენ.

42. მსახურის გულის მქონე ორმხრივ სიყვარულსა და პატივისცემაზე.

43. იმიტომ, რომ მივიღოთ კრიტიკული უკუკავშირი და გავიზარდოთ მოწიფულობაში.

44. იმიტომ, რომ მოწაფეს მისცეს თვითშემეცნების მაგალითი.

45. იმიტომ, რომ ამას თავიდან ვერ აიცილებენ.

46. იმიტომ, რომ პატივი მიაგონ ღმერთს, მიიღონ ღვთის კურთხევანი ეკლესიისათვის და ისწავლონ თავმდაბლობა.